权威·前沿·原创

皮书系列为

“十二五”“十三五”“十四五”时期国家重点出版物出版专项规划项目

智库成果出版与传播平台

中国社会科学院创新工程学术出版资助项目

中国慈善发展报告（2022）

ANNUAL REPORT ON CHINA'S PHILANTHROPY DEVELOPMENT (2022)

主　编／杨　团　朱健刚

社会科学文献出版社
SOCIAL SCIENCES ACADEMIC PRESS (CHINA)

图书在版编目(CIP)数据

中国慈善发展报告. 2022 / 杨团，朱健刚主编. --
北京：社会科学文献出版社，2022. 7
（慈善蓝皮书）
ISBN 978-7-5228-0171-1

Ⅰ. ①中… Ⅱ. ①杨… ②朱… Ⅲ. ①慈善事业-研
究报告-中国-2022 Ⅳ. ①D632. 1

中国版本图书馆 CIP 数据核字（2022）第 090363 号

慈善蓝皮书
中国慈善发展报告（2022）

主　　编 / 杨　团　朱健刚

出 版 人 / 王利民
责任编辑 / 薛铭洁　陈　颖
责任印制 / 王京美

出　　版 / 社会科学文献出版社 · 皮书出版分社（010）59367127
　　　　　地址：北京市北三环中路甲 29 号院华龙大厦　邮编：100029
　　　　　网址：www. ssap. com. cn
发　　行 / 社会科学文献出版社（010）59367028
印　　装 / 天津千鹤文化传播有限公司

规　　格 / 开 本：787mm × 1092mm　1/16
　　　　　印 张：25　字 数：375 千字
版　　次 / 2022 年 7 月第 1 版　2022 年 7 月第 1 次印刷
书　　号 / ISBN 978-7-5228-0171-1
定　　价 / 168. 00 元

读者服务电话：4008918866

2022年慈善蓝皮书编委会成员

主要编撰者简介

杨　团　中国社会科学院社会学研究所研究员，中国社会科学院社会政策研究中心顾问，中国社会科学院研究生院教授，硕士生导师。曾任中国社会学会社会政策研究专业委员会理事长；现任中国灵山公益慈善促进会监事长、北京农禾之家咨询服务中心理事长、北京农禾之家农村发展基金会理事长等职。国家民政部特邀咨询专家，劳动与社会保障部社会保障专家组成员。获评“2013CCTV 年度十大慈善人物”、“责任中国 2014 年公益盛典”年度致敬大奖，《中国慈善家》杂志“2015 年度中国十大社会推动者”“2018 年度中国十大社会推动者”“2020 年度十大公益人物”，《南风窗》杂志 2018 年“为了公共利益年度人物”。2019 年获评“中国慈善公益品牌 70 年 70 人”代表人物。2021 年进入“2021 中国品牌女性 500 强”，获评凤凰网行动者联盟 2021 十大公益人物奖。

担任《当代社会政策研究》（社会政策专业委员会学术年会暨社会政策国际论坛年度论文集 2005～2017）和《中国慈善发展报告》（2009～2022 年）的主编；《综合农协：中国“三农”改革突破口》（北京农禾之家咨询服务中心综合农协研究组年度研究报告论文集 2013～2021）的主编主撰。

长期致力于社会保障、慈善公益与非营利组织、综合性农民合作组织、社区公共服务、老年人长期照护等领域的政策研究，曾多次主持国家社科基金课题和重点课题以及中国社科院重点课题，出版多部专著、150 多篇论文及研究报告，曾获国家社科基金优秀成果及多项省部级研究优秀成果奖。主要专著有《社区公共服务论析》（独著）、《中国社会保障制度的再选择》

（第一著者）、《21 世纪中国农民的社会保障之路》（第一著者）；主要论文有《社会政策研究范式的演化及其启示》《新农村建设与农村社会保障探索》《探索第四域》《医疗卫生服务体系改革的第三条道路》《中国长期照护的政策选择》《此集体非彼集体——为社区性综合性乡村合作组织探路》《30 年集体经济改革启示录：乡村发展必由之路》等。

朱健刚 南开大学周恩来政府管理学院教授，博士生导师，南开大学中国社区建设研究中心主任。香港中文大学哲学博士，担任中国社会组织促进会专家委员会委员，中国慈善联合会学术委员。国际第三部门研究学会（ISTR）理事，NVSQ 期刊编委，中国残疾人研究会常务理事，中国社会学会社会政策专业委员会理事，中国人类学与民族学研究会教育人类学常务理事。美国印第安纳大学礼来家族慈善学院兼职教授，深圳国际公益学院特聘教授，清华大学公益慈善研究院学术委员，北京师范大学中国公益研究院咨询委员，曾任中山大学中国公益慈善研究院执行院长，哈佛-燕京访问学者和富尔布莱特访问学者。公益兼职有广东省千禾社区公益基金会副理事长，广州公益慈善书院理事长，福建正荣基金会理事，上海热爱家园青年志愿者协会荣誉理事等。曾获评《公益时报》2017 年年度人物，《中国慈善家》2016 年封面人物，所办机构获得《南风窗》2007 年年度最佳公益组织。

长期致力于研究公益社会学、发展人类学与社会组织发展，多次主持国家社会科学与教育部课题和重点课题。在 *China Quarterly*、《社会学研究》等国际和国内学术核心期刊上发表论文近百篇。曾主编“公益蓝皮书”、《公益》期刊。主要著作有《国与家之间：上海邻里的市民团体与社区运动民族志》《公共生活评论（第一辑）：社区、空间与行动》《责任·行动·合作：汶川地震中 NGO 参与个案研究》《行动的力量：对民间志愿组织实践逻辑研究》等。

摘　要

2021年是“十四五”规划开局之年，也是我国全面建设社会主义现代化国家新征程的正式开启之年。继2008年汶川地震救灾和2016年《慈善法》颁布之后，中国慈善事业迎来了第三波浪潮。

这一年，以第三次分配促进共同富裕的顶层设计初具雏形，乡村振兴的法治化进程明显加快，中国式现代化新道路不断拓展，中国慈善事业被赋予了新的战略意义。受各项政策及国内突发公共事件频发的多重影响，总体来讲，中国慈善事业发展基本面保持稳定，社会组织总量保持低速增长，慈善资源总量持续增加，慈善资产管理继续稳健推进，志愿服务逐步迈向纵深发展。

截至2021年底，全国社会组织总量为90.09万个，较2020年同期增长0.73%，其中，社会团体37.1万个，社会服务机构52.1万个，基金会8885个，分别较2020年同期增长-1.07%、1.96%和5.96%。全国累计慈善信托备案773单，财产规模39.35亿元。共计631家境外非政府组织代表机构依法登记，较2020年增长13.90%。

一直以来，蓝皮书将社会捐赠总量、全国志愿服务贡献价值和彩票公益金三者之和设定为全核算社会公益资源总量。相关测算数据显示，2021年全国社会公益资源总量预测为4466亿元，较2020年增长8.57%，其中社会捐赠总量为1450亿元，彩票公益金总量为1062亿元，志愿者服务贡献价值折现为1954亿元，分别较2020年增长-5.48%、10.64%和20.62%。2021年“99公益日”期间，累计超过6870万人次捐赠，加上腾讯公益慈善基金会6亿元资金支持，总共募得善款41.69亿元。捐赠人次较2020年增长18.86%，募款金额较2020年增长53.84%。

2021年，我国实名注册志愿者总数为2.22亿人，较2020年增长15.63%。全国志愿服务折合人工成本价值约1954亿元，志愿服务指数相对于2020年增长26.41%。中国志愿者继续在疫情防控、应急救援、大型赛会和国家活动等方面发挥着重要作用，但仍面临着志愿服务制度不健全、参与机制不够通畅、行业建设技术落后等诸多障碍和困境。

2021年，《中华人民共和国乡村振兴促进法》出台，标志着我国乡村振兴工作开始驶入法治化轨道。研究报告显示，2017~2021年，参与“三农”领域的社会组织数量保持逐年增长，增速超过了同期全国社会组织总量的年平均增幅。其中，基金会参与乡村振兴的比例从47%提升到51%，为三类社会组织中比例最高。同时，基金会投入乡村振兴的资金更是快速提升，从2016年的141.01亿元增长至2020年的262.81亿元，年均支出增长率达到16.84%。乡村振兴战略的升级以及第三次分配政策被纳入基础制度建设，使得商业向善、科技向善以及财富向善形成三方合力，助推以人人慈善为内核的慈善事业加速实现主流化。

同时，《慈善法》继续开门立法，慈善事业效能得到进一步激发；融合公益与商业属性的新业态组织迅速崛起；商业向善、新技术赋能和社区慈善促进慈善资源高效集聚；公益慈善学科建设和人才培养也迈上了新台阶，慈善第三波的帷幕由此正式拉开。

年度中国公益慈善热点事件，包括豫晋水灾社会救助、企业响应“共同富裕”目标助力公益慈善、系列慈善政策法规出台、公益人才培养等内容，主要聚焦慈善行为、政策环境、社会治理与慈善教育4个面向。

当前，我国慈善事业参与第三次分配和乡村振兴依然面临着来自观念、组织和政策等方面的挑战，推动形成一套各方力量积极参与的社会自我动员机制或许可以成为我国慈善事业未来发展新的方向。展望2022年公益慈善事业新的发展方向，其关键是推动建立一套社会自我动员机制，包含5个维度：一是文化动员机制建设；二是组织动员机制建设；三是社区动员机制建设；四是制度动员机制建设；五是新技术动员机制建设。

关键词： 慈善事业　共同富裕　乡村振兴　社会组织

Abstract

2021 is the beginnig year of the "14th Five-Year Plan", and it is also the year when China's new journey of building a modern socialist country in an all-round way officially begins. Following the 2008 Wenchuan earthquake relief and the 2016 "Charity Law" promulgation, China's philanthropy has ushered in a third wave.

This year, the top-level design of promoting common prosperity through the third distribution has taken shape, the legalization of rural revitalization has been significantly accelerated, the new path of Chinese-style modernization has been continuously expanded, and Chinese philanthropy has been endowed with a new strategic significance. Affected by various policies and the frequent occurrence of domestic emergencies, in general, the fundamentals of China's philanthropy development remain stable, the total number of social organizations maintains a slow growth, the total amount of charitable resources continues to increase, and the management of charitable assets continues to advance steadily. Volunteer service is gradually moving towards in-depth development.

As of the end of 2021, the total number of social organizations nationwide was 900, 900, representing an increase of 0.73% over 2020. Among them, there were 371, 000 social organizations, 521, 000 social service organizations, and 8, 885 foundations, representing an increase of −1.07%, 1.96% and 5.96%, respectively. A total of 773 charitable trusts have been established nationwide, with a trust property value of CNY 3.935 billion. A total of 631 overseas non-governmental organizations' representative offices were legally registered in accordance with the law, representing an increase of 13.90% over 2020.

The Blue Book of Philanthropy: *Annual Report in China's Philanthropy Development* has always calculated the total value of social charity by adding the total amount of social donations, imputed value of hours of voluntary services contributed nationwide, and welfare lottery fund. Relevant calculation data shows that the total value of social charity in 2020 is estimated to be CNY 446. 6 billion, representing an increase of 8. 57% over 2020, of which the total social donations are CNY 145 billion, donations from welfare lottery fund are CNY 106. 2 billion. and the imputed value of voluntary services contributed nationwide reached CNY 195. 4 billion, representing an increase of −5. 48%, 10. 64% and 20. 62% respectively over with 2020. During the "99 Giving Day" in 2021, a total of more than 68. 7 million donations were made, adding the support of CNY 600 million from Tencent Charity Foundation, a total of CNY 4. 169 billion was raised. The number of donations increased by 18. 86% over 2020, and the amount of fundraising increased by 53. 84% over 2020.

In 2021, the total number of real-name registered volunteers in China reached 222 million, representing an increase of 15. 63% over 2020. The volunteer service contribution of labor costs is about CNY 195. 4 billion, and the volunteer service index has increased by 26. 41% compared with 2020. Chinese volunteers continue to play a significant role in epidemic prevention and control, emergency rescue, large-scale competitions, and national activities, however, they still face many obstacles and difficulties, such as an imperfect volunteer service system, a lack of smooth participation mechanisms, and underdeveloped technology of industry construction.

In 2021, the "Law of the People's Republic of China on the Promotion of Revitalization of Rural Areas" was promulgated, which marked the beginning of China's rural revitalization work on the track of the rule of law. According to a research report, from 2017 to 2021, the number of social organizations participating in the "Agriculture, countryside and farmers" fields have maintained an annual increase, and the growth rate has exceeded the average annual increase in the total number of social organizations in China during the same period. Among them, the proportion of foundations participating in rural revitalization increased from 47% to 51%, becoming the highest proportion among the three types of social organizations. At the same time, the growth rate of funds invested by the foundations in rural revitalization has increased rapidly, from CNY 14. 101 billion in 2016 to CNY 26. 281 billion in 2020, with an average annual expenditure growth rate of 16. 84%. The upgrading of the rural revitalization strategy and the third distribution policy have been incorporated into the basic system construction, making business for good, technology for good, and wealth for good to form a tripartite synergy, helping to accelerate the mainstream of philanthropy that centered on a philanthropy that everyone could be easily involed in.

At the same time, the "Charity Law" continued to open to legislation, and the effectiveness of philanthropy was further stimulated; a new type of organizations which integrating philanthropy and commercial attributes rose rapidly; business for good, new technology empowerment, and community philanthropy promoted the efficient gathering of charitable resources; the construction of philanthropic academic disciplines and practitioners training has also reached a new level. The curtain of the third wave of philanthropy has been officially opened.

The Annual Hot Topics in China's philanthropy, which includes in social relief for the floods in Henan and Shanxi provinces, enterprises responding to the goal of "common prosperity" to assist philanthropy, the introduction of a series of philanthropy policies and regulations, and the training of philanthropy talents, is mainly focusing on four faces, which are charitable behavior, policy environment, social governance, and philanthropy education.

At present, the participation of China's charitable undertakings in the third distribution and rural revitalization still faces challenges from perspectives of concepts, organizations, and policies. Promoting the formation of a set of social self-mobilization mechanisms in which all parties actively participate may become a new development for China's philanthropy in the future. Looking forward to the new development direction of philanthropy and charity in 2022, the key is to promote a set of social self-mobilization mechanism, which includes five dimensions: first, the construction of cultural mobilization mechanism; second, the construction of organizational mobilization mechanism; third, the construction of community mobilization mechanism; fourth, the construction of institutional mobilization mechanism; Fifth, the construction of new technology mobilization mechanism.

Keywords: The Third Wave of Philanthropy; Common Prosperity; Rural Revitalization; Social Origanization

目 录

Ⅰ 总报告

Ⅱ 分报告

Ⅲ 专业报告

Ⅳ 专题报告

Ⅴ 附录

CONTENTS

Ⅰ General Report

Ⅱ Sub Reports

Ⅲ Specialized Reports

Ⅳ Special Reports

Ⅴ Appendices

总 报 告

General Report

B.1

慈善第三波：2021年中国慈善事业发展报告

朱健刚　严国威*

摘　要： 2021 年，中国慈善事业在继 2008 年汶川地震救灾和 2016 年《慈善法》颁布之后迎来了第三波浪潮。当社会组织在豫晋水灾中涌现出了继 2008 年汶川地震救灾后最大规模的救援行动的同时，腾讯、阿里巴巴等多家互联网公司纷纷宣布投入巨资支持中国慈善事业的发展，资金额度更是超过 2020 年度全国慈善捐赠总额。这一年，融合公益与商业属性的新业态组织迅速崛起，数字化公益的兴起则为中国慈善事业开始引领世界提供了可能性。此外，随着《慈善法》修订工作继续坚持开门立法，乡村振兴的法治化进程明显加快，以及第三次分配政策被纳入基础性制度安排，我国锚定人人慈善助推共同富裕的慈善政策初步

* 朱健刚，南开大学周恩来政府管理学院教授，博士生导师，主要研究方向为公益慈善与社会转型、社区发展；严国威，广东省残疾人事业发展研究会秘书长，广州社会组织研究院特约研究员，主要研究方向为社区治理、社会组织、残疾人社会政策研究。

显现。然而，当前我国慈善事业参与第三次分配和乡村振兴依然面临着来自观念、组织和政策等方面的挑战，推动形成一套各方力量积极参与的社会自我动员机制或许可以成为我国慈善事业未来发展新的方向。

关键词： 公益慈善　慈善事业　共同富裕

2021 年是“十四五”规划的开局之年，也是我国全面建设社会主义现代化国家的新征程正式开启之年。在新冠肺炎疫情全球大流行的背景下，2021 年中国国内生产总值（GDP）达到 114.4 万亿元，同比增长 8.1%，在全球主要经济体中名列第二。2021 年，中国向世界庄严宣告解决了绝对贫困问题，全面建成小康社会。这一年，以第三次分配促进共同富裕的顶层设计初具雏形，乡村振兴的法治化进程明显加快，中国式现代化新道路不断拓展。正是在这样的背景下，中国慈善事业被赋予了新的战略意义。它不再仅仅是中国社会福利制度的一部分，而是成为国家资源第三次分配的重要主体之一。2021 年，中国慈善事业迎来了继 2008 年汶川地震救灾、2016 年《慈善法》出台之后的第三波浪潮。如果说 2008 年的第一波慈善浪潮让志愿者主流化，2016 年的第二波慈善浪潮让公益慈善组织主流化，那么 2021 年由第三次分配政策所催生出的第三波慈善浪潮则让以人人慈善为内核的慈善事业主流化。尽管道路仍然艰难，但是我们应当相信这一波慈善浪潮必然会给走向共同富裕的中国式现代化道路带来重要影响。本文首先概述 2021 年中国慈善事业发展的基本面，其次描绘慈善第三波的主要特征，最后在此基础上重点探讨中国慈善事业参与第三次分配的现实挑战，并对未来新的发展方向进行展望。

一　2021年中国慈善事业发展的基本面

2021 年，中国公益慈善事业一方面受到第三次分配政策以及“十四五”

规划的影响，另一方面也受到国内突发公共事件频发的刺激。总体来说，中国慈善事业发展的基本面保持稳定，在社会组织总量、慈善资源总量、慈善资产管理以及志愿服务等方面取得一定的发展。

（一）社会组织总量保持低速增长

2021 年，我国慈善事业进入新发展阶段，社会组织总量继续保持低速增长，增速低于过去两年同期数据，但登记认定为慈善组织的机构数量在社会组织总量中的比重有所突破。民政部的统计数据显示，截至 2021 年底，全国社会组织总量为 90.09 万个，较 2020 年同期增长 0.73%，增速明显低于 2020 年同期（3.21%）。其中，社会团体 37.1 万个，社会服务机构（民办非企业单位）52.1 万个，基金会 8885 个，分别较 2020 年同期增长 -1.07%、1.96% 和 5.96%，增速同样明显低于 2020 年同期（分别为 0.81%、4.93%和 10.62%）。[①] 民政部另一项统计数据显示，截至 2021 年 7 月 28 日，全国登记认定为慈善组织的机构总量为 9288 个，较 2020 年同期增长 18.70%，增速显著高于 2020 年同期的 4.33%，在全国社会组织总量中的比重首次突破 1%。[②]

境外非政府组织代表机构登记注册数量及临时活动备案数量稳步增长，基本结构趋于稳定。公安部境外非政府组织管理办公室的统计数据显示，截至 2021 年 12 月 31 日，全国已有 631 家境外非政府组织代表机构依法登记，较 2020 年增长 13.90%，增速高于 2020 年的 8.41%；临时活动备案 4018 项，较 2020 年增长 24.05%，增速低于 2020 年的 32.64%。境外非政府组织代表机构的业务主管单位、活动领域、活动地域等基本结构与往年保持一致。其中，北京、上海、广东、云南、四川依然是境外非政府组织代表机构

① 民政部：《2021 年第 4 季度民政统计数据》，http：//www.mca.gov.cn/article/sj/tjjb/2021/202104qgsj.html，最后检索时间：2022 年 4 月 19 日。

② 中华人民共和国国务院新闻办公室：《民政部举行 2021 年第三季度例行新闻发布会》，http：//www.scio.gov.cn/xwfbh/gbwxwfbh/xwfbh/mzb/Document/1716090/1716090.htm，最后检索时间:2021 年 7 月 28 日。

登记注册最为集中的地区，合计占到全国总量的 67. 67%，与 2020 年数据（67. 87%）基本持平；香港地区非政府组织备案临时活动数量最多，占到全国总量的 50. 30%，与 2020 年数据（50. 90%）基本持平。[①]

（二）慈善资源总量持续增加

慈善资源总量快速增长，标志着我国客观上已经步入社会价值引领经济价值的“善经济”时代。[②] 相关测算数据显示，2020 年全国社会公益资源总量修正为 4113. 84 亿元。其中，社会捐赠总量为 1534 亿元，彩票公益金总量为 959. 84 亿元，志愿者服务贡献价值折现为 1620 亿元。2021 年全国社会公益资源总量预测为 4466 亿元，较 2020 年增长 8. 57%。其中，社会捐赠总量为 1450 亿元，彩票公益金总量为 1062 亿元，志愿者服务贡献价值折现为 1954 亿元，分别较 2020 年增长-5. 48%、10. 64%和 20. 62%。[③]

响应乡村振兴、可持续发展、共同富裕、积极应对人口老龄化等国家战略，以及受豫晋水灾、新冠肺炎疫情等突发公共事件的影响，高净值人群的慈善捐赠大幅增长。2021 年福布斯中国慈善榜上榜的 100 名慈善家的现金捐赠总额为 245. 14 亿元，较 2020 年增长 36. 87%，在 2020 年出现降幅（-6. 6%）的情况下迅猛回升。[④] 2021 年中国捐赠百杰榜上榜的 104 名慈善家的捐赠总额达到 697. 24 亿元，是过往历史最高点（2016 年）的 1. 84 倍，历史平均值（218. 89 亿元）的 3. 19 倍。[⑤]

在开展现金捐赠的同时，股权捐赠继续受到国内慈善家的青睐。2021

---

① 境外非政府组织办事服务平台：《2021 境外非政府组织年度报告》，https：//ngo. mps. gov. cn/ngo/portal/view. do？ p_ articleId = 531422&p_ topmenu = 1，最后检索时间：2022 年 1 月 19 日。

② 尤方明：《专访王振耀：步入“善经济”时代，投身公益慈善事业成为企业必选项》，《21 世纪经济报道》2021 年 9 月 8 日。

③ 宋宗合：《2020~2021 年度中国慈善捐赠报告》，载杨团、朱健刚主编《中国慈善发展报告（2022）》，社会科学文献出版社，2022。

④ 福布斯中国：《2021 福布斯中国慈善榜》，https：//www. forbeschina. com/lists/1769，最后检索时间：2022 年 4 月 19 日。

⑤ 北京师范大学中国公益研究院：《〈中国捐赠百杰榜（2021）〉在京线上发布，千亿元捐赠时代到来》，http：//www. bnu1. org/show_ 2492. html，最后检索时间：2022 年 1 月 21 日。

年金额较大的股权捐赠案例包括：美团 CEO 王兴将所持有的市值 105.541 亿元股票注入王兴基金会，小米集团董事长雷军将所持有的市值 95.1 亿元股票捐赠给小米基金会有限公司（香港）和雷军基金会有限公司（香港），宁德时代董事长曾毓群将所持有的市值 13.74 亿元股票捐赠给上海交通大学。

依托互联网公开募捐平台，人人慈善继续在慈善资源整合方面发挥积极作用。截至 2021 年 9 月 9 日，“99 公益日”共吸引了超过 6870 万人次参与网络爱心募捐，慈善捐赠金额为 35.69 亿元，加上腾讯公益慈善基金会配套支持的 6 亿元慈善资金，慈善捐赠总额达到 41.69 亿元。捐赠人次较 2020 年增长 18.86%，募款金额则较 2020 年增长 53.84%。此外，互联网募捐在突发公共事件，尤其是河南水灾中的表现可圈可点，在 15 个平台上线互联网筹款项目 384 个，吸引 3144.56 万人次捐赠 15 亿元。[①]

（三）慈善资产管理继续稳健推进

慈善信托数量及财产规模持续增长，成为助力家企向荣、财富向善的重要途径。中国慈善联合会与中国信托业协会的统计数据显示，截至 2021 年 12 月 31 日，全国已备案的慈善信托数量累计为 773 单，财产总规模达到 39.35 亿元。其中，2021 年完成备案的慈善信托数量为 227 单，财产规模为 5.71 亿元，年增长率为 32.48%。[②] 除了扶贫济困、教育发展等传统领域之外，乡村振兴、碳达峰碳中和等国家战略成为国内慈善信托发展新的增长点。字节跳动 CEO 张一鸣和龙岩市慈善总会委托设立的“中信信托·2021 芳梅教育慈善信托”在北京市民政局完成备案，财产规模超过 2 亿元，成为国内单笔规模最大的慈善信托，用于推动龙岩市教育事业发展。中国平安成立“平安碳中和绿色金融发展慈善信托”，初始规模为 590 万元，是全国

① 《2021 年晋陕洪灾互联网筹款数据跟踪与分析》，方德瑞信微信公众号，https：//mp.weixin.qq.com/s/3WsmUnExnXB5hc0Qe5LlSw，最后检索时间：2022 年 2 月 24 日。

② 中国慈善联合会、中国信托业协会：《2021 年中国慈善信托发展报告》，http：//www.charityalliance.org.cn/news/14386.jhtml，最后检索时间：2022 年 4 月 19 日。

首只碳中和慈善信托，致力于探索“金融+公益+绿色发展”的公益金融新模式。

（四）志愿服务逐步迈向纵深发展

注册志愿者总数和累计志愿服务时数增长迅速，新时代文明实践志愿服务迈向纵深发展。2021 年全国志愿者总量约为 2.70 亿人，占中国大陆人口总数的 19.10%，较 2020 年增长 3852 万人，增幅为 16.67%。其中，注册志愿者总数为 2.22 亿人，占中国大陆人口总数的 15.72%，较 2020 年增加了 3000 万人，增幅为 15.63%。全国志愿服务组织（队伍）总数为 123 万家，志愿服务参与率达到 7.71%，超过 1 亿名活跃志愿者贡献服务时间 42.07 亿小时，折合人工成本价值约 1954 亿元，中国志愿服务指数总体相对于 2020 年增长 26.41%。[①] 在 2021 年 7 月河南省防汛救灾期间，全国各地共计 150 余万名志愿者奔赴灾区开展水上救援、心理疏导、卫生防疫等志愿服务。[②] 在 2021 年 12 月西安新冠肺炎疫情应急处置期间，4.5 万名志愿者在抗疫一线常态化开展核酸检测指引、社区重点人群排查、困难人群关爱服务、生活及防疫物资运输等各类志愿服务。[③]《中华人民共和国国民经济和社会发展第十四个五年规划和 2035 年远景目标纲要》提出，“实施文明创建工程，拓展新时代文明实践中心建设”。中共中央办公厅印发的《关于拓展新时代文明实践中心建设的意见》要求加快推进新时代文明实践中心在全国县级行政区域全覆盖，整合社会力量建设一支群众身边的志愿者队伍。与此同时，中宣部志愿服务促进中心正式成立，聚焦贯彻落实中宣部对志愿服务事业的战略部署。

---

① 翟雁、朱晓红、张杨：《2021 年度中国志愿服务发展指数报告》，载杨团、朱健刚主编《中国慈善发展报告（2022）》，社会科学文献出版社，2022。

② 聂铂、李皓、董上：《2021 年度中国公益慈善十大热点事件评述》，载杨团、朱健刚主编《中国慈善发展报告（2022）》，社会科学文献出版社，2022。

③ 聂铂、李皓、董上：《2021 年度中国公益慈善十大热点事件评述》，载杨团、朱健刚主编《中国慈善发展报告（2022）》，社会科学文献出版社，2022。

二　中国慈善事业第三波的开启

进入 21 世纪以来，从联合救灾行动、慈善法治建设再到第三次分配，我国慈善事业先后经历了三个重要战略机遇期，在政策、资源、组织以及人才等方面呈现集聚化发展特点。2008 年的汶川地震救灾，政府、企业和社会的协同机制初步显现，为民间慈善组织的大规模联合行动创造了制度空间，助推志愿者主流化。2008 年也因此被称为志愿者元年，我国慈善事业迎来了 21 世纪的第一次发展浪潮。2016 年《慈善法》的出台以及贯彻始终的开门立法原则，既标志着我国慈善事业进入法治化发展轨道，也展示了新型治理格局在慈善法治建设方面的有益探索。《慈善法》为培育发展多元慈善主体和规范各类慈善行为提供了法律依据，助推广义范围的公益慈善组织的主流化，这引领了我国慈善事业在 21 世纪的第二次发展浪潮。2021 年，乡村振兴战略的升级以及第三次分配政策被纳入基础制度建设，使得商业向善、科技向善以及财富向善形成三方合力，助推以人人慈善为内核的慈善事业加速实现主流化，这一切使得我国慈善事业在 21 世纪迎来第三波发展浪潮。主要表现在以下四个方面。

（一）锚定共同富裕的慈善政策初步显现

其一是在共同富裕的目标指引下，人人慈善助力共同富裕的顶层设计初步显现。2021 年，继党的十九届五中全会作出发挥第三次分配作用的决策部署之后，《中华人民共和国国民经济和社会发展第十四个五年规划和 2035 年远景目标纲要》再次提出加大社会保障、转移支付等调节力度和精准性，发挥慈善等第三次分配作用，改善收入和财富分配格局。10 月，中央财经委员会第十次会议更明确提出构建初次分配、再分配、三次分配协调配套的基础性制度安排，推动在高质量发展中实现共同富裕。

2021 年，中央支持浙江省建设共同富裕示范区，在高质量发展促进共同富裕的道路上先行先试。这其中，鼓励和引导高收入群体和企业家积极参与公益慈善事业，完善有利于慈善组织持续健康发展的体制机制，充分发挥第三次分配作用，成为共同富裕示范区建设的重要内容。2021 年 6 月 25 日，浙江省委、省政府出台的《浙江高质量发展建设共同富裕示范区实施方案（2021—2025 年）》进一步提出全面打造“善行浙江”，重点部署以“蜂巢式”浙商公益慈善机制畅通企业参与公益慈善的制度化渠道，以“人人慈善”的现代慈善理念打造全民性慈善活动，以全流程智慧监管规范互联网慈善捐赠等工作路径。

2021 年 8 月 18 日，中央统战部印发《关于深入推进新时代光彩事业创新发展的意见》，提出“探索实现商业思维、科技力量与公益慈善实践的有机结合，在促进解决社会问题中更好地发挥企业家智慧和才能。支持探索发展慈善信托、社会企业、公益创投、影响力投资等新模式，总结推广典型案例和成功经验”。光彩事业是在党和国家的领导下，民营经济人士依托统一战线发起和实施的以促进共同富裕为宗旨的一项崇高事业，通过产业带动和公益帮扶等方式，积极引导民营企业参与科教兴国、乡村振兴等国家战略的实施。

通过上述政策出台，可以看到，在共同富裕的道路上发挥慈善事业第三次分配作用、实现社会组织高质量发展是我国社会组织未来一段时期的发展主线，而切实服务乡村振兴等国家重大战略是其首要内容。自 2017 年习近平总书记在党的十九大报告中正式提出乡村振兴战略以来，中共中央、国务院历年印发的“中央一号文件”均将乡村振兴作为首要内容。乡村振兴是一项艰巨复杂的战略工程，任何单一主体都无法独立完成。在推进国家治理体系和治理能力现代化的进程中，各级党委和政府部门对社会组织参与乡村振兴有着更高的期待和要求。例如，2018 年 1 月 2 日印发的《中共中央 国务院关于实施乡村振兴战略的意见》将建立健全“党委领导、政府负责、社会协同、公众参与、法治保障”的现代乡村社会治理体制，坚持自治、法治、德治相结合，作为中国特色社会主义乡村振兴道路的基本内涵。2021 年 4 月 29 日出台的《中华人民共和国乡村振兴促进法》标志着我国乡村振兴工作开始驶入法治化轨道，其在第 11 条规定各级人民政府要鼓励、支持人民团体、社会组织、企事业单位等社会各方面参与乡村振兴促进相关活动。2021 年 9 月 30 日，民政部印发的《“十四五”社会组织发展规划》对社会组织服务城乡基层提出了三方面要求，即聚焦实现巩固拓展脱贫攻坚成果同乡村振兴有效衔接，聚焦面向特殊群体的养老、育幼、助残等公益事业，聚焦群众关切的基层社会治理问题。2022 年 2 月 15 日印发的《民政部国家乡村振兴局关于动员引导社会组织参与乡村振兴工作的通知》是国家层面出台的首份关于社会组织参与乡村振兴的指导文件，对“十四五”期间动员引导社会组织参与乡村振兴的重点工作进行了总体部署。与此同时，也有相关研究报告显示，乡村公益领域依然存在发展不充分不平衡的问题，亟待在推进基层群众自治组织改革、完善乡村慈善财税支持政策、健全农村社区社会组织分类管理和培育扶持配套政策等领域继续加强制度设计。①

其二是慈善法规的开门立法实践得以延续，慈善事业效能得到进一步激发。2020 年全国人大常委会对《慈善法》实施情况的执法检查显示，当前《慈善法》尚存在与社会财富量级、第三次分配的地位不相匹配，以及在多层次社会保障体系中的效能还需进一步激发等突出问题。② 因此，全国人大常委会正式决定启动《慈善法》修订工作。对此，学界和公益慈善界积极建言献策，北京、上海、广州均有学者和智库举办相关的沙龙和圆桌论坛。与此同时，全国人大社建委委托中国社会保障学会、清华大学公益慈善研究院、北京师范大学中国公益研究院 3 家机构启动《慈善法（修订草案）》（专家意见稿）起草工作。

2020 年 1 月，中央及各地方相关部门发布的 2020~2022 年度公益性社会组织捐赠税前扣除资格名单显示，获得捐赠税前扣除资格的社会组织数量较往年有所减少，引起公益行业高度关注。2021 年 2 月 7 日，财政部、税

① 葛宁、周王瑜、杨团、续志琦：《公益慈善力量助力乡村振兴发展报告》，载杨团、朱健刚主编《中国慈善发展报告（2022）》，社会科学文献出版社，2022。

② 沈跃跃：《全国人民代表大会常务委员会执法检查组关于检查〈中华人民共和国慈善法〉实施情况的报告》，http：//www. npc. gov. cn/npc/c30834/202110/20dcb8233e69453a988eb86a281a2db1. shtml，最后检索时间：2021 年 10 月 21 日。

务总局、民政部发布《关于公益性捐赠税前扣除资格确认有关衔接事项的公告》，对公益慈善事业支出和管理费用比例、评估等级、非营利组织免税资格等规定进行了调整，推动更多因无法参加等级评估或参加评估尚未拿到评估等级的社会组织有机会获得公益性捐赠税前扣除资格。

其三是基层治理共同体建设加快推进，社会组织的公共服务作用继续凸显。这一方面表现为社会组织和社区慈善深度融入城乡基层治理体系，“五社联动”机制不断创新发展。2021 年 4 月 28 日，中共中央、国务院印发《关于加强基层治理体系和治理能力现代化建设的意见》，将公益慈善事业作为推进基层法治和德治建设的重要力量。2021 年 4 月 29 日出台的《中华人民共和国乡村振兴促进法》标志着乡村振兴开始驶入法治化轨道，其将社会组织作为构建现代乡村社会治理体制的重要主体。2021 年 12 月 27 日，国务院办公厅印发的《“十四五”城乡社区服务体系建设规划》同样要求充分调动社会组织、社会工作者、志愿者和慈善资源等社会力量，构建共建共治共享的城乡社区服务体系。另一方面，“十四五”规划已经将公益慈善事业作为重要支撑力量，也将进一步提升公共服务供给能力，这成为社会组织实现高质量发展的重点工作。2021 年 9 月 30 日，民政部发布《“十四五”社会组织发展规划》，围绕着加强社会组织党的建设、完善社会组织法律制度、规范社会组织登记、健全社会组织监管体系、提升社会组织执法水平、加强社会组织自身建设、引导支持社会组织发展以及发挥社会组织积极作用等八大任务，聚焦进一步规范和促进社会组织高质量发展。2021 年 7 月 8 日，国务院印发的《“十四五”残疾人保障和发展规划》明确提出大力发展残疾人慈善事业和服务产业，以政府购买服务、政府和社会资本合作等方式，培育发展助残社会组织和企业参与残疾人服务。2021 年 12 月 30 日，国务院印发的《“十四五”国家老龄事业发展和养老服务体系规划》要求建立健全为老志愿服务项目库，支持公益慈善类社会组织参与为老志愿服务，鼓励慈善组织围绕关爱老年人依法开展慈善募捐、慈善信托等慈善活动，促进老年协会等基层老年社会组织规范化建设。

（二）融合公益和商业属性的新业态的公益慈善组织迅速崛起

其一是公益与商业走向深度融合，社会价值驱动的社会企业加速发展。一般而言，社会企业是以社会使命为中心并且通过商业手段获得可持续性收入以实现自负盈亏的新型组织，以及有意向这类模式发展的传统的营利或非营利组织。[①] 作为融合经济效益、社会效益和政策效益为一体的混合型组织，社会企业成为我国推动第三次分配和实现共同富裕的重要创新型组织载体。2021 年，民建中央向全国“两会”提交《关于弘扬社会企业家精神加快社会企业发展的提案》，首次在国家层面提出培育发展社会企业的政策建议。中央统战部印发的《关于深入推进新时代光彩事业创新发展的意见》明确提出支持探索发展社会企业。与此同时，北京、成都等地支持发展社会企业的政策体系也得到不断完善。

在政策体系逐步完善的同时，社会企业生态系统建设也加快推进。例如，2021 年 3 月，北京社会企业发展促进会与社会企业服务平台（CSESC）共同发起首届“北京市社会企业评优”活动，并于 6 月 10 日举办北京社会企业发展论坛（2021）暨首届北京市社会企业评优颁奖，聚焦推动社会企业有效参与社区治理，构建北京市社会企业行业生态。2021 年 4 月 20 日，在社会企业服务平台和江西省现代城乡社区发展研究中心的指导下，南昌市社会工作协会、江西廊桥企业管理咨询有限公司共同承办了江西省首届社会企业认证推广会议，探讨社会企业家精神和中国社会企业行业认证等社会企业生态系统建设的重要议题。值得注意的是，虽然当前国内社会企业认证工作正在逐步推开，但是由于缺乏更高层次的制度设计，合法性不足仍然是我国社会企业发展的首要问题。相关调查数据显示，35.6%的社会企业通过国内认证，3.4%的社会企业获得国外认证，而没有开展相关认证工作的社会企业占到30%。与此同时，实现持续盈利的社会企业仅超过三成，近两成

① 朱健刚、严国威：《社会企业的内部治理与社会目标达成——基于 C 公司的个案研究》，《理论探讨》2020 年第 2 期，第 177~184 页。

的社会企业持续亏损。[①]

其二是企业基金会服务国家、服务社会、服务群众、服务行业的作用发挥日益明显，企业公益的工作抓手更加牢固。企业基金会是指由特定企业或企业家发起成立并且慈善资源高度依赖特定企业的基金会，其运作的公益项目通常与特定企业所在的行业或其主营业务高度关联。虽然社会各界对企业基金会和特定企业的依附关系的争议从未中断，但是随着 2021 年第三次分配政策落地，企业基金会作为企业履行社会责任、开展企业公益活动重要工作抓手的定位得到进一步强化。相关调查数据显示，在抽样调查的 100 家国有企业和民营企业（各 50 家）中有 44 家企业建立了自己的基金会，其中国有企业 16 家、民营企业 28 家。[②]

2021 年，企业基金会成为企业或企业家大额捐赠的重要对象。例如，美团 CEO 王兴将所持有的市值 105.541 亿元股票注入王兴基金会，推动教育与科研等公益事业发展，并通过美团公益基金会捐赠 1 亿元支持河南水灾受灾群众生活安置。由曹德旺创立的河仁慈善基金会承诺投入 100 亿元在福州市建设福耀科技大学，并向河南省人民政府捐赠 1 亿元用于防汛抗灾。小米集团董事长雷军将所持有的市值 95.1 亿元股票捐赠给小米基金会有限公司（香港）和雷军基金会有限公司（香港），并通过北京小米公益基金会向河南、山西、西安累计捐赠 7000 万元用于防汛救灾和新冠肺炎疫情防控。在安踏集团成立 30 周年之际，董事局主席兼 CEO 丁世忠宣布投入价值 100 亿元的现金及家族持有股票成立和敏基金会，并捐赠其中的 20 亿元全资建设上海市第六人民医院福建医院（福建和敏医院）。在驰援河南水灾期间，企业基金会成为社会力量整合慈善资源参与救灾工作的重要代表，成为联结企业资源、社群需求、政策部署和公益组织发展的桥梁。例如，2021 年 7 月 21 日，北京字节跳动公益基金会、支付宝公益基金会、腾讯公益慈善基

① 徐家良、何立军主编《社会企业蓝皮书：中国社会企业发展研究报告（No.1）》，社会科学文献出版社，2022。

② 钟宏武、肖玮琪：《企业公益蓝皮书（2021）——基于第三次分配视角》，责任云研究院，2021。

金会、阿里巴巴公益基金会、美团公益基金会的河南水灾救援捐款均达亿元级别。

其三是传统的慈善组织公信力建设再遭质疑，政府监督日趋加强。在组织面向，2021 年的慈善事业第三波不仅表现为社会企业和企业基金会等新业态组织迅速兴起，同时也表现为传统慈善组织的公信力建设问题再次被公众积极关注。例如，中华儿慈会在河南周口实施的关爱新生命项目被公众质疑“以公益之名卖奶粉”。鸿星尔克在河南水灾救援期间的 5000 万元捐赠引发网友“野性消费”，同时被公众质疑诈捐，壹基金和河南省慈善总会亦牵连其中。“不要烫伤我的童年”公益项目被公众投诉违规套捐，中国社会福利基金会烧烫伤关爱公益基金和腾讯公益慈善基金会陷入公信力危机。腾讯公益慈善基金会从战疫基金中拿出 2 亿元，依托腾讯公益平台发起“千百计划”（千名筹款官补贴资助项目），但在第一批名单公示时，关于其入选标准的解读与执行的争议不绝于耳。

与此同时，打击整治非法社会组织，净化社会组织生态空间，继续成为 2021 年各级政府有关部门的重要工作。2021 年 3 月 20 日，民政部会同中央和国家机关在全国范围内部署开展为期 3 个半月的打击整治非法社会组织专项行动，共查处涉嫌非法社会组织 3852 家。为防范化解社会组织风险，民政部于 2021 年 7 月 30 日在全国范围内开展“僵尸型”社会组织专项整治行动。

（三）商业向善、新技术赋能和社区慈善促进慈善资源高效集聚

其一是商业向善助力国家战略实施，企业公益第三次分配作用明显。中央财经委员会第十次会议之后，国内企业深刻理解共同富裕和三次分配的制度安排，积极履行社会责任。2021 年，腾讯公司投入 500 亿元启动“可持续社会价值创新”战略，随后增加 500 亿元资金启动“共同富裕专项计划”，重点关注乡村振兴、低收入人群增收、基层医疗体系完善、教育均衡发展等民生领域。拼多多公司投入 100 亿元设立农业科技研究专项基金，旨在解决农业部门和农村地区面临的关键问题。阿里巴巴集团启动“阿里巴

巴助力共同富裕十大行动”，计划在2025年前投入1000亿元助力共同富裕。广药集团宣布成立“刺柠吉”十亿乡村振兴基金，成为全国首个乡村振兴基金，将用于未来5年帮扶贵州打造新产业、拉动新消费。2021年以来，在全国工商联等部门的带动下，黑龙江、重庆、云南、河北、内蒙古等省区市陆续启动“万企兴万村”行动，引导动员民营企业通过公益帮扶和投资经营相结合等方式助力乡村振兴。继杭州市西湖教育基金会推动创办西湖大学之后，河仁慈善基金会宣布出资100亿元筹建福耀科技大学，滨州士平公益基金会、宁波市虞仁荣教育基金会也陆续发布工作规划，助力我国科技和教育事业高质量发展。相关统计数据显示，我国企业履行社会责任行为多为慈善捐赠，支持方向主要是教育、健康、扶贫三大领域，捐赠金额与企业的经营状况和盈利水平密切相关。其中，民营企业的捐赠金额占净利润的比例最大，央企次之。与此同时，员工公益也是中国企业履行社会责任的一项内容，全员人均公益小时数约1.5小时，参与者人均公益小时数约5.75小时，活动领域覆盖教育、扶贫和抗击疫情等方面。①

与此同时，相关统计数据显示，随着慈善事业作为改善分配格局、实现共同富裕的重要路径被纳入国家基础性制度安排，国内高净值人群对公益慈善事业的关注度和参与度明显上升，高净值人群和民营企业的捐赠行为呈现更强的组织性和持续性，更多地使用了专项基金、家族基金会、慈善信托等结构清晰明确、捐赠行为可溯的捐赠工具。②

其二是社会价值创新理念升级迭代，新技术赋能慈善资源高效聚集。进入新时代，传统的慈善捐赠已经不再是企业履行社会责任的唯一选择，而是涌现出志愿服务、社会企业、影响力投资等新的思路与方法。③ 国内一些追求卓越发展的企业开始在社会价值创新理念方面升级迭代，在企业社会责任

① 郭沛源、周文慧、安国俊：《2021年企业社会责任报告》，载杨团、朱健刚主编《中国慈善发展报告（2022）》，社会科学文献出版社，2022。

② 潘光伟、廖理：《中国私人银行发展报告（2021）暨中国私人银行公益慈善白皮书》，中国金融出版社，2021。

③ 邓国胜、朱绍明：《第三次分配视角下企业慈善责任的新路径》，https：//mp. weixin. qq. com/s/QoyUstAIuF-WwwqS5ncDWw，最后检索时间：2022年3月1日。

（CSR），环境、社会和企业治理（ESG），多样性、公平和包容（DEI），可持续发展目标（SDGs）等理念中寻求提升竞争力的新方法。2021 年 4 月 19 日，腾讯公司宣布将公司战略升级并聚焦“扎根消费互联网，拥抱产业互联网，推动可持续社会价值创新”，同时专门设立可持续社会价值事业部（SSV）。

在互联网企业升级发展战略、开启科技向善新模式的同时，AI 技术、云计算、网络直播成为中国特色互联网公益的重要发展路径。相关统计数据显示，截至 2021 年 11 月，抖音平台公益话题短视频数量已突破 29.1 万条，播放量已超过 94.2 亿次；快手平台公益话题短视频数量已超过 5.8 万个，播放量达到 13.5 亿次；微信视频号公益话题短视频数量也达到 2.3 万个。[①] 虽然互联网慈善在发展过程中暴露了相关问题，但与传统慈善相比，互联网慈善在发掘慈善资源、链接慈善需求、拓展慈善项目覆盖范围、激发慈善创新、促进慈善生活化、弘扬慈善文化等方面都比传统慈善更具优势。尤其在突发的公共危机事件面前，互联网慈善更显现出了其强大的动员能力以及快速便捷等特点，能很快回应和部分解决社会的需求。[②]

互联网公开募捐平台的建设更是将我国慈善资源的集聚推向了新的高度，给公益慈善行业发展带来了深远的影响。截至 2021 年底，共有 30 家互联网募捐信息平台为慈善组织提供公开募捐信息发布服务，其中 21 家平台由企业运营、7 家由基金会运营、1 家由社会团体运营、1 家由民办非企业运营。相关统计数据显示，截至 2021 年 11 月底，30 家平台年度募集善款总额为 87.5 亿元，带动 7.7 亿人次参与捐赠，较 2020 年 20 家平台年度募集善款总额增加 5.5 亿元。[③]

其三是基层慈善主体实现多元发展，社区慈善成为慈善资源新增长点。

① 《中国互联网公益观察报告（2020~2021）》，《南方周末》，http://www.infzm.com/wap/#/content/218810，最后检索时间：2022 年 4 月 7 日。

② 赵杰翔、朱健刚：《互联网慈善与数字公益报告》，载杨团、朱健刚主编《中国慈善发展报告（2022）》，社会科学文献出版社，2022。

③ 《中国互联网公益观察报告（2020~2021）》，《南方周末》，http://www.infzm.com/wap/#/content/218810，最后检索时间：2022 年 4 月 7 日。

随着基层治理创新深入推进，培育发展社区基金会、社区慈善基金、乡镇（街道）社工站等多元化的慈善主体成为各地发展社区慈善的重要工作方向。2021 年开始实施的《广州市慈善促进条例》《上海市慈善条例》等地方法规明确提出推动社区慈善发展的具体举措。《中共中央 国务院关于加强基层治理体系和治理能力现代化建设的意见》将社区基金会纳入基层治理体系，明确要求创新社区与社会组织、社会工作者、社区志愿者、社会慈善资源的联动机制，支持建立乡镇（街道）购买社会工作服务机制和设立社区基金会等协作载体。

相关统计数据显示，截至 2021 年 7 月 1 日，国内总计有 187 家社区基金会，上海、广东、浙江社区基金会数量位列前 3，上海社区基金会数量和开展项目数量均为最多。[①] 与组织化的社区基金会相比，设立于具有公募资格的慈善组织下面的社区慈善基金在以小资金撬动大服务、推动慈善资源下沉等方面具有更大的灵活性。2021 年 12 月 14 日，广州市民政局印发《广州市推动社区慈善发展行动方案（2021—2023 年）》，全面部署加快完善社区慈善体系。截至 2021 年底，广州市共设立社区慈善基金 422 个，筹款总额超 3000 万元。[②] 2021 年 12 月 21 日，中国慈善联合会发布由广州市番禺区慈善会牵头起草的《社区慈善基金运行指南》，为规范运作社区慈善基金提供行动指引。截至 2022 年 1 月底，苏州市 96 个乡镇（街道）和 565 个村（社区）建立社区慈善基金，聚集了近 5200 万元慈善资金服务基层。成都市在成都市慈善总会、四川省红十字基金会、各社区发展基金会等慈善组织设立了超过 1000 个社区基金，覆盖成都 23 个区、市、县的城乡社区。[③]

其四是乡村振兴战略加速中国慈善事业破圈升级，基金会在乡村产业振

① 北京易善信用管理有限公司：《中国社区基金会数据报告》，相关数据及结论参见安徽公益网：http：//www.ahgyw.org/show-3396-4068-1.html。

② 苏赞、贾政、刘春林：《社区慈善激发活力充满广州“烟火气”》，《广州日报》2021 年 12 月 21 日，第 T6 版。

③ 谢琼：《促进社区慈善发展，释放慈善事业潜力》，《中国社会报》2022 年 2 月 9 日，第 A03 版。

兴领域的资源投入增幅明显。实施乡村振兴战略是推进中国式现代化新道路的核心内容，也是新时代中国最大的公益事业。2021 年，随着推动社会力量参与乡村振兴的制度设计逐步完善，中国慈善事业加快实现破圈升级，发展目标从关爱帮扶社会弱势群体逐步转向统筹推进乡村社区整体性发展，政府主导、市场参与、社会协同、居民参与的多元治理格局也得到更好呈现。围绕着产业振兴、人才振兴、文化振兴、生态振兴、组织振兴等乡村振兴的关键领域，政府公益和社会公益所共同推进的乡村公益慈善行动已经覆盖了乡村社区发展的方方面面。研究报告显示，2017~2021 年，参与三农领域的社会组织数量保持逐年增长，增速超过了同期全国社会组织总量的年平均增幅。这其中，基金会参与乡村振兴的比例从 47%提升到 51%，成为三类社会组织中比例最高的。与此同时，基金会投入乡村振兴的资金更是快速提升，从 2016 年的 141. 01 亿元增长至 2020 年的 262. 81 亿元，年均支出增长率达到 16. 8%。① 产业振兴是基金会参与乡村振兴最主要的工作领域，涌现出了诸多具有较大影响力的品牌项目。例如，“善品公社” 和 “百美村宿” 是中国扶贫基金会创立的两大支农品牌项目，这两大项目 2021 年的筹资总额高达 8180. 9 万元，支出总额也达到 7896. 11 万元。龙塘乡村振兴项目源于友成企业家扶贫基金会 2017 年起对雷山县西江镇龙塘村开展的定点帮扶工作，2018 年携手融创中国控股有限公司与雷山县人民政府签约，以整体陪伴的方式，持续赋能村民，培育社区自组织和发展壮大集体经济组织，以文旅为切入点，推进三产融合发展。国强公益基金会自 2013 年成立以来，在碧桂园集团支持下，先后参与 16 省 57 县的精准扶贫和乡村振兴工作，通过帮扶产业项目、建立社区新零售和助农品牌，让更多农民分享产业发展的红利，累计惠及农户 17. 5 万户，助力 49 万人脱贫。广东贫困农村生态农业扶贫项目是四川海惠助贫服务中心在广东恩平开展的产业振兴项目，在汇丰银行（中国）有限公司资助下，旨在帮助贫困农户发展养羊、

① 葛宁、周王瑜、杨团、续志琦：《公益慈善力量助力乡村振兴发展报告》，载杨团、朱健刚主编《中国慈善发展报告（2022）》，社会科学文献出版社，2022。

养牛、养猪、养鸡等畜牧养殖业，并通过特有的“礼品传递”模式带动周边农户发展。

（四）公益慈善学科建设和人才培养迈上新的台阶

2021 年，我国公益慈善教育发展取得新突破，公益慈善人才培养迈上新台阶，成为助推慈善事业第三波浪潮的重要支撑。这一方面表现为国内高校的公益慈善学科建设取得长足的发展。5 月 8 日，浙江工商大学获得来自企业的 3.5 亿元大额慈善捐赠，用于建设全国首家慈善学院和慈善大楼，培养本硕博国民教育系列公益人才。8 月，浙江工商大学申报的慈善管理本科专业和山东工商学院申报的公益慈善管理本科专业进入教育部公示阶段。11 月 6 日，清华大学公益慈善研究院和敦和基金会联合主办首届“清华—敦和中国高校公益慈善教育论坛”，深入探讨中国大学公益教育的使命、中国高校公益教育现状和发展方向、人才需求视角下的高校教育与行业支持、公益慈善通识教育的未来以及课程教学组织与方法等议题，并发布《中国高校公益慈善教育报告 2021》。与会的 40 所高校联合发起《关于共同推动中国高校公益慈善教育的倡议》，截至 2021 年 12 月底，共有 53 所院校或研究机构响应并加入，中国高校公益慈善教育共同体呼之欲出。但同时，我们也清醒地认识到，出现于 2011 年的我国高校公益慈善学历教育仍然面临着项目数量屈指可数、教育模式尚处于原型塑造阶段，以及创新主体中市场驱动乏力、政府推动缺位等问题，存在高度的不确定性和非稳定态。①

另一方面则表现为社会创新和商业向善越发受到管理类非学历教育的重视。2021 年 3 月，中欧商学院将引领责任教育、全力赋能校友等确立为未来 5 年的重要战略举措，并在 11 月举办“2021 首届中欧校友公益年会”，旨在推动校友群体与企业参与中国公益慈善事业。8 月，长江商学院首次开设“长江 EMBA 社会创新与商业向善实践课程”必修课程，要求企业家学

---

① 蓝煜昕：《中国公益慈善学历教育发展报告 2021》，NGO 观察，https：//mp.weixin.qq.com/s/yqVZJnBxocV8zRlih_ qnJQ，最后检索时间：2022 年 4 月 7 日。

员将公益和社会责任相融合纳入企业未来实现差异化和可持续发展的重要战略。11 月，深圳国际公益学院 GSE 项目首期班开学，旨在培养卓越的复合型社会企业家。

综上所述，在共同富裕战略的影响下，企业、技术、社区和教育等各个方向都体现了公益慈善事业第三波的启动，而这与第三次分配的政策落地以及作为其重要实践场域的乡村振兴战略的逐步完善息息相关。

三　思考与展望

（一）第三次分配政策下的慈善事业的挑战

当前我国慈善组织的发展短板依旧明显。我国已认定的慈善组织数量有限，2021 年才首次超过社会组织总量的 1%。不少慈善组织普遍面临专业人才缺乏、作用发挥有限、公信力建设滞后等问题，并且在提供专业服务和分配慈善资源等方面遭到社会公众的质疑。面对新形势和新问题，2016 年出台的《慈善法》的各方面效能还需进一步激发。① 这突出表现为互联网慈善和社区慈善缺乏足够而明确的规范措施，社会捐赠活力无法被充分激发；社会组织申请认定为慈善组织的内在动力不足，慈善捐赠和慈善信托等方面的税费减免政策有待强化落实。

就此而言，虽然随着 2021 年第三次分配政策的出台和乡村振兴战略的升级，融合公益与商业属性的新业态组织迅速崛起，商业向善、新技术赋能和社区慈善促进慈善资源高效集聚，公益慈善学科建设和人才培养也迈上了新台阶，慈善第三波的帷幕由此正式拉开，但是中国慈善事业的春天还远未到来。

① 《全国人民代表大会常务委员会执法检查组关于检查〈中华人民共和国慈善法〉实施情况的报告》，全国人民代表大会，http：//www. npc. gov. cn/npc/c30834/202010/afc0a05adb4242b49920c2251017205e. shtml，最后检索时间：2022 年 4 月 7 日。

（二）展望中国慈善事业新的发展方向

走向共同富裕的中国式现代化道路需要慈善事业充分参与，而2021年仅仅是慈善事业第三波的开始。慈善事业有效参与第三次分配不仅需要相关顶层设计，同时也需要更加友好的社会环境支撑。这其中包括如何通过深化“放管服”改革，持续优化民营企业的营商环境，也包括如何在基层治理体系和治理能力现代化的历史进程中实现城乡社区治理的主体性回归和公共性建设。[①] 因而，在未来几年，围绕着第三次分配如何落实的争论或许都将是一个焦点话题。

第三次分配既需要政府科学地设计，也需要社会各界的积极参与。其关键是推动一套社会自我动员机制，这是我们展望2022年公益慈善事业的新的发展方向。这种动员机制有5个维度，一是文化动员机制建设，通过倡导现代慈善文化，让人人慈善和法治慈善的观念深入人心，让行善者得到社会的尊重和肯定，完善慈善人人皆可参与的动力机制，筑牢慈善事业的社会基础；二是组织动员机制建设，重点通过培养劝募员等慈善募捐专业人才，提升公益慈善组织的资源筹募能力，同时加强公益慈善组织问责机制建设；三是社区动员机制建设，结合社区发展脉络和优势要素，推动建立和创新社区与社会组织、社会工作者、社区志愿者、社会慈善资源的联动机制，培育以社区居民、志愿者、社会工作者为主体的社区公益骨干，依据社区文化传统塑造社区公共空间；四是制度动员机制建设，继续调动各方力量积极参与《慈善法》等法律政策的制定和修订，让法律政策成为规范和促进第三次分配的催化剂；五是新技术动员机制建设，以现代信息技术力量赋能公益慈善，借助科技红利更好地调动各方积极参与公益慈善。

① 李友梅、肖瑛、黄晓春：《当代中国社会建设的公共性困境及其超越》，《中国社会科学》2012年第4期。

分 报 告

Sub Reports

B.2

2020~2021年度中国慈善捐赠报告

宋宗合*

摘　要： 慈善资源总量是慈善事业发展的基础，由慈善捐赠、志愿服务贡献价值和彩票公益金构成的慈善资源在2020年总量为4114亿元，其中慈善捐赠为1534亿元，2021年测算慈善资源总量为4466亿元，比上年度增长了8.57%，但是增量主要来自志愿服务贡献价值，慈善捐赠维持在上年度水平。作为慈善事业晴雨表的组织化慈善捐赠接收量在结构上依然难有改善，企业捐赠再度跃升70%以上，人人慈善局面的愿景需要慈善事业的发展有所创变才能改善，慈善服务质量应该起到引导公众慈善认同的作用，让慈善资源发挥应有价值。

关键词： 慈善捐赠　慈善资源　慈善质量

* 宋宗合，中民社会救助研究院执行院长、中国老龄产业协会专家委员会副主任，主要研究方向为社会救助、社会福利等。

一　2020年中国慈善捐赠概况

（一）慈善资源总量

本报告所指慈善资源的总量由三部分[①]构成：一是来自可统计的社会捐赠现金加物资总和，二是来自全国志愿服务的贡献价值，三是来自彩民购彩所筹集的彩票公益金。

2020 年慈善资源总量为 4113.84 亿元，其中社会捐赠总量为 1534 亿元，志愿者服务贡献价值折现为 1620 亿元[②]，彩票公益金的筹集额度为 959.84 亿元（见图 1）。[③]

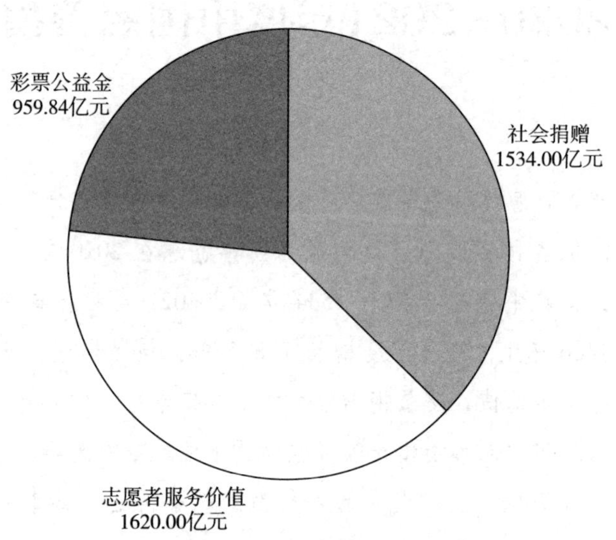

图 1　2020 年慈善资源总量

资料来源：2020~2021 年度中国慈善捐赠报告测算值。

---

① 《中国慈善发展报告》创造性提出全核算社会公益总价值的概念，认为慈善资源总量由社会捐赠总量、全国志愿服务贡献价值和彩民购彩所筹集的彩票公益金三部分构成。

② 朱晓红、翟雁、张杨、辛华：《中国志愿服务指数发展报告（2020）》，载杨团、朱健刚主编《中国慈善发展报告（2021）》，社会科学文献出版社，2021。

③ 财政部 2020 年彩票公益金筹集分配情况和中央集中彩票公益金安排使用情况公告。

2020 年慈善资源总量比 2019 年的 3449.74 亿元增加了 664.1 亿元，增量主要来自抗击新冠肺炎疫情带来的爱心捐赠和志愿服务价值。

1. 社会捐赠总量

社会捐赠量化统计经历了诸多变化，较大的变化来自民政部。自 2019 年应急管理部开设救灾捐赠接收账户、民政部注销捐赠接收账户后，2018 年民政部所公示的社会捐赠数额就只包含了已采集的参与年检的社会组织所接收的捐赠数据，而且当年数据是上一年数据的汇总。

为保持数据的一致性，本报告仍以民政部官方公布数据为蓝本，将年份错位数据移正，同时增加了官方未纳入的其他汇总数据和测算数据。根据《中国民政统计年鉴》，其社会组织捐赠数据包含了年度公报已统计的基金会、社会团体、社会服务机构年检报送数据，但是依据《中华慈善年鉴》数据可得，慈善会系统并未完全被纳入年检数据，免登社团也不在统计范围。根据这一逻辑，目前中国社会捐赠总量由基金会，参与年检的社会团体、社会服务机构（民办非企业单位），免登团体，慈善会系统，政府，事业单位和宗教场所接收的慈善资金构成。如图 2 所示，由于参与年检的社会团体、社会服务机构中并未完全包含慈善会系统，而慈善会系统之中有部分已经

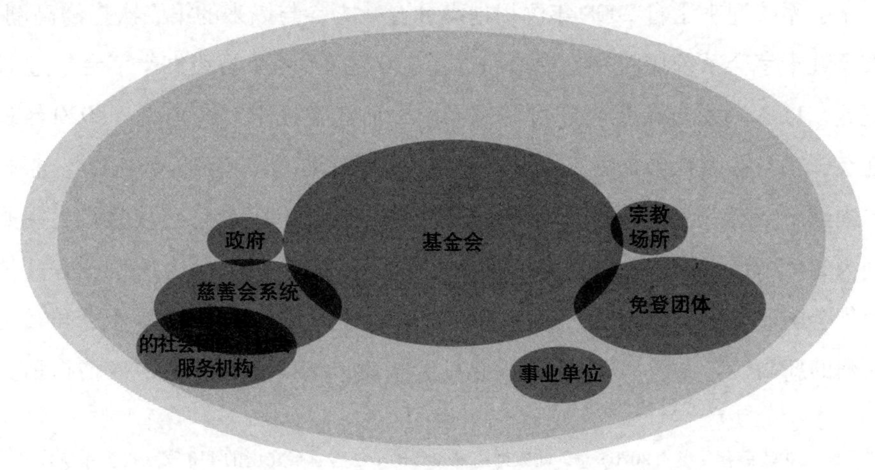

图 2　中国社会捐赠接收主体构成

注：（1）外圆为中国慈善捐赠整体；（2）叠加阴影为可能重复计算的部分。

登记为基金会，免登团体、宗教场所之中也有其所主管的或登记的基金会存在，而在这些多元捐赠接收主体之中，也存在相互转移捐赠的情况，因此实际社会捐赠总量需要在统计总和时尽可能做好去重工作。

根据中国慈善联合会历年监测样本测算，2020 年，来自政府的捐赠约为 150 亿元，与 2019 年的 144 亿元基本保持同一水平。

根据基金会中心网采集基金会年报数据汇总测算，基金会行业近年处于稳态发展阶段，注册增量较少，捐赠接收量也保持在特定水平。2018 年基金会行业接收捐赠量为 704. 3 亿元，2019 年捐赠接收量为 712. 9 亿元，2020 年保持微增，维持在 720 亿元。

2020 年慈善会系统接收社会捐赠总量为 344. 02 亿元①，比 2019 年的 284. 84 亿元增加了 59. 18 亿元。但是从实际情况来看，中华慈善总会 2020 年的实际社会捐赠接收额为 73. 57 亿元，持续走低，部分地方慈善会则表现出相应活力，整体抬高了慈善会系统的社会捐赠接收额。由于慈善会系统中有部分会员单位为基金会，且存在转捐重复计算问题，实际慈善会系统接收社会捐赠的数额约为 310 亿元。②

2020 年，由于抗击新冠肺炎疫情掀起的捐赠热潮，免登团体之中的红十字会系统迎来了自 2008 年汶川地震社会爱心参与以来的第二次捐赠高潮，整个红十字会系统接收社会捐赠超过了 210 亿元，4 个省级红十字会超过 10 亿元，11 个省级红十字会超过 7 亿元。以浙江省红十字会为例，2020 年浙江红十字会接收社会捐赠 17. 49 亿元，其中疫情防控资金 13. 58 亿元。根据中国红十字会总会审计报告可得，2019 年中国红十字会总会接收社会捐赠额为 3975 万元，而 2020 年度接收社会捐赠为 9. 27 亿元。另一个免登团体中华全国归国华侨联合会（以下简称“中国侨联”）也在 2020 年获得社会捐赠的新高，全系统 2020 年度接收社会捐赠 64. 97 亿元，其中疫情捐赠为

① 《中华慈善年鉴（2020）》，此数据主要包含中华慈善总会在内的 110 家慈善会系统成员接收捐赠汇总。

② 根据历年慈善会系统数据测算，其转移捐赠量和内含基金会捐赠接收量约占慈善会系统捐赠接收总量的 10%。

44.14 亿元。根据非常态情形下的社会捐赠表现，结合常态捐赠统计数据测算，刨除这些系统中可统计的参与社会组织年检的基金会获捐数据，免登团体在 2020 年的社会捐赠接收额约为 250 亿元，是常态年份下的 4 倍。

根据测算，2020 年来自事业单位的捐赠接收额为 70 亿元，来自宗教场所的捐赠接收额为 35 亿元（见图 3）。

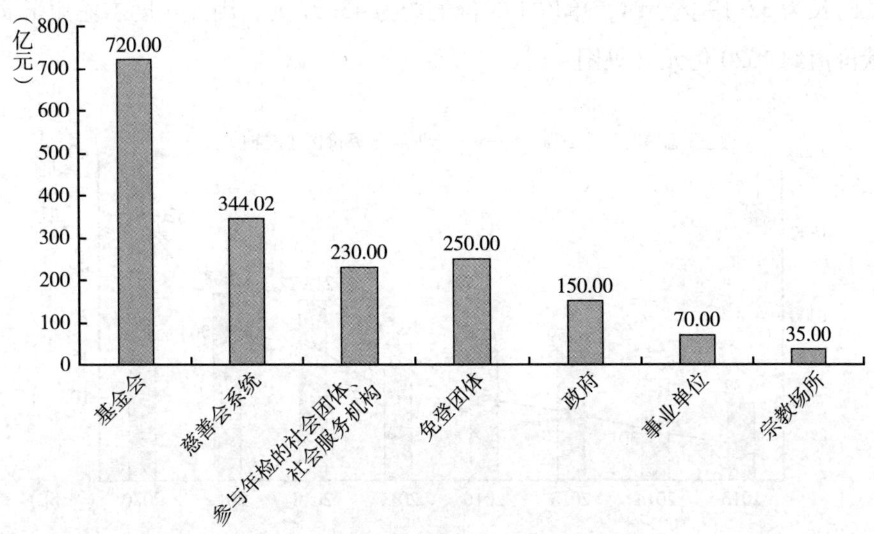

图 3　2020 年社会捐赠接收主体构成

注：此为未去重各接收主体接收社会捐赠数额。

资料来源：《中国民政统计年鉴》、《中华慈善年鉴》、中国慈善联合会慈善捐赠监测样本数据等。

如此，不做去重工作，各捐赠接收主体接收社会捐赠总量为 1799 亿元，去除可见重复性计算工作主要围绕慈善会系统展开，扣除系统内转捐和慈善基金会可能叠加计算部分，约占慈善会系统捐赠总量的 10%，而慈善会系统捐赠总量纳入年检部分的数量约为慈善会系统捐赠总量的 65%。去重计算后，2020 年的社会捐赠总额为 1534 亿元。按照样本测算分析社会捐赠的现金及有价证券捐赠和物资捐赠，现金与物资比约为 70.7∶29.3。

2. 志愿服务贡献价值总量

志愿服务贡献价值是由志愿者参与志愿服务的时长折算而得，是反映提供无偿志愿服务的劳动人口在社会服务行业中所贡献的经济价值。本报告采用国际劳工组织推荐的“替代成本计算法”（the replacement cost approach），即志愿服务贡献价值=社会服务行业（社会组织）雇员平均工资（元/小时）×志愿服务小时数。

2020 年总量为 2.31 亿人的注册志愿者和非注册志愿者参与志愿服务的总时长为 37.19 亿小时，单位小时价值约为 43.57 元，因此年度志愿服务贡献价值约 1620 亿元（见图 4）。

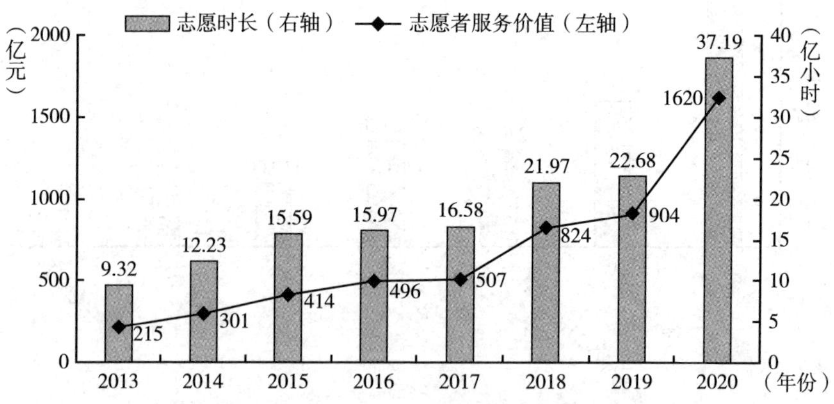

图 4　2013~2020 年志愿服务时长及价值

资料来源：汇总自历年《中国志愿服务指数发展报告》。

3. 彩票公益金总量

彩票公益金来自中国两彩销售总量的提取，2020 年由于受新冠肺炎疫情影响和彩票品种结构调整优化，彩票销售虽有波动但依然向好。2020 年两彩销售总量为 3339.51 亿元，筹集彩票公益金总量为 959.84 亿元，彩票公益金总体提取率为 28.74%（见图 5）。

4. 慈善资源总量分析

综合以上三部分测算，2020 年中国慈善捐赠资源总量为 4113.84 亿元。从 2013 年至 2020 年的慈善资源纵向测算结果来看，慈善资源总量在这几年间实现了翻倍，中国整体慈善资源的发展状况稳步增长（见图 6、图 7）。

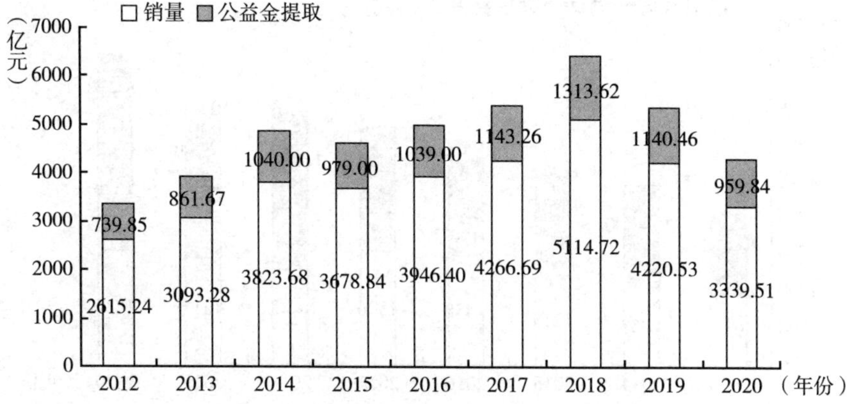

图 5　2012~2020 年中国彩票销量及公益金筹集

资料来源：财政部彩票公益金使用公告、财政部彩票销售月度数据等。

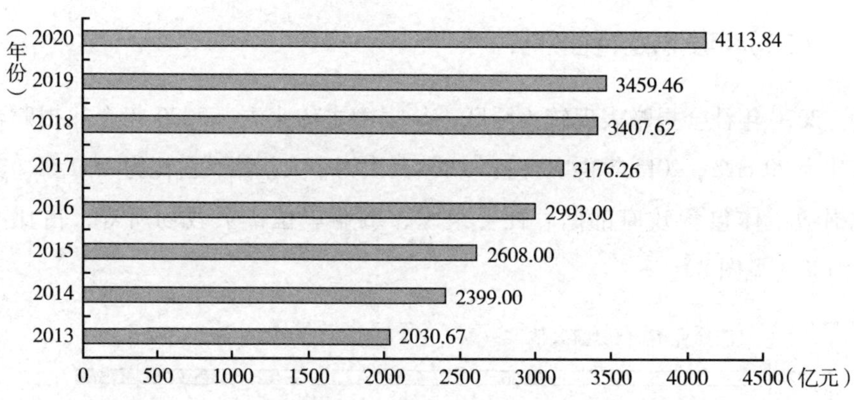

图 6　2013~2020 年慈善资源总量

资料来源：年度中国慈善捐赠报告测算值汇总。

而从三部分构成要素来看，社会捐赠增幅较为稳定。由于技术的发展和测算方法的进步，更多的志愿服务力量被动员，志愿服务贡献价值整体呈跃升式发展，增幅较大。彩票公益金的筹集取决于彩票销售，随着国家彩票政策的调整，尽管彩票销量在短时政策干预下市场下滑，但从整体发展态势来看依然保持稳健发展。

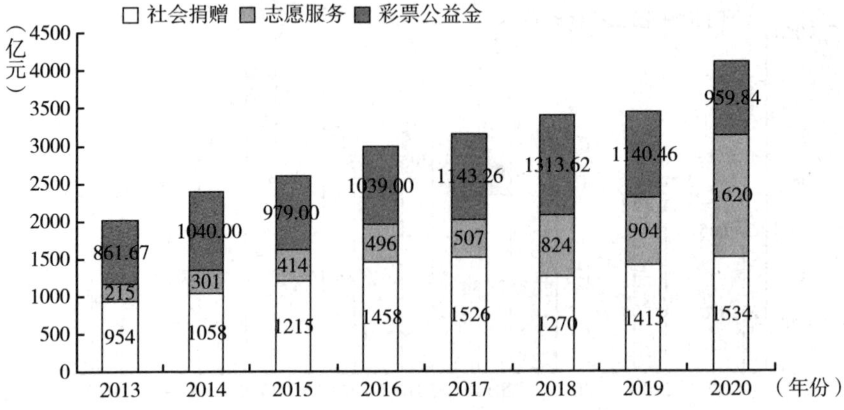

图 7　2013~2020 年中国慈善资源总量构成

资料来源：年度中国慈善捐赠报告测算值汇总。

（二）年度捐赠特征分析

2020 年社会捐赠表现较为活跃，从捐赠主体来看，2020 年企业捐赠额占比为 70.66%，2015 年再次突破 70%。其次为个人捐赠，占比为 25.13%。其他捐赠主体包含政府部门、社会组织、事业单位、宗教场所等，占比为 4.21%（见图 8）。

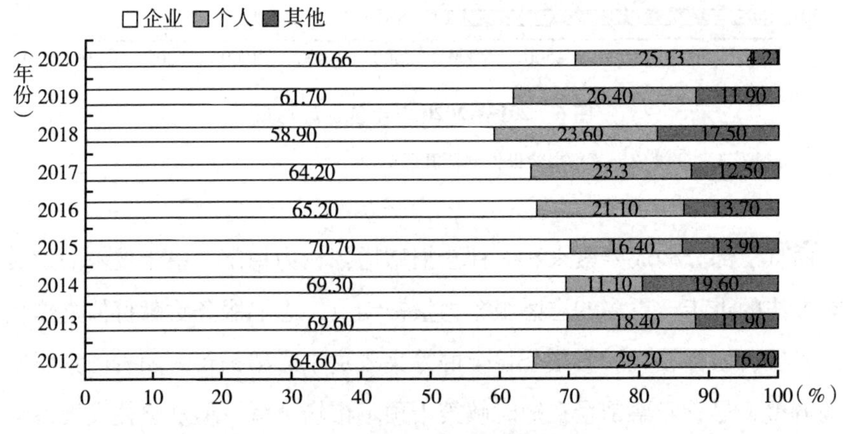

图 8　2012~2020 年社会捐赠主体占比

资料来源：年度中国慈善捐赠报告测算值汇总。

疫情防控问题牵动人心，受新冠肺炎疫情影响，医疗健康领域的资金投注飙升，2020 年度达到近五年来的高点，为 34.05%。另外，扶贫开发资金的投入占比为 18.48%。教育救助一直是中国公益慈善领域比较受关注的焦点之一，2020 年占比达到 21.59%（见图 9）。

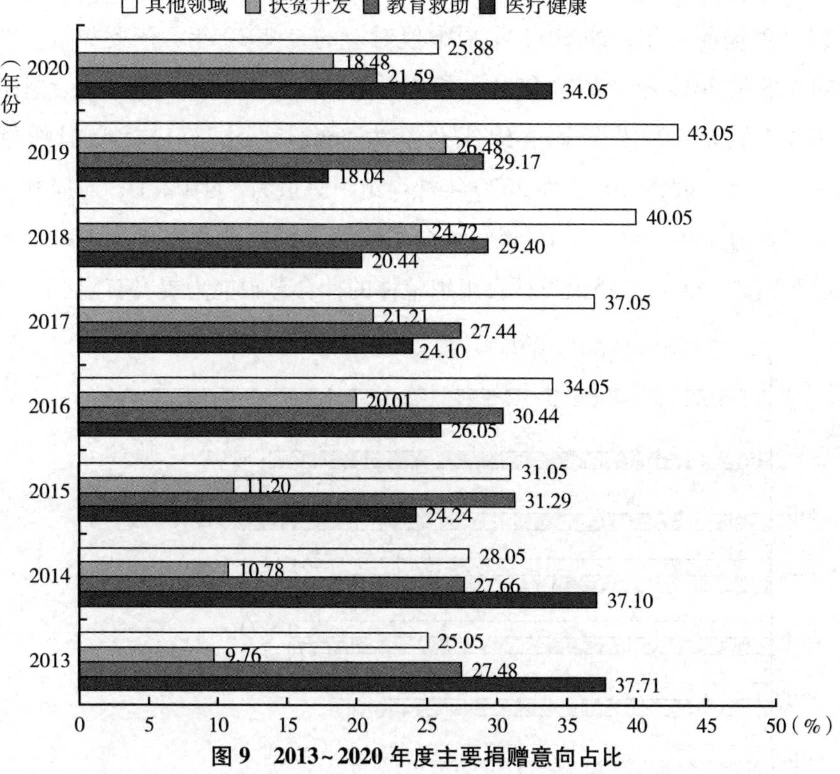

图 9　2013~2020 年度主要捐赠意向占比

资料来源：年度中国慈善捐赠报告测算值汇总。

2020 年互联网募捐平台借助其传播便利，共为慈善组织筹集善款逾 82 亿元，同比增长 52%，超 100 亿人次参与在线捐款，凸显了“互联网+慈善”的活力，同时也给慈善组织信息化和适应互联网平台规则带来一定挑战。

（三）慈善捐赠统计分析

民政部门作为社会组织和慈善事业的主管部门，历年来对慈善捐赠数据都有权威发布。不过这一发布制度也有变迁。自 2018 年起，民政部不再公布整体社会捐赠额度，而是用社会组织接收社会捐赠额替代整体社会捐赠，而且这一数值来自参与年检的社会组织报送数据汇总，为公布日期上一年度参与年检的社会组织接收捐赠额。

在民政统计年鉴中，回溯呈现了社会组织接收社会捐赠的变化，这里把数据呈现提前一年，即 2011 年捐赠值对应的是 2010 年，依此类推，2020 年对应的是 2019 年。2010 年社会组织总量为 445631 个，接收社会捐赠额为 393. 5 亿元，2019 年社会组织总量为 866335 个，对应社会捐赠额为 1059. 1 亿元（见图 10）。而 2020 年社会组织总量为 894162 个，对应社会捐赠额测算为 950 亿元。从 10 年间社会组织增量和社会募捐增量来看，不考虑通胀因素，实际上登记类社会组织整体的社会募捐能力提升有限。

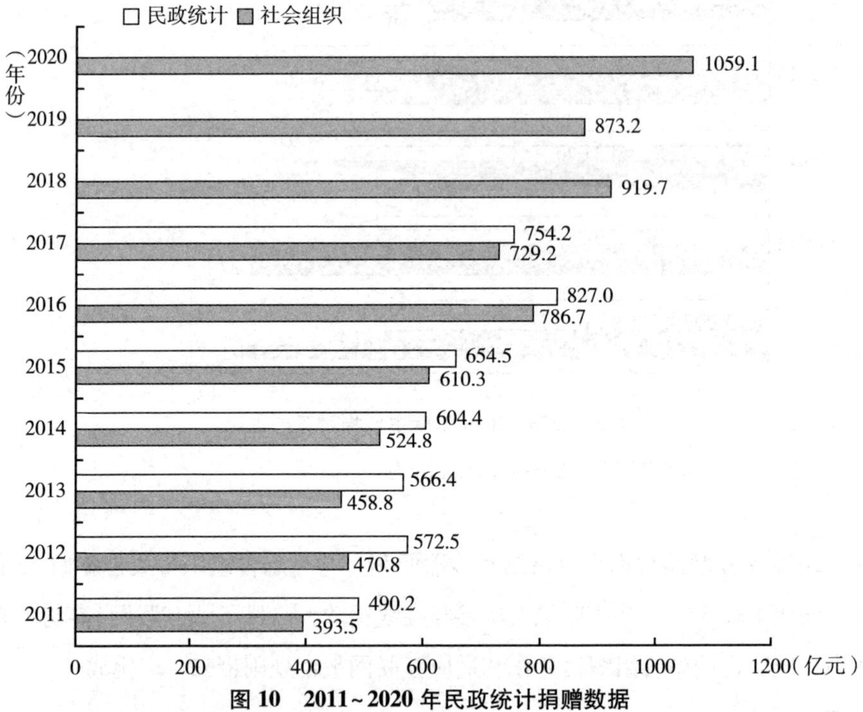

图 10　2011~2020 年民政统计捐赠数据

注：民政统计包含了民政系统作为政府接收的社会捐赠；对应年份捐赠数据实际上是上一年度汇总数据。

资料来源：《中国民政统计年鉴》《民政统计公报》。

《社会团体登记管理条例》规定了下属社会团体不需要进行登记，一是参加中国人民政治协商会议的人民团体；二是由国务院机构编制管理机关核定，并经国务院批准免于登记的团体；三是机关、团体、企业事业单位内部经本单位批准成立、在本单位内部活动的团体。就社会捐赠信息披露程度而言，中国红十字会、中国侨联、中华职教社等免登团体也成为慈善资源汇聚的载体，但是因为不参与社会组织年检信息归总，民政部门的统计难以顾及。

慈善捐赠的接收主体目前仍处于分散状态，政府、事业单位、免登团体、宗教场所与公益慈善事业的主体社会组织同步并存，仅仅以社会组织接收捐赠量代表整体社会捐赠资源显然难以概括全貌，而分散碎片化且缺乏整体披露渠道的爱心接收主体形成统一的公益慈善群像又缺乏规制，慈善资源的统计亟须整合型制度进行公示。

本报告所呈现的慈善资源总量尽可能还原了社会捐赠的总量及特征，但是仍然不足以涵括公益慈善在社会发展中的真实形象。

从民政统计社会捐赠和本报告呈现的社会捐赠总量来看（见图 11），法定登记类社会组织是社会捐赠接收的主体，但是在特定时期或特殊情形下，政府、事业单位、免登团体具有比较强大的社会动员能力，在社会捐赠资源领域具有不可替代的影响力。

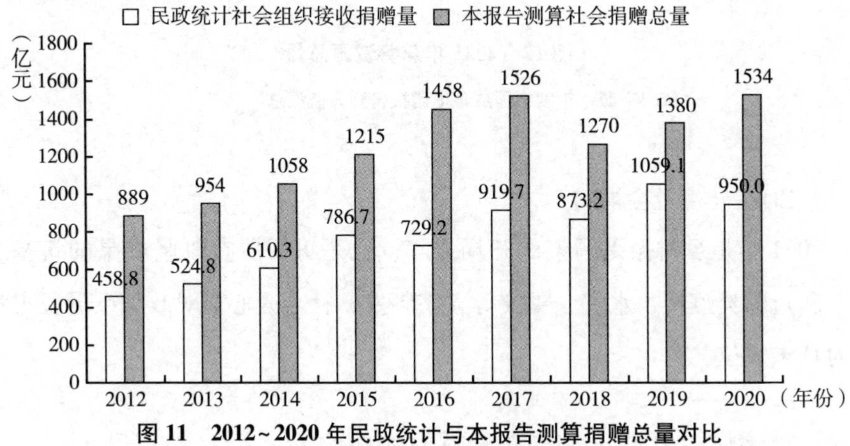

图 11　2012~2020 年民政统计与本报告测算捐赠总量对比

注：将民政统计数字前置一年；民政统计 2020 年数值为本报告测算。

资料来源：《中国民政统计年鉴》及年度中国慈善捐赠报告测算值汇总。

二　2021年度中国慈善捐赠测算

根据部分已经公开披露的统计数据和测算数据，结合社会经济发展以及公益慈善行业的发展环境和发展态势，计算 2021 年当年社会捐赠总量约为 1450 亿元，2021 年中国彩票公益金筹集量约为 1062 亿元[①]，2021 年全国志愿服务价值为 1954 亿元（见图 12）。[②]

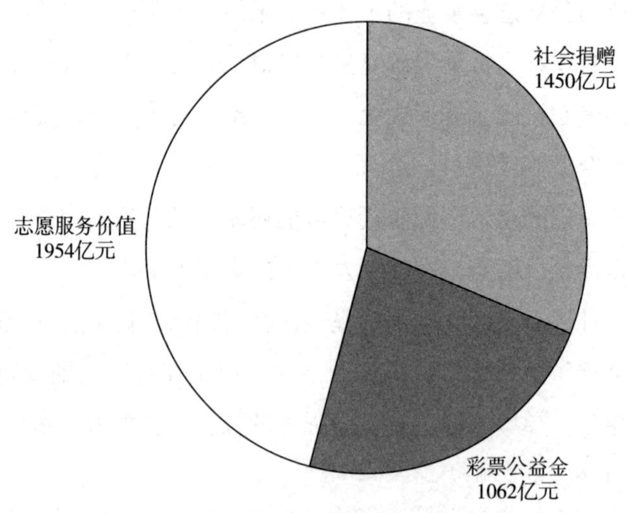

图 12　2021 年慈善资源总量

资料来源：年度中国慈善捐赠报告测算值汇总。

1. 2021年度社会捐赠

2021 年是乡村振兴国策的开局之年，也是巩固脱贫攻坚成果的筑基之年，新冠肺炎疫情、水灾、雪灾等灾害频发，社会爱心面对政策引导及灾难应对从未缺位。

---

① 根据财政部 2021 年第四季度彩票销售统计数据测算。

② 翟雁、朱晓红、张杨：《2021 年度中国志愿服务发展指数报告》，载杨团、朱健刚主编《中国慈善发展报告（2022）》，社会科学文献出版社，2022。

民德咨询公司、京师善财传承实验室联合发布的“中国捐赠百杰榜（2021）”显示，104 位上榜人共计捐赠 697. 24 亿元，同比增加了 389. 58 亿元。胡润慈善榜等个人和媒介慈善榜单都以头部捐赠喜人的信号传扬四方。实际上作为社会捐赠的脊梁，中国的企业家的确为社会捐赠贡献了超过六成以上的力量，2020 年的慈善捐赠主体比例显示，企业捐赠占比达到慈善捐赠总量的 70%以上。但是各捐赠榜入榜名单多为认捐或者分期捐赠，对于年度贡献并不清晰。

从基金会行业捐赠情况来看，以头部几家基金会为例，多数基金会都呈现稳步增长态势。中国红十字基金会更加异军突起，2020 年筹资金额为 23. 2 亿元（见图 13），彩票公益金使用 1. 45 亿元，其中疫情捐赠资金为 19. 78 亿元，常态捐赠为 3. 42 亿元；2021 年捐赠收入则为 12. 41 亿元，其中水灾获捐 4. 41 亿元，彩票公益金使用 3. 35 亿元。其他基金会尽管也在疫情和水灾情况下额外募集部分资金，但整体不如政府明确倡导的捐赠接收方红基会表现明显，仍以常态捐赠为主，且缓幅增长。

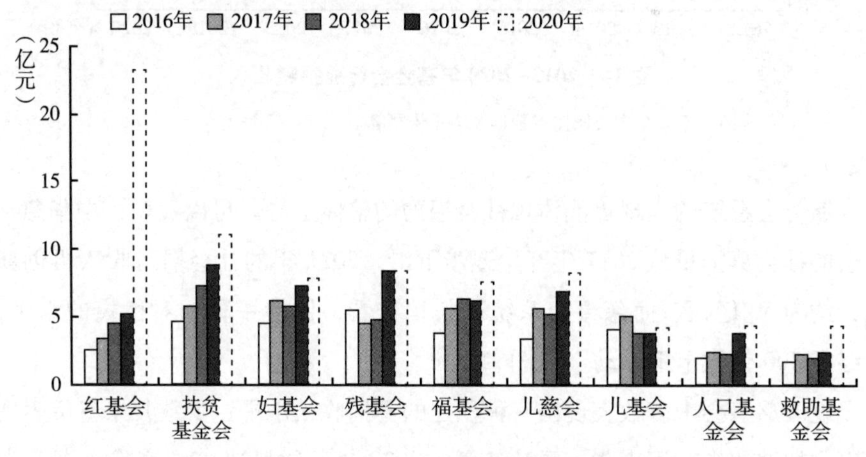

图 13　2016~2020 年典型基金会筹资

资料来源：9 家典型基金会年检报告数据汇总。

根据基金会中心网的常年监测，中国基金会行业的发展呈现“头重脚轻”的态势，即筹资额越来越集中在头部基金会中，以 2020 年为例，净资产规模前 100 名、前 50 名和前 10 名的基金会分别掌握着全国 51.7%、40.4%和 20%的基金会资产。极少量的头部基金会掌握着绝大多数的基金会资产。因此，头部基金会的微增在带动整体基金会行业的基数增长，但由于资源分布不均衡，基金会行业整体发展缓慢。从 2012 年至 2020 年基金会的发展来看，自 2018 年起基金会增量放缓，其行业捐赠收入也基本维持在 700 亿元（见图 14）。[①] 按照增幅计算，2021 年基金会行业整体捐赠收入为 740 亿元左右。

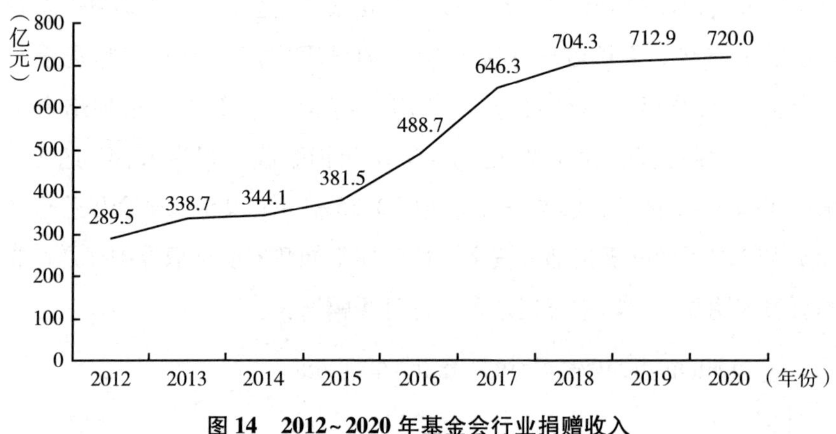

图 14　2012~2020 年基金会行业捐赠收入

资料来源：基金会中心网监测数据及本报告测算。

慈善会系统的表现更能体现社会捐赠的整体走势。可以发现，中华慈善总会的社会募捐量从 2017 年开始逐步下滑，2021 年的社会捐赠收入再创新低，约为 50 亿元。而慈善会系统从长程来看，保持一种相对稳定的水平，始终在 300 亿元上下浮动（见图 15）。[②]

地方慈善会中多数表现出一种稳定的募捐收入水平，少数几个省市表现突出，如湖北省、河南省、重庆市等。2020 年新冠肺炎疫情突发，湖北省慈善总会社会捐赠量为 9.18 亿元，2021 年为 12.12 亿元；重庆市慈善总会

---

① 2012~2019 年数值来自基金会中新网监测，2020 年基金会行业捐赠收入为测算数。

② 2021 年慈善会系统募捐收入总量为预测数。

图 15　2013~2021 年慈善会系统和中华慈善总会募捐情况

资料来源：根据《中华慈善年鉴》《中华慈善总会年度审计报告》等汇总。

2020 年募捐量为 9. 07 亿元，2021 年则回落到 8. 75 亿元；2020 年河南水灾来袭，河南省慈善会系统共募集社会捐赠 85. 36 亿元，其中河南省慈善总会募集 61. 4 亿元，而在常态捐赠下，2020 年河南省慈善总会募集金额为 6. 87 亿元，2022 年的目标也切合实际定位，即力争达到 10 亿元。

受新冠肺炎疫情对市场的影响，企业景气情况尽管有所回暖，但是发展态势仍然受到抑制，企业作为社会捐赠的主体，与之相关联的社会捐赠总额不会过于异动。但是受国家共同富裕政策指向的引导，社会捐赠依然会有积极表现。基于此，2021 年的捐赠总量依然保持在常态捐赠总量水平。

遵循社会捐赠总量统计构成体系，预测慈善会系统的社会捐赠接收量为 300 亿元，基金会行业的社会捐赠接收量为 745 亿元，政府、事业单位、宗教场所保持稳态增幅，而免登团体在非应急捐赠下应该回归常态，不会像 2020 年表现出特别异常的社会动员，根据历年样本数据监测测算的变动幅度和比例，因此政府、事业单位、宗教场所、免登团体的社会捐赠接收量约与 2019 年水平相当，为 280 亿元。

汇总计算，2021 年社会捐赠额约为 1450 亿元。

2. 2021年志愿服务贡献价值

采用国际劳工组织推荐的“替代成本计算法”（the replacement cost approach），即志愿者贡献价值=社会服务行业（社会组织）雇员平均工资（元/小时）×志愿服务小时数测算，扣除工资增长率10.7%，2020年度社会组织人均工资实际46.44元/小时（根据国家统计局社会组织2020年度人均工资104487元，按照2021年250个工作日算，平均工资=104487/250/8=52.2435元/小时），可以推算出2021年度志愿者贡献服务总价值为1954亿元，比2020年度增加了334亿元（见表1）。

表1　2021年志愿服务情况

志愿者服务价值(亿元)	志愿者总量(亿人)	志愿者组织(万个)	志愿时长(亿小时)
1954	2.7	123	42.07

资料来源：《2021中国志愿服务指数发展报告》。

3. 2021年彩票公益金总量

2021年，受彩票品种结构优化调整以及2021年欧洲杯等因素影响，彩票销售量整体保持快速增长，2021年全国共销售彩票3732.85亿元，同比增加393.34亿元，增长11.8%。其中福利彩票销售1422.55亿元，体育彩票销售2310.30亿元，按照上年度两彩的公益金提取比例，分别计算整体公益金的提取比例为28.46%，预计整体可提取彩票公益金1062.37亿元，如果加上弃奖归并公益金等因素，整体数值会略高一些（见图16）。

4. 2021年中国慈善资源总量

三者相加，得出2021年度中国慈善资源总量约为4466亿元（见图17），比2020年的4113.84亿元增长8.57%，主要来自志愿服务价值的增量，实际上社会捐赠处于微降态势，2021年彩票公益金相对于2020年较低基值增幅较大，但相对于2017~2019年高位期仍显不足。

5. 慈善蓝皮书测算社会捐赠情况矫正

尽管数据存在滞后性，可得性亦有限，本报告依然坚持从2014年开始，

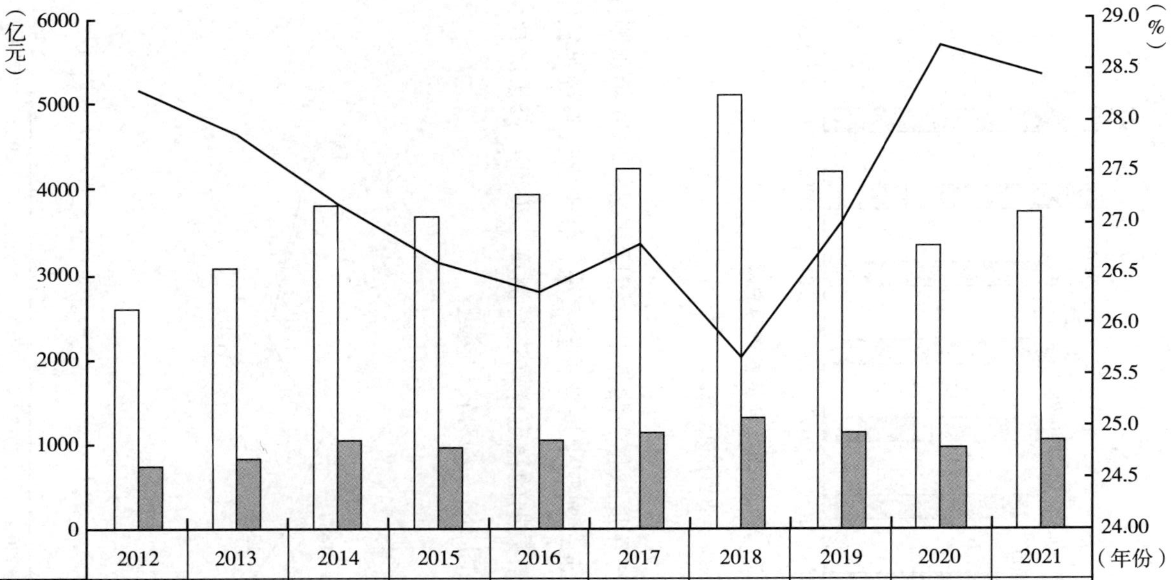

（亿元）　（%）

	2012	2013	2014	2015	2016	2017	2018	2019	2020	2021
彩票销量	2615.24	3093.28	3823.68	3678.84	3946.40	4266.69	5114.72	4220.53	3339.51	3732.85
公益金筹集	739.85	861.67	1040.00	979.00	1039.00	1143.26	1313.62	1140.46	959.84	1062.37
提取比例	28.29	27.86	27.20	26.61	26.33	26.80	25.68	27.02	28.74	28.46

图 16　2012~2021 年彩票公益金筹集情况

资料来源：财政部中央彩票公益金使用公告及本报告测算。

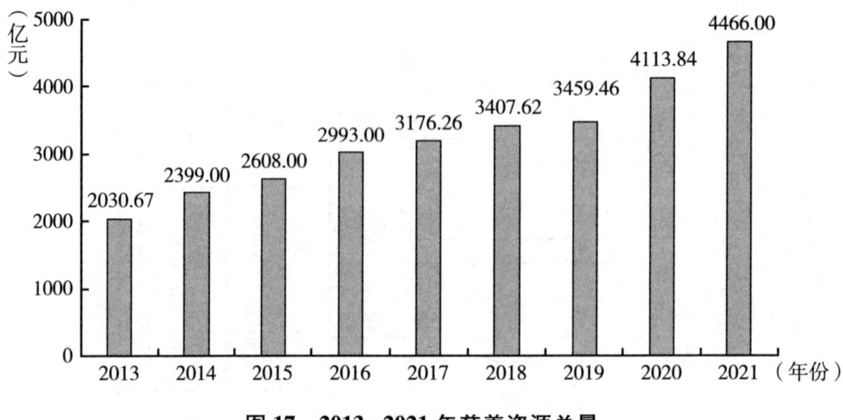

图 17　2013~2021 年慈善资源总量

资料来源：年度中国慈善捐赠报告测算值汇总。

尽可能用随后数据修正前一年度数据、测算上一年度数据。2020 年预测社会捐赠资源总量为 1520 亿元，实际根据慈善会系统、红十字会系统等披露数据的佐证，辅以历年捐赠数据的稳定样本进行测算，2020 年修正的社会捐赠总量为 1534 亿元（见图 18），相对较为接近。

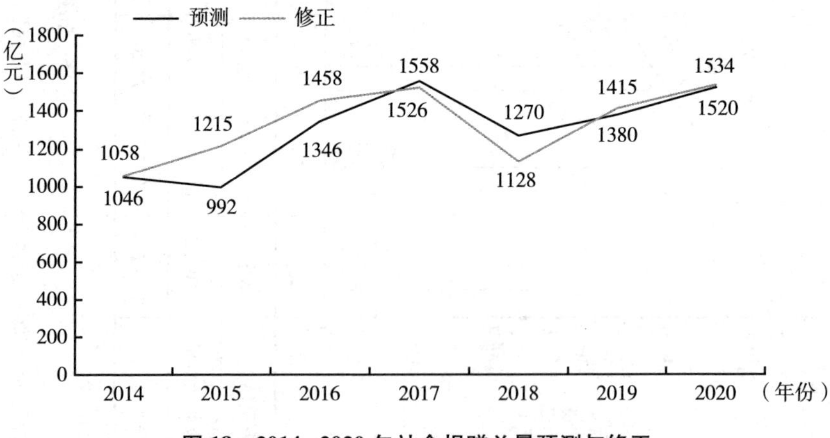

图 18　2014~2020 年社会捐赠总量预测与修正

资料来源：年度中国慈善捐赠报告测算值汇总。

三　慈善事业展望

（一）响应国家战略，深化慈善服务创新

“十四五”时期是我国全面建成小康社会、实现第一个百年奋斗目标之后，乘势而上开启全面建设社会主义现代化国家新征程、向第二个百年奋斗目标进军的第一个五年。人民群众日益增长的美好生活需要对公共服务体系提出了新的更高要求。国家脱贫攻坚战略向乡村振兴转移，面对新的不平衡不充分问题，如何巩固拓展脱贫攻坚成果和进一步提升农村社会发展水平，依然需要进一步努力；城市困境人群的发展问题也需要进一步重视，需要社会服务合理供给提升其生活质量。

尽管进入了共同富裕时代，但是公共服务仍存在短板弱项，区域间、城乡间、人群间的基本公共服务仍有差距，均等化水平尚待进一步提高。老龄化程度进一步加深，家庭结构小型化趋势明显，人员流动更加频繁，人民群众生存发展对公共服务的依赖性逐渐增强。尤其是事关人民生命安全的健康服务业，亟须社会各方力量主动参与，创新推动服务模式，革新健康供给不均衡现状。

国家发改委等部门联合印发的《“十四五”公共服务规划》提出了一系列发展方向——持续推进基本公共服务均等化，多元扩大普惠性非基本公共服务供给，丰富多层次多样化生活服务供给，切实兜牢基本民生保障底线，稳步提升公共服务保障水平，不断满足人民群众美好生活需要，努力增进全体人民的获得感、幸福感、安全感，促进人的全面发展和社会全面进步。

在这样一种时代背景下，慈善力量也有明确的方向，需要根据慈善事业的三个定位（社会经济发展组成之一、社会治理必要力量、民生保障补充要素），在促进和改善劳动力生成和发展环境、社会安全感和温暖感培育、社会公平弥合等方面找到新的创新空间，设计出新的服务产品，从而塑造社会组织和慈善行业的价值形象。

（二）聚焦精准对象，提升慈善服务质量

慈善事业实际上也是非基本公共服务的一种重要补充，其行动路径应当以基本公共服务和普惠性非基本公共服务为参照，从协同角度出发设计有价值的行动。从脱贫攻坚的建档立卡，到低收入群体的主动识别、政策找人，政府的公共服务已经利用信息技术和政策设计实现了相对精准化，困境人群服务也设计出了“资金+物质+服务”的人性化、温情化路径，而部分慈善服务依然停留在混沌状态，动辄打出为数百万人服务的口号进行募捐，这种虚假的集体性服务对象设计固然带来一时的宏大效应，却无助于慈善绩效的实现，最终伤害的还是慈善事业本身的形象，给社会留下的印象是缺乏专业性和科学性。作为社会服务的先锋组织，慈善组织应然的状态是积极探索精细化服务，引领服务规则和服务制度的设计，而不是停留在传统的中介服务角色中怡然自得。

脱贫攻坚战略任务的完成，意味着绝对贫困不复存在。如果说脱贫攻坚是向下看，用底线视角抬平共存的贫困人群，那么乡村振兴和共同富裕就是向上看，以充满希望的目标托起平等和公平的准则，不单单以经济维度来衡量贫富，更是从美好生活的追求、机会获取、目标实现、温暖自信等维度提升整体人群的生存质量。慈善服务嵌入其中，在实现目标的长期进程中需要用科学的方法发挥自身的特殊作用。

聚焦精准对象是慈善服务必须进行的改革方向之一。慈善行业需要借用信息化技术，需要与政府协同定位自身应当服务的对象，无论是新的发现还是服务错位叠加，都能体现出专业价值。

提升慈善服务质量，需要从改善个体的内源性力量出发，从增强社会群体的关系调和出发，使服务对象从不得不进行的解除困境的被动配合转变成主动寻求美好未来的努力。

（三）塑造共同憧憬，凝聚慈善服务文化

在慈善事业运作的过程中，政府、捐赠人、慈善组织、服务对象和公

众，并非停留在封闭割裂的层面，相互之间也在进行着行动的探索和互动，也在寻求社会服务改革破局和突围的方法。

一些捐赠人、求助对象、普通公众对慈善事业从充满希望到疾速失望，都是因为没有充分认识到慈善事业的实现不是简单的善款流通问题，不是简单的慈善组织的能力问题，也不是想当然的认为慈善服务是高度理想化的问题。出现这种不解和化解这种不解，需要回到慈善事业的文化根源。慈善事业是人性中善意的自愿释放，以期实现社会公平公正达成一种真善美的情境。这种美好情境的目标是历史变迁中的美好，是不断更新的美好，与共同富裕的目标具有一致性。

而善意志愿释放，不是对当下志愿者服务和捐赠的分割式理解，而是捐赠本身也需要葆有志愿性，换言之，捐赠人不是出于被迫，也不过分依赖慈善组织，具备志愿属性的善款，具备志愿属性的志愿服务，才构成全面的完整的慈善行为。

在形成慈善文化共识的过程中，需要不断矫正常识和错误的倾向。在不断发展的慈善行动进程里，需要塑造共同的善意憧憬，凝聚正向的、健康的慈善文化，尤其慈善服务文化，不仅有利于实现慈善组织壮大、社会捐赠稳定的当下目标，也有利于善意憧憬的长远目标的实现。

B.3 2021年度中国志愿服务发展指数报告

翟 雁 朱晓红 张 杨*

摘 要： 2021年中国志愿者在疫情防控、应急救援、大型赛会和国家活动等方面继续发挥着重要作用。中国志愿服务指数总体增长26.41%，志愿者总量累计达到2.70亿人，志愿服务组织（队伍）数量123万家，志愿服务参与率达到7.71%，超过1亿名活跃志愿者贡献服务时间42.07亿小时，折合人工成本价值约1954亿元。党政引领志愿者服务大局，社区居民志愿者在地服务和全国志愿者在线服务等构成2021年志愿服务主要特征；同时，活跃的志愿服务组织呈现“社群化”生存特点，企业志愿服务积极助推共同富裕；在重大公共事件中，疫情防控志愿服务趋于社区本地常态化，应急救援志愿服务驰援豫晋水灾还有一定落差。志愿者、志愿服务组织还面临诸如志愿服务治理体系尚未健全、志愿服务参与机制不够通畅、行业建设技术落后等挑战。因此，需要肯定志愿服务的经济价值、畅通公民参与通道、加强志愿者保障和认可、加速行业基础设施建设。

关键词： 志愿者 志愿服务 志愿服务组织

* 翟雁，北京惠泽人公益发展中心创始人，北京博能志愿公益基金会理事长，北京志愿服务联合会常务理事，北京志愿服务发展研究会志愿服务组织专委会主任，主要研究方向为中国志愿服务测量、志愿服务组织发展与实务性应用研究；朱晓红，华北电力大学人文与社会科学学院教授，主要研究方向为社会组织与社会治理；张杨，北京大学光华管理学院硕士研究生，北京惠泽人公益发展中心理事，高级经济师，主要研究方向为基金会管理与专业志愿服务。

2021年是我国“十四五”规划和第二个百年奋斗目标的开局之年，对于志愿服务领域而言，也具有继往开来的价值和意义。在这一年中，“共同富裕”被列入国家发展战略，志愿服务成为公众参与和捐赠的第三次分配重要内容。志愿服务继续在疫情防控常态化、应急救灾援助，以及国家重大活动和大型赛会等方面发挥着重要作用，通过响应重大事件同时深入参与社区基层治理和常态化服务，志愿服务已逐步融入我国政治、经济、社会、文化、生态文明建设等方方面面。中国志愿服务发展指数测量课题组①继续扩充和优化“中国志愿服务发展指数组织”②（简称指数组织，VIO），以专业视角反映中国活跃的志愿服务组织及其志愿者的服务特征和贡献价值，并针对总体发展状况和挑战提出思考建议。

一 2021：风险社会背景下中国志愿服务发展的主要特征

通过互联网热词搜索和中国志愿服务指数组织问卷及访谈，2021年风险社会背景下的志愿服务在疫情防控和应急救援战场上表现突出，社区志愿

① 中国志愿服务测量课题组由北京惠泽人公益发展中心组织开展调研，于2012年底成立。2021年课题组研究人员有翟雁、朱晓红、张杨、辛华（博士，北京牡丹电子集团高级研究员，北京志愿服务发展研究会专家），指数组织总协调人郑凤鸣（山东潍坊萤火虫公益助学发展中心理事长），助理研究人员有王亚薇、马润雪、刘伟和王宗阳（华北电力大学人文与社会科学学院研究生），运营管理李晓（北京惠泽人公益发展中心运营总监）。

② 中国志愿服务发展指数组织（VIO），是指为了持续跟踪中国志愿服务发展过程中活跃志愿者和志愿者组织的情况，由本课题组在中国大陆各地区招募的活跃志愿服务组织，以其为代表中国志愿服务发展情况的测量样本进行长期跟踪测量。指数组织的遴选方式：课题组面向社会公开招募和定向邀请在民政部门正式注册，或在相关部门、企事业单位、社会组织、街道社区等备案五年以上、开展活跃志愿服务的社会组织或志愿团体，由课题组专家通过背景调查、问卷调查及访谈等形式，根据其组织活跃程度、区域分布均衡性、组织的多元性、组织所从事志愿服务领域的多样性、活跃志愿者人数、组织信用记录，以及在中国志愿服务信息系统和其他志愿服务平台注册情况等因素，进行筛选和审核，产生当年的指数组织。课题组对指数组织进行支持服务和动态管理，每年数量保持在100家以上，因此简称为指数组织（VIO）。2019年、2020年，课题组在全国范围内招募了158家社会组织，从中遴选了102家机构作为指数组织。2021年在原有指数组织基础上进行了调整并补充，最终遴选121家进入2021年中国志愿服务指数组织样本框。

服务、国家及地区的大型赛会和社会活动志愿服务成为青年志愿者参与的主战场，多行业志愿服务渐露头角。

（一）党政引领志愿者服务大局

“十四五”开局之年，中共中央和国务院颁布《中共中央 国务院关于加强基层治理体系和治理能力现代化建设的意见》明确指出要建设“人人有责、人人尽责、人人享有的基层治理共同体”，完善基层志愿服务制度。党政各部门加强志愿服务参与国家重大战略和大型活动。中央文明办加快推进新时代文明实践志愿服务工作，并协同全国妇联、文化和旅游部、中国科协、生态环境部、退役军人事务部等相继出台各相关领域志愿服务促进政策，推动志愿者参与服务冬奥、党建引领、乡村振兴、新时代文明实践、基层社区治理与环境保护等国家重点发展领域。2021 年，全国有数百万名志愿者通过各地主管部门参与疫情防控志愿服务和应急救灾物资捐赠服务，北京有 8.9 万名志愿者参与建党百年庆典活动保障①，1500 名志愿者服务中国国际服务贸易交易会②，西安 10 余万名志愿者服务第十四届全国运动会和残特奥会③，超过百万人报名北京冬奥会赛会志愿者。在接受本课题组问卷调查的志愿者中有 95%的志愿者参与过党建志愿服务活动。

（二）疫情防控志愿服务趋于社区本地常态化

2021 年新冠肺炎疫情在全球蔓延加剧，而我国的疫情防控已由 2020 年突发应急模式转向常态化精准防控模式。超过八成的志愿者以及志愿服务组织参与到本地疫情防控志愿服务中。他们大多居于所在地社区，协助开展核酸

---

① 代丽丽：《北京 8.9 万人志愿服务建党百年庆祝活动，他们都是谁?》，京报网，https：//baijiahao. baidu. com/s? id = 1705445272391524439&wfr = spider&for = pc，最后检索时间：2021 年 7 月 16 日。

② 张敏：《2021 年服贸会 1500 名志愿者累计服务超过 4 万小时》，https：//finance. youth. cn/finance_ gdxw/202109/t20210907_ 13207925. htm，最后检索时间：2021 年 9 月 10 日。

③ 靳鹏：《十四运会 10 余万名志愿者即将集结完毕》，https：//baijiahao. baidu. com/s? id = 1703820888554653639&wfr=spider&for=pc，《西安晚报》，最后检索时间：2021 年 6 月 28 日。

检测、流调筛查、社区消杀、政策引导、科普宣传、关爱帮扶、心理疏导和物资援助等工作。受疫情影响，基层社区成为党团员、下沉干部、在地社会组织和志愿服务团体以及居民参与志愿服务的主战场。

（三）应急救援志愿服务驰援豫晋水灾有落差

2021 年河南、山西等地先后发生严重水灾，引起社会高度关注，各地志愿者紧急响应参与救灾，全国各行各业共计有 150 余万名志愿者投入抗洪抢险。然而，与全国各界对河南的极端暴雨引发特大水灾的踊跃驰援和捐赠相比，山西的持续性水灾在社会关注度、救援参与性等方面却没有得到相应支援，形成了较为明显的落差，引发社会层面特别是公益慈善行业的若干讨论与反思。

（四）活跃的志愿服务组织“社群化”生存

全国志愿服务信息系统共注册有 123 万家志愿队伍（志愿服务组织、志愿团体），其中超过 90%继续以非法人组织的“社群化”方式生存。他们主要是在党政机关、企事业单位、群团组织、镇街和村区居委会的指导下开展相关公益服务。而活跃的民间志愿服务组织（团体）大多通过与社会组织合作动员社会资源，开展“线上运营+线下联合”行动，他们成为基层社会治理共同体的重要力量。调研发现，志愿团队正式注册成为社会组织之后，其志愿者服务数量呈现下降趋势。

（五）企业志愿服务助推共同富裕

共同富裕的国家战略导向给企业未来发展带来深刻影响，各大企业快速响应，纷纷启动共同富裕计划，而志愿服务作为第三次分配的主要形式之一，是营利部门履行社会责任和参与公益事业的渠道。据《企业公益蓝皮书（2021）——基于第三次分配的视角》[①]，抽样的 133 家企业的志愿者人

① 钟宏武、肖玮琪：《企业公益蓝皮书（2021）——基于第三次分配的视角》，中国社会科学院责任云研究院，2021 年 12 月 13 日。

数达到146.56万人，国有企业志愿者数量多于民营企业，有更多企业志愿服务从员工简单参与转向与专业技术和核心业务相结合的专业志愿服务。阿里“人人3小时”公益平台、腾讯技术公益平台、字节跳动等互联网公司都加强了志愿服务平台建设及其员工志愿服务的投入。

二　2021年中国志愿服务发展指数情况及其比较

本部分数据主要有三个方面的来源，一是针对2021年121家中国志愿服务发展指数组织及其志愿者的问卷调查和访谈所获得的数据和资料①；二是自2020年起，课题组采用“全国志愿服务信息系统”（www.chinavolunteer.cn）数据为全国注册志愿者数量来源，并继续以该数据为主；三是同时参考其他志愿服务平台“志愿汇”App② 和“人人3小时”公益平台③的活跃志愿者数据和行业报告的调研数据（见表1）。通过综合研究分析，得出2021年度中国志愿服务发展指数（CVDI）：中国志愿服务组织（队伍）123万家，志愿者约2.7亿人，其中当年活跃志愿者1.09亿人，志愿服务时间42.07亿小时，贡献服务价值达1954亿元。

---

① 2021年通过指数组织问卷调研获得了指数组织数据和志愿者数据。第一，面向121家指数组织，通过问卷星发放并回收了121份组织问卷，全部有效回收。指数组织中社会团体占比50.41%，社会服务机构占比35.54%，基金会占比3.31%，此外还有志愿者自组织（6.61%）、社区社会组织（2.48%）以及事业单位（0.83%），以正式注册的社会组织为主体，因此，本调研数据体现了正式注册的志愿服务组织的发展情况。第二，通过指数组织，以问卷星的方式，通过滚雪球抽样方法，发放并回收了来自中国大陆地区31个省（区、市）以及港澳台和海外同胞的志愿者有效问卷26262份，剔除未成年人问卷后为23630份。所调查的志愿者中，组织者（核心管理者）占6.05%，中层管理者（分项负责人）占10.25%，骨干志愿者占20.48%，普通志愿者占63.22%，整体呈正态分布，基本能客观反映志愿者的整体情况。

② “志愿汇”App由中青益信（杭州）科技有限公益研发，http://www.zyh365.com/，最后检索时间：2022年4月28日。

③ “人人3小时”公益平台是阿里巴巴集团的平台产品，由阿里巴巴公益基金会主办，https://3hours.taobao.com/org/login，最后检索时间：2022年4月28日。

表 1　志愿者平台 2021 年数据

平台名称	全国系统	志愿汇	人人 3 小时
入驻公益组织	1230000 家	103540 家	4300+家
活跃志愿者	6394 万人	1489.74 万人	400+万人
志愿服务时间	98100 万小时	18466.04 万小时	600 万小时
人均年服务时间	15.34 小时	12.4 小时	1.5 小时
记录标准	各省管理部门录入	志愿者手机打卡	“公益时”标准审核后记录

注：数据为 2021 年度，均由平台提供。

（一）2021年志愿服务指数总体增长26.41%

2021 年中国志愿服务指数的总体增长率为 26.41%（见图 1），未能超越 2020 年增长率（28.44%），这是因为 2020 年新冠肺炎疫情重大公共危机事件以及大型赛事、大型活动激发了大量志愿服务资源，同时 2019 年全国志愿服务信息系统技术调整所暂时移除的部分数据重新导入，导致 2020 年数据激增，2021 年志愿服务进入平稳期，呈现常态化的增长率。

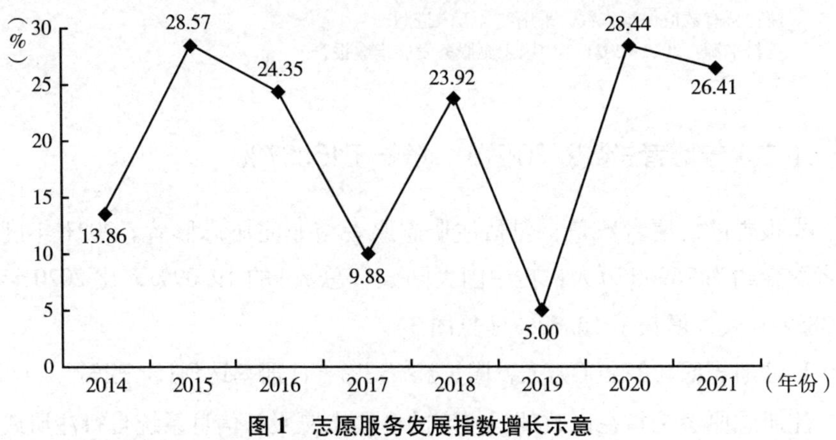

图 1　志愿服务发展指数增长示意

资料来源：2014~2021 年中国志愿服务发展指数报告。

2021 年，活跃志愿者、志愿服务时间和志愿服务组织三个重要指数均实现了不同程度的增长。其中，活跃志愿者数量增长了 25.95%，增长速度继续提升；而志愿服务时间增长了 13.12%；由于志愿服务平台的推广和激励（如提供注册志愿者保险），志愿服务组织注册积极性提高，同时在政府的推动下以及公共事件及大型活动的需求下，促使志愿者组织化发展，因此，志愿服务组织数量较 2020 年增长了 44 万家，增长率高达 55.70%（见图 2）。

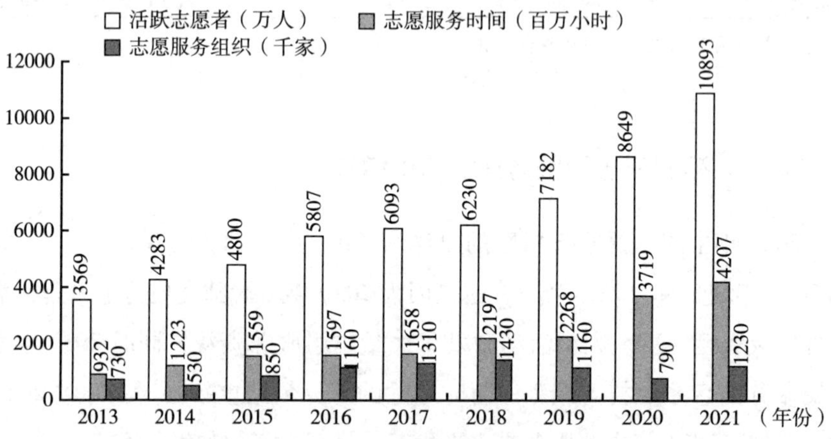

图 2　2013~2021 年志愿服务发展指数比较

注：所有数值保留整数，采用四舍五入进制。

资料来源：2013~2021 年中国志愿服务发展指数报告。

（二）志愿者总数2.70亿人，增长了16.67%

本报告的志愿者数量，包括注册志愿者与非注册志愿者。2021 年度志愿者总量约为 26965 万人，占中国大陆人口总数[①]的 19.09%，比 2020 年增长 3852 万人，增长了 16.67%（见图 3）。

1. 注册志愿者22200万人，增长15.63%，注册率达到15.72%

注册志愿者是指在民政部门指定的全国志愿服务信息系统自行注册或者

① 国家统计局：《2021 年底，中国大陆人口总数为 14.126 亿人》，https://data.stats.gov.cn/easyquery.htm? cn=C01，最后检索时间：2022 年 3 月 29 日。

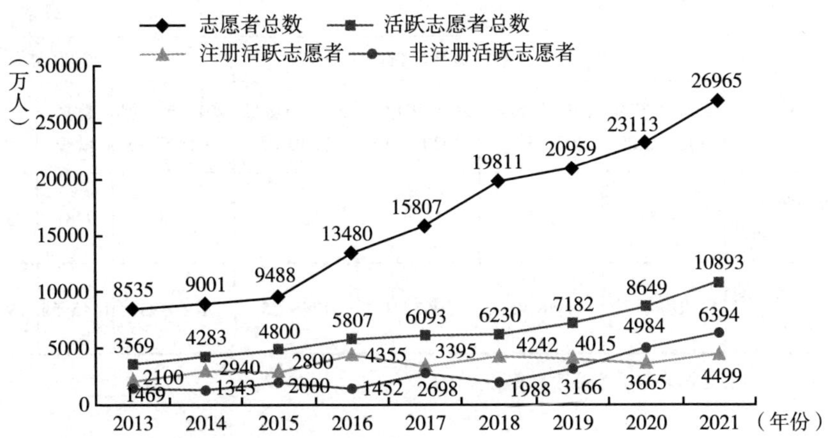

图 3　2013~2021 年志愿者总量发展比较

资料来源：2013~2021 年中国志愿服务发展指数报告。

通过志愿服务组织进行注册的志愿者。① 2021 年注册志愿者总人数为 2.22 亿人②（占全国人口比例为 15.72%），比 2020 年增加了 3000 万人，增长率为 15.63%（见表 2）。

表 2　全国志愿服务信息系统数据比较（2017~2021 年）

数据项	年度数据(查询时间)					2021 年新增	
	2021 年数据（2022.2.25）	2020 年数据（2021.3.15）	2019 年数据（2020.3.16）	2018 年数据（2019.3.9）	2017 年数据（2018.3.16）	数据增长	增长率（%）
注册志愿者（万人）	22200	19200	15500	11405.88	8544.78	3000	15.63
志愿服务组织(万家)	123	79.46	70.1	58.6421	43.8	43.54	54.79
累计志愿项目(万个)	901	501.53	353.17	215.4553	116.77	399.47	79.65

① 国务院：《志愿服务条例》第七条，2017。

② 数据截至 2022 年 2 月 25 日。

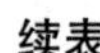

续表

数据项	年度数据(查询时间)					2021年新增	
	2021年数据(2022.2.25)	2020年数据(2021.3.15)	2019年数据(2020.3.16)	2018年数据(2019.3.9)	2017年数据(2018.3.16)	数据增长	增长率(%)
累计服务时间(亿小时)	37.55	27.74	19.62	13.17	8.8	9.81	35.36
累计记录时间人数(万人)	6394	4948.45	3067.21	1745.25	1060.93	1445.55	29.21

资料来源：全国志愿服务信息系统。

注册率达到15.72%。2021年志愿服务指数组织中，有50.41%的组织在全国志愿服务信息系统（简称全国系统）进行了注册，同时还有48.76%的组织使用志愿汇等共青团系统平台，有30.58%的组织使用“人人3小时”公益平台。考虑到全国系统的数据已经涵盖了全国内地所有省份，并且其注册数据持续更新与优化，因此本文采用全国系统的数据。

2. 非注册志愿者4765万人

调查发现，未在任何信息平台注册的志愿者有17.67%（较2020年提高0.74%），由此推算出2021年约有非注册志愿者4765万人①，比2020年度增加852万人。这是因为疫情防控常态化和应急救援等新增志愿者较多，尚未能在平台注册。

3. 活跃志愿者1.09亿人

活跃志愿者是指在志愿服务组织或平台上进行服务记录1小时以上的人。2021年度，在全国系统上新增有服务记录的活跃志愿者人数为1445.55万人，累计人数为6394万人，活跃率②为28.80%，比2020年增长2.84%。

---

① 非注册志愿者核算公式=注册志愿者总数/（1-非注册率）-注册志愿者总量，2021年非注册志愿者数量=22200万人/（1-17.67%）-22200万人=4765（万人）。

② 志愿者活跃率，是指在过去一年中，活跃志愿者数量与注册志愿者总数之比。

本文中的非注册志愿者活跃率 94.42%，以此推算全国约有非注册志愿者 4499 万人参与了志愿服务。活跃志愿者总数为 10893.11 万人，比 2020 年增加了 2243.66 万人（见图 4）。

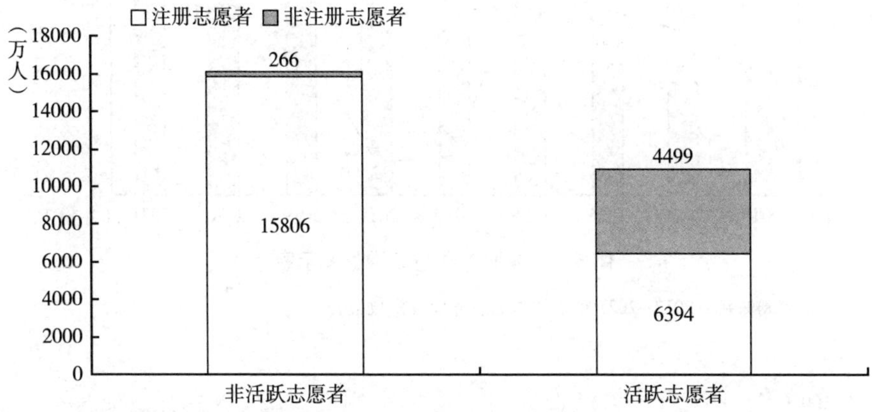

图 4　2021 年活跃与非活跃志愿者人数

资料来源：2021 年中国志愿服务发展指数调研数据 & 全国系统。

4. 志愿服务参与率7.71%，比2020年增长1.71%

活跃志愿者总数与全国人口总量之比，反映公众每年实际参与志愿服务的人口比例。2013 年以来，志愿服务参与率总体呈现增长态势。2021 年度中国志愿者从事有组织的正式志愿服务的参与率为 7.71%，比 2020 年增长了 1.71%（见图 5）。

（三）志愿服务组织123万家，增幅55.7%

如前所述，本报告对志愿服务组织总量，自 2020 年起以全国系统平台上注册的志愿团体数据为基准进行测量。2021 年共有 123 万家，比 2020 年增加 44 万家，增幅达到 55.70%，增幅为近五年之最。

与全国正式登记注册的社会组织数量变化趋势相比，2020 年社会组织比 2019 年增长了 3.21%，如图 6 所示，而志愿服务组织经过曲折发展，扭转了 2016 年以来的下降态势，是社会组织数量增幅的 16.35 倍。

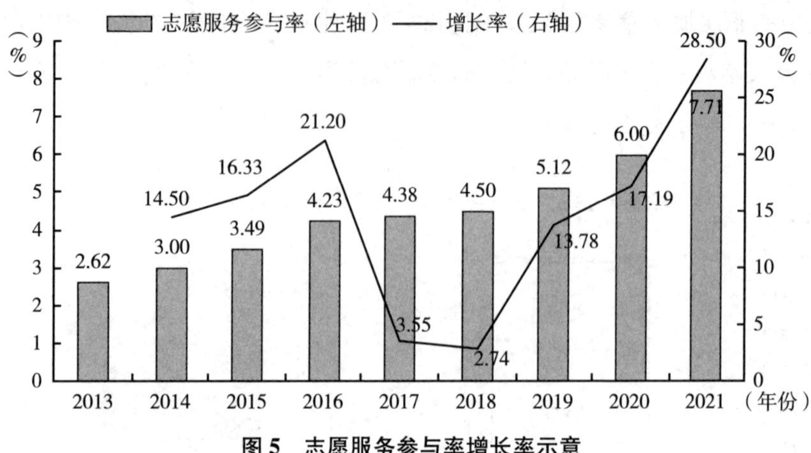

图 5　志愿服务参与率增长率示意

资料来源：2013~2021 年中国志愿服务发展指数报告。

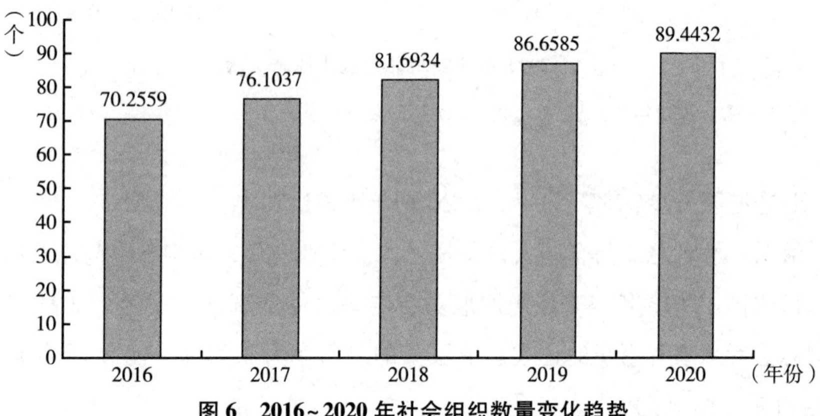

图 6　2016~2020 年社会组织数量变化趋势

资料来源：2016~2020 年民政事业发展统计公报。

（四）志愿服务时间42.07亿小时，人均38.62小时

全国志愿服务信息系统 2021 年度注册志愿者新增服务时间为 9.81 亿小时，未在全国系统注册的活跃志愿者服务时长约为 32.26 亿小时①，合计全

① 根据未在全国系统注册的 VIO 组织志愿者人均服务时长 71.71 小时，推算全国 4499.11 万名未注册志愿者的总服务时长为 32.26 亿小时。

年总时长为42.07亿小时，以此推算全国活跃志愿者人均服务时长为38.62小时。

2021年活跃志愿者服务时长比上年增长4.87亿小时，增长幅度为13.09%。从2013年的9.32亿小时到2021年的42.07亿小时，8年增长了3.5倍（见图7）。

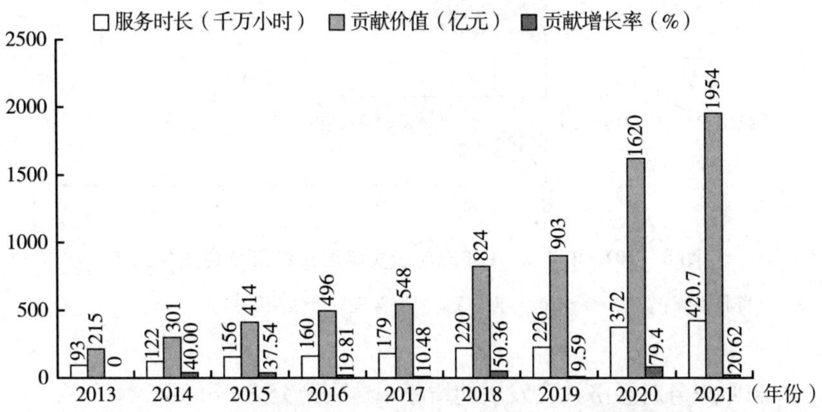

图7　2013~2021年志愿者志愿服务时间及其价值比较

资料来源：2013~2021年中国志愿服务发展指数报告。

（五）志愿者贡献价值达到1954亿元，贡献GDP万分之17.09

1. 志愿者贡献价值达到1954亿元

根据国际劳工组织推荐的“替代成本计算法”①测算，扣除工资增长率10.7%，2020年度社会组织人均工资实际46.44元/小时②，可以推算出2021年度志愿者贡献服务总价值为1954亿元，比2020年度增加了334亿元（见图8）。

① 志愿者贡献价值是反映提供无偿志愿服务的劳动人口在社会服务行业中所贡献的经济价值。本报告采用国际劳工组织推荐的“替代成本计算法”（the replacement cost approach），即志愿者贡献价值=社会服务行业（社会组织）雇员平均工资（元/小时）×志愿服务小时数。

② 根据国家统计局社会组织2020年度人均工资104487元，按照2021年250个工作日算，平均工资=104487/250/8=52.2435元/小时。

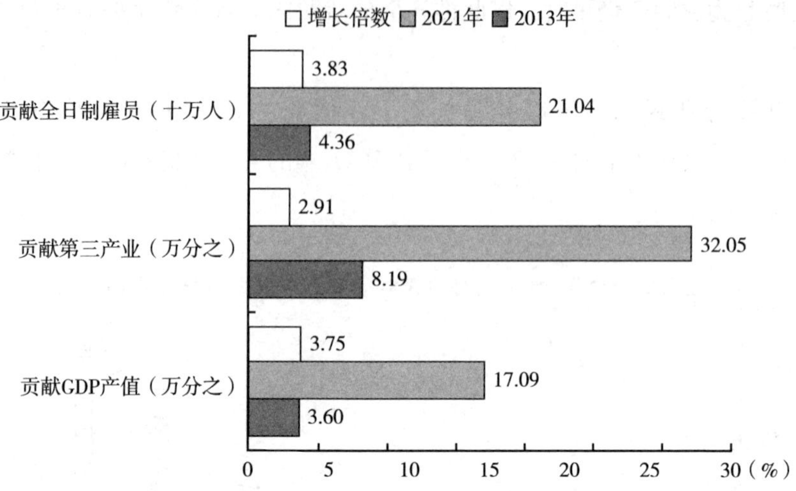

图 8　2013 年与 2021 年志愿者贡献国民经济社会发展比较

资料来源：2013 年和 2021 年中国志愿服务发展指数调研。

2. 志愿服务对经济社会发展的贡献率达到万分之17.09

志愿服务对国内生产总值（GDP）的贡献率，从 2013 年的 3.6‱到 2021 年的 17.09‱[①]，增长了 3.75 倍；对第三产业总产值的贡献率，从 2013 年的 8.19‱到 2021 年的 32.05‱，增长了 2.91 倍；志愿者为社会无偿提供了相当于 210.4 万名全日制雇员[②]，占社会组织从业人员[③]的 19.81%，较 2013 年（43.6 万人）增长了 3.83 倍。

（六）志愿服务国际比较

2021 年 12 月，联合国志愿人员组织（UNV）发布了《2022 年世界志

① 国家统计局：《2021 年国内生产总值 1143669.7 亿元》，https：//data. stats. gov. cn/easyquery. htm? cn=C01，最后检索时间：2021 年 3 月 29 日。

② 全日制雇员核算公式（万人）= 志愿服务时间总量/全年工作日天数/8 小时，2021 年志愿者服务时间核算全日制雇员人数=420700 万小时/250 天/8 小时=210.4（万人）。

③ 民政部：《2020 年社会组织吸纳社会各类人员就业 1061.9 万人》，《2020 年民政事业发展统计公报》，http：//images3. mca. gov. cn/www2017/file/202109/1631265147970. pdf，最后检索时间：2022 年 2 月 19 日。

愿服务状况报告：建设平等和包容的社会》①，2019~2020 年，全球 15 岁以上的劳动力人口全年志愿服务率为 57.6%，每月有 14.9%的人参与志愿服务（见图 9）。其中，亚太地区的志愿服务率高于全球平均值，为 67.8%，每月 17.2%，其中 14.3%的适龄人员参与非组织、非正式志愿服务，6.5%的适龄人员参与有组织的正式志愿服务。与中国略有不同的是，男性志愿者（53.6%）总体高于女性志愿者（46.4%），但在非正式志愿服务中，女性志愿者（53.42%）多于男性（46.58%）。

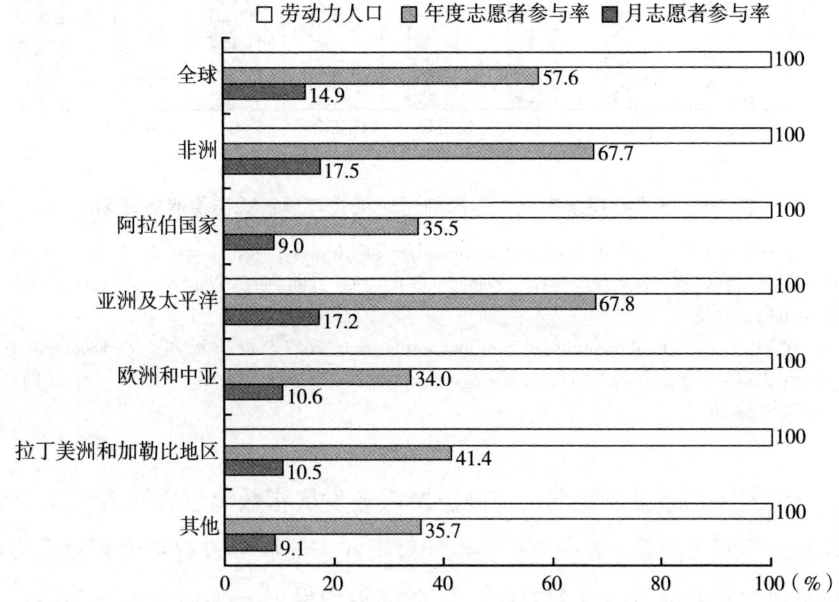

图 9　2020 年全球劳动力人口志愿者参与率

资料来源：The SWVR Team and a Consortium of Research Institutions：*2022 State of the World's Volunteerism Report*，Figure 2. 5. Volunteer rates（%），p. 40.

---

① the SWVR Team and a Consortium of Research Institutions：*2022 State of the World's Volunteerism Report*：*Building Equal and Inclusive Societies*，https：//swvr2022. unv. org/，最后检索日期：2022 年 4 月 26 日。

从全球未来一年的志愿服务计划看，在所调研的8个国家中，总体上志愿者更加青睐参与政府和机构组织的正式志愿服务（见图10）。

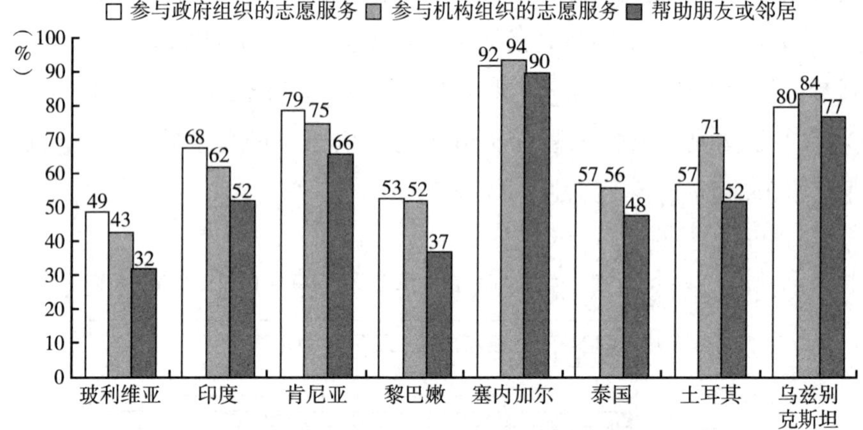

图10　志愿者在未来一年选择的全球正式与非正式志愿服务计划

资料来源：The SWVR Team and a Consortium of Research Institutions：*2022 State of the World's Volunteerism Report*，Figure 3.7. Formal and Informal Volutneers' Plans to Volunteer in Next 12 Months，p.52.
The SWVR Team and a Consortium of Research Institutions：*2022 State of the World's Volunteerism Report*：*Building Equal and Inclusive Societies*，https：//swvr2022.unv.org/，最后检索日期：2022年4月26日。

对比国际志愿服务状况，中国志愿服务发展指数测量方法参考了UNV推荐的志愿服务测量方法①，并主要针对正式志愿服务进行年度测量。可以看到中国志愿者参与率（7.71%）与全球平均发展水平还有不小差距；在志愿者性别方面，无论是正式还是非正式志愿服务，均以女性居多；在志愿者参与路径方面，与全球相似，大规模志愿服务活动主要是由政府和机构进行组织动员。

---

① International Labour Organization：*Volunteer Work Measurement Guide*，https：//www.ilo.org/global/statistics-and-databases/publications/WCMS_ 789950/lang--en/index.htm，最后检索日期：2022年4月28日。

三　2021年度中国志愿服务发展现状

（一）志愿者：追求社会价值，践行志愿精神

1. 志愿者画像：受过高等教育的中青年女性依然是主体

2018 年以来，志愿者总体画像几乎没发生太大改变。2021 年活跃志愿者还是以受过高等教育的中青年女性为主。其中女性志愿者群体比例连续四年不断增加，2021 年达到 65.21%，18~24 岁的青年志愿者数量出现新高，占比超过一半（50.33%），大学以上学历志愿者数量也为四年来最高，超过七成（见图 11）。

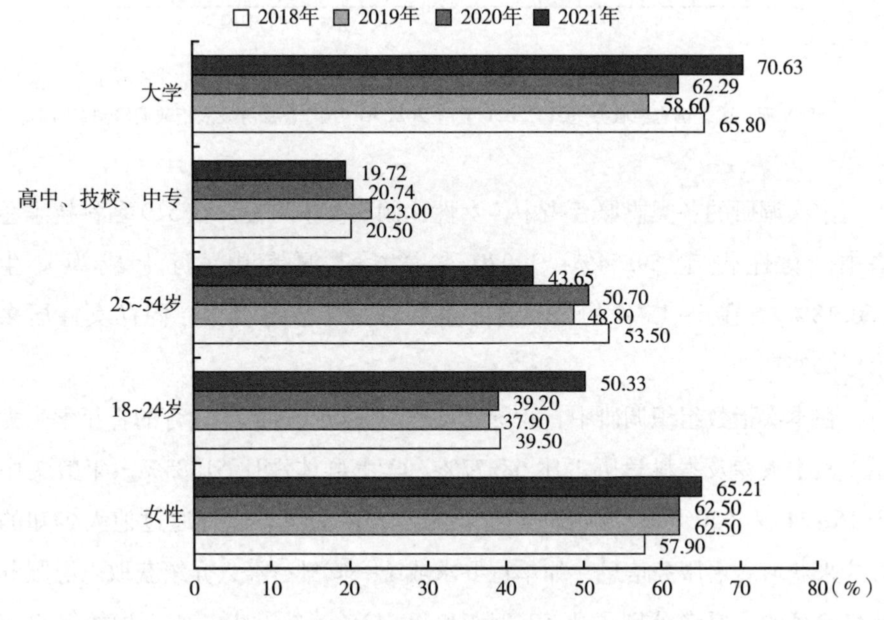

图 11　2018~2021 年中国活跃志愿者人口特征

资料来源：2018~2021 年中国志愿服务发展指数调研调查问卷。

第一，女性志愿者占比 65.21%，超过全球平均水平。

女性志愿者比例四年来一直比男性高，且持续攀升，2021 年达到

65.21%，男性志愿者仅占 34.79%，低于全球平均水平（53.60%）（见图 12）[①]。2021 年末全国人口数量 141260 万人，其中，男性人口 72311 万人，女性 68949 万人，男性比女性多 3362 万人。

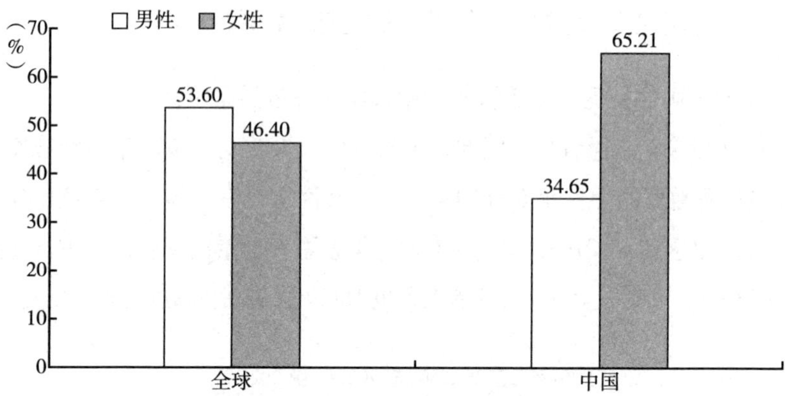

图 12 正式志愿者的全球比较

资料来源：联合国志愿服务组织（2021 年），2021 年中国志愿服务发展指数调研调查问卷。

本次调研的各类志愿者当中，女性比例均高于男性。在 519 名科技志愿者中，女性占比 59.54%；12970 名学生志愿者中，近七成为女生（68.18%）；在 6~15 岁的 835 名儿童和青少年志愿者中，同样女性居多（56.65%）。

在本次指数组织调研中，我国女性志愿者以受过高等教育的青年学生为主，其中大专及本科学历占比 68.77%，学生群体占比 51.85%，年龄集中于 16~24 岁（50.98%），46%来自农村。大多女性志愿者通过他人告知的方式来获取志愿服务信息，如单位要求或统一安排、经人介绍获取志愿服务信息途径的志愿者分别占比 50.54%和 49.11%。在过去一年，指数组织中

① The SWVR Team and a Consortium of Research Institutions：*2022 State of the World's Volunteerism Report*。该报告所统计的是正式志愿者的性别比例，所谓正式的志愿工作，是指通过组织、协会或团体进行，通常由对组织有持续或持续承诺的志愿者定期贡献时间，非正式志愿活动直接发生在个人和社区之间，不需要组织的调解，这与本调研对象吻合，因此具有可比性。

女性志愿者服务总时长突破 138 万小时，人均高达 86. 52 小时，且 71. 53%的女性志愿者为慈善机构或志愿项目捐赠过资金，是慷慨捐赠的志愿者，其参与志愿服务动机主要为了帮助有需要的人（占比 86. 29%）。可以说，女性是积极的志愿者，同时志愿服务也扩展了女性参与社会事务的渠道，成为其实现社会价值的重要途径。

第二，中青年志愿者数量接近八成，年龄越大服务频率越高。

16~25 岁以下的志愿者超过一半，16~44 岁的中青年志愿者合计占比 79. 02%，成为中坚力量，45~54 岁志愿者占比 14. 96%，年轻的老年志愿者（4. 87%）以及老年志愿者（1. 14%）共计 6. 01%。指数组织中老年志愿者比例虽少，但是，年龄越大，参与志愿服务频率越高（年龄与参与志愿服务频率成正相关，相关系数为 0. 163）。16~24 岁的高频志愿者（每周参与志愿服务）占比最低，仅为 11. 58%，而 65 岁以上的志愿者中有 45. 67%为高频志愿者。

第三，大专学历为主，学生最多，各界职业精英均有参与。

大多数志愿者受过高等教育，其中大专及本科占比最多，高达 67. 74%，硕士及博士学历志愿者共占比 2. 89%；其次为高中、技校、中专学历志愿者（占 19. 72%），初中及以下占 9. 65%。但是，低学历志愿者在 2021 年参与志愿服务频率更高，小学及以下学历中高频志愿者占比 23. 71%，而博士学历中高频志愿者仅占比 14. 70%。

志愿者来自各行各业，学生、自由职业者、事业单位和国企是主要来源。其中，学生志愿者占比 47. 93%，其次为自由职业人员（7. 87%）、高校科研院所及其他专业技术人员（7. 36%）、事业单位和国有企业管理人员（7. 17%）、服务行业普通员工（6. 54%）（见图 13）。

第四，党员和共青团员志愿者合计 58. 75%。

志愿者以党员（16. 17%）和团员（42. 58%）居多，共占比 58. 75%，群众占比 40. 45%，民主党派人士占比 0. 8%。

第五，未成年人在参与志愿服务中成长。

本次调研中，还有 835 名未成年人志愿者，其中 6~12 岁的占 26. 23%，

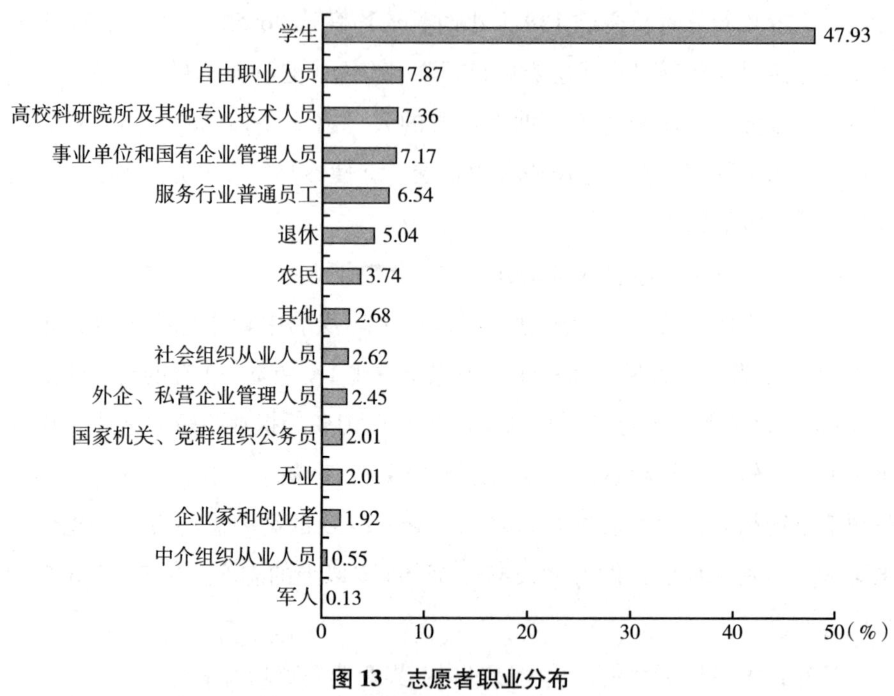

图 13　志愿者职业分布

资料来源：2021 年中国志愿服务发展指数调研。

12~15 岁的占 73.77%，80.84%为普通志愿者，来自城镇的未成年人占比 67.78%，城镇的孩子有更多参与志愿服务的机会，往往通过亲戚/朋友、熟人/同事介绍（52.34%），或学校要求、统一安排（48.98%）获取志愿服务信息。2021 年，47.78%的未成年人为 1 家机构提供志愿服务，31.74%为 2~4 家机构提供志愿服务，志愿服务平均时长为 20.4 小时，线下服务 80%及以上占比为 67.78%。但是，91.50%的未成年人没有获得服务津贴，却有 59.64%捐赠善款。未成年人在各个领域均有参与，其中，较多关注的是帮老助残（51.5%）、疫情防控（54.61%）、科普宣传（58.68%）、反对家庭和校园暴力（85%）、节能减排（57.6%）、垃圾分类（59.04%）、环境保护（68.62%）等领域。与成年人参与动机相比，未成年人排在首位的也是为了帮助有需要的人（80.84%），但是排在第二位有所不同，是锻炼自己的能力（61.21%），比成年人高出 9.57%，未成年人在奉献中得到成长。

2. 志愿者参与动机、路径与服务类型、场景

第一，价值追求与个人成长是主要参与动机。

志愿服务动机多元化，而价值驱动力是核心，84.78%的志愿者是为了帮助有需要的人，66.94%的志愿者是为社会、国家做贡献及实现个人价值，追求成就感、自豪感和荣誉感占比 19.27%。

越来越多的人意识到志愿服务对志愿者自身成长的意义，包括可以锻炼自己的能力（61.21%），增加社会见闻、获得和丰富自己的经验（45.85%），多结识些朋友、增进交流（37.36%），为了求职、就业或更换工作（3.76%）。

志愿服务也成为一种生活方式，可以收获快乐、消除烦恼（27.27%），消磨、打发时间（5.64%）（见图 14）。

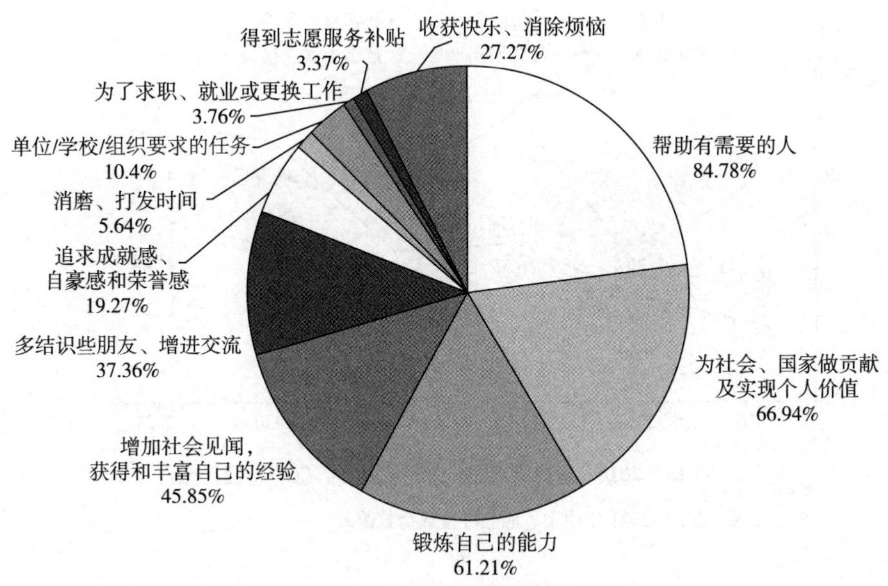

图 14　参与志愿服务初心

资料来源：2021 年中国志愿服务发展指数调研。

第二，志愿者动员网络化、社群化、行政化。

志愿服务信息多途径传播多元化，呈现志愿者动员的网络化、社群化、行政化特征。志愿者获得服务信息的途径主要有口口相传、单位组

织、互联网新媒体、传统媒体、社区通知和自己主动寻找。首先，志愿服务感染力是志愿服务发展的内在推动力，口口相传在 6 年间增长了 36.14 个百分点，成为志愿服务信息获取最主要渠道。其次，随着互联网技术的发展，“互联网+志愿服务”模式逐渐兴起，尤其是 2019 年以来新冠肺炎疫情突发，线上志愿服务激增，截至 2021 年，互联网新媒体（43.00%）成为仅次于口口相传（49.84%）、单位组织（48.02%）的第三大途径。最后，社区日益成为不可忽视的志愿服务场域，6 年间，通过社区通知获取信息的志愿者增加了 13.55 个百分点。与其他途径激增情况不同，单位组织一直以来都位居志愿服务信息获取途径的前列（见图 15）。

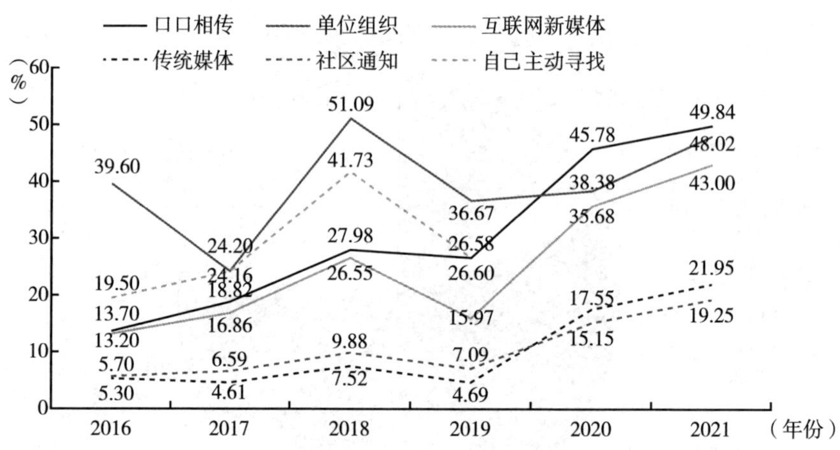

图 15　2016~2021 年志愿者获得服务信息的途径比较

资料来源：2016~2021 年中国志愿服务发展指数调研。

第三，以体能型和捐助型志愿服务为主。

志愿者的志愿服务类型以体能型服务（70.90%）和捐助型服务（41.45%）为主，智能型和技能型占比相对较少，均不足三成（见图 16）。

第四，志愿服务场景多为组织和城乡社区。

2021 年志愿者的服务场景，多为公益性社会组织和志愿服务组织（42.91%），其次为城乡社区（含志愿服务站点）；与 2020 年相比，在医

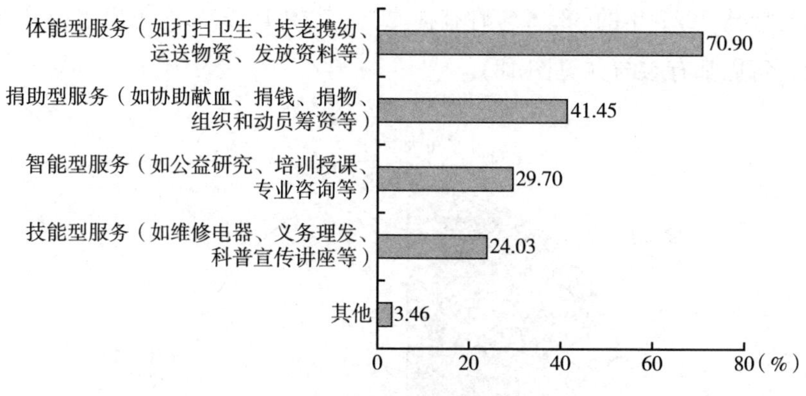

图 16　志愿服务类型

资料来源：2021 年中国志愿服务发展指数调研。

院、学校、公园、博物馆等公共机构提供志愿服务的比例增加了 5.26 个百分点，达到 41.34%（见图 17）。

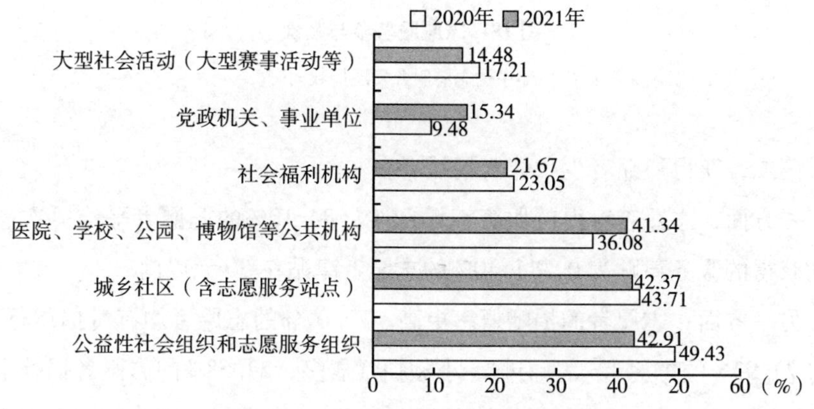

图 17　2020~2021 年志愿服务场景

资料来源：2020~2021 年中国志愿服务发展指数调研。

3. 践行志愿精神：慷慨捐赠，有钱出钱，有力出力

第一，志愿服务参与频率：39.96%每月都参与志愿服务。

对志愿者的志愿服务参与频次调研显示，32.78%的志愿者一年中仅参与 1~2 次；23.34%的志愿者每季度参与 1~2 次；39.96%的志愿者每月都

有参与（比 2021 年的 38.92%略有提高）。其中 15.27%的志愿者是高频志愿者，每周都有参与（见图 18）。

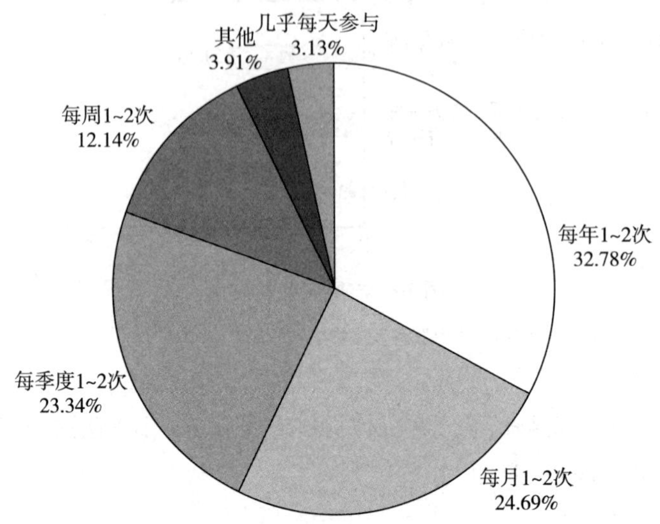

图 18　志愿服务参与频次

资料来源：2021 年中国志愿服务发展指数调研。

第二，获得津贴者少，慷慨捐钱者多。

一方面，志愿者获得的服务津贴很少，84.10%的志愿者平均每次志愿活动获得的服务津贴为 0，11.40%的志愿者津贴在 50 元以内。

另一方面，志愿者的捐赠概率更高。72.07%的志愿者均有过捐赠行为，仅有 27.93%的志愿者未曾捐赠。小额捐赠居多，24.58%的志愿者捐款金额在 50 元以下，捐赠 51～100 元的占比 17.54%；捐赠万元以上的志愿者人数占比 0.75%（见图 19）。

第三，有钱出钱，有力出力。

服务频率低的志愿者大多捐赠金额更高。与志愿服务频率相反，高学历、高收入志愿者的捐赠能力更强，捐赠金额更高。其中，高收入志愿者给公益组织或慈善项目捐赠资金更高（收入与给公益组织或慈善项目捐赠资金成正相关，相关系数为 0.352）。但是大龄志愿者例外，相比于低龄志愿

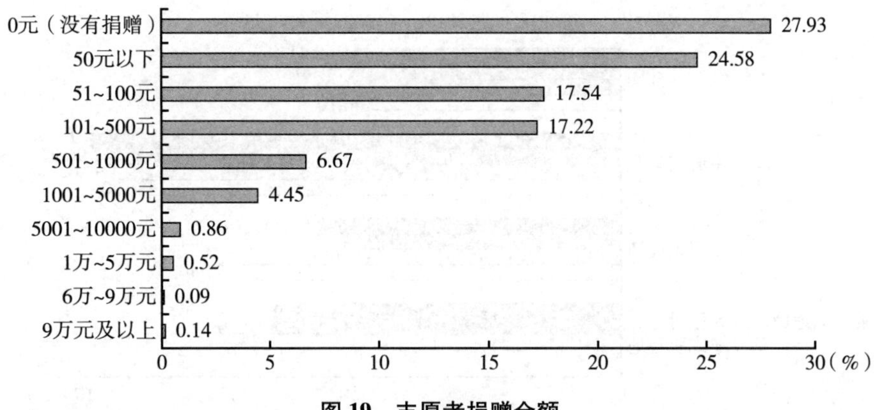

图 19　志愿者捐赠金额

资料来源：2021 年中国志愿服务发展指数调研。

者，其志愿服务参与频率更高，给公益组织或慈善项目捐赠资金也更高（年龄与给公益组织或慈善项目捐赠资金成正相关，相关系数为 0. 187）。

（二）志愿服务组织：走向规范化信息化的小型组织

1. 志愿服务组织画像：区县级小规模的正式组织

据指数组织调研，志愿服务组织多为区县级小型的正式注册或备案的社团（见图 20）。

第一，正式化、规范化程度高。

2021 年 VIO 组织正式化程度高。89. 26%是在民政部门正式登记的社会组织，社团最多（50. 41%），其次为社会服务机构（35. 54%）和基金会（3. 31%），此外，还有志愿者自组织（6. 61%）、社区社会组织（2. 48%）、事业单位（0. 83%）。其中，业务主管单位主要为民政部门（49. 59%）和党委/精神文明委/社工委（14. 05%），此外还有共青团（16. 53%）、妇联/工会/残联（4. 96%）、政府其他部门（4. 13%）、学校（3. 31%）等。组织的正式化程度远远高于志愿服务信息网、志愿汇等平台。因此，本文中的志愿者绝大多数为正式志愿者。同时，组织的规范化程度也较高，2021 年 55. 65%的组织参与过评估。

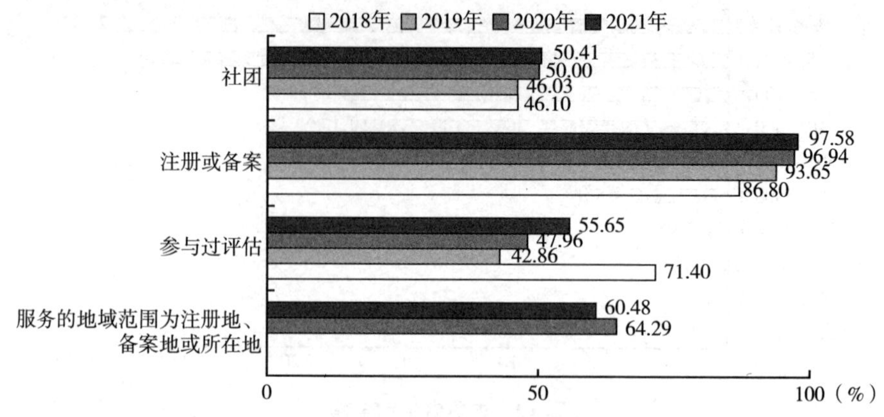

图 20　2018~2021 年指数组织画像

资料来源：2018~2021 年中国志愿服务发展指数调研调查问卷。

相比较而言，社会服务机构具在志愿者管理上具有一定的人员、资金优势。指数组织中，专职人员超过 10 人的组织共计 14 家，其中 10 家为社会服务机构。此外，社会服务机构经费相对充足，为志愿服务支出的管理成本相对更多，2021 年支出超过 5 万元的占比 41.87%。而 75.00%的志愿者自组织没有专职工作人员，支出的管理成本也是最少的。

第二，区县级组织居多，影响力突破注册地。

VIO 组织中区县级组织最多，占比 47.27%，其次为市级（38.18%）、省级组织（10.91%），其他组织占比 3.64%。2021 年，虽然服务的地域范围 60.48%在注册地，但是，相比 2020 年，活动范围突破了注册地的组织增长 3.81 个百分点，影响力得到进一步推广。

第三，规模较小，专职工作人员 10 人以上的仅占 14.02%。

志愿服务组织规模较小，根据问卷调查，专职工作人员数量①多在 10 人以内，且多集中在 5 人以下，达到 80 家，占比超过 50%。无专职人员或专职人员 1~2 人的组织均有 28 家，各占比 23.14%；占比 18.18%的组织有 3~4 人；占比 21.49%的组织有 5~10 人；50 人以上的

① 专职工作人员指享受工资待遇和社会保险、签订劳动合同的员工。

仅占 4. 13%。

第四，注册志愿者多在 200~1000 人。

现有注册志愿者人数在 200~1000 人的指数组织较为集中，达到 50 家，占比合计 40. 67%。

第五，40. 5%的组织经费主要来自社会和个人捐赠。

志愿服务组织收入结构逐渐多元化，社会和个人捐赠仍是主要经费来源，占 40. 50%，24. 79%的经费来源于政府购买服务，10. 74%的经费来源于基金会资助（见图 21）。

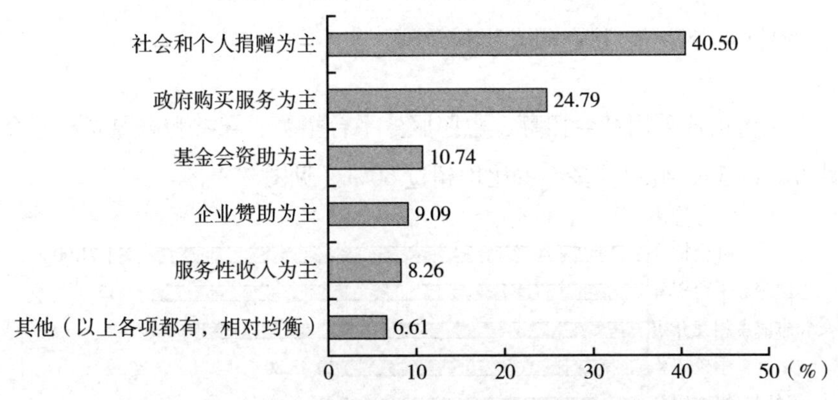

图 21　志愿服务组织收入来源示意

资料来源：2021 年中国志愿服务发展指数调研调查问卷。

2. 组织管理更为规范，多数提供了培训和时长记录服务

无论是志愿者还是志愿服务组织，2021 年，都认为组织治理和管理更为规范了。69. 42%的指数组织认为 2021 年取得的最大成就是组织管理更为规范，此外，专职从业人员能力提升（53. 72%）、志愿者数量增加（61. 98%）、志愿服务时长增加（62. 81%）、志愿服务项目运作更加专业（62. 81%）、志愿服务内容拓展（60. 33%）、线上志愿服务拓展（28. 93%）等方面也有较大收获（见图 22）。

第一，志愿者招募与管理社会化信息化。

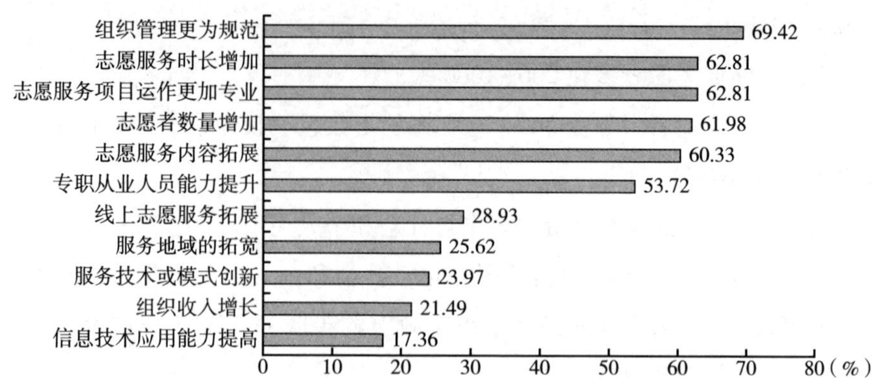

图 22　2021 年志愿服务组织最大的收获

资料来源：2021 年中国志愿服务发展指数调研。

志愿者招募采用社会招募、志愿服务平台招募、亲友和志愿者相互介绍三种方式的 VIO 组织较多，占比均超过 60%（见图 23）。

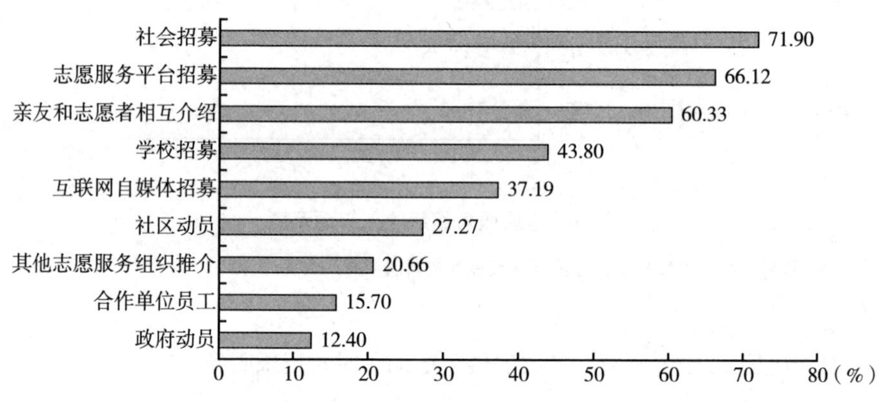

图 23　志愿者招募渠道

资料来源：2021 年中国志愿服务发展指数调研。

志愿者管理信息化水平提升，95.04%的组织提供了志愿者线上管理平台，仅有 4.96%的组织没有提供线上管理平台。

志愿者管理平台丰富化，有半数指数组织选择在中国志愿服务网（国家官方平台）、志愿汇等共青团系统平台进行在线志愿者管理；有 1/3 的组织选择地方志愿服务平台、在组织内部的线上平台、“人人3小时”公益平台上进行在线志愿者管理（见图24）。

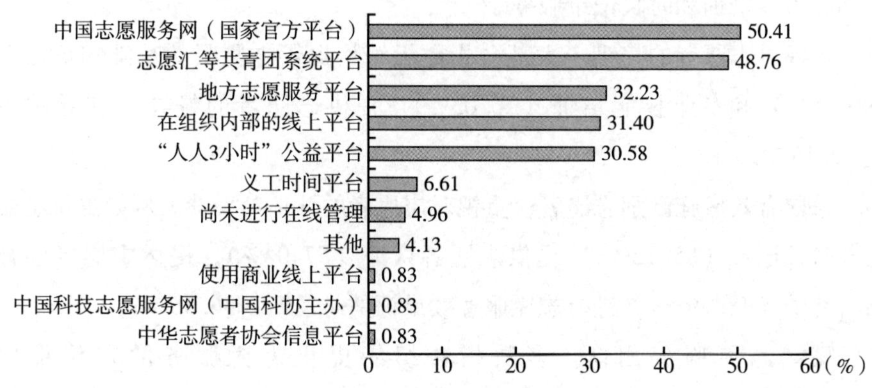

图24　志愿服务平台种类

资料来源：2021年中国志愿服务发展指数调研。

第二，实际参与服务的志愿者占比较高。

2021年实际参与活动志愿者占注册志愿者比重（活跃志愿者比重）在11%~70%的指数组织较为集中，达到96家，占比近80%。参与活动志愿者占注册志愿者比重51%及以上的达到33.88%（见图25）。

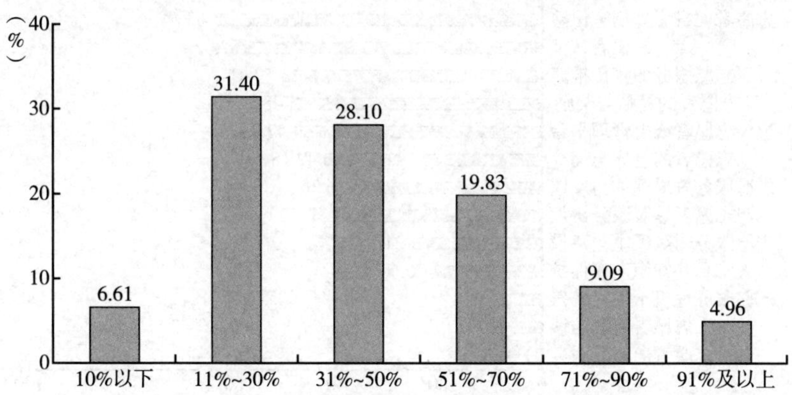

图25　实际参与活动志愿者占注册志愿者比重

资料来源：2021年中国志愿服务发展指数调研。

第三，绝大多数提供了培训和时长记录服务。

志愿服务组织为志愿者提供的服务丰富多样，其中85%以上的指数组织都提供了培训和时长记录服务。

重视对志愿者的培训。大部分指数组织均提供志愿服务基础知识培训（90.08%）和专业技能培训（76.03%），提供志愿者的督导与辅导的占比42.15%。

采取有效措施激励志愿者，重视对志愿者的评估与反馈。例如提供志愿服务时长记录（85.12%），提供志愿者认证（57.02%），提供志愿者的补贴与奖励（48.76%），进行志愿服务效果评估与反馈（36.36%）。

赋能志愿服务团队。多数指数组织提供志愿服务的宣传推广（50.41%）和提供志愿者线上管理平台（47.93%），而推动志愿服务团队民主化建设（24.79%）相对较少。

保障志愿者权益，包括提供志愿者人身意外伤害保险（63.64%），与志愿者签署服务协议（34.71%），提供志愿者个人隐私和知识产权保护（20.66%），提供志愿服务危机干预与赔偿（6.61%）（见图26）。

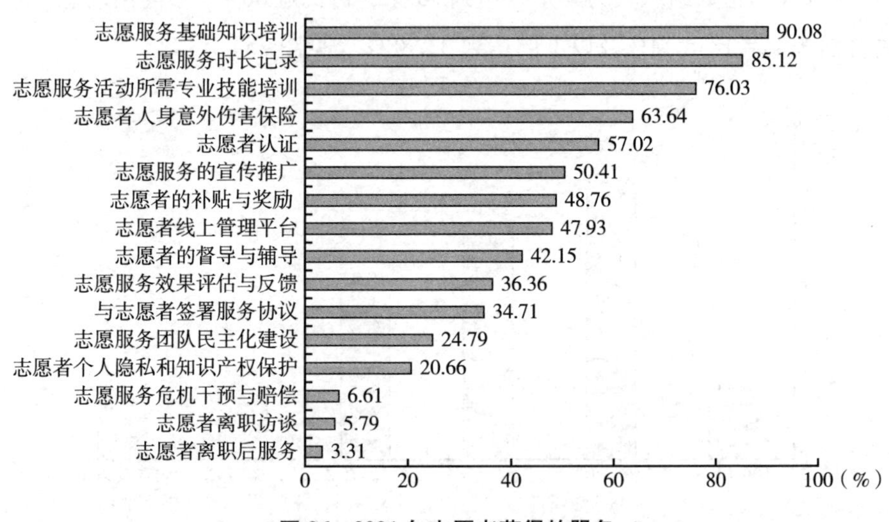

图26　2021年志愿者获得的服务

资料来源：2021年中国志愿服务发展指数调研。

第四，志愿服务组织化程度略高于2020年。

志愿服务组织化程度有所提升，参加机构组织活动仍是大多数志愿者的主要选择。2021年，38.01%的志愿者参加了2家以上机构组织的志愿服务活动。相较于2020年，2021年未参加机构组织活动的志愿者比例有轻微浮动，总体降低了0.25个百分点（见图27）。

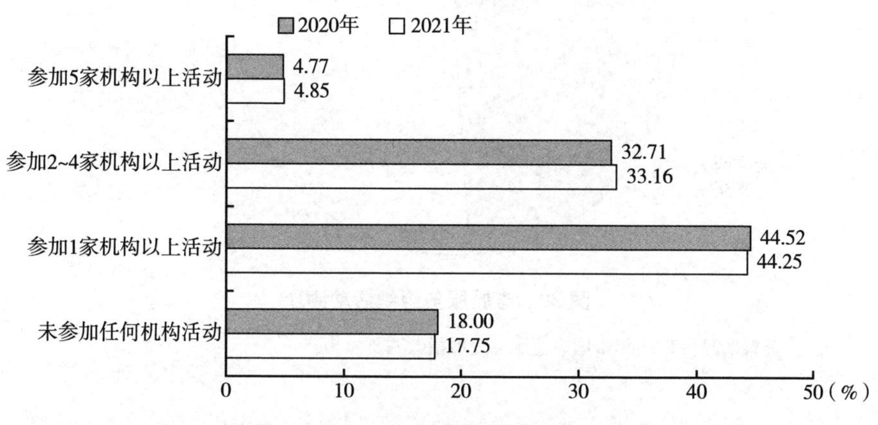

图27　2020~2021年志愿服务组织化比较

资料来源：2020~2021年中国志愿服务发展指数调研。

志愿服务组织管理水平提升，志愿服务活动频次较高。2021年志愿服务次数每周一次或双周一次是指数组织的常态（51.24%），28.93%的组织每天或两天一次（见图28）。

志愿服务组织活动频次提高，一定程度上也提高了志愿服务频次。每年参与1~2次志愿服务的志愿者在2019年激增20.27个百分点后，缓慢增加至2021年的32.78%；2021年每季度参与1~2次志愿服务的志愿者占比为23.34%；每月参加1~2次志愿服务的志愿者占比为24.69%；每周参加1~2次志愿服务的志愿者在2019年大幅降低后，缓慢回升至12.14%（见图29）。

（三）志愿服务项目发挥作用

1. 志愿服务领域广泛，具有中国特色

第一，服务聚焦教育、扶贫济困与健康领域。

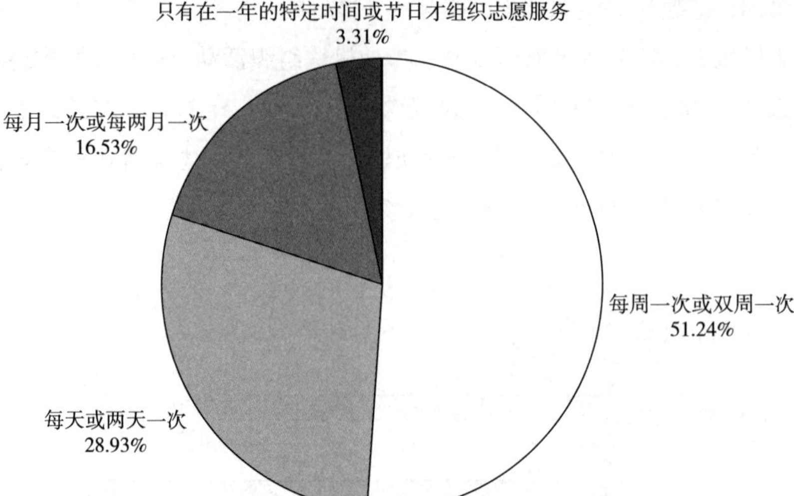

图 28　志愿服务组织活动频次

资料来源：2021 年中国志愿服务发展指数调研。

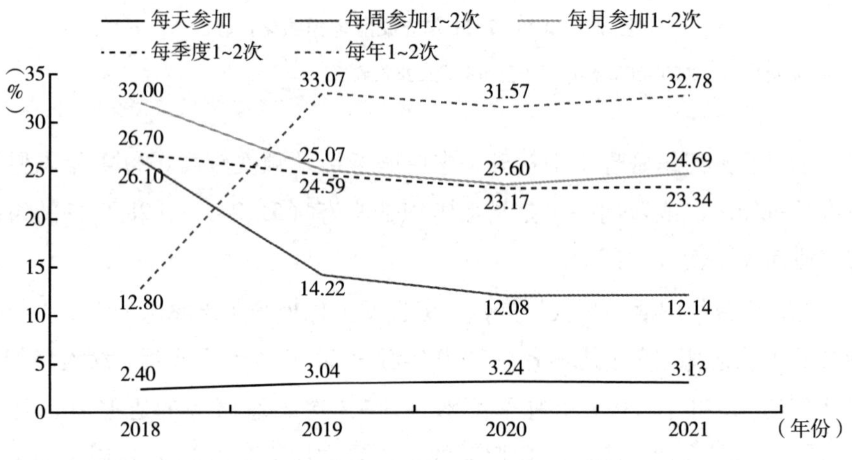

图 29　2018~2021 年志愿者服务频次比较

资料来源：2018~2021 年中国志愿服务发展指数调研。

2021 年，志愿服务组织活跃于联合国可持续发展的 17 个发展目标领域中，且较为均衡。相比较而言，在优质教育（96.69%），消除贫困与饥饿

（95.87%），良好健康与福祉（95.04%），可持续城市与社区（95.04%），和平、正义与强大机构（95.04%）等领域最为活跃，参与比例均在95%以上。其次是促进目标实现的伙伴关系（94.21%），减少不平等（91.74%），负责任的消费和生产、气候行动、水下生物、陆地生物（88.43%），性别平等（87.60%），体面工作和经济增长、工业、创新和基础设施（83.47%），清洁饮水与卫生设施、廉价和清洁能源（82.64%）（见图30）。

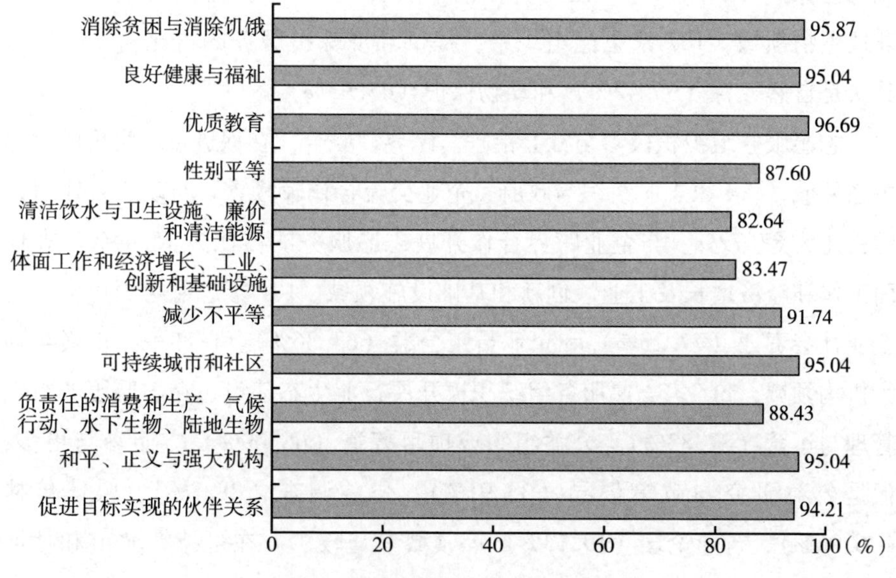

图30　志愿服务组织活动领域分布

资料来源：2021年中国志愿服务发展指数调研。

第二，与党建结合，促进共同富裕。

在121家指数组织中，有85.95%的组织开展了党建志愿服务。在促进共同富裕领域，志愿服务组织参与较多。在消除贫困与消除饥饿领域，参与的116家志愿服务组织给予乡村留守儿童服务（78.45%）、帮老助残（77.59%）和扶贫济困（68.1%）三大领域更多关注。在缩小差距领域，111家志愿组织中，在新时代文明实践（76.58%）、弱势群体赋能（63.06%）、互联网志愿服务（公益信息传播、网络公益活动等）（61.26%）三个领域更为活跃，其次是城乡协作（23.42%）、法律援助（22.52%）和外来人口融入（13.51%）。

第三，积极响应国家战略，参与社会治理。

在优质教育领域，作为创新型国家建设体系的重要组成部分，117 家志愿组织中参与最多的是科普宣传领域，占比为 80.34%；其次是支教助学（71.79%）和技能培训（64.1%）。在清洁饮水与卫生设施、廉价和清洁能源领域，服务“双碳目标”，100 家志愿组织聚焦节能减排（80.00%）和河流海洋保护（64.00%）。在负责任的消费和生产、气候行动、水下生物、陆地生物领域，107 家志愿组织中，提供环境保护服务的占比为 95.33%，其次是自然教育（65.42%）和动物保护（43.93%）。

志愿服务组织积极参与社会治理。跨界、联合，在促进目标实现的伙伴关系领域，114 家志愿组织与政府、企业交流合作较频繁，与政府合作对话的占比为 87.72%，与企业跨界合作开展志愿服务的占比为 75.44%。在体面工作和经济增长及工业、创新和基础设施领域，101 家志愿组织更多关注企业社会责任（77.23%）和企业员工公益（64.36%）。在和平、正义与强大机构领域，115 家志愿服务组织积极开展行业生态建设，在志愿服务组织管理与运营（87.83%）、公益组织或项目筹资（66.09%）方面参与更多，但是公益研究与政策倡导（33.91%）、公益调查（28.7%）、媒体传播（26.96%）、行业论坛（19.13%）等领域参与较少。在可持续城市和社区领域，115 家志愿组织中，公益培训（64.35%）、社区治理与自治（53.04%）、社区和城市服务（46.96%）、抢险救灾与应急服务（40.87%）占比相对较高，其次是垃圾分类（34.78%）、大型社会活动和体育赛会服务（32.17%），治安防范领域仅占 3.48%。

2. 参与疫情防控等焦点议题，体现年度特征

2021 年疫情防控仍是重要任务，在良好健康与福祉领域，参与的 115 家志愿组织绝大多数提供了疫情防控服务（93.04%），56.52%提供了心理咨询服务。在性别平等领域，越来越多的志愿服务组织开始参与活动，106 家志愿服务组织聚焦反对家庭和校园暴力相关服务（85.85%），提供了妇女发展相关服务（74.53%），反对性别歧视服务（55.66%）。

第一，社区居民是疫情防控主要服务对象。

志愿组织提供疫情防控志愿服务的服务对象较为多元，主要集中于城市社区居民（92.17%）、农村社区居民（51.30%）以及政府（38.26%），也包括被隔离观察的居民（34.78%）、医护人员（33.04%）、受影响的企业（22.61%）和患者（7.83%）（见图31）。

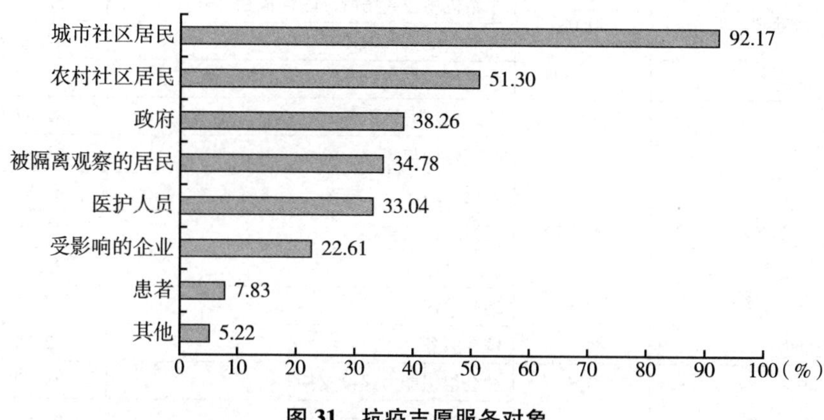

图31　抗疫志愿服务对象

资料来源：2021年中国志愿服务发展指数调研。

第二，参与抗疫的类型以筹资、执勤排查和服务为主。

组织提供的抗疫志愿服务类型主要包括筹资类、执勤排查类、服务类、支持类、救护类。其中，筹资类参与组织数最多，救护类参与组织数最少。

筹资类服务以资源对接平台、物资输送为主（各66.67%），执勤排查类服务以社区防疫执勤为主（91.74%），服务类以特殊困难群体帮扶为主（82.57%），救护类服务以服务医护人员家属生活需求为主（51.06%）（见表3）。

表3　抗疫志愿服务类型

单位：%

抗疫志愿服务领域	比例	细分类型(多选)	比例
筹资类	94.21	资源对接平台	66.67
		物资输送	66.67
		资源对接信息提供	60.53

续表

抗疫志愿服务领域	比例	细分类型(多选)	比例
筹资类	94.21	居民物资供给	57.89
		筹资	39.47
		筹款	35.96
执勤排查类	90.08	社区防疫执勤	91.74
		车站机场公共场所等防疫执勤	52.29
		四类人员排查防控	44.95
		本单位防疫执勤	41.28
服务类	90.08	特殊困难群体帮扶	82.57
		心理咨询与疏导	68.81
		邻里互助	67.89
		疫情后社区重建	35.78
		复工复产	32.11
		临终关怀	9.17
		殡葬服务	2.75
支持类	85.12	社会组织能力建设支持	73.79
		社会组织联动平台搭建	69.90
		防控科普宣传抗疫防疫指引指南	65.05
		政策倡导	41.75
		信息技术支持	26.21
		智库研究	13.59
救护类	77.69	为医务人员家属生活需求提供服务	51.06
		爱心车队接送医务人员	48.94
		紧急救援	45.74
		医院治疗的辅助服务	39.36

资料来源：2021 年中国志愿服务发展指数调研。

第三，参与疫情防控的积极性主动性强。

志愿组织对参与疫情防控有较强的积极性、主动性，同时，官方动员对于志愿组织参与疫情防控有重要推动作用。在民政部门注册的志愿服务组织（50.88%）、本组织直接对接有关志愿服务岗位（50.88%）、志愿者自组织（50.00%）、社区“两委”（30.70%）、社区社会组织（30.70%）、主要负责人所在工作单位（28.95%）（见图 32）。

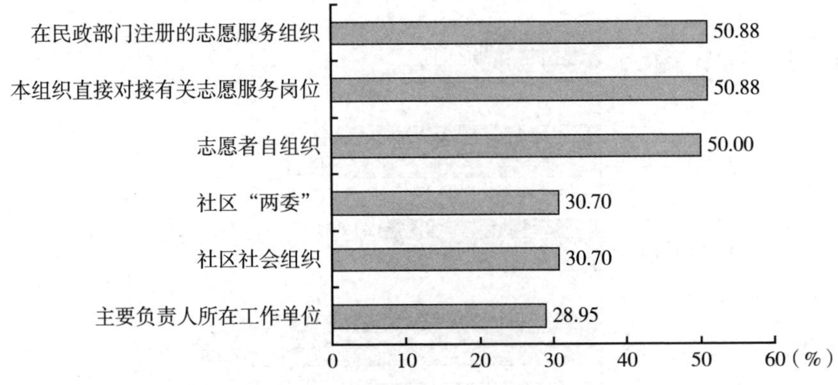

图 32　抗疫志愿服务的推动者

资料来源：2021 年中国志愿服务发展指数调研。

3. 志愿服务项目运作实现多元化目标

志愿组织服务项目具有多元化目标，通过历年数据对比，2021 年目标实现较为均衡，其项目成效多集中在得到当地政府认可与支持、形成服务规范流程、组织能力提升、志愿者数量增加和服务对象及其环境改善这五个方面，占比均超过 50%。此外，2021 年来志愿项目的复制性和媒体影响较 2020 年呈现积极增长趋势（见图 33）。2021 年 56. 2%的指数组织，其志愿服务项目推动了员工与志愿者的专业技能提升，31. 4%获得了国家或省部级奖项，27. 27%开发了新的服务产品。

4. 支持类服务优化志愿服务行业生态

发展较为成熟的志愿服务组织往往成长为支持类组织，为行业发展发挥重要作用。本次调研发现，疫情防控中，支持性服务以社会组织能力建设和联动平台搭建为主。85. 12%的指数组织开展了支持类疫情防控志愿服务，其中提供社会组织能力建设支持的占比 73. 79%，搭建社会组织联动平台的占比 69. 90%，提供防控科普宣传抗疫防疫指引指南的占比 65. 05%，此外还有政策倡导（41. 75%）、信息技术支持（26. 21%）、智库研究（13. 59%）。

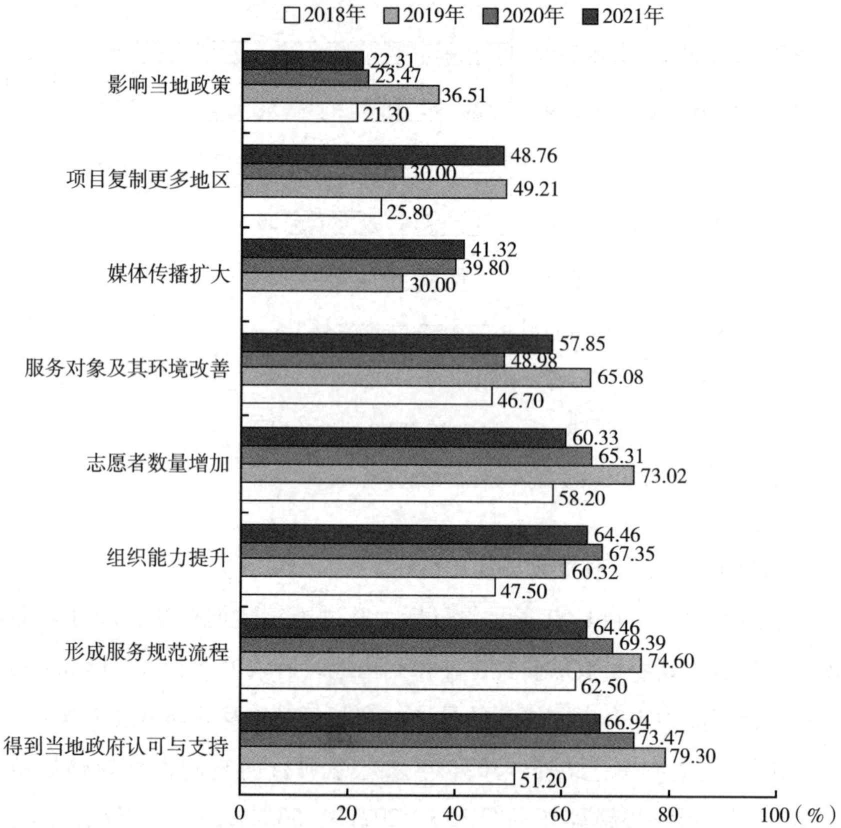

□2018年 ■2019年 ■2020年 ■2021年

项目	2021年	2020年	2019年	2018年
影响当地政策	22.31	23.47	36.51	21.30
项目复制更多地区	48.76	30.00	49.21	25.80
媒体传播扩大	41.32	39.80	30.00	
服务对象及其环境改善	57.85	48.98	65.08	46.70
志愿者数量增加	60.33	65.31	73.02	58.20
组织能力提升	64.46	67.35	60.32	47.50
形成服务规范流程	64.46	69.39	74.60	62.50
得到当地政府认可与支持	66.94	73.47	79.30	51.20

0 20 40 60 80 100（%）

图 33　志愿服务项目成效历年比较

资料来源：2018~2021 年中国志愿服务发展指数调研。

（四）志愿服务绩效

1. 服务对象覆盖面广，改善明显

第一，志愿服务对象覆盖面广。

其中服务于公益性社会组织和志愿服务组织、城镇社区及公共机构的志愿者占比最多，均超过 40%（见图 34）。

第二，服务对象改善明显，成为新志愿者的重要来源。

2021 年，服务对象心理状态改善、生活境遇改善和促使服务对象成为

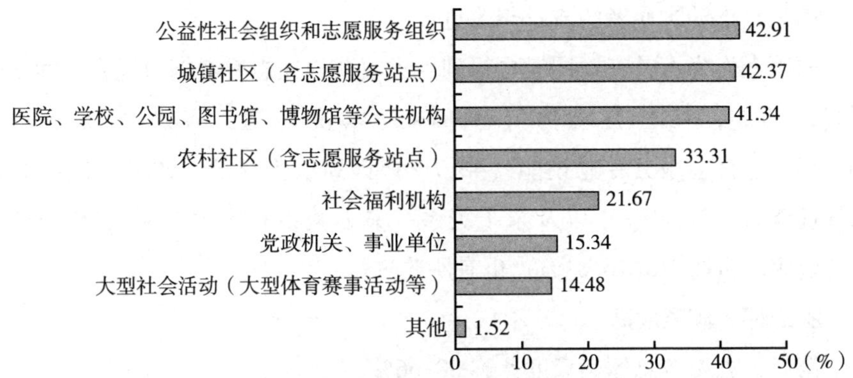

图 34　志愿者主要服务对象

资料来源：2021 年中国志愿服务发展指数调研。

志愿者三方面的增长效应明显，其中认为对服务对象心理状态有改善的比例增幅最大，从 2019 年的 21.01%增长到 2021 年的 44.37%；56.11%的志愿者认为服务对象对志愿者的评价有所提升，比 2019 年高出 8.74 个百分点；认为受益对象没有改善的下降 12.7 个百分点（见图 35）。

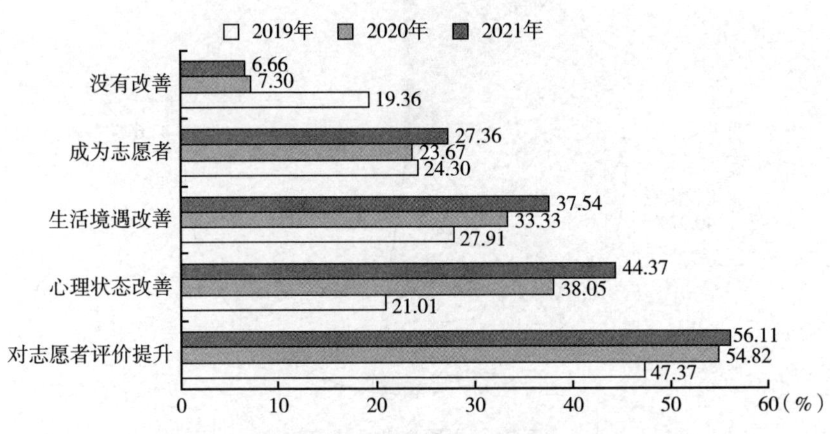

图 35　2019~2021 年志愿服务对服务对象的成效

资料来源：2019~2021 年中国志愿服务发展指数调研。

此外，受益对象成为新生志愿力量。27.36%的志愿者发现志愿服务引导服务对象成为志愿者，比 2019 年的 24.30%提高了 3.06 个百分点。

第三，推动志愿者的成长与改进。

志愿者作为奉献者，同时也得到巨大收获，在志愿者能力提升方面变化明显，其中，社会行动力（60.07%）以及沟通、演讲与社交能力（59.5%）、社会服务专业技能（46.7%）提高最为显著。此外，组织和团队管理能力（32.89%）以及亲子关系、夫妻关系和家庭关系（20.18%）、社会资源动员能力（16.81%）也有所改进。

2. 志愿者满意度高

第一，志愿者总体满意度达到88.66%。

2021年志愿者对其所参与过的志愿服务总体表示满意，47.69%的志愿者非常满意，40.97%的志愿者比较满意，不满意和非常不满意合计仅占1.05%（见图36）。

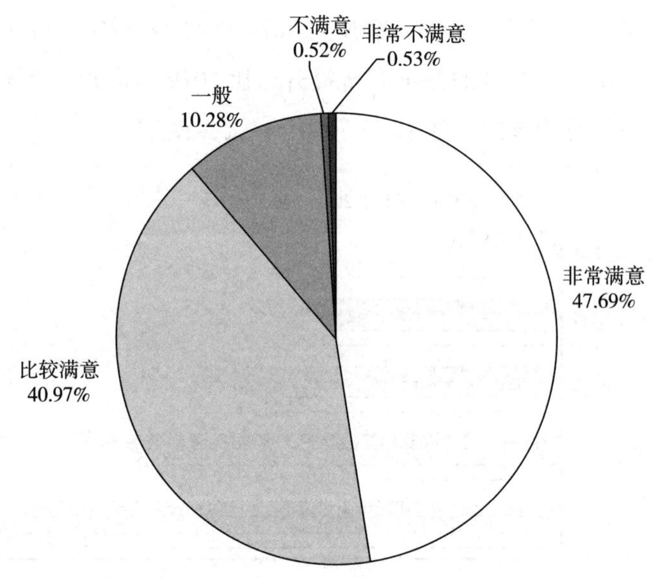

图36 志愿者总体满意度

资料来源：2021年中国志愿服务发展指数调研。

第二，组织治理与管理获得最高满意度。

本次调研中，志愿者对志愿服务组织治理与管理水平、志愿者培训、志愿者岗位匹配、志愿者激励、志愿者保障、志愿者服务补贴、志愿服务项目管理、社会影响力（品牌）等八个维度的满意度（非常满意+满意）评价总体较高，平均为83.01%，而组织治理与管理水平的满意度超过平均水平，达到89.24%（见表4）。

表4　您对您所在组织的满意度

单位：人，%

题目\选项	非常满意	满意	一般	不满意	非常不满意
组织治理与管理水平	13285(56.22)	7803(33.02)	2193(9.28)	76(0.32)	273(1.16)
志愿者培训	12455(52.71)	7448(31.52)	3098(13.11)	333(1.41)	296(1.25)
志愿者岗位匹配	12394(52.45)	7651(32.38)	3048(12.9)	267(1.13)	270(1.14)
志愿者激励	12162(51.47)	7254(30.7)	3429(14.51)	451(1.91)	334(1.41)
志愿者保障	13033(50.61%)	7955(30.16%)	4008(15.23%)	618(2.37%)	418(1.63%)
志愿者保障	11959(50.61)	7127(30.16)	3599(15.23)	560(2.37)	385(1.63)
志愿者服务补贴	11137(47.13)	6418(27.16)	4322(18.29)	1111(4.7)	642(2.72)
志愿服务项目管理	12132(51.34)	7550(31.95)	3384(14.32)	279(1.18)	285(1.21)
社会影响力(品牌)	12649(53.53)	7503(31.75)	2921(12.36)	241(1.02)	316(1.34)

四　2021年志愿服务实务层面的挑战与建议

本调研关注基层志愿者和志愿服务组织在实务层面的困难与挑战，倾听他们对中国志愿服务发展的建议，从志愿者、志愿服务组织和志愿服务治理三个方面进行报告。

（一）志愿者面临的障碍

（1）尽管大多数人希望有机会参与志愿服务，但是能够参与正式志愿服务的志愿者只有少数。本次调研显示志愿者参与最大的障碍是缺少匹配的志愿服务项目和岗位（38%）。

（2）志愿者无偿服务需要得到社会认可，特别是党政官方的公平对待。有36%的被调查志愿者没有得到必要的认可与激励，志愿者感受到“不公平”。志愿者对志愿者服务补贴的满意度仅为76.13%，明显低于志愿服务组织满意度评价的平均值（84.87%）。

（3）对志愿者缺少专业培训、服务评估与反馈（24%），志愿者无法了解志愿服务质量及其效果，难以感受到服务的社会价值。

（4）志愿者获得保障和支持的覆盖面不足。尽管超过85%的组织都提供了培训服务、时长记录等，但是其基础保障和支持覆盖面不足。志愿者获得培训仅占54.55%、时长记录仅占49.49%、志愿服务证书占34.60%、志愿服务表彰占25.47%、志愿者人身意外伤害保险占24.06%、志愿服务的督导与辅导占20.66%、签署服务协议占16.55%、社会优待优惠占6.93%（见图37）。

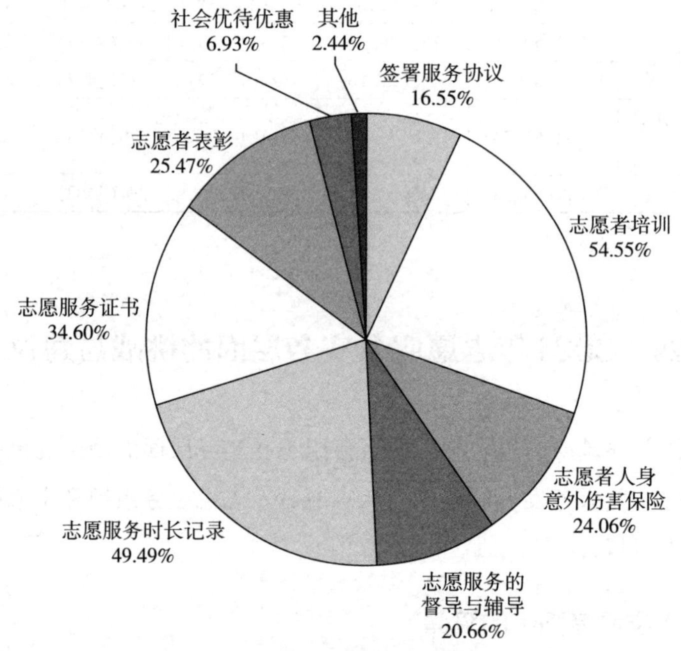

图37　志愿服务保障

资料来源：2021年中国志愿服务发展指数调研。

（5）高学历志愿者潜能尚待开发。调研发现，高学历志愿者参与频率和时间都较低，而提供智能型和技能型的专业志愿服务的志愿者占比为29.7%和24.03%，相对较少，找不到适合的专业志愿服务岗位成为高学历志愿者参与的主要障碍。

（二）志愿服务组织的困境

（1）难以获得外部资源支持，成为志愿服务组织面临的最大挑战。有47.93%的组织未能获得适当的资金和保障，志愿服务组织经费不足问题依然没有得到改善。52.07%的组织全年投入志愿者服务与管理经费在5万元以下，59.50%的组织没有给志愿者发放津贴补助，有21.49%的志愿服务组织是由志愿者来承担全部的服务成本，只有18.19%的组织每年有10万~50万元及以上经费。有超过半数的志愿者希望获得官方认可、社会优待、志愿者人身保险，以及必要的服务津贴和成本保障。42.76%的志愿者建议提供专业和优质的志愿服务培训和能力建设，志愿者同时也期待提高相应补贴或保障（20.97%）。

（2）疫情风险影响志愿服务工作正常开展。受疫情影响而无法正常开展工作的志愿服务组织超过了45.16%，由于66.94%的组织所开展的志愿服务活动是以线下为主，受到全年疫情流行和防控政策影响而难以正常和持续开展，因此一些组织（31.41%）开辟在线服务新场域。

（3）组织内部的挑战。职业化进程任重道远，尚有23.14%的组织没有专职工作人员，另有23.14%的组织仅有1~2名专职人员。志愿服务项目运作能力和水平不足43.55%，组织治理与管理规范不足42.74%。此外，自我造血能力不足，主要经费来源于服务性收入的组织仅占8.26%。

（4）职业化社会服务与非职业化志愿服务的冲突。调研显示，社会组织评估等级越高，实际参与服务的志愿者数量越少（相关系数为-0.213），且新增志愿者的比例也越小，而未正式注册的志愿者自组织实际参与服务的志愿者占所有注册志愿者的比重相对较高。

（5）志愿服务存在薄弱领域，即乡村和国际化。面向农村社区的志愿

服务仅占比 33. 31%。从事国际交流合作和国际援助方面的志愿服务组织分别占比 14. 04%和 4. 39%，而从事跨国志愿服务活动的仅占 3. 31%。

（三）志愿服务治理的挑战

（1）志愿服务制度和监管不健全。由于志愿服务基础理论研究和教育不足，志愿服务依然处于多头管理，各自为政，一些部门和行业缺少志愿服务常识，存在志愿者虚假注册和服务记录以及高薪招募、滥用、乱用志愿者等现象，甚至出台违反志愿服务法规和原则的政策。有 40. 50%的志愿服务组织缺少政策支持与保障。特别是在疫情防控志愿服务中，大量干部就地转化为志愿者，居民自愿在参与社区抗疫服务中出现志愿者人身伤害、干群关系、越线执法和服务营利等问题，缺少行政监督和管理处置。

（2）志愿服务缺少通畅的参与机制。2021 年在疫情和水灾面前，当地志愿者参与并不容易，而全国众多社会组织和志愿者驰援灾区就更为艰难。志愿服务参与机制尚未健全，在社会信任匮乏和风险之下，跨部门、跨行业、跨地区志愿服务主要是依靠熟人关系。据 2021 年指数组织调查，有 46. 23%的志愿服务组织呼吁加强志愿者参与机制建设，打通各部门纵横之间的联动协调机制，33. 94%的志愿者建议更多的社区和社会组织开发线上和线下志愿服务岗位与机会，让更多的志愿者就近、方便参与志愿服务。志愿者期待更多开发在线志愿服务机会（46. 23%），设计就近、方便参与的志愿服务项目（33. 94%）。

（3）行业建设技术落后。据 2021 年指数组织调查，1/3 被调查志愿者期待出台志愿服务专业化标准，民政部门加强培育行业机构和支持性组织，完善志愿服务组织的备注和注册登记管理体系，以及制度化和标准化建设。由于志愿服务以党政为主，群团作为枢纽型组织分头开展相应工作，缺少行业性专业化组织，技术研发和应用滞后，社会力量难以分工协作。基层志愿服务组织应对重大风险和社会需求的主要方式是即兴式联合行动，或者在单独领域中做小而美，不易形成可复制的成果经验，不能有效地解决社会问题。

（四）志愿服务发展的建议

（1）加强志愿服务理论研究和执法。第一，针对当前志愿者注册、服务时长记录、服务报酬和服务中的乱象和问题，加强理论研究和政策指导；第二，开展积极的服务监管与执法工作，确保志愿服务诚信和志愿者权益。

（2）加速行业基础设施建设。第一，培育志愿服务组织，特别是正式的组织和专业化的组织，形成基于志愿服务领域的分工与协同的价值链，形成有差异化的角色与功能、有层次化的结构与体系、有支持和保障的行业生态。为此，要加大支持性、资助型、联合类、行业类、枢纽类、平台类的志愿服务组织的发展力度。第二，形成政府与志愿服务领域的良性互动，政府通过行业性组织与志愿者和志愿服务组织形成分工明确、权责清晰的合作伙伴关系。为此，要把志愿者队伍招募与培训，志愿服务组织孵化与支持、发展与规范纳入政府购买服务范畴，形成政府、社会组织、社会工作、社区治理、社会治理的联动机制。在常态化管理中，通过政府购买服务赋能志愿者队伍和志愿服务组织，使其在实践中成长，在服务中发展和成熟，从而促进其在社会治理包括应急管理中发挥应有作用。第三，加强制度化、标准化建设和技术研发。由于志愿服务是人们本职工作以外的非职业化的工作，为了能让志愿者迅速了解社会环境并提升志愿服务质量，需要相应的标准化工具、行动指南和行为规范，以及技术支撑。

（3）畅通公民参与志愿服务平台和通道。加强志愿服务参与平台建设，第一，加强基层社区的志愿服务站等建设，为社区志愿者参与基层治理和社区帮扶提供渠道。第二，在公共事业各个部门各个领域，包括学校、医院、养老院、博物馆、图书馆等建立志愿服务参与渠道，为志愿服务参与公共服务提供路径。第三，在公共空间和公共场所，如机场、火车站、商场等建立志愿服务岗位，为志愿者提供参与岗位。第四，动员党政机关、社会组织、企事业单位联合打通志愿服务参与平台，促进平台多元化、开放化，给合法的志愿服务组织招募并带领志愿者队伍参与各种类型的志愿服务工作，发扬志愿服务精神，并使得志愿服务得到认可和激励。

（4）加强志愿者保障和认可服务价值。第一，政府以及志愿服务组织应为志愿者提供有效的基础保障和保护。如从事危险性志愿服务的志愿者有权利获得人身安全保障，从事志愿服务应该获得基本的服务补贴、交通补贴。第二，应为志愿者提供必要的知识和技能培训，提供心理疏导和关怀。第三，志愿者有平等受到认可和激励的权利，避免出现体制内外的志愿者的区别对待，赋予志愿者平等参与志愿服务的权利，给予其公平的认可和激励，从而营造人人志愿的文化氛围。第四，认可志愿服务的贡献价值，包括社会价值和经济价值，以及在第三次财富分配中的特殊作用，促进社会治理模式转型。开展志愿服务价值测量，把其纳入我国非营利部门经济核算体系、社会组织和志愿服务组织的捐赠总额及贡献度评价、政府社会动员绩效考核范围内。

（5）平战结合，出台并细化志愿服务参与疫情防控相关政策或指导意见。为了经济社会稳定发展，为了有效防控疫情，有必要将志愿服务纳入疫情防控常态化和应急管理工作中。第一，平战结合，不仅把志愿服务纳入应急管理体系中，在疫情防控常态化进程中，在日常管理中，都要把志愿服务纳入基层治理体系。不仅纳入疫情防控指挥者视野，同时也要进入疫情防控服务体系中。第二，在各个社区和基层单位广泛培育并储备志愿者和志愿服务组织，并提供相应的服务保障，加强基层志愿服务基础设施建设，使志愿服务力量在关键时刻能发挥作用，有序管理。

B.4

2021年中国慈善法治发展观察报告*

马剑银**

摘　要： 2021年，慈善法治发展的宏观政治环境有所改善，无论是《中华人民共和国国民经济和社会发展第十四个五年规划和2035年远景目标纲要》的编制还是共同富裕目标的提出，将慈善事业纳入分配正义的格局之中，作为第三次分配的关键组成部分，对未来的慈善法治发展带来很大影响。《慈善法》执法检查之后正式启动了修法程序，有待在不久的将来根据执法检查报告中所提出的问题和建议完善，当然这还有待于更进一步的公众参与和立法民主。社会组织政策与法律法规是慈善法治非常重要的制度配套，虽然目前对社会组织采取的具体行政管理行动非常频繁，但制度建设却停滞不前。其他领域的制度配套有成就也有障碍，慈善税制改革发展缓慢，互联网慈善法治需求迫切，但地方慈善制度建设成果斐然，尤其是浙江省共同富裕示范区改革探索，值得期待。

关键词： 慈善法治　共同富裕　第三次分配　互联网慈善　地方慈善立法

2021年是我国“十四五”规划的开局之年。规划中多次提及“慈善”

---

* 本文获得中国慈善联合会“敦和·竹林计划”（第四期）青年学者专项课题“当代中国募捐/捐赠的话语表述与制度变迁研究”（项目编号：2020ZLJHZX-05）的资助。

** 马剑银，法学博士、公共管理学博士后，北京师范大学法学院副教授，《中国非营利评论》副主编，主要研究方向为法律与社会理论、比较法文化、立法学与公共政策、国家与社会关系、公益慈善—非营利—社会组织法制等。

话语，“鼓励民营企业积极履行社会责任、参与社会公益和慈善事业”“发挥慈善等第三次分配作用，改善收入和财富分配格局”“促进慈善事业发展，完善财税等激励政策。规范发展网络慈善平台，加强彩票和公益金管理”等。这些都需要相关公共政策和立法来落实。下半年中央财经委员会第十次会议又突出强调了扎实促进共同富裕问题，重申了第三次分配的话语与功能，这又为慈善法治发展带来了深远的影响。

《慈善法》实施5年后迎来了立法机关的执法检查，2020年全国人大常委会对《慈善法》的执法检查报告，从多个方面进行了总结，从而也启动了修法计划。从地方层面来看，2016年以来，有关《慈善法》实施的地方配套立法也非常之多，八仙过海、各显神通，在既定的制度框架中进行地方制度调整与创新，尤其是浙江省共同富裕示范区的试验，其制度创新更是令人期待。

本文从国家宏观政策到地方配套制度，从传统慈善到互联网公益，从体制到机制，分为以下几个部分来观察2021年中国的慈善法治发展状况。

一　共同富裕国家战略影响慈善法治发展空间

2021年度影响慈善法治发展最重要的因素就是国家共同富裕战略。中央财经委员会于8月17日举办第十次会议，聚焦研究扎实促进共同富裕的问题。在会议上，习近平总书记强调，共同富裕是社会主义的本质要求，是中国式现代化的重要特征，要坚持以人民为中心的发展思想，在高质量发展中促进共同富裕。同时，本次会议也重提第三次分配，强调第三次分配在共同富裕战略中的地位。第三次分配既是“人人享有的合理分配格局”的重要组成部分，也是“三次分配协调配套的基础性制度安排”的一环。[①]

本次会议上突出强调的共同富裕战略，让以公益慈善为基础的第三次分

① 《习近平主持召开中央财经委员会第十次会议》，中国政府网，http：//www.gov.cn/xinwen/2021-08/17/content_5631780.htm，最后检索时间：2022年4月11日。

配这一话语再次凸显在人们眼前。

“第三次分配”作为一个学术概念，其实早已有之。20世纪90年代厉以宁教授在《股份制与现代市场经济》一书中提出这一概念，他认为第三次分配是“在道德力量的作用下，通过个人收入转移和个人自愿缴纳和捐献等非强制方式再一次进行分配”，以区别于“由政府按照兼顾效率与公平的原则，通过税收、扶贫及社会保障统筹等方式来进行”的第二次分配（再分配）。[①] 这一概念与西方社会中有关“政府失灵”“市场失灵”之后求诸“第三部门”的思路异曲同工。之后随着中国社会经济发展和公益慈善事业变迁时有讨论，尤其是2005~2013年，结合“和谐社会”和非营利组织的培育发展等议题展开。[②]

首次在中央文件中出现“第三次分配”是在2019年中共十九届四中全会上，会议决议使用了“重视发挥第三次分配作用，发展慈善等社会公益事业”的措辞。[③] 之后学术界和新闻舆论界就开始阐释第三次分配与公益慈善事业之间的关系，并尝试从新的视角来阐释公益慈善事业政策法律发展之路。[④]

公益慈善事业说到底是政府之外的社会力量（个人与自组织）基于人类共同体的共情而自愿对他者提供的无私帮助，包括物质支持和服务活动，从而实现结果上的“分配正义”。在现代社会中，这种活动逐渐专业化、职业化，超越原初的点对点关系，更多的是形成了政府之外的第二种“中介”机构——慈善组织，因此，三次分配并不是一个持续的过程，而是三种分配形式构成的复杂格局，目标是实现超越简单经济学意义的分配正义。

① 厉以宁：《股份制与现代市场经济》，江苏人民出版社，1994。

② 王名等：《第三次分配：理论、实践与政策建议》，《中国行政管理》2020年第3期，第101~105页。

③ 《中共中央关于坚持和完善中国特色社会主义制度 推进国家治理体系和治理能力现代化若干重大问题的决定》（2019年10月31日中国共产党第十九届中央委员会第四次全体会议通过）。

④ 杨斌：《第三次分配的内涵、特点及政策体系》，《学习时报》2020年1月1日，第A6版；王名等：《第三次分配：理论、实践与政策建议》，《中国行政管理》2020年第3期，第101~105页；邓国胜：《第三次分配的价值与政策选择》，《人民论坛》2021年第24期，第42~45页。

第三次分配过程，也是第三种分配模式，公益慈善等活动是其中重要的组成部分，这既是对第一次分配过程的矫正，也是对第二次分配过程的补充，其最终目标是为了在结果意义上实现“分配正义”，减缓在第一次分配过程中的贫富差距，以及对第二次分配过程中因宏观与普遍视角的公正观念所限而造成的微观和特殊情形的不公正进行弥补。

当然，三次分配过程的理论与西方三大部门理论还有很多差别，例如，作为第三部门的主体，社会组织的作用空间并不局限于第三次分配；“自愿”参与作为第一次分配过程的“科学技术创新”、“自愿”参与作为第二次分配过程的国家社保目标的弱势群体援助，都有第三次分配参与；甚至国家精准扶贫战略、乡村振兴战略，都是三次分配同时发生作用的过程。①

“第三次分配”的话语载入中央重要政策文件，表明从公共政策的顶层设计中将公益慈善事业置于中国特色分配正义实现路径的组成部分②，从而成为“中国特色社会主义制度”和新时代“国家治理体系和治理能力现代化”的重要环节。

在2020年十九届五中全会上，中共中央提出了《关于制定国民经济和社会发展第十四个五年规划和二〇三五年远景目标的建议》，将第三次分配话语的表述改为“发挥第三次分配作用，发展慈善事业，改善收入和财富分配格局”。这一表述为2021年中央财经委员会第十次会议中提到的“三次分配协调配套的基础性制度安排”，“形成人人享有的合理分配格局”奠定了话语基础，也为第三次分配成为实现共同富裕国家战略重要环节的阐释提供了观念前提。

---

① 《基金会行业40年 | 专访马伊里：社会组织准备好进入第三次分配这个主场了吗?》，CFF2008微信公众号，2021年10月19日。

② 当然，这种实现路径目前并未明确提出，这也带来企业家和高收入人群的担忧。也有专家开始解释这个实现路径，例如徐永光认为，履行法定社会责任、提供合格产品、保障员工权利等，就是企业家为共同富裕贡献力量，慈善捐赠重在自愿，不应强制，否则就是打着第三次分配旗号对前两次分配的破坏，要先做企业家，再当慈善家。徐永光：《第三次分配的两条铁律和三步好棋》，《中国慈善家》2021年第5期，第30~39页。

2021 年 3 月，第十三届全国人大第四次会议根据中共中央的建议编制了《中华人民共和国国民经济和社会发展第十四个五年规划和 2035 年远景目标纲要》（以下简称“《纲要一》”），对于公益慈善相关的制度建设提出了十二点要求。第一，鼓励民营企业积极履行社会责任、参与社会公益和慈善事业。第二，发挥慈善等第三次分配作用，改善收入和财富分配格局。第三，优化社会救助和慈善制度，完善财税等激励政策以促进慈善事业发展。第四，规范发展网络慈善平台。第五，加强彩票和公益金管理。第六，发挥社会组织在社会治理中的作用，畅通和规范社会工作者和志愿者等参与社会治理的途径。第七，培育规范化行业协会商会、公益慈善组织、城乡社区社会组织，加强财政补助、购买服务、税收优惠、人才保障等政策支持。第八，支持和发展社会工作服务机构和志愿服务组织，壮大志愿者队伍，搭建更多志愿服务平台，健全志愿服务体系。第九，鼓励社会力量扩大多元化多层次服务供给，推进政府购买社会救助服务。第十，鼓励社会力量兴办农村公益事业。第十一，鼓励社会力量参与公共文化服务供给和设施建设运营。第十二，支持社会组织等社会力量提供普惠托育服务。这些要求作为政治指南，势必影响未来慈善法治的发展走向。

除此之外，《纲要一》还提出了要实施法治社会建设纲要。根据这一要求，2020 年 12 月，中共中央印发了《法治社会建设实施纲要（2020~2025 年）》（以下简称“《纲要二》”），在这一文件中，同样也对公益慈善领域的制度建设提出了具体目标。第一，完善包括慈善、扶贫、社会保障、教育卫生以及各类弱势群体权益保护、志愿服务等方面的社会重要领域立法，健全社会组织、城乡社区、社会工作等方面的法律制度，进一步加强和创新社会治理。第二，促进包括行业规章、社会组织章程等在内的社会规范建设，推动社会成员自我约束、自我管理、自我规范。第三，依法规范捐赠、受赠行为。第四，完善企业社会责任法律制度，增强企业社会责任意识，加强行业协会商会诚信建设。第五，培育壮大普法志愿者队伍，形成人民群众广泛参与普法活动的实践格局。第六，加强对欠发达地区专业法律服务人才和社会工作者、志愿者的政策扶持，大力推广互联网法律服务等模式，有效缓解农村地区法律服务专业力量不足问题。第七，支持社会组织建立社会责任标准体系，引导社会资源向积极履行社会责任的社会组织倾斜。第八，发挥社会组织在法治社会建设中的作用，促进社会组织健康有序发展，推进社会组织明确权责、依法自治、发挥作用；重点培育、优先发展行业协会商会类、科技类、公益慈善类、城乡社区服务类社会组织；推动和支持志愿服务组织发展，发挥行业协会商会自律功能，探索建立行业自律组织；发挥社区社会组织在创新基层社会治理中的积极作用；完善政府购买公共服务机制。

无论是《纲要一》还是《纲要二》，其中对于公益慈善相关的制度建设都有非常具体的目标，而这些目标在共同富裕国家战略的统帅下，逻辑与目标更加清晰明确。共同富裕是中国特色社会主义的本质要求，贫穷不是社会主义，但少数人的富裕和整齐划一的平均主义同样不符合社会主义的基本要求。公益慈善事业作为第三次分配机制的重要组成部分，在以市场为主导的初次分配和以政府为主导的再分配之外，通过自愿利他的共情意识和人类共同体建设的道德目标，同样需要法治化与规范化，虽然目前在该领域已经有两部基础性的法律《公益事业捐赠法》和《慈善法》，但从两个纲要的目标来看，完善慈善法治还有很大空间。

围绕共同富裕的国家战略，至少还有两个文件同样是公益事业制度建设的重要指南，一个是2021年5月24日民政部和国家发改委印发的《“十四五”民政事业发展规划》（民发〔2021〕51号）（以下简称“《民政规划》”），另一个是2021年5月20日《中共中央国务院关于支持浙江高质量发展建设共同富裕示范区的意见》（以下简称“《浙江意见》”）。

《民政规划》第三章第5节集中讨论了“促进慈善事业健康发展”，全方位表述了未来五年在作为第三次分配重要组成部分的公益慈善领域的制度建设；同时，在夯实基层社会治理基础、深化城乡社区服务体系建设、推动社会组织健康有序发展、完善现代社会工作制度、健全志愿服务体系等章节也涉及了公益慈善相关的制度建设规划。

《浙江意见》于2021年6月10日正式发布，这是继深圳建设中国特色社会主义先行示范区之后中央支持的又一个新示范区，任务是为促进全体人民的共同富裕进行先行先试、作出示范；此外还有浦东社会主义现代化建设引领区。这三大示范区是国家“十四五”规划中提及的，而浙江示范区重点就是“高质量发展建设共同富裕示范区”，为制定促进全国性的共同富裕行动纲要、实现全体人民共同富裕取得更为明显的实质性进展奠定基础。《浙江意见》对公益慈善事业助力共同富裕战略实现的功能落实在“建立健全回报社会的激励机制”上；既鼓励引导高收入群体和企业家向上向善、关爱社会，增强社会责任感，积极参与和兴办公益事业，也有利于完善慈善组织持续健康发展的体制机制，畅通社会各界参与公益慈善的渠道；同时在浙江进行先行先试，在捐赠方式、慈善信托、税收制度、慈善褒奖等领域实现制度创新。

二 《慈善法》修改规划与新法律中的慈善法治面向

2020 年 7 月，在《慈善法》实施近四年之时，全国人大常委会正式开启《慈善法》的执法检查，并于 10 月 15 日正式发布了执法检查报告，在报告中，不仅提到慈善法实施中存在的种种问题，在最后“以法治方式促进慈善事业发展的建议”中还提到“适时修改慈善法”，同时还提出尽快完善以《社会组织管理条例》为代表的一系列配套法规政策。[①] 这次执法检查引起了社会各界的共鸣，包括公益慈善行业界和学术界在内的很多专家，纷纷为执法检查过程献计献策，有的还直接向全国人大相关部门提交了修改《慈善法》的具体建议。[②]

2021 年，有关《慈善法》的修改工作正式启动。3 月，两会刚结束，

① 马剑银：《当代中国慈善法治发展的勾勒：回顾与展望》，载杨团、朱健刚主编《中国慈善发展报告（2021）》，社会科学文献出版社，2021，第 191~210 页。

② 参见由中国社会科学院杨团研究员牵头，笔者等人参与执笔的《关于〈慈善法〉执法检查后启动修改程序的建议》，载《中国慈善发展报告（2021）》，社会科学文献出版社，2021，第 407~419 页。

全国人大常委会就正式决定将慈善法修法提上工作日程，3月26日，全国人大社建委在京召开《慈善法》修订工作专家座谈会，表示将继续坚持开门立法的原则，呼吁相关高校和法律界专家积极参与修订工作。6月，全国人大社建委委托民政部、中国社会保障学会、中国慈善联合会、清华大学（公益慈善研究院）和北京师范大学（中国公益研究院）五家单位分别起草《慈善法（修订草案）建议稿》，同时面向慈善行业收集相关意见等工作。9月，全国人大社建委又召开《慈善法》修法工作阶段性推进会，会议总结了前一阶段研究成果和工作进展，共同研讨了慈善法修法重点、难点问题，并对下一阶段重点工作进行安排部署。

据悉，2022年《全国人民代表大会常务委员会工作报告》已经将修改《慈善法》列入当年预安排审议的40件法律案之一，意味着2022年《慈善法》的相关修订工作将进入审议环节。

《慈善法》是一部社会领域的重要法律，其制定过程就贯彻了开门立法、民主立法原则。可以说，《慈善法》的立法过程，也是一次慈善理念向社会传播普及的过程。[①] 本次《慈善法》启动修法计划，同样引起了社会各界广泛关注。由北京大学非营利组织法研究中心和北京师范大学法学院公益慈善与非营利法治研究中心主办，中国灵山公益慈善促进会、爱德基金会传一慈善文化基金协办，并由慈善机构广泛参与承办的“慈善法治圆桌汇”，配合《慈善法》修法工作，围绕“慈善组织的法律地位”“慈善组织的设立”“慈善组织的类型”“慈善募捐的界定与募捐资格”“募捐行为规范”“慈善捐赠的法律规范”“慈善财产的特殊规范”“慈善信托的法律规范”“慈善组织的自治与他治”“慈善的法律激励与税制”等主题，邀请了数十位学术界和实务界专家及上百名政界、行业界、媒体界等专业人士进行研讨，每一期慈善法治圆桌汇讨论的内容做成简报，递交全国人大社建委作为

---

① 马剑银：《〈慈善法〉实施之观察（2016～2017）》，载杨团主编《中国慈善发展报告（2017）》，社会科学文献出版社，2017，第28～46页。

立法参考。[①] 此外，清华大学公益慈善研究院、上海交通大学中国公益发展研究院与上海复恩社会组织法律研究与服务中心共同发起《慈善法》修订研讨系列沙龙，也举办了十期。前述接受委托起草《慈善法》修订草案建议稿的三家机构——中国社会保障学会、北京师范大学中国公益研究院和清华大学公益慈善研究院也围绕相关议题举行过相关座谈会。除了这三家和民政部、中国慈善联合会五家受委托提交建议稿之外，全国人大社建委还收到上海交通大学、聊城大学、上海复恩社会组织研究与服务中心等机构提交的《慈善法》修订专家建议稿。这与《慈善法》制定时期共产生十来部专家意见稿的局面交相辉映。

在 2021 年全国人大常委会的立法工作计划中，与公益慈善事业相关的法律有妇女权益保障法和科学技术进步法的修改，社会救助法、法律援助法、家庭教育法、乡村振兴促进法和突发公共卫生事件应对法的制定。[②] 最后制定的有《法律援助法》、《家庭教育促进法》、《乡村振兴促进法》与《湿地保护法》，修订的有《科学技术进步法》。[③] 这些法律中与公益慈善相关的具体内容见表 1。

表 1　2021 年全国人大常委会制定或修改的法律中的慈善相关内容

法律名称	通过时间	施行时间	相关内容
《乡村振兴促进法》	2021 年 4 月 29 日 十三届全国人大常委会第二十八次会议	2021 年 6 月 1 日	鼓励包括慈善组织在内的社会组织等社会各方面参与乡村振兴促进相关活动；各级人民政府应当采取措施培育社会工作人才，加强乡村文化人才队伍建设，搭建社会工作和乡村建设志愿服务平台；支持、规范和引导农村社会组织发展，发挥农村社会组织的功能；培育服务机构和服务类社会组织，以健全乡村便民服务体系

① 相关内容可以参见“爱德传一基金”和“慈善法治”微信公众号有关“慈善法治圆桌汇”的专题内容。

② 《全国人大常委会 2021 年度立法工作计划》，中国人大网，http：//www. npc. gov. cn/npc/c30834/202104/1968af4c85c246069ef3e8ab36f58d0c. shtml，最后检索时间：2022 年 4 月 11 日。

③ 朱宁宁：《以良法促发展保善治——2021 年全国人大及其常委会立法工作回顾》，《法治日报》2021 年 12 月 29 日，第 4 版。

续表

法律名称	通过时间	施行时间	相关内容
《法律援助法》	2021年8月20日十三届全国人大常委会第三十次会议	2022年1月1日	国家鼓励和支持社会组织在司法行政部门指导下依法提供法律援助,并鼓励和支持社会组织等社会力量依法通过捐赠等方式为法律援助事业提供支持并依法享受税收优惠;国家鼓励和规范法律援助志愿服务;支持符合条件的个人作为法律援助志愿者,依法提供法律援助,同时授权制定法律援助志愿者具体管理办法
《家庭教育促进法》	2021年10月23日十三届全国人大常委会第三十一次会议	2022年1月1日	国家支持社会组织等社会力量依法开展公益性家庭教育服务活动;鼓励社会为家庭教育事业进行捐赠或提供志愿服务,并依法享受税收优惠;鼓励社会工作者和志愿者参与家庭教育指导服务工作;社会力量可以依法设立非营利性家庭教育服务机构,政府可以采取各种扶持措施培育家庭教育服务机构;教育、医疗和公共文化服务机构积极开展各类主题的公益性家庭教育相关服务活动
《湿地保护法》	2021年12月24日十三届全国人大常委会第三十一次会议	2022年6月1日	鼓励社会组织、志愿者开展湿地保护法律法规和湿地保护知识宣传活动,营造保护湿地的良好氛围;国家鼓励单位和个人依法通过捐赠、资助、志愿服务等方式参与湿地保护活动
《科学技术进步法》	2021年12月21日十三届全国人大常委会第三十一次会议修改	2022年1月1日	国家营造有利于科技创新的社会环境,鼓励社会组织等参与和支持科学技术进步活动;鼓励社会组织等积极参与和支持科学技术普及活动;国家鼓励社会力量通过捐赠、设立基金等方式多渠道投入基础研究,给予财政、金融、税收等政策支持。国家引导社会组织等共同推进国家重大技术创新产品、服务标准的研究、制定和依法采用,参与国际标准制定;国家鼓励社会组织等社会力量设立的科学技术研究开发机构,在合理范围内实行科学技术资源开放共享,保障其合法权益,平等竞争和参与实施利用财政性资金设立的科学技术计划项目;国家完善对社会力量设立的非营利性科学技术研究机构税收优惠制度;国家鼓励社会组织通过多种途径建设国际科技创新合作平台,提供国际科技创新合作服务,鼓励社会组织等参与和发起国际科学技术组织。 在多个条文中增加了社会组织作为主体参与科学技术进步活动的权利与义务

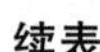

妇女权益保障法在2021年度未能完成立法，不过12月24日在中国人大网公布了修订草案全文，公开征求社会意见。2022年1月22日为征求意见截止日，当天在中国人大网上显示由85221人提出423719条意见，参与提意见人数和意见提出条数，均远远高于当年征求社会意见的其他几十部法律草案。[①] 社会救助法在2020年民政部和财政部对草案征求意见稿向社会公开征求意见后，全国人大社建委表示正在抓紧推动制定中。[②]

此外，还有两部法律于2020年通过或修改，但是在2021年开始施行，这就是《民法典》和《未成年人保护法》。《民法典》接续2017年《民法总则》的规定，系统规定了非营利法人的制度。[③]《未成年人保护法》中也相应增加了社会组织作为相关主体的权利与义务；增加了有关未成年人校园欺凌，未成年人性教育和性侵害、性骚扰相关的条款；规定了鼓励社会组织参与建设未成年人保护的服务平台、服务热线、服务站点，提供未成年人保护方面的咨询、帮助，政府部门对此要做好培育、引导和规范的工作。该法还规定国家鼓励和支持社会组织和社会工作者参与涉及未成年人案件的未成年人心理干预、法律援助、社会调查、社会观护、教育矫治、社区矫正等工作，同时还可以接受人民法院的委托，在离婚、抚养、收养、监护、探望等案件涉及未成年人时，对未成年人的相关情况进行社会调查。

为配合《未成年人保护法》的施行，推动未成年保护相关法律法规的落地落细，国务院未成年人保护工作领导小组于2021年6月28日发布《国务院未成年人保护工作领导小组关于加强未成年人保护工作的意见》（国未保组〔2021〕1号），该《意见》强调加强未成年人保护领域社会组织建设。培育和发展未保社会组织，5年内实现县域全覆盖，并对未保领域的社

① 参见中国人大网“法律草案征求意见”页面，http：//www.npc.gov.cn/flcaw/more.html，最后检索时间：2022年4月11日。

② 《全国人大：推动制定社会救助法，建立解决相对贫困长效机制》，澎湃新闻百家号，https：//baijiahao.baidu.com/s？id=1713587400556224254&wfr=spider&for=pc，最后检索时间：2022年4月11日。

③ 马剑银：《2017年中国慈善法治发展观察报告》，载杨团主编《中国慈善发展报告（2018）》，社会科学文献出版社，2018，第90~105页。

会工作、志愿服务、慈善服务进行了有针对性的政策指导；同时特别强调通过政府购买服务等方式引导社会工作专业服务机构和公益慈善类社会组织为留守儿童、困境儿童等特殊儿童群体提供专业服务。

从这些法律法规中可以看出，慈善法治越来越受到重视，目前制定的法律法规和相关政策文件中，对于社会力量参与公共事务和公益活动已经成为各个部门、各个系统的必要选项，而且明确写在文件中，在对社会力量的列举和解释中，包括慈善组织、志愿者在内的社会组织成了必备项，有的法律条文修改，就只是为了将“社会组织”这样的表述写进去。随着《慈善法》修订工作的逐步推进，这种氛围还会越来越成为常态，也预示着在中国当代政治语境中，随着功能发挥越来越重要，包括慈善组织在内的社会力量的政治地位越来越高。

三　社会组织制度配套建设对慈善法治的影响

在《国务院2021年度立法工作计划》与《民政部2021年立法工作计划》中，《社会组织登记管理条例》赫然在列，这已经不是第一年。现行社会组织相关的行政法规被称为“三大条例”，分别是1998年《社会团体登记管理条例》（以下简称社团条例）、《民办非企业单位登记管理暂行条例》（以下简称民非条例）和2004《基金会管理条例》（以下简称基金会条例）。因为我国缺乏社会组织的基本法律，所以社会组织三大条例充任了社会组织法律体系基本制度框架的角色。

2016年《慈善法》中对慈善组织的发展与监管都提出了新的要求，这就需要社会组织三大条例做出相应的修改，因此，2016年国务院和民政部的立法计划中，三大条例的修改成为“全面深化改革急需项目”。这是《慈善法》最重要也是最为大家所期待的配套制度之一。有关这三大条例的修改，其实并不始于《慈善法》的要求。据笔者查阅国务院和民政部历年的立法计划后发现，社团条例的修改工作最早是2004年，在当年国务院的立法工作计划中，该条例是“力争年内出台”的立法项目。不过2005年，就变成了“需抓紧研究，待条件成熟”才制定的项目。2006 年，社会组织三大条例都成为需要修订的立法项目。2007 年和 2008 年，不再提基金会条例的修改，社团条例依然列于“力争年内出台”之列，民非条例退回到抓紧研究项目。2009 年，社团条例和民非条例都属于抓紧研究项目，2010 年开始，三大条例都属于抓紧研究项目；2013~2015 年，社团条例再次列入力争年内完成的项目，而基金会条例列入预备项目，民非条例依然属于抓紧研究项目。

2016 年《慈善法》的出台，要求社会组织三大条例进行制度配套改革，如上文所述，三大条例都列入全面深化改革急需项目，比力争年内完成项目更优先，但是这一计划并未完成，2016 年《慈善法》正式施行时，配套的是《民政部关于慈善组织登记等有关问题的通知》。当然，2016 年社团条例也有部分修订，但这一修订非常细微，只是取消了社会团体筹备阶段的一些要求，使用的文件是《国务院关于修改部分行政法规的决定》（国务院令第 666 号）。

关于这一转变的政策考量，笔者不敢冒昧揣测，但可以观察到同年出台了一个社会组织发展的重要政策文件，即由中共中央办公厅和国务院办公厅下发的《关于改革社会组织管理制度 促进社会组织健康有序发展的意见》。那么三大条例的修改方向到底是以《慈善法》的配套为核心，还是深入贯彻这一文件？从该《意见》和《慈善法》文本的比较来看，两者思路并不完全一致，甚至还出现了“慈善组织”和“公益慈善类社会组织”的表述差异，社会组织三大条例并未按照最初的时间表出台，应该与此不无关系。[①] 同年，民政部民间组织管理局更名为社会组织管理局。

2017 年三大条例修改在国务院和民政部的立法工作计划中维持不变。但 2018 年三大条例的修改工作变了“三合一”制定社会组织登记管理条例。民政部于 2018 年 8 月 3 日在其官网公布《社会组织登记管理条例（草

① 马剑银：《〈慈善法〉实施之观察（2016~2017）》，载杨团主编《中国慈善发展报告（2017）》，社会科学文献出版社，2017，第 28~46 页。

案征求意见稿）》向社会公开征求意见。因为这一行政法规是《慈善法》施行以来最重要的配套制度，同时也是我国社会组织管理体制改革的风向标，因此受到公益慈善与社会组织业界的高度关注，主流意见都认为这个意见稿的立法内容和立法技术尚不够成熟，建议延后出台。[①] 因此，2018 年社会组织三大条例的“三合一”立法工作也没有完成。2019 ~ 2021 年，在国务院和民政部的立法工作计划中，其持续赫然在列，但截至 2021 年底，仍未能正式出台。

自 2016 年《慈善法》施行以来，国家对公益慈善事业的发展一直是鼓励推进，第三次分配话语在正式政策文本中的出现和共同富裕国家战略的提出，更是将慈善事业的发展提升到一个高度。就具体的制度设置而言，2019 年，民政部改组设立了“慈善事业促进和社会工作司”，明确了其“慈善组织及其活动管理”的职能，原社会组织管理局的基金会管理处也转移到该司之下，改名为“慈善组织处”，改变了原先慈善事业主管机构职责交叉不清的局面。[②] 但是社会组织基本法律制度无法适应慈善法的要求，甚至因为民非条例未能修改，“民办非企业单位”改成“社会服务机构”的衔接在法律上无法“正名”。社会组织法律修改的滞后性，使得主管部门在实际的行政行为中遇到很多困难，各个地方也莫衷一是，出现行政不作为或者乱作为的现象。尤其是在新的慈善组织登记的问题上，缺乏法律依据的从严执行等行政行为层出不穷，无法形成“同样情况同样处理”的法治状态，对慈善事业的发展非但没有起到促进作用，反而形成了很多阻碍。2020 年慈善法执法检查报告中也明确指出，要尽快完善配套法规政策，尤其是以社会组织三大条例为基础“制定统一的《社会组织管理条例》，为慈善组织登记认定和内部治理提供具体依据”。

---

① 有关 2018 年《社会组织登记管理条例（草案征求意见稿）》以及业界回应的具体情况，参见马剑银《慈善业界积极回应〈社会组织登记管理条例〉（草案征求意见稿）》，载杨团主编《中国慈善发展报告（2019）》，社会科学文献出版社，2019，第 357 ~ 364 页。

② 马剑银：《2018 年中国慈善法治发展观察报告》，载杨团主编《中国慈善发展报告（2019）》，社会科学文献出版社，2019，第 88 ~ 108 页。

当然，对社会组织进行严格监管并非没有缘由，虽然改革开放朝纵深发展，社会组织在我国社会经济发展中发挥的作用也越来越明显、越来越重要，以慈善组织为代表的社会组织生态也越来越丰富和完善，但同时我们也看到，非法社会组织活动时有发生，也有不少“涉嫌非法社会组织”和“山寨社团”以慈善、公益、环保、文化、教育与扶贫等名义活动，混淆了广大民众从事慈善活动，更有甚者出现了很多“伪慈善”的现象。[①] 从这个意义上来说，培育、鼓励与发展公益慈善事业，不仅要放宽对社会组织监管的门槛，同时也要对社会组织进行严格甄别，政策放松和监管收紧同时存在，这就需要主管部门更高的政治智慧与更强的行政管理能力。

从2016年开始，民政部持续地打击非法社会组织，从最初2016年曝光十三批1292家“离岸社团”“山寨社团”，到2017~2018年公布307家“涉嫌非法社会组织”[②]，直到2021年，全年打掉、取缔非法社会组织641家。[③] 截至2021年9月，民政部联合公安部门开展打击整治非法社会组织专项行动，全国共依法查处非法社会组织1.4万个。[④] 2021年3月，民政部还联合21个部门共同发布《关于铲除非法社会组织滋生土壤 净化社会组织生态空间的通知》（民发〔2021〕25号）[⑤]，其中提到以下要求：（1）企事业单位和社会组织不得与非法社会组织有关联；（2）党员干部不得参与非法社会组织活动；（3）新闻媒体不得宣传报道非法社会组织活动；（4）各种公共服务设施和场所不得为非法社会组织提供便利；（5）各互联网企业不得为非法社会组织线上活动提供便利；（6）各金融机构不得为非法社会组织活

① 马剑银：《如何减少“伪慈善”》，《中国青年报》2017年7月28日，第8版。

② 马剑银：《2017年中国慈善法治发展观察报告》，载杨团主编《中国慈善发展报告（2018）》，社会科学文献出版社，2018，第90~105页。

③《公安部：2021年打掉、取缔非法社会组织六百余个，追赃超亿元》，中国社会组织政务服务平台，https://chinanpo.mca.gov.cn/xwxq?newsType=800104&id=17883，最后检索时间：2022年4月11日。

④《民政部关于印发〈“十四五”社会组织发展规划〉的通知》（民发〔2021〕78号）。

⑤ 这21个部门分别是中共中央纪委机关、中央组织部、中央宣传部、中央政法委、中央网信办、国家监察委、教育部、科技部、工信部、公安部、安全部、司法部、财政部、住建部、文旅部、人民银行、国务院国资委、税务总局、市场监管总局、外汇局、知识产权局。

动提供便利；（7）进一步提高非法社会组织的违法成本。为实施这一文件，民政部社会组织管理局还发布了《关于进一步加强社会组织管理 严格规范社会组织行为的通知》（民社管函〔2021〕43 号），针对全国性社会组织学习 22 个部门联合下发的文件做出了进一步的要求。同时民政部会同 17 个部门召开电视电话会议，在全国范围内部署开展为期 3 个半月的打击整治非法社会组织的专项行动。

2021 年虽然没有出台“社会组织（登记）管理条例”，但两个重要文件中对社会组织的发展与规范还是做出了明确规定，从这些文件中也可以推测未来社会组织监管体制的基本精神和方向。

第一个是前文提到的《民政规划》，第三章第 3 节集中规定了“推动社会组织健康有序发展”，主要包括“完善党领导社会组织制度”“深化社会组织领域改革”“提升社会组织服务能力”“健全社会组织综合监管体系”四方面内容，而且每方面内容的每一句话相信都会有配套措施跟进。例如其中有一句“加快清理‘僵尸’社会组织”，2021 年 7 月 30 日民政部就发布了两个文件，第一个是《民政部关于开展“僵尸型”社会组织专项整治行动的通知》（民发〔2021〕63 号），第二个是《关于在全国性社会组织中开展“僵尸型”社会组织专项整治行动的函》（民函〔2021〕66 号），对一部分连续不参加年检、不开展业务活动、无法取得联系的“僵尸型”社会组织进行专项整治，以“清除一批名存实亡的社会组织，整改一批内部混乱的社会组织，激活一批效能不高的社会组织”。

第二个重要文件是 2021 年 10 月 8 日发布的《“十四五”社会组织发展规划》（民发〔2021〕78 号）。民政部在该《规划》中确定的主要任务有以下八点：（1）加强社会组织党建；（2）在中央与地方分别完善社会组织法制；（3）规范社会组织登记，强化审查、优化布局、提升服务；（4）健全社会组织监管体系，推进制度化、精细化、多元化和专业化监管；（5）提升社会组织执法水平；（6）加强社会组织内部治理、品牌建设、数字赋能等自身建设；（7）从委托职能、购买服务与人才建设等方面引导支持社会组织发展；（8）发挥社会组织积极作用，服务大局、服务基层，实施专项工程培育社区社会组织、提高社会组织治理水平，发挥部管社会组织示范功能。

此外，2021年有关社会组织监管与发展的规范性文件还有《社会组织登记管理机关行政处罚程序规定》（民政部令第68号），以立新废旧的方式对作为社会组织登记管理机关的民政部门实施行政处罚的行政行为重新进行了规范。除此之外，还有一些文件分别针对全国性社会组织、不同类型的社会组织和社会组织特殊行为的治理（见表2）。

表2　2021年社会组织领域的其他部分重要文件

文件目标	文件名称	文号
针对全国性社会组织的政策文件	《全国性社会组织评估管理规定》	（民发〔2021〕96号）
	《民政部社会组织管理局关于进一步加强全国性社会团体分支机构、代表机构规范管理的通知》	（民社管函〔2021〕81号）
	《民政部办公厅关于加强民政部业务主管基金会专项基金管理工作的通知》	（民办函〔2021〕47号）
针对不同类型社会组织发布的政策文件	《社区社会组织章程示范文本（试行）》	（民办函〔2021〕57号）
	《民政部办公厅关于进一步加强校外培训机构登记管理的通知》	（民办函〔2021〕55号）
	《民政部 国家发展改革委 市场监管总局关于开展行业协会商会乱收费专项清理整治工作的通知》	（民发〔2021〕52号）
	《民政部 国家发展改革委 市场监管总局关于组织开展2021年度全国性行业协会商会收费自查抽查工作的通知》	（民函〔2021〕50号）
有关社会组织特殊行为治理的政策文件	《民政部关于开展清理整治社会组织违规评选评奖工作的通知》	（民发〔2021〕33号）
	《教育部、民政部等八部门关于规范"大学""学院"名称登记使用的意见》	（教发〔2021〕5号）

然而，因为缺失社会组织的基本法律制度，这些规范和发展社会组织的措施的政策性强于法治性，尤其是在处理与促进慈善事业发展的政策关系上，还需要进一步平衡完善，这样才能推动社会组织监管的法治化进程和慈善法治的进一步完善。

四　《慈善法》制度配套中的各种进展与困难

2021年，对于慈善法治的发展而言，除了社会组织法律配套制度有得有失之外，其他领域的配套制度也有很多进展，同时也存在不少困难。

（一）国家完善特殊需要群体保护体系

2021年，国家针对完善未成年人、老人、残疾人、妇女等特殊需要群体的保护体系采取了多种措施，为慈善事业和慈善法治的发展提供了新的土壤。除了《未成年人保护法》的施行、《妇女权益保障法》的修订并向社会公开征求意见，还有以下措施。

（1）在建设未成年人保护体系上，除了前述提及《未成年人保护法》和《国务院未成年人保护工作领导小组关于加强未成年人保护工作的意见》之外，国务院、最高人民法院等部门还有一些特别行动。在前文的《纲要一》中，明确提出建设儿童友好城市，因此，2021年9月30日，国家发改委等23个部门发布《关于推进儿童友好城市建设的指导意见》（发改社会〔2021〕1380号），要求到2025年，在全国范围内开展100个儿童友好城市建设试点，2035年，100个左右城市能被命名为国家儿童友好城市。[①] 2021年9月8日，国务院印发《中国儿童发展纲要（2021～2030）》，围绕健康、安全、教育、福利、家庭、环境与法律保护等7个领域，提出了70项主要目标和89项策略措施，目标是健全儿童权利保障法律政策体系，促进儿童发展工作机制，形成儿童优先社会风尚、缩小儿童发展差距。此外，2021年4月21日，国务院成立未成年人保护工作领导小组，进一步加强对未成年人保护工作的统筹；2021年3月2日，最高人民法院成立少

① 这23个机构为国家发改委、国务院妇儿工委办公室、住建部、中央宣传部、中央网信办、教育部、公安部、民政部、财政部、自然资源部、生态环境部、交通部、文旅部、国家卫健委、应急部、市场监管总局、广电总局、体育总局、国家医保局、国家林草局、共青团中央、全国妇联、中国残联。

年法庭工作办公室，负责未成年人审判指导及管理等工作；2021 年 7 月，中央网信办启动“清明”暑期未成年人网络环境整治行动，净化未成年人的上网环境。2021 年 5 月 25 日，民政部发布《关于进一步推进儿童福利机构优化提质和创新转型高质量发展的意见》（民发〔2021〕44 号），要求构建符合我国国情，更加专业、更高质量、更有效率的新时代儿童福利工作服务体系。

（2）在应对老龄社会工作中，2021 年 11 月 18 日，中共中央国务院发布《关于加强新时代老龄工作的意见》，在健全养老服务体系、完善老年人健康支撑体系、促进老年人的社会参与、着力构建老年友好型社会、积极培育银发经济、强化老龄工作保障等领域提出了要求，同时鼓励公益慈善组织对老龄事业的投入，充分发挥社会工作和志愿服务在老龄工作中的重要作用，开展“银龄行动”引导老年人以志愿服务形式参与民政活动等；2021 年 12 月 30 日，国务院印发《“十四五”国家老龄事业发展和养老服务体系规划》（国发〔2021〕35 号），提出了养老服务供给不断扩大、老年健康职称体系更加健全、为老服务多业态创新融合发展、要素保障能力持续增强、社会环境更加适老宜居，从而建立积极应对人口老龄化国家战略的基本制度框架，初步形成全社会积极应对人口老龄化的格局。此外，民政部还联合其他部门发布了一系列相关政策文件，例如《民政部 市场监管总局关于强化养老服务领域食品安全管理的意见》（民发〔2021〕73 号）、《民政部 住房和城乡建设部 市场监管总局关于推进养老机构“双随机、一公开”监管的指导意见》、《民政部 国家开发银行关于“十四五”期间利用开发性金融支持养老服务体系建设的通知》（民发〔2021〕94 号）等。2021 年民政部还发布了有关养老机构的多个行业标准。

（3）在妇女权益保障上，除了《妇女权益保障法》修订工作稳步开展之外，2021 年 9 月 8 日，国务院印发《中国妇女发展纲要（2021～2030 年）》，在妇女健康、妇女教育、妇女经济、妇女参与决策与管理、妇女社会保障、妇女与家庭建设、妇女与环境、妇女法律保障等八个方面提出了 75 项目标和 93 项具体措施；在全国妇联提出的《“十四五”十期妇联事业

发展规划》中也有深化促进妇女就业创业工作、推动妇女参与社会事务和民主管理强化妇女权益保护和关爱服务的目标，提出了大力培育扶持妇女儿童类公益慈善组织发展，引导、激励各类社会组织、爱心企业和爱心人士积极参与妇女儿童公益慈善事业等目标。

（4）在残疾人权益保障等其他问题上，2021 年 7 月 8 日国务院印发了《“十四五”残疾人保障和发展规划》（国发〔2021〕10 号），从完善残疾人社会保障制度、帮扶城乡残疾人就业创业、健全残疾人关爱服务体系、保障残疾人平等权利、与完善残疾人支持保障条件等方面提出五大主要任务、36 项具体任务及 11 项主要指标。2021 年 9 月 15 日，民政部、财政部和中国残联发布《关于进一步完善困难残疾人生活补贴和重度残疾人护理补贴制度的意见》（民发〔2021〕70 号），要求健全完善残疾人两项补贴制度内容、改革完善补贴申领程序和管理办法、加快推动补贴管理服务机制转型升级。在医改和社会救助方面，国务院办公厅印发《关于健全重特大疾病医疗保险和救助制度的意见》（国办发〔2021〕42 号），提出了发展壮大慈善救助，积极引导慈善等社会力量参与救助保障的要求，从而构建政府主导、多方参与的多层次医疗保障体系。

（二）慈善税制完善进展相当缓慢

慈善税制的发展，一直是《慈善法》施行配套制度中的重点和难点，同时也是热点。在中国语境中，对于“税收法定主义”存在争议，学术界通说是指“强调税法主体（包括纳征主体）的权利义务、税法的各类构成要素皆必须由法律予以明确规定，但并不强调必须由专门的税法予以规定”①，2015 年修改的《立法法》中，有关税收法定主义的规定在第 8 条的法律保留条款中，强调“税种的设立、税率的确定和税收征收管理等税收基本制度”“只能制定法律”；但财税部门所持观点与此不同，他们认为，税收法定是指，税收制度包括税收优惠制度应该由专门税收法律法规规定，

① 张守文：《论税收法定主义》，《法学研究》1996 年第 6 期，第 57~65 页。

而这种观点为十八届三中全会《中共中央关于全面深化改革若干重大问题的决定》中所吸纳，该《决定》规定“税收优惠政策统一由专门税收法律法规规定，清理规范税收优惠政策”。因为税法的起草权限主要集中于国务院（财政部、国家税务总局），因此，这两种有关税收法定的观点，也体现着税收立法权的归属争议，体现着新旧立法体制的博弈。[①] 因此，财税部门在《慈善法》立法过程中态度消极，在《慈善法》中，有关税收优惠的规定，非常原则抽象，自 2016 年以来，慈善税制改革进展缓慢，税收优惠原则性的规定并不会自动落地，需要相关的配套措施。《企业所得税法》和《个人所得税法》这两部法律由于《慈善法》的出台，为了法律体系的融贯性，分别在 2017 年和 2018 年各自修改了相关条款。

除了两部所得税法之外，2016 年和 2019 年分别有两个规范性文件涉及慈善税收法制。2016 年 4 月，财政部与国家税务总局联合发布《关于公益股权捐赠企业所得税政策问题的通知》（财税〔2016〕45 号），规定企业向慈善组织实施股权捐赠，“以其股权历史成本为依据确定捐赠额，并依此按照企业所得税法有关规定在所得税前予以扣除”，但这个文件究其实质，并非为《慈善法》配套，而是解决 2010 年曹德旺股权捐赠企业所得税缓交宽限期的遗留问题。[②] 2019 年 12 月，财政部、国家税务总局发布《关于公益慈善事业捐赠个人所得税政策的公告》（财政部、税务总局公告 2019 年第 99 号），确实明确了个人捐赠“股权”和“房产”的税收优惠政策，但该文件只提落实《个人所得税法》，却并未提及《慈善法》，不得不说是一个遗憾。

2020 年 5 月，财政部、国家税务总局和民政部联合发布《关于公益性捐赠税前扣除有关事项的公告》（财政部、税务总局、民政部公告 2020 年第 27 号），该《公告》作为新政策，有一定进步意义，既解决捐赠人和公

① 马剑银：《〈慈善法〉实施之观察（2016～2017）》，载杨团主编《中国慈善发展报告（2017）》，社会科学文献出版社，2017，第 28～46 页。

② 马剑银：《2019 年中国慈善法治发展观察报告》，载杨团主编《中国慈善发展报告（2020）》，社会科学文献出版社，2020，第 85～102 页。

益性社会组织在实践中的部分难题，也进一步规范公益性社会组织，保证公益性捐赠财产足额用于公益慈善事业。但是该《公告》出台非常仓促，使得很多公益性社会组织因为新旧政策衔接无法获得公益性捐赠税前扣除资格。一项政策的出台，使得合法合规的组织不是因为自身运作不规范或者违法违规行为无法获得本应获得的权益，这不得不说是政策本身的失败，该事件也成为2020年度十大慈善热点事件。[①]

经过各方努力，2021年2月初，财政部等3部门又发布了《财政部 税务总局 民政部关于公益性税前扣除资格确认有关衔接事项的公告》（财政部、税务总局、民政部公告2021年第3号），对2020年第27号公告造成新旧政策衔接不畅的相关条款进行了过渡时期的调整，这被慈善业内人士称为“补丁公告”。然而这并未真正解决问题，《社会组织评估管理办法》中强调“社会组织在成立满两个年度后才能申请参加社会组织评估”；但27号公告规定，获得公益性捐赠税前扣除资格，必须获得3A以上评估等级，那么2021年新成立的慈善组织，依然无法在2022～2024年度获得公益性捐赠税前资格。并且，27号公告和同样是这三个部门出台的（只不过以民政部为文号机构）《关于慈善组织开展慈善活动年度支出和管理费用的规定》（民发〔2016〕189号）之间的矛盾依然没有解决。

在2021年度的十大慈善热点事件中，这次补丁公告同样在列，但这次失败政策的补丁，却不是最终解决问题的措施，那么在2022年，是否依然是新的补丁，还是能有制度重构的期待可能？重构公益性捐赠税前扣除资格的制度势在必行，也是有关部门的职责与义务，不能用延时补丁的方式，实质上是回避真正的问题——完善慈善税制，把慈善行为的税收优惠“还给”捐赠人，因为这是他们的基本权利。

---

① 有关该政策出台印发的争议，参见赵杰翔《公益性捐赠税前扣除相关政策引热议》，载杨团、朱健刚主编《中国慈善发展报告（2021）》，社会科学文献出版社，2021，第380～388页。

（三）互联网慈善的发展和制度需求

在2020年慈善法执法检查报告中，特别关注了“互联网衍生的慈善新挑战”，认为《慈善法》对互联网慈善的新问题规范不足。例如有的互联网募捐信息平台的实际运作既限制了募捐渠道，又影响了实际筹款效果；个人求助不属于慈善募捐，但又影响巨大，目前存在规制空白；等等。因此，在修改《慈善法》的方案中要增加网络慈善专章，系统规范网络慈善的定义边界、募捐办法、法律责任，明确个人求助的条件和义务，加强平台责任、审查甄别、信息公开、风险提示和责任追溯。

对于慈善法执法检查报告中提及增设网络慈善专章问题还需要专门进行调查研究、深入讨论，在此不做赘述。但互联网慈善的发展造成的制度滞后现象，确实如该报告所提，乱象横生而规范不足。

2021年11月4日，民政部发布《关于指定第三批慈善组织互联网募捐信息平台的公告》（民政部公告第516号），新指定字节跳动公益等10家平台为第三批慈善组织互联网募捐信息平台，自此，现有的互联网募捐信息平台增加至30家。《互联网慈善发展报告2021》中显示，2020年20家互联网募捐平台募集资金达82亿元，比2019年增长52%。[①] 但据笔者调研，在个人求助领域，水滴筹自2018年以来，连续四年全年累计帮助困难大病患者筹款突破100亿元[②]，也就是说，水滴筹一家平台全年的筹款量要超过20家互联网募捐信息平台的全年筹款总量。这个现象并非2021年才出现，业内人士也多次指出，目前的互联网募捐信息平台存在制度障碍，不仅仅是执法检查报告中所指出的，限制了募捐渠道、影响了实际筹款效果，而

① 《连续两年超100亿人次参与互联网慈善！2021年上海慈善论坛发布〈互联网慈善发展报告2021〉》，九派新闻百家号，https：//baijiahao. baidu. com/s？ id=1710072680311238096 &wfr=spider&for=pc，最后检索时间：2022年4月11日。

② 《水滴筹2021数据报告：大病筹款80后、90后最有爱心》，国际在线百家号，https：//baijiahao. baidu. com/s？ id=1721893617585549539&wfr=spider&for=pc，最后检索时间：2022年4月11日。

是目前“指定”的形式本身造成了互联网募捐信息平台的低效。一方面缺乏对“指定”形式的行政法确认，到底是行政委托行为还是行政许可行为；另一方面，目前互联网募捐信息平台，混淆了信息平台和募捐服务平台的功能[①]，掩盖了作为募捐服务中介的互联网平台的市场性，其准入与退出机制过于僵化。虽然2021年新增加的10家平台可以通过短视频等新的信息传播方式，但由于市场机制的限制，筹款规模的增加幅度势必受到很大影响。

此外，有关互联网个人求助和互联网个人求助服务平台，予以规制的呼声非常高，无论是这些平台（及其所属主体）、慈善行业界、学术界和政界都想在《慈善法》的体系下进行适当规制，但因为对个人求助与慈善之间的关系认知分歧仍然很大，个人求助纳入慈善法规制的可能性不大，但从互联网个人求助服务平台入手进行规制，还有很大的制度空间。说到底，无论是互联网个人求助服务平台还是互联网慈善募捐信息平台，都是一种特殊的筹款中介，与目前存在的其他类型的互联网平台的“中介性”有共通之处，因此，似乎可以按照共通的规制逻辑将两种平台合并进行规制。当然，这有待于社会公众和慈善行业人士积极参与慈善法的修订过程，共同推动互联网慈善的法治改革和制度建构。

（四）地方慈善法治发展和浙江共同富裕试点

《慈善法》施行五年多以来，地方的配套制度持续不断，据不完全统计，2021年有8部地方性法规和1部地方政府规章进行配套，或新制定，或修订。从数量上来看，2021年是慈善法施行以来地方立法配套最多的年份。除了这些地方性法规和地方政府规章之外，还有一些涉及慈善事业发展

① 马剑银：《规范网络募捐，应区分募捐信息发布平台和募捐服务平台》，法治网微信公众号，https：//mp. weixin. qq. com/s/o-ikTrMuFZniIDydD1dQ0w，最后检索时间：2022年4月11日。

的政策性文件[①]，这些文件总体而言都是系统内部慈善治理通行做法的文件化，对地方慈善治理过程中行政行为的规范化和法治化起到一定作用。

从慈善的地方立法来看制度创新，尤其是促进性制度创新，各地方的法规规章中关于个人激励规定最多，鼓励各类社会主体参与慈善、支持慈善，并且各地规定各有特色与创新。例如有的地方规定，志愿服务做得多的人或者在慈善事业中作出贡献较多的人，在申请个人求助时，会优先考虑给予资助；在安徽、江西的地方性条例中还设立了对初创慈善组织的激励措施；在文教宣传方面，文教宣传部门对慈善的公益宣传免收费用；在公共服务方面，各地对慈善组织的用水用电实行优惠等；此外，有的地方还规定了对在慈善事业中作出巨大贡献的人给予公务员招录及事业单位招聘时的优待。但这些都是号召性措施，没有设定具体路径。因为慈善发展最重要的两种激励措施——组织发展和税收优惠的支持政策——在中央层面的配套措施没有特别突破，所以，局限于地方立法权限，各个地方也是“螺蛳壳里做道场”。虽然地方立法此起彼伏，看似热闹，但在慈善的法律激励方面效果有限。

在2021年，如果要说在地方慈善法治最重要的制度期待，那就是浙江省作为共同富裕示范区的制度建设。自从前文所述《浙江意见》发布之后，浙江省开始落实意见中的各类制度。2021年7月19日，《浙江高质量发展建设共同富裕示范区实施方案（2021—2025年）》发布，方案中专门有一段规定“全面打造‘善行浙江’”，其中包括鼓励高收入群体和企业家兴办社会公益实体、参与公益慈善事业；落实公益性捐赠税收优惠政策；完善慈

---

① 例如，《徐州市人民政府办公室关于进一步促进慈善事业健康发展的实施意见（徐政办发〔2021〕45号）；《辽宁省民政厅关于进一步做好慈善组织设立和认定工作的通知》（辽民社函〔2021〕75号）；《内蒙古自治区慈善组织应急款物捐赠管理使用暂行办法》（内民政发〔2021〕21号）；《郑州市民政局关于推进慈善与社工融合发展的意见》；杭州市委办公厅、杭州市政府办公厅《关于促进公益性社会组织发展的实施意见》；嘉兴市委办公室、嘉兴市政府办公室《关于推进慈善事业高质量发展加快打造“慈善之城”的实施意见》；江苏省民政厅、江苏省委组织部、江苏省委政法委等《加快推进社会工作高质量发展意见》；海南省民政厅《进一步推动慈善事业高质量发展的意见（琼民发〔2021〕4号）；上海市民政局《关于高质量发展上海社区社会组织的指导意见》；上海市民政局《上海市高质量发展社区社会组织专项行动实施方案》；等等。

善组织持续健康发展的体制机制，大力发展枢纽型、资助型、行业性公益慈善组织；大力发展慈善信托，争取国家支持探索公益慈善组织设立信托专户，对慈善信托给予政策支持；打造全省统一的慈善服务信息平台，建立“蜂巢式”浙商公益慈善机制，畅通社会各方面参与慈善公益和社会救助的渠道。发扬“人人慈善”的现代慈善理念，推动全民性慈善活动。推动互联网慈善，打造智慧慈善，规范网络募捐活动，借助区块链技术对慈善捐赠开展全流程智慧监管。

2021 年 7 月 30 日，浙江省人大常委会通过《关于促进和保障高质量发展建设共同富裕示范区的决定》，其中提到“鼓励和引导企业事业单位、社会团体、其他组织和个人等社会力量依法通过捐赠、互助互济、志愿服务等方式，积极参与和兴办社会公益事业，参加示范区建设。各类企业及经营者应当弘扬浙商精神，履行社会责任，构建和谐劳动关系，与员工共享企业发展成果”。

从这些文件中，对浙江省通过共同富裕示范区建设的政策优势、突破制度瓶颈、创新慈善法治是值得期待的。2022 年有新闻提及杭州出现全国首张有政策保障的慈善信托捐赠票据，就是这种探索的具体例子。[①] 虽然这一例子在业界有争议，但制度创新本就不惧争议，重要的是是否有真的创新。

自 2016 年《慈善法》通过以来，笔者一直在观察中国慈善法治的发展，为“慈善蓝皮书”撰写慈善法治报告也成为年度“例行公事”，但 2022 年的报告写得尤其吃力，或许是因为新冠肺炎疫情的肆虐，慈善法治发展实在有些乏善可陈。虽然无论是中央还是地方，慈善相关文件出台的数量依然可观，细微处的制度进步随处可见，但最重要的配套制度——社会组织基本法律制度和慈善税收优惠制度却一直没什么多大进展。笔者去翻阅了历年的报告，这些问题真的是年年都提及，但是年年期待，却年年失望。

---

① 《慈善信托税收优惠“破冰”全国首张有政策保障的捐赠票据开具》，中国证券网，https：//news. cnstock. com/news，bwkx-202203-4855622. htm，最后检索时间：2022 年 4 月 11 日。

从2020年的《慈善法》执法检查到2021年《慈善法》修订工作的启动，可以期待2022年《慈善法》修订的结果，依然在过程中，努力还要继续。但是慈善法治只是《慈善法》一部法的事情吗？慈善法治只是立法的事情吗？中国的全面依法治国战略，目标非常宏远，“坚持依法治国、依法执政、依法行政共同推进”“坚持法治国家、法治政府、法治社会一体建设”“实现科学立法、严格执法、公正司法、全民守法”；但是这些话语中依然可以看到逻辑顺序和优先行动。依法治国的基础在依法执政，而外化却在依法行政；法治国家的基础是法治社会，但关键却在法治政府；立法的成功不在于立法本身，更重要的是如何落实，是在执法、司法和守法中去观察立法的有效性。

因此，慈善法治的建设和发展，最关键的并非慈善立法，而是在《慈善法》的执行，而如何执行最重要的就是配套制度建设，在2020年的一份政策建议中，曾提到“建议全国人大列出《慈善法》配套制度的条目”①，虽然有些理想主义，但这确是一种现实映射，没有压力就没有动力，那么如何让这些配套制度建设的主体，具有完成配套制度的动力呢？

这应该是摆在我们面前的一项重大课题吧。

① 《关于〈慈善法〉执法检查后启动修改程序的建议》，载杨团、朱健刚主编《中国慈善发展报告（2021）》，社会科学文献出版社，2021，第407~419页。

B.5
公益慈善力量助力乡村振兴发展报告*

葛 宁 周王瑜 杨 团 续志琦**

摘 要： 乡村振兴是中华民族伟大复兴的必由之路，也是新时代最大的公益事业。然而长期以来，公益慈善（特别是农村基层的公益慈善力量）在乡村振兴中的作用一直没有被重视。报告回顾了公益慈善组织参与乡村发展的历史和现状，发现自2017年以来，参与乡村振兴的社会组织总量的年均增长率远高于社会组织年均增长率，其中，基金会半数参与脱贫攻坚和乡村振兴，县及以下注册的社会服务机构和社团9成多参与乡村振兴。报告通过对首次进行的乡村公益慈善行动调查问卷的数据分析，提出乡村公益慈善行动是政府公益和社会公益的多样式组合。其中政府是所有公益慈善行动的主要支持者和资源提供者，村集体是落实行动的主要组织者和人力及服务资源的提供者。虽然正式社会组织在乡村公益慈善行动总量中的比例不高，但好评度和信任度较高。本报告分析了乡村公益慈善发展面临观念、组织、结构和能力四个方面的挑战，建议坚持以村庄为主

* 感谢中国扶贫基金会对本报告的大力支持。本文由北京农禾之家咨询服务中心组织的课题组完成。课题组组长：葛宁；课题组主要成员：周王瑜、续志琦、王思贤、吕松波；课题组顾问：杨团。农禾之家研究组成员许欣欣、刘建进、孙炳耀参加了课题纲要及问卷设计的讨论。中国社会科学院大学社会学院社会工作硕士研究生王誉梓、丑晓韵参与了本文的数据收集、分析工作；陶泽（北京易善信用管理有限公司总裁）、韩红雨（北京易善信用管理有限公司首席运营官）、韩熙（北京易善信用管理有限公司咨询研究总监）在资料收集整理方面都对本文有贡献。

** 葛宁，北京农禾之家咨询服务中心总干事，北京农禾之家农村发展基金会秘书长，主要研究方向为农民合作组织发展及探索乡村振兴；周王瑜，北京农禾之家咨询服务中心干事；杨团，北京农禾之家咨询服务中心理事长、中国社科院社会学研究所研究员；续志琦，荷兰鹿特丹伊拉斯姆斯大学国际社会科学研究院发展研究博士研究生。

体，发挥其自主性、整体性功能；大力发展农村社会组织；提升县域基金会的数量；畅通乡村外部链接渠道，统筹村内外资源；加强研究倡导工作，培育人才团队等方式，支持和拓展乡村公益慈善行动。

关键词： 公益慈善　乡村振兴　基金会　农村社会组织　农村集体经济

乡村振兴战略的提出和付诸实施是中国进入新发展阶段、践行新发展理念、构建新发展格局的重要标志，也是中国慈善破圈升级，从支持帮助社会弱势群体为主要目标走向推动弱势乡村整体性发展这一总体性目标的标志。本报告将乡村公益慈善作为一个专门领域提出，是因为：第一，乡村地域因土地等自然资源归属的特殊性，以及历史、文化、政策环境影响下形成的结构与城市地域不同；第二，目前 50 万个村庄中的绝大多数还处于远远落后于城市的不发达状态。填平城乡整体发展不平衡的差异，解决乡村发展不充分的矛盾，是全社会都要参与的公共责任和历史任务。

鉴于《慈善法》将现代慈善活动规定为包含一切自然人、法人和其他组织[①]自愿开展的公益活动，申明了现代慈善的本质是民间公益。而乡村振兴就是在民族复兴的大视野、家国一体[②]大视角下，让助力乡村振兴成为人人皆愿为、皆可为、皆能为，社会公益与政府公益无缝整合的现代公益慈善事业。这也推动社会公益力量融入和助力乡村发展，成为新时期全

① 《慈善法》第 3 条规定：本法所称慈善活动，是指自然人、法人和其他组织以捐赠财产或者提供服务等方式，自愿开展的下列公益活动……（六）符合本法规定的其他公益活动。

② “家国一体”源自中国文化传统，是中国文化基体的一种独特表达，最早由梁启超提出。中国作为大一统国家，支撑慈善精神和行为的伦理道德从来是义利并举、家国一体。中国慈善的表征如为善乡里、群伦同善、和合为美，从来都与报效国家、舍生取义形成一体两面的共性伦理。危难时精忠报国就是“上善”。“家国一体”的伦理观在危难中往往迅速升华为家国命运共同体的思想境界和行为导向。

面实现乡村振兴新格局的有机构成。据此，乡村振兴必然成为新的历史时期号召全中国所有组织和所有个人都参与其中、迄今为止中国规模最大的公益事业。①

就公益慈善事业而言，这个有机构成部分有着历史前缘。公益慈善曾贯穿乡村振兴中脱贫攻坚的整个历史，目前又围绕后脱贫时代即乡村振兴新时期发挥着作用，特别是在“三农”和城乡融合领域正在创造公益慈善的新业态、新模式，并与乡村产业与乡村治理整体发展中的新业态、新模式形成有机结合。

乡村振兴大视野下的这种新兴的实践大大拓展了社会公益慈善的边界。它让乡村振兴下的公益慈善已经远不止于城市下乡的社会组织和企业公益。乡村内生的社会力量、不同性质的各类无论个体性的还是集体性的，无论正式的还是非正式的，无论内部的还是外部的组织都在被逐渐激活。整体的乡村发展需求呼唤着整合型的城乡公共供给。为解决城乡发展不平衡、农村发展不充分这个新时期的基本矛盾，乡村振兴中的公益慈善已经拓展为各界社会力量对乡村振兴国家战略的长期、全面的响应。其间，为满足新时期乡村发展需求的公益新思维、新理念、新格局、新业态、新方式、新方法不断涌现。

面对这个中国公益慈善领域正在发生着的历史性重大转变，研究工作一定需要长期持续进行，绝不可能一蹴而就，需要在大视野、广视角下撷取材料和创新思考，在实践创新基础上，通过长期调研，探索跟进，进而开拓政策创新和理论创新。本报告仅为这个研究的开篇，拟通过对乡村振兴中社会公益慈善的历史和当下做法进行回顾和梳理，初步勾勒其特点和成效，提出亟须讨论的挑战和问题，并对其发展前景做一探究。

---

① 现代慈善超出传统慈善的关键点，是其行动具有公益特征，即为了不特定人群的公共利益。而它仍保持传统慈善来自民间和自主自愿的特征。因此，现代慈善也可称为民间公益。公益即公共利益的实施主体并非特别指定，民间和政府都可以做公益，只是各自的最优领域不同。在新时代，凡事关国家命运的重大事项，政府和民间都在发挥各自优势和能量，致使公益领域的协同共创，越来越成为社会常态。据此，乡村振兴中的慈善公益可界定为社会力量为实现国家乡村振兴战略主动履行社会责任的所有行动。

如何展现乡村振兴中公益慈善的做法和成效，是一件很困难的事情，不仅缺乏前期研究，而且相关文献资料很少，原始记录匮乏，甚至很多事实只是口传身授。要从散落在各方各面的简单陈述和从未整理过的散乱数据中提出初步的研究成果，需要下浩繁的功夫。北京农禾之家咨询服务中心组成了专项课题组，从问题出发，对于本课题的基本框架、数据收集、整理等项工作进行反复研究，尤其针对当前多重视城市公益慈善组织下乡支农，而对于乡村本土公益慈善相当忽视的现象，组织力量采集200多个村庄的公益慈善开展情况并以此为据，进行乡村公益生态的数据分析。这在本文第三部分有较详细阐释，对提出本文的探索性结论有重要意义。

一　乡村振兴中公益慈善力量的范围和结构

根据自2018年以来历年的中央一号文件、《乡村振兴战略规划（2018~2022年）》、《中华人民共和国乡村振兴促进法》、《慈善法》等法律和政策文件，本报告将乡村振兴中公益慈善力量分为2大类、8小类。2大类是按照组织化力量与非组织化力量所做的区分。

第一大类：组织化力量。再分解为6个细分类。（1）慈善法规定的正式登记注册的社会组织。按照登记注册的性质分为社团、基金会和社会组织3类。其中基金会按其宗旨一般都是公益慈善组织。社团中与“三农”相关的协会，社会服务机构中与“三农”相关的服务机构，均有公益慈善性质。（2）符合慈善法规定的社区备案组织。其中绝大部分是符合慈善法要求的公益慈善组织性质。（3）群团组织（共青团、妇联、科协、残联）均具公益慈善性质。（4）服务性、公益性、互助性农村社会组织。其中包括以服务村民为目的的宗族宗亲组织甚至部分宗教组织。这些组织虽然没有正式登记注册甚至也没有正式备案，但得到了当地村委会的认可。[①]（5）农民合作

① 《乡村振兴战略规划（2018~2022年）》提出大力培育服务性、公益性、互助性农村社会组织，积极发展农村社会工作和志愿服务。

组织（集体经济合作社、农民专业合作社、联合社、农民专业技术协会等）。他们是乡村本土公益慈善资源的主要支持者，往往与农村社会组织结成紧密关系，以多样化的互配方式承担了乡村本土公益慈善的工作。（6）企业组织的公益慈善项目与行动。

第二大类：非组织化力量。分解为 2 个细分类。（1）返乡、下乡、入乡的企业家、党政干部、专家学者、医生教师、规划师、建筑师、律师、技能人才等。[①]（2）在乡的本地居民。

鉴于资料收集方面的困难，本报告只能将重点放在可获取资料的第一大类中的第（1）小类，其他小类有所涉及。

上述对乡村公益慈善的分类方式超越了目前主流话语下的社会公益慈善范畴，特别是将乡村集体以及合作社等的公益慈善行动也纳入有组织的公益慈善范畴。我们认为，这可以符合《慈善法》关于慈善的定义，即以人和组织自愿开展的符合本法的公益活动来定义慈善。在本报告第三部分乡村调研中，我们更是按照《慈善法》规定的这个原则，以各类公益慈善活动作为调研对象，以体现村庄现实的公益慈善状况。

二　公益慈善组织参与乡村发展的历史与现状

（一）历史回顾[②]

第一阶段：改革开放后，公益慈善组织参与中国乡村发展的历史最早可追溯到 20 世纪 80 年代。它与中国基金会的诞生几乎同步。即最先成立的一批中字头的基金会：中国青少年发展基金会、中国儿童少年基金会、中国妇

① 2018 年中央一号文件（全文）：《中共中央 国务院关于实施乡村振兴战略的意见》，“汇聚全社会力量，强化乡村振兴人才支撑”。

② 四个阶段的划分及其中部分资料来自董强《公益乡村：公益力量对接乡村振兴实践》，社会科学文献出版社，2021。

女发展基金会、中国扶贫基金会和中国人口福利基金会，以及爱德基金会[①]、陕西省妇女理论婚姻家庭研究会[②]等，都针对乡村发展中出现的贫困问题、妇女儿童问题、教育问题等自觉推出救助项目回应社会需求。这一阶段，由共青团中央发起、中国青少年发展基金会实施的“希望工程”，这个以改善贫困地区基础教育设施、救助贫困地区失学少年重返校园为使命的项目，获得全国上下的广泛支持。[③]

第二阶段：随着中国开放政策的深入，国际非营利组织进入中国，而且主要在乡村领域开展国际合作项目。世界自然基金会、福特基金会、国际小母牛组织都是在20世纪80年代进入中国的。1995年世界妇女大会在北京召开，带动了一批国际非营利组织进入中国，实施关注乡村的国际发展合作项目，在这个阶段，比较突出的有UNDP与中国合作的支持贫困县的小额贷款项目，以及国务院扶贫办和世界银行合作，在多省（区、市）的贫困社区合作开展扶贫项目。在这一阶段，国际合作的项目地成立了一批本土的乡村公益慈善组织，如县级乡村发展协会。他们学习国际扶贫经验和模式，并在实践中逐步自主创造、创新。四川仪陇县乡村发展协会就是其中突出的范例。[④]

---

① 成立于1985年4月的爱德基金会，由全国政协原副主席丁光训等发起，是中国改革开放后最早一批成立的具有公募资格的基金会，在全国31个省区市521个县特别是中西部农村地区，先后开展了农村农业发展、教育助学、医疗卫生、妇女发展、生态保护等各类项目活动以促进乡村振兴。截至2021年底，爱德基金会共募集资金超过41亿元，累计资助了13万余名困境孤儿和儿童少年就学，为2376所学校新建及改善了校舍和教学设施，培训了2.2万名乡村医生，帮助25万名贫困妇女获得健康体检、30万名困境儿童获得综合保健服务，在西部多地持续开展了农村综合发展、妇女培训发展、生态环境保护等项目，促进了当地的乡村振兴和社会发展，项目直接受益人口1000多万人，间接受益人口超亿人。

② 陕西省妇女理论婚姻家庭研究会成立于1986年，延续至今。致力于农村妇女发展、法律援助、家庭暴力、社会性别培训等公益行动。

③ 1989~2021年底，全国希望工程累计接受捐款194.2亿元，资助家庭经济困难学生662.6万人，援建希望小学20878所。

④ 1996年成立的四川仪陇县乡村发展协会一直运作至今，现已发展为以拥有扶贫小额贷款、村级合作社帮扶平台、养牛专业合作社联合社，以及事实孤儿关爱陪伴为主要内容的综合性助力乡村发展的社团。

同时，国内民间发起的公益慈善组织也开始关注乡村，致力于培育农村妇女的北京农家女、专营乡村建设的北京绿十字生态文化传播中心都在这个阶段产生。

第三阶段：2008 年的汶川地震激发了中国民众的公益热情。大量的公益组织、志愿者组织在救援及重建过程中成立和成长起来，其中壹基金和南都基金会都持续开展了救灾和灾后重建的乡村发展项目。壹基金还成了联合救灾的公益平台。这个平台延续至今，不仅限于灾害议题，还为各地受灾的乡村提供公益支持。与此同时，一批致力于乡村服务的中小型公益慈善组织在全国各地纷纷设立，他们自主识别并以自身的资源和能力回应乡村发展的需求，既有支持留守儿童、留守妇女的，也有投身乡村社区治理的，还有专门支持农民合作组织的。他们的创办者有社会各界人士，从在职的到退休的，从企业到研究机构，其中不乏从国外学成归国的博士或已经功成名就的学者。阿拉善 SEE 生态协会①、四川海惠助贫服务中心②、晏阳初乡村建设学院、北京梁漱溟乡村建设中心③、“农禾之家联盟”、北京

① 阿拉善 SEE 生态协会成立于 2004 年，由近百名企业家在内蒙古阿拉善腾格里沙漠发起成立，致力于资助和扶持中国民间环保 NGO 的成长，打造企业家、NGO、公众共同参与的社会化保护平台，共同推动生态保护和可持续发展。协会以环保公益行业发展为基石，聚焦荒漠化防治、绿色供应链与污染防治、生态保护与自然教育三个领域。

② 四川海惠助贫服务中心成立于 2008 年，专注农村扶贫和社区发展，通过提供牲畜、农作物和相关技术培训、社区催化、能力建设帮助贫困农户实现自力更生和可持续发展。截至 2020 年，在全国 15 个省（区市）的 116 个县（市）实施了 160 个扶贫和社区发展项目，共扶持 83385 户贫困农户，培训人员逾百万人次。此外，通过在有关政府部门的对口帮扶项目中提供农民合作社能力建设咨询培训，服务贫困农户近 3 万户。

③ 晏阳初乡村建设学院是由中国人民大学温铁军教授带领的团队于 2003 年在河北省定州市翟城村（1926 年晏阳初在此推广平民教育运动）创办的一所免费培训农民的学校。该团队从高校、从民间起步，进行了长达 20 年的农民组织建设、乡村青年人才培养、生态农业实践、乡村振兴地方试点等工作，北京梁漱溟乡村建设中心、北京共仁基金会、小毛驴市民农园、西南大学中国乡村建设研究院等机构都属该团队长期建设的体系。这种知识分子和民众相结合，研究和行动相互激荡，产生了广泛的社会影响，被称为“新乡村建设运动”。自乡村振兴战略提出以来，在各地开展了多种形式的实验。20 年来，团队的工作产生了广泛的社会影响，有力推动 21 世纪“新乡村建设运动”的兴起。

农禾之家咨询服务中心[①]等一大批公益慈善组织，往往诞生于上一阶段，而在这个阶段走向发展壮大。

第四阶段：2014 年以来，国家对于公益力量的作用越来越重视。自 2012 年至 2021 年，中央财政安排专项基金支持公益组织，大多数资助项目落地乡村地域。2016 年，颁布了《慈善法》，2017 年，提出参与脱贫攻坚是社会组织的重要责任。2021 年通过的《乡村振兴促进法》中，要求县级以上地方人民政府应当支持、规范和引导农村社会组织发展，发挥基层群团组织、农村社会组织的作用。

综上所述，中国公益慈善组织参与乡村发展是伴随政策和环境变迁不断演进的过程，也是政策力度不断加大、自我认知不断加深的过程，还是公益慈善组织与政府政策导向双向互动的过程。

（二）现状及其特征

1. 参与乡村振兴的社会组织数量年增长率远高于社会组织年均增长率

党的十九大在 2017 年 10 月提出乡村振兴战略，至今 4 年有余。统计数据表明，自乡村振兴战略提出以来，参与“三农”领域的社会组织呈逐年增长趋势，且增速超过了全国社会组织登记总量同期增长率。这说明，社会组织界对乡村振兴战略有一定的响应率。2017~2021 年，我国社会组织从 76.13 万个增长到 90.1 万个，年平均增幅为 4.2%（见表 1、图 1）。其中，参与乡村振兴的社会组织总量年均增幅为 9.5%，2018 年和 2019 年的增幅达到 16%和

① 农禾之家联盟由中国社会科学院社会学研究所杨团研究员率农村合作组织课题组成员于 2005 年在中国社会科学院社会学所发起，2010 年正式注册北京农禾之家咨询服务中心。意在通过支持农民合作组织的综合发展，探索和倡导生态可持续、经济、社会、文化综合发展的“三农”就地现代化道路。联盟成员现有约 300 家农民合作组织。农禾之家集研究与实践于一体，先后与多地县乡村域开展合作，提供乡镇综合性农民合作组织的顶层设计和试点实施、组织和人才培育、项目和资源链接及落地等服务。其中品牌项目“禾力计划”经 10 年实践，形成完整课程体系和教学模式，覆盖了 300 多家机构，辐射了上千个村庄，培养种子学员 664 人，品牌乡村社区工作者 86 名，初、中、高级乡土培训师共 41 名。2021 年，农禾之家与中国社会科学院社会政策研究中心、中国人民大学乡村治理研究中心共办《乡村振兴探路者系列论坛》，总结提炼了发展壮大乡村集体经济的优秀一线探路者经验。

13%（见表2、图2），2019年参与乡村振兴的社会服务机构的数量增长达到21%。可见，将工作范畴介入乡村领域，成为更多的存量社会组织的选择。

表1　2017~2021年全国社会组织发展数量

单位：万个，%

年度	基金会	基金会数量增长率	社会服务机构	社会服务机构数量增长率	社会团体	社会团体数量增长率	总计	整体增长率
2017	0.63	—	40.00	—	35.50	—	76.13	—
2018	0.70	11	44.41	11	36.62	3	81.74	7
2019	0.76	9	48.71	10	37.16	1	86.63	6
2020	0.84	11	51.10	5	37.48	1	89.42	3
2021	0.89	6	52.10	2	37.10	-1	90.10	1

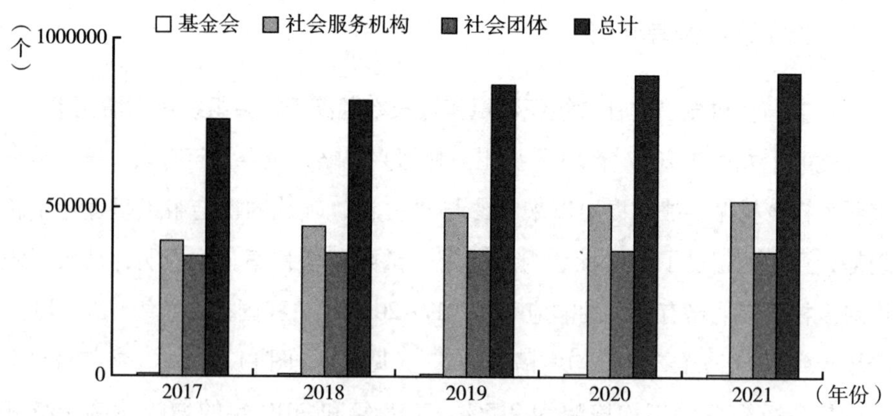

图1　2017~2021年全国社会组织发展数量

资料来源：根据《中华人民共和国民政部统计公报》基础数据，由作者统计整理得到，http：//www.mca.gov.cn/article/sj/tjgb/，最后访问日期：2022年4月5日。

表2　2017~2021年参与乡村振兴的社会组织数量

单位：个，%

年度	基金会	基金会数量增长率	社会服务机构	社会服务机构数量增长率	社会团体	社会团体数量增长率	总计	整体增长率
2017	2998	—	79148	—	83352	—	165498	—

续表

年度	基金会	基金会数量增长率	社会服务机构	社会服务机构数量增长率	社会团体	社会团体数量增长率	总计	整体增长率
2018	3496	17	92591	17	95693	15	191780	16
2019	3852	10	111802	21	101598	6	217252	13
2020	4367	13	118648	6	104653	3	227668	5
2021	4571	5	123066	4	109663	5	237300	4

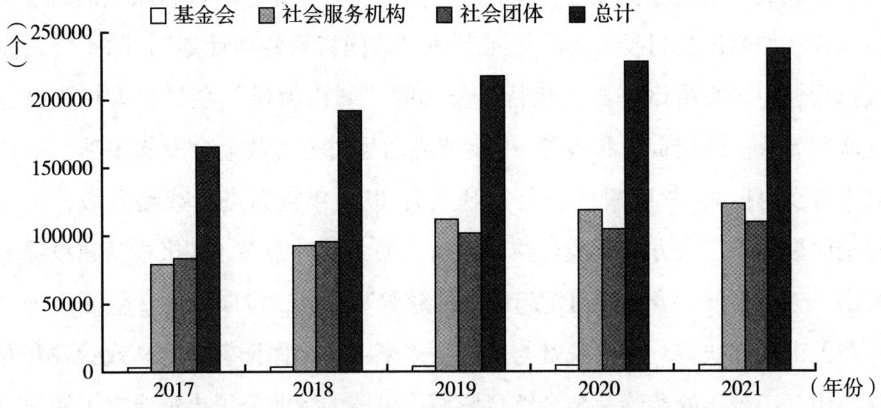

图 2　2017~2021 年参与乡村振兴的社会组织数量

资料来源：易善数据①，截止时间：2021 年 12 月 31 日。

2. 基金会半数参与乡村振兴，在全国三类社会组织中比例最高，且进入产业振兴领域

自 2017 年至 2021 年，基金会参与乡村振兴②的比例从 47% 提升到

① 易善数据通过中国社会组织网、民政部、北京市、上海市、广东省、深圳市等地民政局以及"慈善中国"披露的公开信息进行整理，覆盖全国超过 90 万家社会组织名录。研究人员通过研究分类标签，建立乡村振兴分类学体系。社会组织名录数据，通过机器分类的方式匹配社会组织名称、业务范围，完成对应数据统计。基金会投入乡村振兴的数据整理，是通过与乡村有关的关键词体系筛选的。关键词主要从基金会年度工作报告和审计报告披露的项目名称和项目简介中选择。考虑到基金会之间资金往来有重复计算，在项目支出总额的基础上，我们减去了捐赠人和募捐机构同为基金会的乡村振兴交易事件总额。下文所提及的来自易善数据，收集方法均如上所述。

② 乡村振兴战略于 2017 年党的十九大提出，脱贫攻坚为第一阶段到 2020 年止。本文将脱贫攻坚视为乡村振兴的组成部分，所以此处乡村振兴的数据包含脱贫攻坚。

51%，社团从23.5%提升到29.6%，社会服务机构从19.8%提升到23.6%。三类社会组织中，以基金会占比最大。这是因为基金会属公益慈善性质，在历史上自觉参与“三农”领域的比例就比较高。乡村振兴战略提出以来，他们投入乡村振兴的资金更是快速提升。如表3所示，2020年，全国基金会投入乡村振兴事业中的资金支出为262.81亿元，较2016年增长了86.4%，2016~2020年年均支出增长率为16.84%。

尤其是大型企业基金会，在企业的大力支持下，投入乡村振兴的力度明显加大。如腾讯公司投入500亿元启动“共同富裕专项计划”，除了公司直接执行外，多交腾讯基金会执行。公司的“腾讯为村”项目，为村庄打造互联网名片、链接资源和服务。[①] 字节跳动公司与其基金会发起多项公益计划支持乡村振兴。[②] 阿里巴巴公益基金会2021年宣布进行战略升级，未来将全面聚焦于三大方向：践行共同富裕、助力乡村振兴、积极投身建设绿水青山。[③] 2017年，美的公司发起成立的慈善基金会，定向捐赠2亿元用于支持韶关市精准扶贫、精准脱贫与乡村振兴事业。为保证资金的高效管理和专项使用，广东省的慈善基金会整合资源，由美的置业公司出资成立了韶关市乡村振兴公益基金会。宜信公司2009年发起宜农贷平台，社会爱心人士以低成本出借资金给贫困地区借款人，支持他们发展生产、改善生活。截至2019年底，累计出借资金约36.1亿元，累计资助农户将近3万人次。2020年，宜信公益基金会成立，2021年筹集1147万元用于支持乡村儿童教育、儿童公益保险、乡村创业领头人培训。身处广东的国强公益基金会自2013

---

① “腾讯为村”项目已经有1.6万+的村民加入。2021年腾讯发起“耕耘者计划”面向乡村治理骨干和新型农业经营主体带头人开展培训，计划三年内实现线上培训100万人、线下培训10万人的目标。

② 字节跳动的“山货上头条”公益项目已助力554个国贫县的14587个活跃商家通过抖音等获得收入，465个国贫县商家年销售额突破百万元，帮助国贫县销售商品19.99亿元。“山里DOU是好风光”公益项目，通过打造乡村旅游线路，打通乡村文旅的数字化路径，带动乡村文化旅游产业发展。“新农人职业培训”公益项目，过去几年已为来自全国536个国贫县的77923名乡村青年提供培训，助其带动家乡脱贫。

③ 阿里巴巴基金会将于2025年之前，在科技创新、经济发展、高质量就业、弱势群体关爱、设立共同富裕发展基金等五个方向上累计投入1000亿元。

年成立以来，在碧桂园集团支持下，参与16省57县的精准扶贫和乡村振兴工作，通过帮扶产业项目、建立社区新零售和助农品牌，助力农产品实现应有价值，让更多农民分享产业发展的红利，累计惠及农户17.5万户，助力49万人脱贫。连集团在内24年累计投入精准扶贫和乡村振兴的资金超100亿元。[①] 2019年，王石、冯仑等著名企业家诚邀国内100位企业家、学者和社会知名人士作为联合创始人，共同发起成立西安市乡村发展公益慈善基金会，致力于为乡村振兴培养专业人才。[②] 同时，企业直接支持乡村振兴公益行动也越来越普及。"万企兴万村"[③] 行动，拼多多公司、广药集团、苏宁易购、华为、京东等纷纷设立支持乡村振兴的项目或基金。

政府政策对于基金会助力乡村振兴起到重要推动作用。天津市民政局引领全市基金会承接乡村振兴帮扶项目，仅2021年4~7月，全市105家基金会认领92个帮扶项目，资金高达1100万元。[④] 2022年2月，民政部与国家乡村振兴局下发《关于动员引导社会组织参与乡村振兴工作的通知》以来，各地民政部门积极响应和落实。

表3　2016~2020年全国基金会投入乡村振兴事业中的资金信息

单位：个，亿元

项目年度	基金会数量	年度支出
2020	2781	262.81
2019	2387	201.03

① 《国强公益基金会2020年年报》，国强公益基金会官方网站，https://www.guoqiangfoundation.com/public/upload/202203/a8accad0-a2a6-11ec-b34d-97b408c6bf52.pdf，最后检索时间：2022年4月20日。

② 西安市乡村发展公益慈善基金会募款人民币1亿元，支持延安大学设立乡村发展研究院，推出针对农村问题的大讲堂网络直播，开发"嘉种计划"，举办大学生乡土实践训练营等。

③ 《中共中央、国务院关于做好2022年全面推进乡村振兴重点工作的意见》中提出：广泛动员社会力量参与乡村振兴，深入推进"万企兴万村"行动。2021年以来，在全国工商联等部门的带动下，黑龙江、重庆、云南、河北、内蒙古等省区市陆续启动了"万企兴万村"行动。

④ 张琼文：《天津市105家基金会认领乡村振兴帮扶项目92个》，《天津日报》2021年7月21日，http://www.nrra.gov.cn/art/2021/7/21/art_382_190962.html，最后检索时间：2022年4月20日。

续表

项目年度	基金会数量	年度支出
2018	2363	208.64
2017	2246	209.66
2016	2029	141.01

资料来源：易善数据，截止时间：2021 年 12 月 31 日。

过去 5 年内，全国基金会投入乡村振兴领域的总额为 1499.6 亿元。其中，投入扶贫及社区发展、医疗卫生、教育支持三个方面的总额最多，合计占比 92.5%（见表 4）。

表 4　2016~2020 年全国基金会投入乡村振兴相关领域的情况

单位：亿元

关注领域	五年总投入额
扶贫及社区发展	490.98
医疗卫生	483.69
教育支持	412.57
公益事业发展	55.23
灾害救助	25.57
生态环境	18.14
志愿服务	5.98
体育	4.41
法律与公民权利	3.03
总计	1499.60

资料来源：易善数据，截止时间：2021 年 12 月 31 日。

而在扶贫及社区发展领域，直接支持产业扶贫、产业发展的项目开始增加。检索 2020 年社会组织直接介入产业发展的项目数据发现[①]，182 个产业项目，除 19 个项目的捐赠方来自以慈善会为主的社团外，其他全部来自各类中央和地方的基金会。产业项目涉及果蔬生产、休闲旅游、生态种植、畜

① 根据易善数据。

牧养殖、特色工艺、扶贫商店、集体经济发展等多种业态。其中 32 个项目来自中国字头基金会。这些项目大多以精准扶贫作为切入口，通过整合当地资源和文化，采用党建育组织、项目带资金、技术助产业、在地掘文化和电商促销售的方式引导村民主动参与乡村振兴。其中，集中体现公益助力产业振兴的，是中国扶贫基金会近年开展的“善品公社”和“百美村宿”两大支农品牌项目。2021 年，仅这两大项目筹资高达 8180.9 万元，支出达 7896.11 万元。[①] 友成企业家扶贫基金会多年来开展产业扶贫，连接发达地区资源投入定点扶贫的区县，在种植、养殖、加工、基础设施建设等方面提供帮助，并重点在贵州雷山开展了种养产业帮扶、协调东部产业转移等就创业增收项目以及乡村振兴示范村建设项目。[②] 可见，支持产业发展、助力乡村振兴正在成为基金会为主的社会组织行动。

3. 社会服务机构和社团在乡村振兴中发挥重要作用，县及以下注册的几乎都参与乡村振兴

由于基金会占社会组织总量的比例极小，2020 年仅为 0.9%，因此，从社会组织参与乡村振兴的数量看，主要的类别是社会服务机构和社会团体。他们在支持乡村发展的人力、技术、技能等方面的服务上发挥了重要作用。社会服务机构中，北京绿十字生态文化传播中心作为 2003 年成立的专门从事乡村建设的社会服务机构，19 年来，秉承把“农村建设得更像农村”的理念，在保留乡村的自然生态环境和原有生产方式的基础上，以整合当地传统文化为抓手，在湖北、四川等 9 省 23 个乡村实施村镇建设项目，给当地

① 中国扶贫基金会善品公社电商项目自 2016 年设立以来，惠及 19 省 77 县 91 社，受益 42581 户，截至 2021 年 12 月 31 日，累计筹集项目资金 11624.66 万元，项目执行支出 8478.72 万元。“百美村宿”项目自 2013 年成立以来，涉及 9 省 17 县，受益人 2.42 万人。2019 年以来累计筹集项目资金 21899.53 万元，项目执行支出 13719.08 万元。

② 截至 2020 年底，共有来自发达地区的十多家企业参与了友成基金会组织的产业帮扶，共计带动 3323 户农户（1968 户贫困户）增收 7938018 元。其中贵州雷山县龙塘村的定点帮扶项目最具代表性，以整体陪伴方式持续赋能村民，培育社区自组织和发展壮大集体经济组织，以文旅为切入点，推进三产融合发展。友成基金会同时组织开展乡村振兴案例及课题研究，政策倡导等。

农民和村集体带来了收益，也获得地方政府乃至农业部、住建部多项奖项。[①] 缘起于农家女杂志的北京农家女文化发展中心。致力于为妇女赋权赋能的各类培训活动，鼓励支持妇女兴办农家书屋、手工艺社、农业合作社、老幼服务队、文化活动中心等。30 年来，在全国 27 个省区市的 180 多个县，培育了上万个扎根乡村、服务乡村的妇女骨干，孵化了 2000 多个妇女组织，带动了近百万女性参与乡村建设。北京公益服务发展促进会由长期从事公益事业实践及理论研究的专家、学者、热心公益事业的爱心人士自愿联合发起成立，自成立以来针对乡村的留守儿童、小学等核心诉求，为学生提供学习和生活物资、为教师提供心理健康培训课程、为学校捐建爱心图书室和心阳光成长室等，致力于提高乡村的整体教育教学水平。社团参与脱贫攻坚和乡村振兴，最突出的是中华慈善总会系统。2017~2020 年，中华慈善总会发挥自身资源与组织网络优势，与各地慈善会一道形成联动态势，构筑合作平台，共同聚力“三区三州”及“十一连片”深度贫困地区，以善款投入及项目开展作为工作着力点，在这些地区开展扶贫、助医、助学等多种类型慈善项目 30 余个，投入扶贫款物 82.85 亿元。

为进一步理解三类社会组织参与乡村振兴的分布，笔者专门关注农村地域，即县级及以下地域的社会组织注册和参与乡村振兴的状态。调研发现，参与乡村振兴的社会服务机构和社会团体的注册地在县级及以下的，占到全国参与乡村振兴同类机构的 96%左右。这两类社会组织参与乡村振兴工作的组织数量占全国社会组织总量的 24%（见表 5、图 3）。

县级注册的基金会尽管占基金会总量的比例很小，却较之县以上注册的基金会更多参与乡村振兴工作。2020 年，县级注册的基金会 672 个，参与乡村振兴的 366 个，占比为 54.5%，超过同期全国数据约 2.7 个百分点。

---

① 湖南省怀化市会同县高椅乡高椅古村项目，充分利用当地明清时期保留的古建筑，推行“532”共同致富模式：50%进行农业生产，30%农户开展民俗，20%的农户提供综合性服务，通过改善村貌、改变产业模式、发展综合实力的方式实现乡村振兴。

表 5　2020 年全国县级社会组织参与乡村振兴的机构数量

单位：个

法人类型	参与乡村振兴县级注册机构数量	县级注册组织总量	全国参与乡村振兴机构数量	全国该类组织数量
基金会	366	672	4367	8432
社会服务机构	114371	429964	118648	510959
社会团体	100213	250990	104653	374771
总计	214950	681626	227668	894162

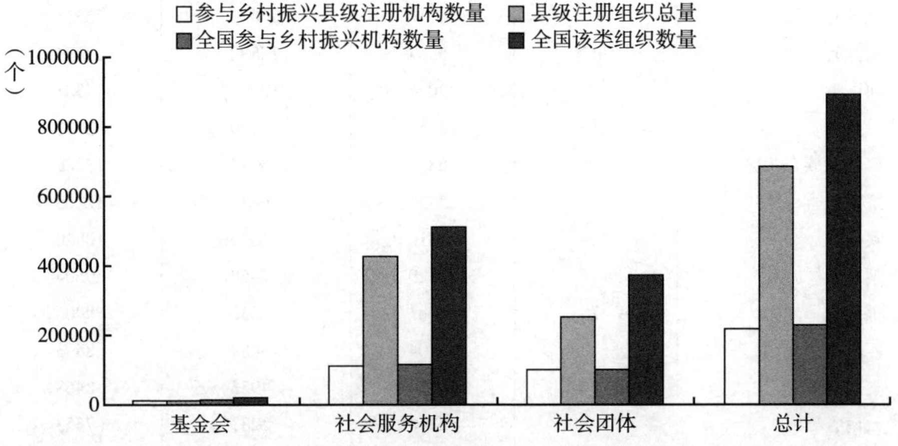

图 3　2020 年全国县级社会组织参与乡村振兴的机构数量

资料来源：易善数据，截止时间：2021 年 12 月 31 日。

统计数据表明，参与乡村振兴的县级及以下的社会组织，2021 年在总量上排名前五的省区按从高到低的顺序分别为江苏省、浙江省、河南省、甘肃省和广西壮族自治区（见表 6）。这可以反映出这些省份对培育县域内社会组织助力乡村振兴的重视程度。以江苏省为例。2014 年，江苏省民政厅曾出台《江苏省四类社会组织直接登记管理暂行办法》，对乡村社会组织基本实现了零门槛登记。2017 年，江苏省委、省政府又先后出台了《关于改革社会组织管理制度促进社会组织健康有序发展的实施意见》和《关于加强农村社区治理与服务的意见》等文件，对加强乡村社会组织建设提出明确要求。2021 年，江苏省委、省政府又颁发了《培育发展社区社会组织专项行动实施方案（2021~2023年）》，明确提出加大农村社区社会组织培育发展力度，推动政府和社会资源向农村社区社会组织和服务项目倾斜。从最近几年江苏省农村社会组织发展总体状况看，不仅总量增长，整体水平也逐年提升。其中，苏南地区尤甚。①

表6　2021年县级参与乡村振兴的社会组织各省区市分布

单位：个

所在地	基金会	社会团体	社会服务机构	总数
江苏省	69	15214	20032	35315
浙江省	147	5382	17892	23421
河南省	7	2076	12298	14381
甘肃省	5	12558	1160	13723
广西壮族自治区	9	6833	6444	13286
广东省	5	5831	6432	12268
陕西省	1	8310	2509	10820
湖北省	17	2129	7458	9604
福建省	75	6081	2850	9006
四川省	0	5104	3489	8593
安徽省	1	3534	4933	8468
云南省	8	5258	2287	7553
江西省	3	3069	4199	7271
湖南省	29	2640	4591	7260
山东省	23	2922	4045	6990
重庆市	1	2661	2569	5231
河北省	6	1706	3267	4979
青海省	0	2174	320	2494
贵州省	0	1328	1105	2433
辽宁省	0	822	1462	2284
上海市	0	475	1775	2250
内蒙古自治区	12	928	695	1635
山西省	1	757	721	1479

① 对省政协十二届四次会议第0073号提案的答复《关于加强培育扎根农村的社会组织的建议》，江苏省人民政府网，http：//www.jiangsu.gov.cn/art/2021/8/10/art_59167_9970090.html，最后检索时间：2022年4月10日。

续表

所在地	基金会	社会团体	社会服务机构	总数
黑龙江省	0	644	784	1428
吉林省	0	706	615	1321
新疆维吾尔自治区	1	981	169	1151
海南省	1	255	805	1061
宁夏回族自治区	1	888	146	1035
北京市	1	613	405	1019
天津市	0	419	242	661
西藏自治区	0	32	5	37

资料来源：易善数据，截止时间：2021 年 12 月 31 日。

参与乡村振兴的县级注册社会组织的注册地基本上都在乡村。他们的注册名称中含有所在乡村的地名，服务范围也是注册地的乡村地域。表 7 列举了注册地在乡域、村域的社会组织数量最多的 5 个省区。

表 7　2021 年江苏等五省份注册名称中含有所在乡村地名的社会组织数量

单位：个

所在地	基金会	社会团体	社会服务机构	总数
江苏省	7	13632	19040	32679
浙江省	28	4406	16980	21414
河南省	1	1356	11902	13259
甘肃省	0	11796	1009	12805
广西壮族自治区	0	6116	6299	12415

资料来源：易善数据，截止时间：2021 年 12 月 31 日。

服务于乡村振兴的基层社会组织除正式注册的外，还采用了备案制。如浙江省大力培育发展社区社会组织，全省备案总数 23 万个，其中城市社区社会组织 8. 8 万个，平均每个社区 18 个；农村社区社会组织 14. 2 万个，平均每个村社区 8 个。

4. 科技类社团组织参与乡村振兴举足轻重

科技类的社会组织主要是以社团为主，据中国科协相关统计数据，2019

年度全国各级科协所属学会共有 29675 个，其中，中国科协所属学会 210 个，省级科协所属协会 3848 个，全国和省级学会从业人员达到 50764 人，全国与省级学会的年收入达 91.8 亿元。这类科技类协会具备良好的专业、组织、平台和人才基础，和较强的科技支持能力，可为乡村振兴提供科技型专业化的服务。其中，在乡村基层覆盖范围最广的是中国农村专业技术协会。截至 2017 年底，全国农技协总数为 9.0 万个。覆盖全国 31 个省、自治区、直辖市的 7457 家基层农技协的个人会员达 1455.9 万人。据不完全统计，全国 31 个省、自治区、直辖市均成立省级农技协联合会或办事组织，约 60%的地市和 50%的县成立了农技协联合会。[①] 农技协已在全国形成了一个科技特色鲜明，立体多元、多层次的农技社会化服务体系。这对紧密联系团结科技工作者、农技协工作者和广大农民，深入开展精准科技推广和科普服务，积极推动农民科学素质的整体提升，引领农业产业发展，起到重要作用。2022 年 3 月，全国农技协请各级农技协和科技小院针对春耕需求，广泛动员、积极组织涉农科技工作者，在“3·5”学雷锋日期间，开展农业科技咨询、技术培训、现场指导、线上科技服务等活动，确保取得实效，助力春耕生产。

（三）几点发现

（1）县级及以下的社会组织较之县级以上的社会组织更有助力本地乡村振兴的意愿和行为。

（2）从投入乡村振兴的资金供给的视角，基金会是公益慈善组织助力乡村振兴的主要力量。从社会组织参与乡村振兴的数量和提供服务的视角，社会服务机构和社会团体的作用不可忽视。

（3）地方政府以政策鼓励乡村基层设立社会服务机构和社团，有力地推动了社会组织参与乡村振兴的工作。

---

① 《中国农村技术专业协会——关于协会》，中国农村技术专业协会官网，https：//www.nongjixie.org/html/fengcai/，最后检索时间：2022 年 4 月 20 日。

(4) 社会组织尤其是基金会，已将产业帮扶视为助力乡村振兴的一个重要途径。

三 村庄内生的公益慈善行动及其分析

本文第二部分主要描述了乡村外部的公益慈善组织助力乡村振兴的状况，并未涉及乡村内部主体特别是各类农民合作组织如何发挥主体性，推动乡村公益事业的，也没有涉及传统慈善领域的乡村慈善。为补上这个缺憾，农禾之家课题组设计了农村公益慈善调查问卷，利用2022年寒假，招募大学生回乡针对问卷内容做访谈，进行社会调研。尽管这次调查因时间仓促、准备不足，可能不具备推论全国的代表性，是一个探索性的调研工作，但是在各方支持和同学们的努力下，还是获得了不少重要信息。现将调研情况梳理如下。

（一）调研概述

本次调查问卷共计发放216份，其中有效回收的问卷为210份，回收率达97.2%。

问卷发放以简单随机抽样的方式进行，首先由课题组面向全国大学生随机招募95名调研员，之后由这些大学生调研员利用寒假回乡期间就近选择村庄进行调查。项目组在征集访员过程中，对同一地区多个报名者随机抽样出部分访员，从而使得各地区的样本比例接近自然人口分布比例。除问卷外，项目组要求访员对具代表性的村庄组织访谈活动，以求加深对受访村情况的了解。

受访村共210个，分布在23个省（自治区、直辖市）的98个县。[①] 基

① 本次问卷发放到安徽省（阜南县、当涂县、无为市、埇桥区的7个村），福建省（永春县的4个村），甘肃省（榆中县、礼县、华亭市、崆峒区的13个村），广东省（白云区、博罗县、揭东区、兴宁市、始兴县、德庆县的11个村），广西壮族自治区（宾阳县、隆安县、邕宁区的6个村），贵州省（纳雍县、黔西县、石阡县的8个村），河北省（转下页注）

本实现我国东、中、西部（华东、华北、华南、西南、西北五大区域）主要省份的覆盖。受访村大部分交通便利，近 90% 的村庄距离县城（区政府驻地）30 公里内，99% 的村庄距离乡镇政府驻地小于 10 公里。在调查的 209 个村庄中，辖区曾为国定或省定贫困县的共计 77 个，为贫困村的 61 个，分别占调查样本总量的 36. 8% 和 29. 2%。

受访者框定为村“两委”成员、驻村干部、村集体经济组织负责人、村其他经济组织（农民专业合作社）等对村庄实际情况有全面了解并长期参与村庄公共性事务的人员。本次调查中受访的 210 名调查对象，有 202 名为村干部（含村小组组长、村“两委”聘用人员）及村民代表或党代表。

调研问卷的设计思路来自农禾之家课题组的讨论。按照大公益大慈善①的思路，尤其从现实出发，将推动村庄经济发展的公共性干预行动也列入村庄公益慈善范畴。② 鉴于村庄公益慈善行动指标分类是首次提出，加之试调查时间不足，存在的缺憾必然只能今后再做调查时弥补。表 8 列出了指标分类标准。一级指标划分为“教育类”、“经济发展干预类”、“社区及文化建

（接上页注①）（定兴县、定州市、黄骅市、任丘市、涉县、安次区、河北唐山海港经济开发区、乐亭县、滦州市、赤城县的 33 个村），河南省（洛龙区、睢县、牧野区、光山县、巩义市的 15 个村），湖北省（巴东县、枝江市的 6 个村），湖南省（苏仙区、珠晖区、新邵县、望城区的 11 个村），江苏省（淮安区、宝应县的 3 个村），江西省（南康区、修水县、余干县、丰城市的 8 个村），吉林省（双阳区的 1 个村），辽宁省（南芬区、辽中区的 4 个村），宁夏回族自治区（灵武市的 1 个村），青海省（互助土族自治县的 3 个村），山东省（博兴县、乐陵市、夏津县、东营区、邹城市、莱西市、潍城区、海阳市、莱阳市、山亭区、枣庄市市中区的 14 个村），山西省（和顺县、襄汾县、临县、定襄县、宁武县、忻府区、郊区的 16 个村），陕西省（陇县、合阳县、临渭区、未央区、泾阳县、洛川县、延长县的 8 个村），四川省（大邑县、蒲江县、岳池县、剑阁县、旺苍县、合江县的 8 个村），新疆维吾尔自治区（阿克苏市的 6 个村），云南省（大理市、禄劝彝族苗族自治县、宣威市、峨山彝族自治县、红塔区的 10 个村），浙江省（兰溪市、浦江县、江山市、龙游县、衢江区、嵊州市、临海市、永嘉县的 14 个村）。

① 大公益指政府公益与民间慈善公益的总和。大慈善指的是广义慈善即公益慈善，是包含狭义慈善即传统慈善在内、但超越对弱势群体的救助，而将民间的贡献拓展到环保、生态、教育、卫生、文体等公共领域。乡村的公益慈善还拓展到助力乡村产业发展，为集体和农民增收的公共行动中。

② 这类支持乡村产业发展的公益行动已经被中国扶贫基金会、国强基金会、腾讯基金会和阿里基金会等实施多年，也有一些社会服务机构和涉农社团加入了这个行列。

设类”、“生态环境建设类”、“帮扶、保障类”和“其他”六个大项，并在此基础上将一级指标细化为相应的二级指标和三级指标。

表 8 村庄慈善公益行动分类

公益慈善一级指标	公益慈善二级指标
教育类	未成年人教育
	成年人教育
经济发展干预类	第一产业发展干预
	第二产业发展干预
	第三产业发展干预
社区及文化建设类	村庄文化发掘保护
	村庄文体娱乐建设
	村庄社会关系建设
生态环境建设类	村庄基础公共设施提升
	村庄卫生改善
	村庄生态改善
帮扶、保障类	村庄医疗条件改善
	村庄看护照料
	村庄金钱及物资帮扶
	村内人员精神状况改善
	村内人员权利能力保护
其他	—

（二）乡村公益慈善行动内容

1. 教育类行动

这是各村普遍开展的一类行动，且较为平均地覆盖到各年龄层次群体。54.3%的受访村庄开展过针对未成年人的教育类慈善公益行动，其中以开办幼儿园为主要内容；有 63.3%的受访村开展过针对成年人的教育类慈善公益行动，主要内容是针对妇女/残障人士/低收入人群的教育/技能培训与针对其他普通村民的教育培训。需要注意的是，所开展的全部教育类公益慈善活动中，针对未成年人开展的教育类公益慈善活动占全部活动的34%，而成年人教育类公益慈善活动占66%。且未成年人与成年人教育类公益慈善活动的具体项目开展情况有所不同，如图4所示。

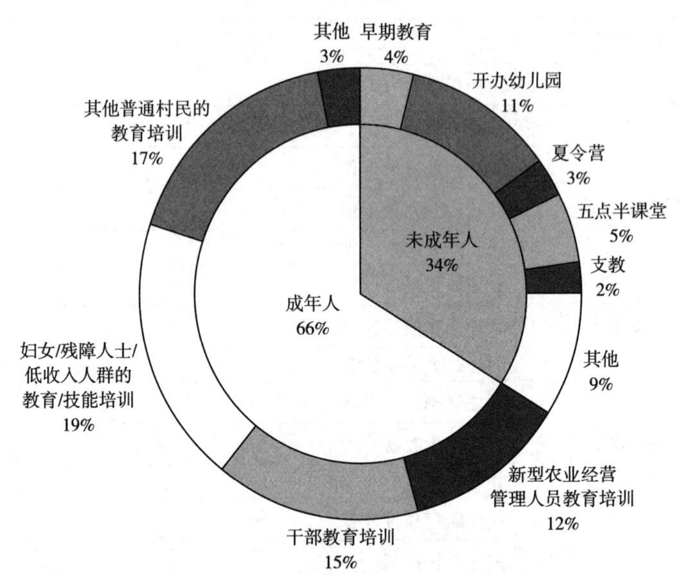

图4　教育类行动三级指标及村庄公益行动比例

资料来源：2022年中国农村公益慈善发展状况调查，截止时间：2022年2月20日。

2. 经济发展干预类行动

呈现一产占主体，二产、三产较少的非平衡结构。54.8%的被访村庄开展了有关第一产业的公益慈善行动，以农业种养殖技术与管理支持、农业生产设备物资支持为主。而二产、三产的公益慈善行动开展较少，分别有16.7%与28.6%的被访村庄开展过相关活动。其中，第二产业以农产品加工设备及技术支持、农旅建设为主，第三产业以农产品销售支持为主要活动。另外，根据所开展的全部经济发展干预类公益慈善活动，围绕第一产业开展的经济发展干预类公益慈善活动最多，占全部活动的52%，第三产业和第二产业的经济发展干预类公益慈善活动随后。同时在不同产业所开展的具体公益慈善活动项目也有所不同，具体情况如图5所示。

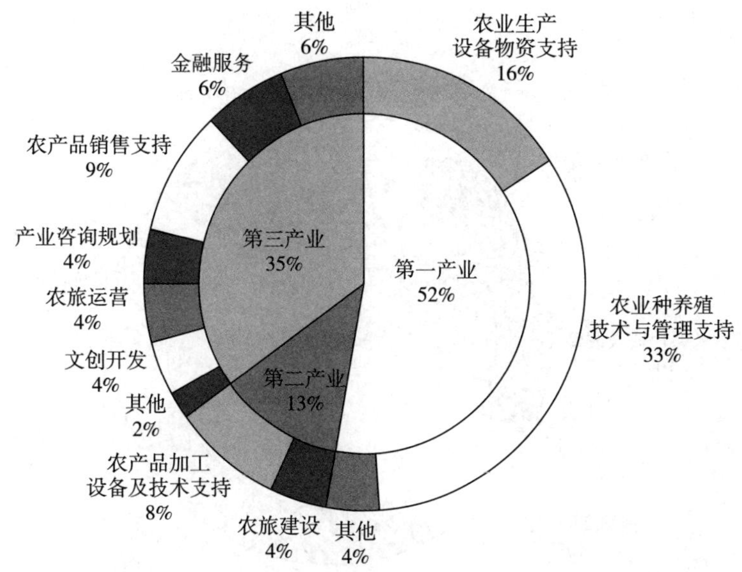

图 5 经济发展干预类行动三级指标及村庄公益行动比例

资料来源：2022 年中国农村公益慈善发展状况调查，截止时间：2022 年 2 月 20 日。

3. 社区及文化建设类慈善公益行动

这一类各村开展相对较少，尤其村庄文化发掘保护和社会关系改善等软性行动更少些。76.2%的行政村开展过针对村庄文体娱乐的类慈善公益行动，并以设施设备建设、广场舞活动组织为主；41.9%的行政村开展过针对村庄文化发掘保护行动，文化传承是其主要活动；46.7%的行政村开展过针对村庄社会关系的慈善公益行动，邻里关系协调及改善作为该类行动的主要活动。值得关注的是，在所开展的所有社区及文化建设类公益慈善活动中，针对文体娱乐活动开展的社区及文化建设类公益慈善活动占全部活动的57%，而社会关系与文化发掘的社区及文化建设类活动仅占总体的 29%与14%。且不同类型活动的具体内容也有差异存在，如图 6 所示。

4. 生态环境类慈善公益行动

这是各村广泛开展的一类行动，其中大量的村庄开展了基础设施提升和卫生改善这样部署方便简捷、效果立竿见影的活动，也有超过一半的村庄开

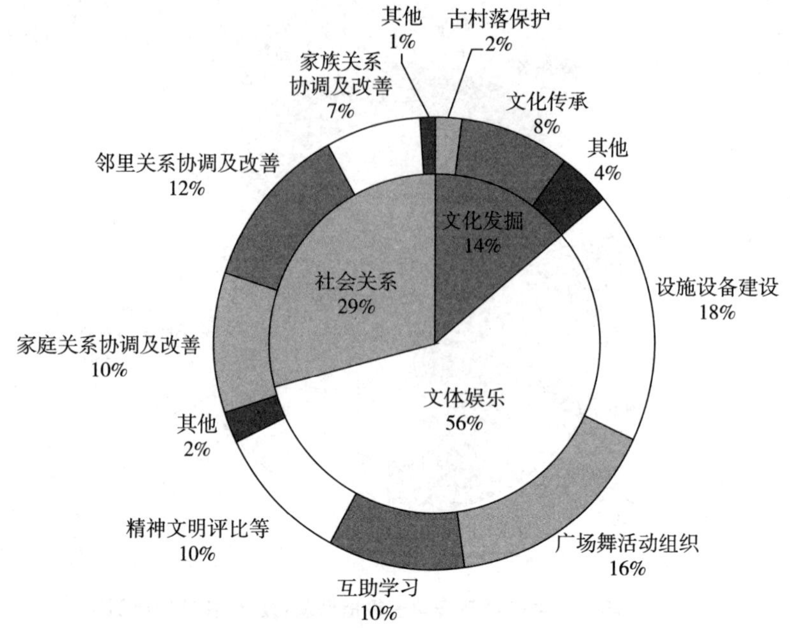

图 6　社区及文化建设类行动三级指标及村庄公益行动比例

资料来源：2022 年中国农村公益慈善发展状况调查，截止时间：2022 年 2 月 20 日。

展了生态环境方面的行动，体现出农村社会对环境提升的诉求及过去十年扶贫政策集中外部环境改善的溢出作用。具体是，77.6%的行政村开展过针对村庄基础公共设施提升的慈善公益行动，其中以修路、修路灯为主要活动；84.3%的行政村开展过针对村庄人居环境改善的慈善公益行动，主要开展了“厕所革命”，生活垃圾、污水处理两类公益慈善活动；54.2%的行政村开展过针对村庄生态改善的慈善公益行动，并以农业生产污染防治、水域治理为主。在所开展的全部生态环境类公益慈善活动中，基础公共设施、卫生改善以及生态改善活动之间的比例差异并不显著，其分别占所开展的生态环境类公益慈善活动的 37%、35%与 28%。同时这三类活动中的具体项目内容侧重点也有所不同，如图 7 所示。

5. 帮扶、保障类慈善公益行动

这类往往更多归类到传统慈善公益行动，是各村最普遍开展的。统计下

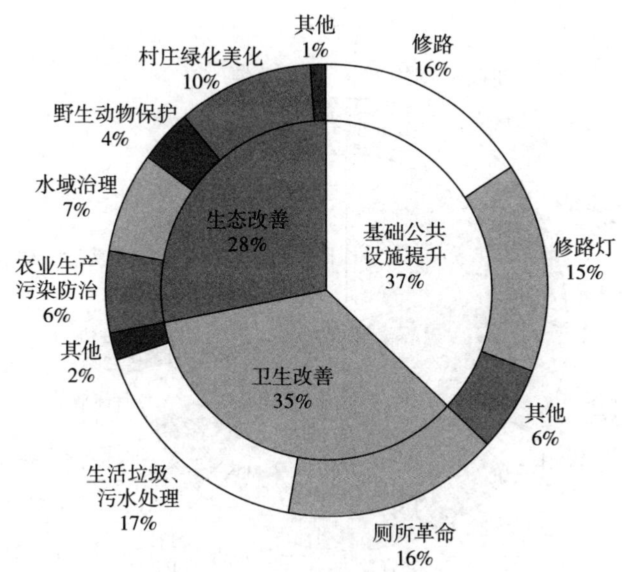

图 7　生态环境类行动三级指标及村庄公益行动比例

资料来源：2022 年中国农村公益慈善发展状况调查，截止时间：2022 年 2 月 20 日。

来，村庄开展的这类行动以医疗条件改善为最多，金钱物资帮扶和人员权利保障居中，看护照料类最少。具体是，69%的行政村开展了针对村庄医疗条件改善的活动，以生育保健为主要活动；54.7%的行政村开展了针对村庄金钱及物资的慈善公益行动，主要开展活动为贫困补助；46%的行政村开展了针对村内人员权利能力保护的慈善公益行动，活动面向的主要对象为妇女、儿童、残障与低收入人群；38%的行政村开展了针对村庄看护照料的慈善公益行动，主要活动为居家服务、日间照料。需要注意的是，在所开展的帮扶、保障类慈善公益活动中，医疗条件改善在全部活动中占比最大，达28%；其次是金钱及物资帮扶，占总体活动的 25%；而权利能力保护、精神状况改善和看护照料次之，并且在这五种活动中的具体内容也有呈现不同的特点，如图 8 所示。

6. 其他慈善公益行动

样本中共有 24 个村庄开展了其他类的公益慈善行动。这些公益慈善行

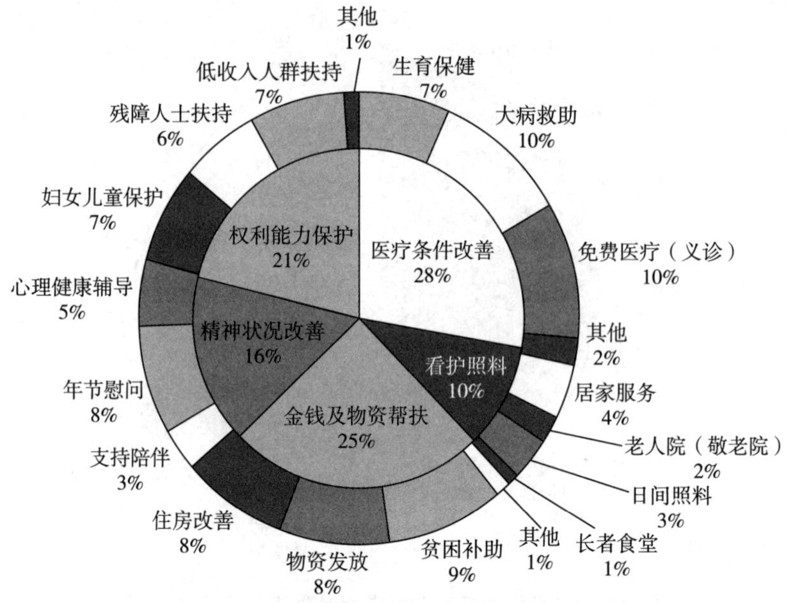

图 8 帮扶、保障类行动三级指标及村庄公益行动比例

资料来源：2022 年中国农村公益慈善发展状况调查，截止时间：2022 年 2 月 20 日。

动大都集中在对于村庄整体性的文化建设或者睦邻活动上。例如，全体村民的健康知识培训、消防知识培训、单身青年相亲和村庄各类模范的评选。

综上，村庄参与乡村内部 16 类公益慈善行动的比例见图 9。

7. 村集体经济情况与公益行动类别偏好

调查样本中，村集体的收入差距较大。最多的村 2021 年年收入为 300 万元人民币，最少为 0 元。以 50 万元集体收入为界将村庄划分为高收入组和低收入组，进一步分析两类村庄举办的活动类型后，我们发现不同集体经济水平的村庄侧重的公益行动类别呈现鲜明的差异。集体收入在 50 万元以上的村庄偏向于促进可持续发展、满足高层次需求的活动：教育、村庄文化发掘保护与第三产业发展。集体收入低于 50 万元的村庄更多举办满足基础需求的活动：金钱物资帮扶、社会关系改善、生态改善、基础公共设施、卫生改善。

整体发展状况决定了一个村庄现阶段的重点需求和重心任务。调查中“富裕”村庄与“贫困”村庄展现的不同活动类别偏好，说明目前各界发起

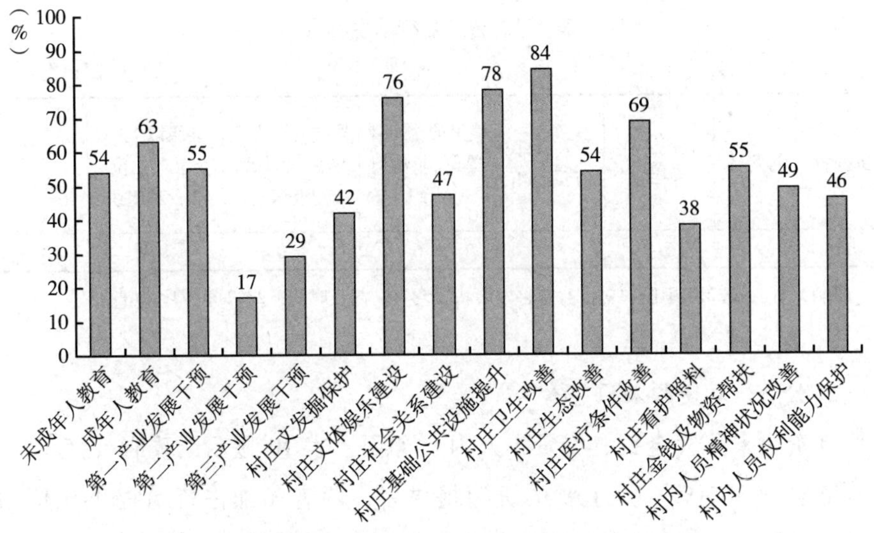

图 9　村庄参与各项公益慈善行动的比例

资料来源：2022 年中国农村公益慈善发展状况调查，截止时间：2022 年 2 月 20 日。

的公益行动在大类上基本可以匹配一个村庄的阶段性需求。条件较好的村已经满足了村民基础的收入和生活需求，因此提供的公益慈善行动在向精神文明建设和第三产业发展靠拢；而条件较差的村庄则优先满足生产生活的硬件条件改善等基础需求。

（三）乡村公益慈善行动的要素

1. 公益行动主办者

村集体（39.6%）和上级政府（33.3%）为主要的行动主办者（见表 9），两者相加占比 7 成。其次是镇、县以及县以上的企事业单位，这些外部的同类主体加总占比为 13.4%，个人、村民互助小组占比为 8.3%，农民专业合作社占比为 5.4%。非营利的社会组织极少作为行动主办者。综上所述，乡村公益慈善事业的主体是村集体和地方政府，村小组、个人和专业合作社有参与。相形之下，外部社会力量主体，即企事业单位和社会组织的参与度并不高，由此可见，国家推动社会力量参与乡村振兴的政策，在落地方面还需努力。

表 9　慈善公益行动主办者

单位：%

主办者	村集体	农民专业合作社	个人、村民互助小组	镇里的企事业单位、非营利组织	县城的企事业单位、非营利组织	县级以上的企事业单位、非营利组织	上级政府
占比	39.6	5.4	8.3	6.6	5.0	1.8	33.3

资料来源：2022 年中国农村公益慈善发展状况调查，截止时间：2022 年 2 月 20 日。

2. 公益行动资源来源主体

在资源来源（金钱、物资、人力）方面，表 10 显示，政府（45.8%）和村集体（36.1%）是主要的资源提供者，两者相加占资源提供比例约 82%，这与前述政府和村集体作为慈善公益行动主办者的统计结果相呼应。只是，村集体主办的比例超过政府，而政府资源提供的比例超过村集体。这样的情况在乡村公益慈善发展中是比较健康的，即政府更多以资源支持村集体当好乡村公益慈善的主体。

表 10　慈善公益行动资源来源主体

单位：%

资源来源主体	政府	企事业单位、非营利组织	民间个人捐赠	村集体
占比	45.8	9.4	8.7	36.1

资料来源：2022 年中国农村公益慈善发展状况调查，截止时间：2022 年 2 月 20 日。

而企事业单位、非营利组织资源支持占比为 9.4%，民间个人捐赠占比为 8.7%，两者的占比数据相差不足 1 个百分点，考虑到民间个人捐赠都系本土人士，而企事业单位和非营利组织基本上都是外部机构，这或许可以说明，乡村振兴战略提出以来，本乡本土的在外人士最先响应和被发动起来，而更广大的社会力量在响应度上还有很大的提升空间。

另外，各类主体提供的资源形态也有较大区别：政府资源与民间个人捐赠支持形式以资金为主，而企事业单位、非营利组织资源支持形式多以物资为主，也有部分资金。

各主体提供的资源形态[①]有别，反映了各主体自身的能力和意愿。尤其村集体的资源提供以资金、人力和服务为主[②]，受访者对三类的选择率均在60%以上，其中人力更在70%以上。在针对未成年人教育类的慈善公益行动情况中，“资金”选项选择率（即在多选情况下，选择本选项的个案百分比，下同）为69.8%，“人力”为76.2%，“服务”为61.9%，显著高于“资源链接”的19.0%和“物资”的57.1%。这一趋势同样体现在其他公益慈善行动的村集体资源提供形态上。这种现象比较符合村集体所能掌握的资源状况，也可说明公益慈善行动必须通过人去执行，以服务为本，人与服务是村庄公益慈善最必不可少的资源，村集体能够在人和服务上着力，这个方向是对的。

我们发现，各主体填报用于公益行动的资源时，对于是否通过资源链接寻找外部资源项很少填报[③]，这可能反映出各主体在通过链接资源寻求外部力量支持上，意识不够强，实际没做到。

3. 公益行动的组织方式

乡村慈善公益行动有一半以上的活动（61.4%）均采取合作的组织方式。各主体独立开展活动仅占1/3强（见表11）。值得注意的是，在各方合作开展活动的组织方式中，分为以村内组织为主体或以村外组织为主体两类，而村内组织为主体的活动占比为48.0%。可见，目前乡村慈善公益行动的组织重心还是在村庄内部。

① 为调研内容尽可能贴近实际，设计问卷时我们就明确，以受访者基于工作经验及对本村实际情况的了解，直接回答本村各类行动的资源来源及形态类别，不涉及具体金额。

② “资金”资源形式指实施主体为开展公益慈善行动提供金钱支持；“人力”资源形式指实施主体直接派遣工作人员组织开展公益慈善行动；“服务”指培训、课程、讲座、帮扶销售规划等专业服务，对象为受助村民。

③ 以针对未成年人教育类的慈善公益行动情况为例，政府、企事业单位、民间个人、村集体等主体在提供的资金、人力、服务、物资、资源链接等资源形式选项中，“资源链接”选项百分比分别为10.8%、15.8%、6.5%、6.7%，均远低于其他资源形式。该趋势同样表现在其他公益慈善行动中。

表 11 慈善公益行动组织方式

单位：%

组织方式	各方合作,以村内组织为主	各方合作,以村外组织为主	上述主体独立开展
占比	48.0	13.4	38.6

资料来源：2022 年中国农村公益慈善发展状况调查，截止时间：2022 年 2 月 20 日。

4. 村民对志愿行动的意愿

表 12 展示了 210 名村庄受访者基于工作经验估计的本村村民参与公益慈善行动意愿，体现了受访者作为村干部、村庄发展带头人在组织活动过程中感受到的村民志愿行动参与意愿。其中，村民参与公益慈善行动意愿较为强烈①的村庄高达 165 人，说明大部分村庄中普通村民对公益慈善行动有着的积极地参与态度。调查发现，村民参与公益慈善行动较不积极的受访村庄②还有一定数量。

表 12 村民志愿参与公益行动的意愿（受访者对本村情况估计）

单位：人

村民志愿参与在公益慈善行动的意愿	非常愿意	比较愿意	一般	比较不愿意	非常不愿意
	103	62	37	5	3

资料来源：2022 年中国农村公益慈善发展状况调查，截止时间：2022 年 2 月 20 日。

村庄受访者同样基于工作经验估计了本村村民参与公益慈善行动的动机（见表 13）。161 名受访者表示，本村村民通常以“无偿志愿报名”方式参与公益慈善行动，占比超过 70%。不过，有 21 名村庄受访者表示本村村民参与公益慈善行动主要依靠“村集体或基层政府指派”。这一现象不可忽视。村民参与村庄公益慈善行动的主体意识总体较强，但也不乏在政府和村集体压力下非自愿参与的现象。

① 本村村民参与意愿以“非常愿意”和“比较愿意”为主的村庄。

② 本村村民参与意愿以“一般”、“比较不愿意”和“非常不愿意”为主的村庄。

表 13 村民志愿者参与公益慈善行动的动机（受访者对本村情况估计）

单位：人

村民参与公益慈善行动动机	村集体或基层政府指派	有偿主动报名	无偿志愿报名
	21	28	161

资料来源：2022 年中国农村公益慈善发展状况调查，截止时间：2022 年 2 月 20 日。

（四）对乡村公益行动和组织工作的评价

1. 对村内公益行动项目的评价①

表 14 揭示了调查对象对农村公益慈善行动项目的社会意义评价。反映出受访者对于各项公益慈善行动的社会价值的强烈肯定。其中，对于生态环境建设、教育类慈善行动、村庄经济发展干预、村庄特殊人群的帮扶保障、社区及文化建设表现出更强的需求态度。在 210 名受访者中对于以上行动表示“非常重要”的人数均超过总人数的 67%。与此同时，对于五类农村公益慈善行动，受访者又表示出较为显著的态度差异。其中，认为生态环境建设“非常重要”和“比较重要”的总和人数远高于其他三项，而认为社区及文化建设“非常重要”和“比较重要”的总和人数在五项公益慈善行动类别最少，而对于教育类、经济发展干预以及帮扶、保障三类而言，认为“非常重要”和“比较重要”的总和人数相差无几。由此可知，调查对象对于本村的生态环境类传统慈善类项目的需求最为强烈，同时也暴露出其文化建设意识较为缺乏的问题。

表 14 对各类农村公益慈善行动项目评价

单位：人

农村公益慈善行动	非常重要	比较重要	一般重要	不重要	非常不重要
教育类	157	37	10	2	4
经济发展干预	157	38	10	3	2
社区及文化建设	141	47	18	2	2

① 参与评价的为村干部及部分驻村帮扶公职人员。

续表

农村公益慈善行动	非常重要	比较重要	一般重要	不重要	非常不重要
生态环境建设	159	42	7	1	1
帮扶、保障	157	37	13	1	2

资料来源：2022年中国农村公益慈善发展状况调查，截止时间：2022年2月20日。

2. 对公益行动主体的评价

根据受访者对村庄公益慈善行动主体的重要程度排序结果的分析发现，受访者认知的各行动主体的重要程度依次为：政府、村集体、事业单位、外来公益慈善组织、个人（村民互助小组）、市场企业（见表15）。排名第1位和第2位的政府和村集体得分分别为5.61分和4.31分，政府得分远高于村集体且受访者对政府的排序集中在首位。① 而政府和村集体得分又远高于其他四类主体。由此得知，受访者对于国家行政机关和村集体充当公益行动的主办者信赖程度较高，对于社会组织、企业等主体的信任度与认可度相对较低。从单个主体内部各类排位所占人数来看，对政府的认可占比极高，排在第1位的人数在207份样本中高达167名，对于村集体，排在第1、2位的人数加总为126人。此后的各类主体重要程度排序人数占比依次后退且人数分布逐渐趋于均匀。由此得知，对于政府和村集体在村庄公益慈善行动中的重要地位得到一致认可，但是对事业单位、外来公益慈善组织、个人（村民互助小组）、市场企业等主体在村庄公益慈善行动中的地位排名意见较不统一。

表15　对村庄公益慈善行动涉及各行动主体的重要程度排序（207份样本的分析）

单位：分

选项	排名	得分②	得分方差	排第1位	排第2位	排第3位	排第4位	排第5位	排第6位
政府	1	5.61	0.97	167	20	9	5	3	3

① 方差较小。

② 得分均值选项得分根据选项排序值反向计分得出：排第1位记6分，排第6位记1分，以此类推；未被选择记0分。

续表

选项	排名	得分	得分方差	排第1位	排第2位	排第3位	排第4位	排第5位	排第6位
村集体	2	4.31	1.27	21	106	30	22	22	6
事业单位	3	2.93	1.40	6	23	47	50	36	45
外来公益慈善组织	4	2.88	1.32	5	22	39	53	54	34
个人(村民互助小组)	5	2.64	1.47	5	15	52	35	28	72
市场企业	6	2.63	1.33	3	21	30	42	64	47

资料来源：2022 年中国农村公益慈善发展状况调查，截止时间：2022 年 2 月 20 日。

3. 对于本村公益慈善发展水平的评价

在 210 位受访者中，有 100 人对村庄公益慈善发展持“中等”水平的意见，仅有 14 人认为村庄公益慈善发展处于“领先”水平，但是也有 14 人认为村庄公益慈善发展处于“落后”水平。由此得知，村庄公益慈善的发展还有相当大的提升空间（见表 16）。

表 16　对于村庄公益慈善发展水平的评价

单位：人

类别	频次
领先	14
中上	61
中等	100
中下	21
落后	14
总计	210

资料来源：2022 年中国农村公益慈善发展状况调查，截止时间：2022 年 2 月 20 日。

4. 对公益行动现存问题的看法

调查统计结果显示，乡村干部认为，乡村慈善公益行动中存在的主要问题是缺乏资金。除 36%的受访者未能填写问题之外，缺乏资金的占比远超其他（见表 17）。其次，是行动开展时间太短和不可持续。可见，在乡村公益慈善事业中，固然资金投入必不可少，而同时活动的质量与时效性也需要进一步关注。乡村慈善公益活动需要长时间的陪伴和支持。另外，不了解情况与开展方法不适合乡村也是问题之一。

表 17　慈善公益行动主要问题

单位：%

问题	没有	不了解情况	开展方法不适合乡村	行动开展不可持续	行动开展时间太短	缺乏资金	流于形式，没有实际效果	其他
占比	36.0	2.0	2.1	7.6	8.4	33.0	4.8	6.1

资料来源：2022 年中国农村公益慈善发展状况调查，截止时间：2022 年 2 月 20 日。

（五）主要发现

通过对调研数据的整理和初步分析，有以下主要发现。

（1）乡村公益慈善行动覆盖了村庄的社会、经济、生态、文化各个领域。

（2）政府是乡村公益慈善行动的主要支持者和资源提供者，村集体是行动的主要组织者和人力及服务资源的提供者。

（3）大部分乡村公益慈善行动通过村内和村外多主体合作方式进行，但是村内各主体合作多，外部力量与村内的合作尚少。

（4）乡村公益行动的主要困难是缺乏资金。这与村集体经济发展不足有关，也与村庄与外部资源链接的通道不畅有关。

（5）镇及镇以上企、事业单位在组织乡村公益行动、提供资源支持方面发挥的作用有限。

（6）慈善公益组织参与乡村公益行动不多，但获得好评和信任程度较高。从问卷所得数据看，公益慈善组织参与乡村振兴以提供直接服务的社会工作机构为主。①

（7）乡村公益慈善行动在各领域的表现不平衡。政府给予政策和资源

① 例如，调查问卷反映，四川大邑县和一社会工作服务中心为本县多个乡村开展了系列活动；湖南省珠晖社工站对区内村庄开展了照料帮扶类的慈善活动。

支持的人居环境、公共设施和文体设施方面的比例最高，尽管具体行动主要是村集体组织实施的。说明政府的政策导向在乡村公益慈善中起关键作用。此外，16 类乡村公益慈善行动以二产即公益助力农产品加工业的比重最低，仅占 17%，三产占 28%，老年人帮扶照料占 38%，而这几项在当地农户重要程度评价上占比都很高，说明当前的乡村公益慈善行动供给还不能满足乡村自身的迫切需要。

综上，乡村公益慈善行动主要的来源和实施主体都不是外来的公益组织或企事业单位。村集体作为乡村内生的社会力量起到最主要的作用。乡村的公益慈善行动，本质上是政府公益和乡村内外的社会公益在乡村的多样式组合。

对中国公益慈善界而言，乡村的公益慈善是个新课题。以往的认知仅将城市的公益慈善组织下乡做救助儿童、妇女等弱势群体视为乡村公益慈善，极少甚至没有将乡村内生的公益慈善行动纳入视野。本报告首次通过乡村公益慈善状况的问卷调查揭示这个被遗忘的，但又在乡村真实存在的广阔领域。但是，对乡村公益慈善行动是否可以包括政府对弱势的乡村的支持，或者哪些需要扣除，存在歧义。这类重大概念在此次调查中尚存在模糊之处。加之调研时间紧迫，不仅概念界定，在问卷设计、调研落实、整理分析上都存在明显的不足，这些都亟须在今后调研工作中不断改进和完善。

四 乡村振兴中公益慈善面临的重大挑战

（一）观念的挑战

通俗地说，传统慈善是为他人做好事不图报酬。慈善法开宗明义地将一切自然人、法人和其他组织（注意，这里并没有标明是什么类型的法人和组织）以捐赠财产或者提供服务等方式自愿开展的公益活动都称为慈善。这就将原本只限于安老助孤扶贫济困的传统慈善行为拓展到几乎所有公共性的领域了。

其实，中国古代就有类似今日公益慈善的言说。所谓“上善若水，水利万物而不争”，水“几近于道”等，将最高境界的“上善”阐释为如同水那样没有自己固有形态，总是通过进入无数种不同的物质而塑就造福于他者的样态。这样的“善”可以无处不在地利他，近于“非常道”，是不同于人世间平常道理的大“道”。这是中华文化独特的而且已经深入人心的理念。

而今，为了国家昌盛、民族复兴，在全国发展中最差最弱的乡村地域推动振兴，就是“非常道”。也就是“针对不特定领域和对象”的公共利益，要从最低位势的对象先获得其惠顾做起。为此，需要动员最高境界的善念、善意、善行、善举、善治。这样的善是“上善”，是为了实现大“道”的“大慈善”即涵盖传统和现代的慈善，“大公益”即政府公益与民间公益的组合。而现在无论公益慈善组织还是社会各界，对乡村振兴大业的公共性、长远性均认识不足，甚至多视其为经济事业。尤其绝大多数公益慈善组织源自城市，以往接受的是以城市为主体的公益慈善理念，对乡村振兴感到迷惘和困惑，无法从惯常的思维中跳脱。例如，强调公益慈善组织和行为必须独立于政府、独立于乡村合作社等，很难转变为协同的角色；再如，经常将村集体视为一级行政组织，对其历史和现状的演变不了解、不关心，在乡村工作中形同陌路；特别是视公益慈善为百分百的纯粹的社会事业，与经营无涉，认为产业振兴纯属经济工作，与公益毫不相干，这些片面甚至错误的思想观念或认知，一直缠绕着众多城市出身的公益慈善组织，使他们想为乡村振兴服务但却不知道怎么做。所以，公益慈善界需要认清政府公益与社会公益多样式组合的“大公益”，是中国新阶段、新格局、新理念下，国家力量与社会力量合作的乡村振兴基本方式，从而放开视野，思想破圈，更新观念，将社会力量助力包括产业振兴在内的乡村五大振兴纳入与政府公益相配合的公益慈善领域，才能自觉地将自己融入乡村振兴大潮，为实现乡村振兴战略贡献自己的力量。

（二）组织的挑战

地处乡村外部的公益慈善组织能否适应乡村发展的需要，有组织上的困难。放大视野看，乡村外部社会力量涉及组织与非组织也包含个体，而且涉经济、社会、文化等多类别，组织起来的复杂性较之公益慈善组织更大。本文第一部分曾将乡村振兴中公益慈善的社会力量分为 2 大类、8 小类。既有组织化的 6 类主体性力量，还有非组织化的 2 类主体性力量。将这些社会多类别多主体的力量组织起来投入乡村振兴，是浩繁的系统工程。但包括公益慈善组织在内的社会力量，要组织起来进入乡村，都面临同样的问题。即乡村振兴大业中，谁是主角，谁是主体，政府是什么角色？社会力量、社会组织能充任什么角色，能担负什么责任？外部力量如何与村庄内部力量结合？怎么评价结合的效果？迄今，尽管国家政策文件申明农民是主体，县、乡、村三级都是重要场域；党的五级书记挂帅，县委书记一把手，做前线总指挥，对本县的乡村振兴负主要责任。但在实际操作中，原则和政策很难落地。分散在 2000 多个县（区）、3 万多乡镇、50 万个村庄里的几亿农民能否组织和如何组织起来，是原则和政策落地的关键。鉴于乡村生产生活相统一的特征与城市不同，乡村基层组织的构架也应有所不同。如果承认村庄是村民的集合主体，就需要一个能体现村民主体意志的领导核心。但现在以村“两委”为代表的领导核心正处于 1949 年以来最薄弱的时期。加强村级基层组织建设特别是支持村级领导核心，已经成为各级政府及社会组织必须共同面对的公共主题。

（三）结构的挑战

与乡村内部组织化难题侧重于定位谁是核心有所不同的是，乡村外部多主体的力量如何组织起来，侧重在结构。若将乡村振兴作为需求侧，外部社会力量作为供给侧，就会发现，为乡村振兴提供助力的外部供给端不能适应乡村需求的主因是结构出了问题。本报告在第二和第三部分，分别阐释了正式登记的社会组织和村庄内部社会力量在乡村振兴公益慈善行动中的各自性状。综合这两部分的发现，我们梳理出社会组织在助力乡村振兴中的结构性问题。

第一，社会组织分布的地域结构与乡村振兴公益行动的需要不匹配。拥有公益资源较多的组织大都集中在东部一线城市和发达省份，而在乡村发展难点和重点的中西部偏远地区，公益组织较少且资源不足。

第二，社会组织的层级结构与乡村振兴公益行动的需要不匹配。据统计，全国社会组织数量2020年底达89.4万个，县级及以下参与乡村振兴的社会组织仅有21.5万个，其中乡镇及以下的社会组织19.02万个[①]，占总量的24.0%和21.3%。按照中国现有村庄总数50.2万个计算，平均每个村只有0.43个社会组织。而且居住在乡村的人口为50979万人，占全国人口的36.11%，且乡村存在的社会问题更为突出。如此对比起来，县级及县级以下的社会组织数量相对占比偏低。

第三，社会组织的类型结构与乡村振兴公益行动的需要不匹配。社会组织分为基金会、社团、社会服务机构3种类型。据本次调查，无论外部公益力量还是乡村内部公益力量，最适合乡村工作需要的是提供服务的组织即社会服务机构。但是现在的社会服务组织大多服务于城市，服务乡村的县及以下的社会服务机构，无论组织的个数、人力和资金，都无法满足乡村的需求。公益组织当中的基金会总量很少，能够提供较充裕资金的数量就更少。据有关机构的不完全统计，基金会总量中起码半数是曾经的民办非企业单位（现称社会服务机构）为合理避税而勉强设立的，他们的资金收入年年捉襟见肘，经常处于困顿状态。僧多粥少，这让服务于乡村的社会服务机构无法主要依靠基金会解决资源来源问题。总之，无论一线服务的社会服务机构还是支持一线服务的基金会组织，面对乡村振兴战略的需求，结构和总量上都有重大缺口。这是实践中基金会和社会服务机构常常相互掣肘的根本原因。

第四，社会组织类别结构与乡村振兴公益行动的需要不匹配。社会组织分为正式登记注册的组织和非正式登记注册的组织两大类。后者在《慈善法》中被称为“城乡社区组织”“可以在本社区内部开展群众性互助互济活动”。各地民政部门为这类社区社会组织出台备案制文件，给予

① 易善数据：注册名称中含有所在乡村的地名。

这些非正式登记、非法人的组织以合法地位。但在实施中，城市备案制的实施状况尚可，而农村地区大部分村庄自建的社区社会组织并没有进入备案制。这类农村社区社会组织总量远超正式登记注册的组织。例如，20 世纪 80 年代中后期，据中国科协的统计，以技术交流与服务为目标、农民自发设立的农村专业技术协会全国竟超过 100 万个，但是现在已经锐减为几万个。目前，各地设立的村级老年人协会、妇女巾帼志愿队等非正式机构的总量也很可观。特别是《乡村振兴战略规划（2018~2022 年）》将“大力培育服务性、公益性、互助性农村社会组织，积极发展农村社会工作和志愿服务”作为一项重要任务列入规划以来，乡村非正式社会组织的发展迎来一个新的高潮。但是，本次调研发现，除浙江等少数发达地区的政府有意识地推动农村社区社会组织发展，甚至每个村平均达到 8 个组织外，大部分村庄的社会服务和公益事务还是依靠村集体动员村民志愿出工出力。这与群众反映村级公益行动开展时间短、难持续的现象不无关联。

另外，公益慈善组织的行动领域结构与乡村振兴公益行动的需要不匹配。从村庄组织和参与的公益慈善行动中看，凡是政府政策支持的领域如公共基础设施建设，供给率就高，凡是资源不充裕、主要由社会和市场力量推动的，比如二产、三产的发展，老人的看护照料，供给率就低。调研还发现，社区文化建设和社会关系建设的供给率也较低，而乡村受访者对供给率低的这些领域的重要性评价很高。

综上，无论村内村外，作为供给侧的公益慈善力量的组织结构存在显见的短板，一是中西部社会组织总量不足，二是县及县以下的社会组织特别是社会服务机构总量不足，三是村庄内的社区社会组织总量不足，四是公益行动领域未能针对乡村的迫切需要。

（四）能力的挑战

面对乡村发展的需求，公益慈善组织在能力上的挑战是巨大的。

中国的乡村发展是贯通中国整体长远发展战略的焦点领域。一个小小的

村庄蕴含整个中国历史和现实发展的密码。即一叶知秋、见微知著。只有充分理解村庄在主客观上的相对独立性，才能打通从微观到中观、宏观，从理解乡村到理解中国的途径。这个问题之复杂和多变，不仅对于公益慈善组织，对所有人、所有机构的认知和能力，都是严峻挑战。

从乡村发展的视角看，这类挑战首先体现在内生动力不足，集体经济和合作经济弱小，资源发掘和整合困难上。尤其是缺乏一大批能够带领村庄发展的优秀带头人组成领导核心带领群众共商共创共富。缺乏好的带头人和领导核心，村庄的组织力、规划力、执行力就一直处于薄弱的态势。其次，目前的乡村体制，经济与社会，从组织到功能都被分解、分离甚至分裂，无法统合，多龙治水、相互掣肘成为现实。再次，面对乡村人口老化，青壮年缺乏，创造和创新能力难以弘扬。最后，以城乡互动融合为目标，发育和发展适合本土地理和生态环境的乡村产业，走通小村庄大市场村民共富之路，也是一个重要挑战。

公益慈善组织需要认清，乡村内生力量才是乡村的主体性力量，村庄的领导核心是村庄自身发展乃至向域外发展的主导力量。村内的各类组织无论正式非正式，无论经济合作社还是社区服务中心，都应在村领导核心的统领之下，不能把他们和村集体这个核心主体相分离。只有建立起有能力统帅全村经济、文化、社会、生态的村级集体领导核心，并逐渐在周边连片发展，扩大覆盖面，才可能找到克服难题的办法。如果村庄内部缺乏坚强的领导核心，乡村内部的任何一类组织，受认知能力、组织能力、资源整合和链接能力所限，特别是受到政策环境的制衡，尽管很努力，但却很难成为统领村民共富和可持续发展的主导力量。

在村集体薄弱、形不成核心力量，其他力量又难以统领的困境下，乡村的内生力量的确非常需要外部力量的支持和帮助。这个外部力量，首先是政府力量。而党的力量其实是贯通乡村内外的。特别是党的力量若能内化于村庄领导核心，村党支部成为统领全村的灵魂，就能激发起全体村民强大的自主、自信的动能，推动乡村的可持续成长。烟台市委 2017 年以来，全域推进“党支部领办合作社”，让超过一半的村庄从散乱贫差中突围，就是明显例证。[①] 其次，村庄主体力量与社会力量结合和整合，也是绝不可忽视的主要方向。它是推动乡村振兴健康发展的重要动力。但在目前，对这一点有清醒认知的公益慈善组织为数尚少，有能力去顺应这样的特点做好公益慈善项目设计和行动安排部署的就更少，这种状况正在极大地影响公益慈善助力乡村振兴项目的成果和效率。

从助力乡村的公益慈善组织的视角考察，能力上最大的挑战，是如何平衡自身资源和自有能力与乡村某一方面需求并做出能达至目标的行动。其中，找准可与自己相匹配、能够做出有效回应的乡村的公益行动领域，是关键。本报告第三部分将乡村公益慈善行动分为 6 大类 16 中类 67 小类，虽然粗糙，但却提供了一种可供选择的路径。外来公益组织若能在选定乡村公益行动领域的前提下，针对目标，与村庄集体领导核心充分沟通，与乡村内外的各类组织连接合作，就能逐步提升自己为乡村振兴服务的专业度和竞争力。

五 应对挑战的策略思考与建议

本报告将乡村公益慈善行动视为统一整体，只看事实，不按照资源提供和执行主体划分。但是将实施该行动的主要力量分为乡村内部和外部两大部分。无论情况调研还是问题梳理都依照这个逻辑框架进行。本部分的思考与建议，在延续这个框架的同时，还将内外结合作为一个独立部分进行阐述。

（一）坚持以村庄为主体，发挥其自主性和整体性功能

乡村与城市的体制机制有区别。乡村的历史传统、社会结构、资源禀赋有别于城市社区。村庄不同于城市社区，是在漫长历史文化积淀中形成的人

① 2017 年以来，烟台市委组织部在全市推行“党支部领办合作社”，以组织振兴为抓手带动乡村全面振兴，成为全国率先在一个地级市范围推动农村集体经济发展壮大的地方。“党支部领办合作社”是不同于“党支部+合作社”、也不同于一般农民专业合作社的新模式，主要特点是党的领导和党的建设全面融入合作社运行和乡村治理，实现了经济效益、社会效益、政治效益的统一，破解了政治和经济、党建和发展“两张皮”的问题。烟台市、县、乡三级形成了一套动员组织群众、支持农村集体经济发展壮大的体制机制和政策体系。

口聚落。而且，它以集体土地所有制为基础，经集体产权制度改革后集体资产的边界清晰且不可分割。作为所有村民的集合性主体，村集体与个体之间有丰富的、多层次的连接，并以集体与村民共同创富、共享未来为恒定目标。从这个意义上说，村庄的集体经济实质上是整个村庄社区的集体经济，其组织方式和资源配置必然具有社区特征，即以村庄社区全体成员为统一主体的内部自组织性，以及将村庄经济、社会、文化建设统合，建设与治理统合的整体性。这种整体性决定了村庄的任何一类建设都在为村庄的共同利益添砖加瓦，这也是我们将助力村庄各类建设的行动视为公益慈善行动并进行调查统计的理由。无论本次问卷调研的结果还是我们在乡村实践中持之以恒的观察，都表明，村庄在资源配置上能起到关键和长效作用的，是内部的社区自组织机制。外部的市场机制和行政机制以什么方式与内部的社区机制相结合，往往决定着村庄资源配置的走向和效果。而要让村庄内部的社区机制在资源配置上起关键作用，就需要将尊重村庄主体性地位与尊重农民个体主体性地位放在同等重要的位置，改变目前视村委会为政府行政部门最底层派出机构的认识和做法，发挥村庄主体的活力。

1. 修改村委会法以及改革和调整相关制度，扩大村庄主体的自治权利①

农村改革以来，将村委会向着乡镇政府行政附属物方向进行的“收权”改革，与当下乡村振兴的大势，特别是强化村集体地位，发展壮大集体经济的方向背道而驰。基于此，建议重新审视和修订村民委员会组织法，同时修订基层党组织工作条例。明确村党支部、村委会组成的村级领导班子在村庄建设和治理中的法定的核心地位。改变目前村委会只是基层自治组织，不能发挥经济主体作用的现状；改变村委会是集体土地所有者的代理人，但又不能作为集体经济组织代表；是产权主体，但不是实施主体以及与实施主体完全分立、毫无关系等这些带有相互冲突概念的尴尬状态。同时还要改变村财

① 战旗村通过农地、宅基地、经营性建设用地的集中和改革，把改革的效益转化成了经济效益。通过经营集体所有的土地，经营好村庄。又把村庄当成一个家庭一样来经营，在市场经济条件下构造了一种新机制。战旗村的变化是一脉相承前后衔接的。村庄和国家一体同构。

乡管政策，还权于村集体。建议政府部门依据修改后的法律为村庄党政统合、政经统合、政社统合的基层组织赋权赋能，给予村庄主体获取和经营完整资源主权的“制度空间”，让其有权、有能、有为、有位。这应该成为以实现乡村振兴战略为目标的农村改革的重大方向。同时，对于已有的为了防范代理人风险而建立的“村财乡管”等收“村权”于乡镇的制度，应当厘清乡镇托管业务的职权界限，明确托管的目的是为村庄服务，而不是代替和约束村庄的决策权、财务使用权等。在扩大村集体自治权利、“放权”于村的过程中，结合实际发挥乡镇的辅助和培育作用，将村级以上政府的角色从“管理者”转变为“服务者/引导者”，给予村集体成长空间，更给予促进成长的辅助资源。①

2. 财税政策需加强对村、乡集体自办乡村公益行动的支持力度

农村集体经济不仅是乡村振兴、综合发展的经济支撑，还是凝聚人心、焕发创造创新精神的精神支撑。近年来，随着发展壮大农村集体经济政策的推行，年收入在 10 万元以上的村级集体组织从 2015 年的 8.2 万个增长到 2020 年的 17.9 万个，增长了 118.29%。按照农业农村部的统计，全国农村的集体经济组织自实行产权制度改革以来，分红金额累计已达到 4085 亿元。其中，分给集体成员的是 3352 亿元，占 82.1%；分给集体的是 614 亿元，占 15.03%；农民作为集体组织成员，从中获得分红，提高收入。集体经济组织的收入还可以用来村里的公共服务、基础设施建设、公益事业发展，集体经济组织的壮大还可增加就业，提供生产、生活和生态方面的服务。② 但是，据本次调研反映，210 个村庄中，有 15 个集体经济年收入为零，年收入为 1 万元以下的村庄 10 个，两者相加，占到 210 个样本村的 12%。可见，推进弱势集体尽快突围，需要乡村内外力量聚成合力的长期努力。

---

① 杨团、刘建进、仝志辉：《村庄再造 建设有权有能有为有位的村庄主体》，《经济导刊》2021 年第 12 期，第 7 页。

② 陈锡文：《应该把眼光更多地用于关注农村集体经济的发展》，澎湃新闻网，https://m.thepaper.cn/baijiahao_16425662，最后检索时间：2022 年 4 月 20 日。

建议国家设立对集体经济收入投入乡村公益行动的奖励和补助政策。例如，凡投入村庄弱项项目的公益慈善行动，比如二、三产的加工业和文旅项目，帮扶照料老年人，采取 1∶1 方式即国家财政出资一半或建成后补贴一半；二、三产项目获得的利润，在一定范围内，予以减免税，以资激励村集体扩大集体经济收益中的公积金、公益金提成比例，用于填补村庄公共建设的短板，让一笔财政支出和税收减免，实现补偿村庄公益行动短板和激励村集体壮大集体经济两个目的。

3. 赋予村、乡两级备案乡村社区社会组织的权利

目前村庄在发展妇女、老人、儿童、青年和科技的社区社会组织上很有动力，这也是外来公益组织落地本村经常要做的事情。但是这些组织在建立和运行上往往一阵风，缺乏长期可持续的动力和支持。由于这类组织在重聚村庄人气，形成大事小情和谐共商的村庄氛围上很有作用，建议国家民政部以原则性文件授权各地自出细则支持鼓励。特别是对村庄外部社会力量长期支持村庄非正式组织发展上要有长期鼓励政策。因为这类组织和骨干就是村庄社区治理的重要基础。鼓励他们的组织自治就是村庄治理的重要组成部分。至于这些非正式的社区社会组织要不要备案，可分情况处理，宜宽不宜严。

4. 创新乡村公共服务，发展社区企业性质的生产和服务机构

针对村庄内部多头治水，难以统一的现状，建议以创新乡村公共服务为引领，对于遵循合作经济原则的各类乡村合作经济组织，中央出原则，各地出细则，对于以现金、股份、项目、技术、人力、物力等多种方式参与乡村公共服务和公共事务建设的予以政策鼓励。包括对专业农民合作社等相对单一功能的经济组织走向具有一定社区建设功能的综合性生产和服务机构的做法予以肯定。这方面，某些地区已有先例，各地创造、创新的多种方法通过总结提炼，相互交流，可以成势。

（二）大力发展乡村社会组织

乡村振兴，产业兴旺是基础。2021 年初，农业农村部印发了《全国乡

村产业发展规划（2020~2025年）》，首次对乡村产业发展做出国家全面规划。对大力发展乡村产业提出指导方针，规划将乡村产业分为特色产业、休闲农业和新型服务业三大类和若干小类，以引导更多资金、人才、技术、信息等资源要素向乡村集聚。

乡村振兴，组织是保障。目前，是对大力发展乡村社会组织做出国家规划和指导方针的时机了。

乡村社会组织是根植于乡土的社会组织，对于本地乡村需求和问题的了解最为清晰。而且这类组织中的大多数都是为解决某类专项问题应运而生。他们的作用是城市社会组织无法取代的。若乡村社会组织与城市社会组织能够结合起来优势互补，那么，在组织当地村民、发掘当地资源、创造新的需求与实现新的供给方面就能共同发力。这对改变乡村整体性的弱势格局具有突破意义。为此，提出如下建议。

1. 以规划、备案、免税等配套政策推动乡村社会组织发展壮大

可考虑明确限定乡村社会组织为县及县以下包括乡域和村域的社会组织，其登记注册要简化流程和相关手续，在方便程度上要向公司登记注册方式学习。不适合作为法人登记的乡村社会组织可允许在村级备案。对于迫切需要的领域，例如为帮扶老人设立的社会服务机构，可予以政策和资金的重点扶持。凡符合条件的乡村社会服务机构，一律免税。

2. 加强对乡村社会组织特别是县及县以下组织的孵化和培育

例如，中国扶贫基金会于2020年9月启动活水计划，专项支持欠发达地区社会组织发展及引入社会资源，建立起社会力量参与巩固拓展脱贫攻坚成果和全面推进乡村振兴的长效机制。这类经验值得大力倡导。建议以省、地为单位，以政府和支持乡村振兴的企业为资源提供方，扶持一批本地的头部社会组织，专项加强对乡村社会组织的孵化和培育。

3. 大力发展助力乡村振兴的县域基金会

目前县域基金会总量很少，且只有6成参与乡村振兴。可考虑以省为单位，以助力乡村振兴为导向，大力支持县域基金会的发展。特别要调动本县民间经济资源，借鉴福建晋江等地政企合作进行慈善筹资的经验，鼓励在本

县发展或出身于本县的企业家建立县域基金会。还可调动本县教育系统人才资源，吸纳出身于本地县的高等教育人才加入本县慈善事业，为县域基金会提供人力资源和资源链接。

（三）整合乡村内部与外部力量，聚成优势互补的合力

村和乡是乡村振兴的本体，村民集合体的村集体是乡村振兴的主体。以村“两委”为代表的乡村集体领导核心是乡村振兴的基层大脑，也是整合乡村内外社会力量的基层指挥部。

在乡村振兴中，处于乡村外部的公益组织必须认清自己的优势和劣势，明确自己的配角地位。只有与村集体紧密配合，才能形成推动乡村发展的重要生产力，只有与村集体为主的多主体结成链接与合作的关系，才能在助力乡村的同时也获得自身的成效与发展。村集体在注重村内各主体之间合作的同时，努力拓宽视野，在与外部资源的链接和整合上下功夫，聚集起与外部力量优势互补的合力，才能更有效地推进乡村发展。

1. 大力加强区域化的村乡集体、社会服务机构、基金会、涉农企业等多方资源整合

目前，一方面，大多数村集体实力和能力相当薄弱，另一方面，客观形势呼唤着跨村甚至跨乡的产业经济合作。但是与时俱进的大环境的要求又让这类进程慢不下来。面对现实只有两头发力，即一头用最大的气力尽快并扎实有效地投入村集体带头人和领导核心的孵化和培育工作；另一头是在区域范围内，推进以村乡集体为主要服务对象的各类社会主体资源整合的供给。

这两方面的工作，都需要“上善”的社会公益力量。做好了，能形成真正支持乡村的拳头，就能迎来壮大全中国公益力量的重大契机。

现在的问题是，我们既缺乏这样的认知和远见，又缺乏整合与组织各类资源的能力。如何破局，很可能需要不拘一格的多方尝试。

例如，各地以兴办乡村振兴学院为平台聚集各类主体和各方人才，进行区域性规划，同时做好优势整合的项目设计和资源梳理。这里特别需要注意

的是，城市公益组织原先支援乡村项目的经验是碎片化和零散的，主要形式是以对单一的村、校物资捐赠和资金捐赠为主。这些方式类似游击队，而现在需要的是类似辽沈战役、淮海战役、平津战役。项目的规模和复杂性大大增加，规划、设计、指挥、运营的比重大大增强。

在这种情势下，如何推动多主体之间的相互链接？一种方式是先将班排连组成营、团、师甚至军部，在统一指挥下作战。另一种方式是针对最重要的目标，横向组织多方参与的团队。例如，中国公益慈善项目交流展示会，自 2018 年以来聚焦脱贫攻坚和乡村振兴，据统计，参展机构涵盖全国 31 个省、自治区、直辖市以及港澳台地区，共计 2255 个机构和项目以及 2237 种产品参展，超 370 万人次线上观展和参会。通过进一步整合慈善项目、资金、产品、专业人才、技术、信息等各类慈善资源，推出项目对接、互联网筹款、助农直播带货等服务，共链接、对接各类慈善资源逾 37 亿元。①

无论采取何种方式，都需要统一的大脑指挥。这对于习惯于分散作战的公益慈善组织显然是需要改革与创新的。

作为单个且比较弱小的社会组织，在新时期维系自己的生存和发展需要两种策略。一是找到优势，选择方位，针对方位设计产品和项目，加强自身能力建设。二是找到可能形成联合体的合作伙伴，以及与其协同和合作的可能的切入点，尽可能让自己不要陷入孤军作战。

至于较大规模的特别是地域性或者全国性社会组织，要考虑如何利用时机开疆拓土。要厘清自己的优势和劣势，做 3~5 年的中长期规划，寻找可以互补的伙伴。特别是与政府、市场要形成互补关系。

2. 专项孵化和培育村级带头人和村级领导核心集体

这是乡村振兴目前阶段迫切且大规模的需要。50 万个村庄，真正做得好的可能只有 1‰。若能提高 10 倍，达到 1%，就能在推进乡村振兴上起到莫大的作用。这个工作的确不能只依靠乡村内部的力量，必须将外部力量包

① 秦绮蔚：《慈善合筑共富路 乡村振兴正当时——第九届中国慈展会综述》，《深圳特区报》2021 年 12 月 7 日，A6 专版。

括政府、企业的力量统统融合进去。在这方面，中国扶贫基金会的做法值得参考。为让扶贫资金真正呈现发展的成果并为农户所共享，他们用 8 年时间做项目试验，着力探索公益资本以项目方式进入乡村社区，通过孵化村级合作社，培育带头人，带动乡村产业发展和治理改善的新路子。最近，在总结提炼已有经验的基础上，他们建立了合作社学院，专题举办村级带头人、合作社理事长、返乡青年的培训班，形成支持带头人、合作社发展的公益平台。这种做法将公益价值嵌入经济价值，颠覆了经济价值与公益价值分立的传统价值观，创造了公益与商业、与市场融合的新业态，展现了公益在产业扶贫和乡村振兴中的创新价值。

3. 推动科协、农技协、供销社等国家涉农系统形成乡村振兴联合体

科协、农技协、供销社有相似性，有相比较类似的相对单一的技术优势和改革中整体下滑的组织劣势。尽管他们的组织类别不同，科协属于群团机构，农技协属于社团机构，供销社属于事业单位，不过，他们都属于国家体制内单位，而且都具有在当前改革开放中寻找出路的强烈愿望。参与乡村振兴正是他们的机会。如能破除各自为战地提供相对单一的涉农技术服务（此处将供销社的流通体系也视为一种技术），使得三类组织在转型与创新中进行合作，形成优势互补的核心联合体，同时与村集体、合作社、家庭农场、农业服务公司、批发市场等外延机构建立利益共同体，重点聚焦于解决各类技术推广和应用间的脱节问题，并以在市场上实现村集体和农户的产业经济效益为共同目的，那么，就有可能走出一条以优势技术促综合发展的新路，同时摆脱自己在国家体系中的边缘地位。这类试验可以从地方开始。

4. 加强研究倡导工作，培育两用人才及团队

中国面临百年未有之大变局，其中乡村大变迁、走向新格局的序幕已经拉开。要在这个关头做一个清醒的公益人，就要在认识和理解乡村振兴所处的历史地位、与以往历史转折点之不同当中辨明方向。实践出真知，只有加入探路乡村振兴、城乡融合的历史性大开拓中，坚持不断从实践中分析提炼解决真问题的新知，总结其事物发展的内在机理和机制，才能将我们的认识逐渐深化和系统化起来。

只有不断地在乡村振兴的调查、研究、倡导、传播这一知识生产链上付诸努力，才能支持帮助和推动社会上更多的人明晰方向、提升认识，用于指导新的实践。一定意义上，方向与研究、倡导与传播、人才与团队培育是适应乡村振兴探路整体需要的 3 种基本方式。它们之间具有互补共融、相辅相成的特征。

今后一个相当长时期内，不仅公益人才，村级带头人和乡村基层工作干部，甚至涉农的大学讲师，支农的企业干部，都应具备一定的研究素质或称矢志探路乡村振兴的志趣与振兴乡村的实务工作能力，都需要懂得经济工作、懂得市场、懂得运营；既具备务实的社会与经济分析能力，又有随时拿得起来的实务本领，成为“上得厅堂、下得厨房”的两用人才，才能适应新时期、新格局下乡村振兴的需要。还有，人才只有形成团队，提升内部的协作能力、与其他跨领域跨专业的组织机构对话和合作的能力、对乡村振兴中可快速推进哪些要慎重对待的鉴别能力等，才能对于实现更广阔也更深刻的乡村治理和治理能力的升级有所助力。

专业报告

Specialized Reports

B.6
2021年中国防灾减灾救灾慈善报告

张 强　屈乐怡　兰 宁　赵嘉璇　韩俊盈　徐 琴　张晓婷　张 元*

摘　要： 预防灾害事故的发生，减轻灾害事故带来的损失和破坏，提升应对风险和紧急情况的能力，是全球亟待解决的重大问题，也是各国的一项长期的重大任务。社会力量作为中国特色应急救援力量体系的重要构成之一，在2021年防灾减灾救灾工作中发挥了积极作用。本报告回顾了2021年慈善参与自然灾害、事故灾难、公共卫生等各类突发事件的发展现状，梳理慈善参与防灾减灾救灾的政策文件及部门架构变化，勾勒2021年社会应急力量发展情况概要以及年度参与特征。结合2021年慈善参与新冠肺炎疫情防控、河南郑州“7·20”特大暴雨灾害响应等典型案例，剖析慈善参与防灾减灾救灾的年度发展特征。

* 张强，北京师范大学风险治理创新研究中心主任、教授/博士生导师，主要研究方向为应急管理、公共政策、志愿服务；屈乐怡、兰宁、赵嘉璇、韩俊盈、徐琴、张晓婷，北京师范大学风险治理创新研究中心硕士研究生；张元，北京师范大学风险治理创新研究中心博士研究生。

分析当下社会力量参与防灾减灾救灾存在的挑战与机遇，展望未来慈善参与灾害治理的趋势方向，为社会力量参与应急管理体系的高质量发展提供参考。

关键词： 防灾减灾救灾　慈善　社会力量　应急管理

2021 年处在全球气候极端变化、疫情依旧肆虐的新时代格局背景之下，这是极具威胁和挑战的一年。据统计，2021 年全球自然灾害共导致损失 2800 亿美元。[①] 回观国内，据统计，我国全年各种自然灾害共造成受灾人次达 1.07 亿，直接经济损失 3340.2 亿元。[②] 与应急管理部此前公布的近 5 年均值数据相比，2021 年，全国自然灾害受灾人数下降 28%，因灾死亡失踪人数下降 10.4%，直接经济损失情况下降了 5.5%。[③] 虽然各灾害指标都有所下降，但当下正处于新冠肺炎疫情流行和自然灾害侵袭双重风险共同作用的阶段，自然灾害的发生，对疫情防控工作也会带来一定的挑战。预防灾害的发生，减少自然灾害的损失和破坏，提升全球应对自然风险和紧急情况的能力，是全球亟待解决的重大问题，也是各国的一项长期的重大任务。

近年来，各国对社会力量参与防灾减灾救灾领域越发关注。《2022 年世界志愿服务状况报告：建设平等和包容的社会》展示了全球各地的志愿者正越来越多地与国家当局建立更紧密的伙伴关系，以应对各种紧迫的发展挑

① 慕尼黑再保险，https：//www.munichre.com/en/company/media-relations/media-information-and-corporate-news/media-information/2022/natural-disaster-losses-2021.html，最后检索时间：2022 年 2 月 24 日。

② 救灾和物资保障司：《应急管理部发布 2021 年全国自然灾害基本情况》，https：//www.mem.gov.cn/xw/yjglbgzdt/202201/t20220123_407204.shtml，最后检索时间：2022 年 4 月 25 日。

③ 《应急管理部发布 2021 年全国自然灾害基本情况》，人民网，https：//baijiahao.baidu.com/s? id=1722752740024917552&wfr=spider&for=pc，最后检索时间：2022 年 4 月 25 日。

战，如气候变化、生态系统破坏和生物多样性丧失，以及新冠肺炎疫情的影响。① 习近平总书记多次对防讯救灾工作做出重要指示，指出相关部门要统筹协调各方力量和资源，全力保障人民群众生命财产安全。2021 年国际减灾日强调努力构建多元主体参与的防灾减灾救灾新格局。② 社会应急力量正积极参与防范化解灾害风险工作，抵御自然灾害和重大突发公共卫生事件的侵袭，在防灾宣传、隐患排查、应急救援、灾后重建等方面与相关部门紧密配合。值得注意的是，当前社会应急力量参与防灾减灾救灾工作的专业性、规范性仍有待提升，与政府、企业等多元主体的协同机制等各方面仍存在进步的空间。因此，有必要深入剖析 2021 年我国面临的疫情形势和其他风险挑战，结合 2021 年我国防灾减灾救灾工作中的慈善参与情况，深入认知社会应急力量参与灾害治理工作的新路径、新特征，进而更好地展望慈善参与防灾减灾救灾工作的发展机遇和未来趋势，推动社会应急力量健康发展，与其他应急救援力量形成良好互动、协同发展的新格局。

一　慈善参与防灾减灾救灾发展现状

2021 年，社会应急力量在防灾减灾救灾方面发挥了巨大的作用。本部分将从年度灾情、政策发展、相关部门职责架构和社会力量发展概况以及年度参与特征来对当下慈善参与防灾减灾救灾发展现状进行具体描述和分析。

（一）年度灾情回顾

根据应急管理部发布的 2021 年度全国灾情报告，2021 年我国灾害阶段

① United Nations Volunteers Programme：2022 State of the World's Volunteerism Report，https：//swvr2022. unv. org/wp-content/uploads/2022/02/UNV _ SWVR _ 2022. pdf，最后检索时间：2022 年 2 月 26 日。

② UNDRR. 2021 International Day for Disaster Risk Reduction：Sendai Seven Targets Campaign. https：//iddrr. undrr. org/publication/2021-international-day-disaster-risk-reduction-sendai-seven-targets-campaign，最后检索时间：2022 年 2 月 26 日。

性特征明显，极端天气引起的自然灾害事件多发，灾害形势复杂严峻。全年灾害以洪涝、风雹、台风、地震、低温冷冻和雪灾为主（见表1）。

表1　2021年全国主要自然灾害一览

灾害发生时间	主要灾害名称	受灾人数和因灾死亡失踪人数	倒塌房屋（间）	直接经济损失（亿元）
2021年4月30日	江苏南通等地风雹灾害	2.7万人受灾 因灾死亡失踪28人	397	1.6
2021年5月14日	鄂、苏两地遭龙卷风侵袭	苏州4人死亡，受损农户84户 武汉8人死亡，3568人受灾	86	—
2021年5月21日	云南漾濞6.4级地震	16.5万人受灾 因灾死亡3人	1854	33.2
2021年5月22日	青海玛多7.4级地震	11.3万人受灾 19人受伤	1039	41
2021年7月10~23日	山西暴雨洪涝灾害	61.2万人受灾 因灾死亡失踪35人	2.1万	82.8
2021年7月17~23日	河南特大暴雨灾害	1478.6万人受灾 因灾死亡失踪398人	3.9万	1200.6
2021年7月25日	第6号台风“烟花”	482万人受灾	500余	132
2021年8月8~15日	湖北暴雨洪涝灾害	158万人受灾 因灾死亡28人	1100余	31.2
2021年8月19~25日	陕西暴雨洪涝灾害	107.2万人受灾 因灾死亡失踪21人	2700余	91.8
2021年9月下旬	黄河中下游严重秋汛	666.8万人受灾 因灾死亡失踪41人	4.6万	153.4
2021年11月4~9日	东北华北局地雪灾	35.1万人受灾 因灾死亡7人	—	69.4

资料来源：救灾和物资保障司：《应急管理部发布2021年全国自然灾害基本情况》，https://www.mem.gov.cn/xw/yjglbgzdt/202201/t20220123_407204.shtml，最后检索时间：2022年4月25日。

2021 年，云南漾濞 6.4 级地震、青海玛多 7.4 级地震、江苏湖北地区龙卷风、东北地区罕见汛情等各类自然灾害均有发生，尤其是进入汛期后，暴雨洪涝灾害多发。河南、四川、山西、河北、湖北、陕西等地相继遭受严重暴雨洪涝灾害，四川泸县发生 6.0 级地震，华北、东北极端寒潮引发低温雨雪冰冻灾害。在这些重大灾害的响应中，社会力量参与了物资捐赠、抢险救援以及恢复重建等工作。例如，2021 年 5 月 21 日，云南漾濞地震发生后，各方力量参与抢险救灾，中国红十字会、中国扶贫基金会、深圳壹基金公益基金会、爱德基金会、北京平澜公益基金会等基金会第一时间启动救灾响应，发布捐款项目，组织救援队驰援一线。除基金会外，众多企业也纷纷贡献力量，京东第一时间成立应急保障团队，从临近的大理仓库调拨大批食物和其他生活物资，紧急驰援漾濞灾区。① 云南东方红生物科技有限公司积极响应抗震救灾号召，向云南漾濞县红十字会捐赠价值 100 万元的抗震物资，用于云南漾濞县灾区救助，并承诺以购房补贴及装修补贴的形式，提供千万元的灾后重建支持。②

2021 年 7 月河南郑州“7·20”特大暴雨灾害受灾范围广、造成损失重，引发较高社会关注度。灾情发生后，深圳壹基金公益基金会、中国红十字基金会、中华思源工程扶贫基金会、爱德基金会等基金会迅速启动应急响应，通过互联网公募平台发起十余个公募项目。③ 中国红十字基金会迅速启动救灾工作组，根据一线灾区情况和实际需求，为受灾群众紧急调拨帐篷、冲锋衣、救灾包、日用品等急需物资。④ 灾害发生后短短 4 天时间，各类企业捐赠的救灾资金总额就超过 45 亿元，其中腾讯、

① 《云南漾濞突发 6.4 级地震 京东第一批捐赠物资清晨已送达灾区》，《潇湘晨报》，https://baijiahao.baidu.com/s?id=1700457787258457915&wfr=spider&for=pc，最后检索时间：2022 年 2 月 21 日。

② 《云南东方红助力漾濞地震灾后重建捐赠价值 100 万抗震物资》，新华网，http://www.xinhuanet.com/tech/2021-06/09/c_1127546871.htm，最后检索时间：2022 年 2 月21 日。

③ 《驰援河南！这些公益组织在行动》，公益时报网，https://baijiahao.baidu.com/s?id=1706026179954503715&wfr=spider&for=pc，最后检索时间：2022 年 2 月 16 日。

④ 《中国红十字会开展河南省暴雨洪涝灾害救援救助工作》，中国政府网，http://www.gov.cn/xinwen/2021-07/21/content_5626428.htm，最后检索时间：2022 年 2 月 16 日。

字节跳动、阿里巴巴等11家企业捐赠过亿元。[①] 据统计，截至2021年8月8日，河南全省各级慈善组织、红十字会共收到社会捐赠85.88亿元。此外，全国有150万名志愿者参与支援，仅河南省就有192家社会工作机构、7580名社工参与到防汛救灾中，累计服务受灾群众65.2万人次。[②]

（二）慈善参与防灾减灾救灾年度政策发展

1. 相关政策梳理

防灾减灾救灾事关人民群众生命财产安全、国家安全、社会稳定，以人为本、基层参与、社会共治仍然是2021年度慈善参与防灾减灾救灾相关论述和政策强调的重要内容。习近平总书记在2021年7月对防汛救灾工作作出重要指示，“要始终把保障人民群众生命财产安全放在第一位”[③]。强调各级干部首要目标是第一时间组织防汛救灾各方力量，妥善安置受灾群众，最大限度减少人员伤亡和财产损失。

2021年10月18日，应急管理部党委书记、部长黄明在应急管理部党委会部务会上强调，要认真学习贯彻习近平总书记重要讲话精神，全力防范化解重大安全风险，在防灾减灾救灾方面，要激发群众参与基层应急管理的积极性，支持群防群治、联防联控、加强和控制潜在风险，筑牢防灾、减灾、救灾的人民防线，引导社会力量和社会捐助妥善参与救援。[④] 2021年5月7日，应急管理部在主题为“防范化解灾害风险 筑牢安全发展基础”发布会上指出，“应急管理部在提高全社会抵御自然灾害的能力方面会一直坚

---

① 《企业驰援河南洪灾捐赠信息一览》，搜狐网，https：//www.sohu.com/na/479016084_370262，最后检索时间：2022年2月16日。

② 《河南洪涝灾害接收捐赠款物85.88亿元 已救助186.9万名群众》，中国新闻网，https：//www.chinanews.com.cn/sh/2021/08-09/9539872.shtml，最后检索时间：2022年4月25日。

③ 《习近平对防汛救灾工作作出重要指示》，中国政府网，http：//www.gov.cn/xinwen/2021-07/21/content_5626289.htm，最后检索时间：2021年2月16日。

④ 《黄明在应急管理部党委会部务会上强调“坚定制度自信 忠实履行职责 坚决有力抓好当前防汛救灾和安全生产工作”》，应急管理部网站，https：//www.mem.gov.cn/xw/yjyw/202110/t20211018_400277.shtml，最后检索时间：2021年4月25日。

持以人民为中心，坚持群众观点和群众路线，坚持社会共治，不断筑牢防灾减灾救灾人民防线”①。

具体而言，2021 年相关部门发布了一系列政策文件，为社会应急力量参与防灾减灾救灾工作提供政策支持和法律保障（见表 2）。在国家层面，《志愿服务组织基本规范》进一步为志愿服务组织参与应急等社会治理提供了规范性文件参考；《中华人民共和国突发事件应对管理法（草案）》于 2021 年 12 月发布，强调要引导社会力量有序参与应急处置和救援工作；《“十四五”国家应急体系规划》在制度保障、能力建设、协同共治、精准服务、创新发展等不同方面为社会力量参与应急管理提供了发展新机遇；应急管理部就《社会应急力量救援队伍建设规范（征求意见稿）》向社会公开征求意见，以推动社会应急力量救援队伍的健康发展。在地方层面，广东省、浙江省等地也积极出台相关政策，探索创新了一系列指导社会力量参与应急管理的地方实践经验。

表 2　2021 年度社会应急力量参与灾害治理相关政策文件（部分）

发文机关等级	时间	政策名称	相关内容
国家层面	2021 年 3 月 11 日表决通过	《中华人民共和国国民经济和社会发展第十四个五年规划和 2035 年远景目标纲要》	全面提高公共安全保障能力第四节完善国家应急管理体系： 1. 构建统一指挥、专常兼备、反应灵敏、上下联动的应急管理体制； 2. 坚持分级负责、属地为主，健全中央与地方分级响应机制； 3. 开展灾害事故风险隐患排查治理； 4. 加强国家综合性消防救援队伍建设，增强全灾种救援能力

① 《国新办举行防范化解灾害风险 筑牢安全发展基础发布会》，http://www.scio.gov.cn/xwfbh/xwbfbh/wqfbh/44687/45445/wz45447/Document/1703410/1703410.htm，最后检索时间：2022 年 2 月 16 日。

续表

发文机关等级	时间	政策名称	相关内容
国家层面	2021 年 5 月 21 日发布	《志愿服务组织基本规范》	标准规定了志愿服务组织的基本要求、服务管理、组织管理及评估与改进等内容。提升志愿服务组织机构自身的服务水平，在实践中不断发挥其自身功能，提高志愿者的综合素质
	2021 年 7 月 11 日发布	《中共中央国务院关于加强基层治理体系和治理能力现代化建设的意见》	五、(三)发展公益慈善事业。完善社会力量参与基层治理激励政策，创新社区与社会组织、社会工作者、社区志愿者、社会慈善资源的联动机制，支持建立乡镇(街道)购买社会工作服务机制和设立社区基金会等协作载体，吸纳社会力量参加基层应急救援，完善基层志愿服务制度
	2021 年 9 月 28 日印发	《国家减灾委员会办公室关于做好 2021 年国际减灾日有关工作的通知》	充分调动和激发社会组织、企事业单位、基层组织、城乡居民群众等各类主体积极性，认真组织开展国际减灾日活动，努力构建多元参与的防灾减灾救灾新格局
			坚持多管齐下，努力构建多元主体参与的防灾减灾救灾格局
			支持和引导社会力量参与综合风险调查、隐患排查治理、信息报送、应急救援、慈善捐赠、生活救助、恢复重建、心理抚慰、科普宣传教育等防灾减灾救灾工作
	2021 年 12 月 25 日发布	《中华人民共和国突发事件应对管理法(草案)》	与《中华人民共和国突发事件应对法》对比，新增了第五十五条：“……有关人民政府应当给予红十字会支持和资助，保障其依法参与应对突发事件。慈善组织在发生重大突发事件时，应当在有关人民政府的统筹协调、有序引导下依法开展募捐和救助活动。有关人民政府应当通过提供必要的需求信息、政府购买服务等方式对慈善组织参与应对突发事件予以支持”
			第七十一条，在原先的第四十八条“发生突发事件调动紧急救援队伍和社会力量”的基础上，增加了“履行统一领导职责或者组织处置突发事件的人民政府，应当建立协调机制，提供需求信息，引导志愿服务组织和志愿者及时有序参与应急处置和救援工作”

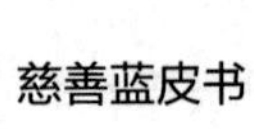

续表

发文机关等级	时间	政策名称	相关内容
国家层面	2021 年 12 月 30 日印发	《"十四五"国家应急体系规划》	支持社会力量依法参与灾害救援救助工作
			加快构建以国家综合性消防救援队伍为主力、以专业救援队伍为协同、以军队应急力量为突击、以社会力量为辅助的中国特色应急救援力量体系
			对社会应急力量参与应急救援行动进行规范引导。开展社会应急力量应急理论和救援技能培训,定期举办全国性和区域性社会应急力量技能竞赛,组织实施分级分类测评。鼓励社会应急力量深入基层社区排查风险隐患、普及应急知识、就近就便参与应急处置等。推动将社会应急力量参与防灾减灾救灾、应急处置等纳入政府购买服务和保险范围,在道路通行、后勤保障等方面提供必要支持
部委层面	2021 年 8 月 1 日发布	《人力资源社会保障部 应急管理部关于开展首届全国应急管理系统先进集体和先进工作者、中国消防忠诚卫士评选表彰工作的通知》	为表彰先进、弘扬正气的新时代应急管理人,培育弘扬"极端认真负责、甘于牺牲奉献、勇于担当作为、善于开拓创新"的应急管理特色文化,激励全系统广大干部职工和消防指战员新时代新担当新作为,推动应急管理事业改革发展,人力资源社会保障部、应急管理部开展首届全国应急管理系统先进集体和先进工作者、中国消防忠诚卫士评选表彰工作
	2021 年 9 月 30 日发布	《民政部关于印发〈"十四五"社会组织发展规划〉的通知》	提出到 2025 年,党建引领、统一登记、各司其职、协调配合、分级负责、依法监管的中国特色社会组织管理体制更加健全,政社分开、权责明确、依法自治的社会组织制度更加完善,结构合理、功能完善、竞争有序、诚信自律、充满活力的社会组织发展格局更加定型
	2021 年 11 月 11 日发布	关于征求《社会应急力量救援队伍建设规范(征求意见稿)》系列标准意见的函	按照应急管理部办公厅印发的 2021 年应急管理行业标准立项计划(第一批),就应急管理部救援协调和预案管理局组织编制的《社会应急力量救援队伍建设规范(征求意见稿)》等 6 项标准,向社会公开征求意见

续表

<table>
<tr><th>发文机关等级</th><th>时间</th><th>政策名称</th><th>相关内容</th></tr>
<tr><td rowspan="4">地方层面</td><td>2021 年 7 月 6 日发布</td><td>《深圳市应急管理局关于印发〈深圳市支持社会应急力量参与应急工作的实施办法(试行)〉的通知》</td><td>《实施办法》根据《中华人民共和国突发事件应对法》《中华人民共和国安全生产法》《生产安全事故应急条例》《志愿服务条例》《广东省社会力量参与救灾促进条例》等相关法律法规,结合深圳实际制定,共五章、二十七条,旨在培育、扶持社会应急力量发展,鼓励、引导和规范社会应急力量参与应急工作,充分发挥社会应急力量在防灾减灾和应急救援中的重要作用</td></tr>
<tr><td rowspan="2">2021 年 11 月 1 日印发</td><td rowspan="2">《广东省人民政府关于印发广东省气象灾害应急预案的通知》</td><td>气象灾害事发地各级人民政府或应急指挥机构可根据气象灾害的性质、危害程度和范围,广泛调动社会力量参与气象灾害处置,紧急情况下可依法征用、调用车辆、物资、人员等。邻近的地级以上市、县(市、区)人民政府根据灾情组织和动员社会力量,对灾区提供救助</td></tr>
<tr><td>鼓励公民、法人和其他组织按照《中华人民共和国公益事业捐赠法》等有关法律法规的规定进行捐赠和援助。审计、监察部门对捐赠资金与物资的使用情况进行审计和监督</td></tr>
<tr><td>2021 年 12 月 31 日</td><td>《浙江省应急管理厅 浙江省财政厅关于印发〈浙江省灾害事故应急救援补偿办法(试行)〉的通知》</td><td>根据《中华人民共和国民法典》《中华人民共和国突发事件应对法》《生产安全事故应急条例》《自然灾害救助条例》等有关规定,为规范各方应急救援力量和资源参与灾害事故应急救援补偿工作,浙江省应急管理厅、省财政厅联合制定了《浙江省灾害事故应急救援补偿办法(试行)》,对应急救援队伍补偿对象、标准、程序做出规定</td></tr>
</table>

资料来源：作者根据相关资料整理。

2. 部门架构及职能

为解决我国应急管理工作存在的条块分割、资源分散、重复建设等现实问题，我国于 2018 年组建了应急管理部，标志着以核心部门为主导、多部门协调配合的应急管理体制开始建立。此外，民政部肩负着积极培育社会组织和社会工作者等社会力量、推动基层治理、促进慈善事业发展的重要职能，也是社会力量参与防灾减灾救灾事业中的重要部门。本部分将重点梳理应急管理部、民政部等相关部门的架构和职责，以把握 2021 年宏观应急管理体制层面的概况。

应急管理部负有机关管理、应急管理和安全监管三大职能，主要职责为：编制国家总体应急预案；建立灾情报告制度和救灾体系，统一部署应急队伍与物资，承担救灾指挥工作；预防各类灾害等。① 2020 年 10 月，中共中央办公厅、国务院办公厅发布了《关于调整应急管理部职责机构编制的通知》，对部门中涉及安全监管职能的机构进行调整②，使我国安全生产和应急管理工作更加高效。

应急管理部成立之后，各地方政府也相继建立了应急管理厅（局），形成了自上而下的组织体系。中央与地方应急管理部门的职责在总体上保持一致，但各有偏重。首先，中央和地方分级负责突发事件。应急管理部承担重大灾害的综合指挥工作，地方则负责一般性灾害。其次，中央统筹管理，地方具体实施。应急管理部承担编制应急预案和防灾减灾整体规划的任务，地方应急管理部门需听从中央指挥实施工作，落实规划。③ 最后，地方填补政策空白，创新工作内容。例如，广州市应急管理局结合救援队伍的诉求及意见建议，出台了《广州市应急救援力量参与突发事件处置补偿暂行办法》。这一补偿机制具有较强的创新性，为社会力量参与突发事件的处置补偿工作探索了先进经验。④

民政部肩负培育引导社会力量参与基层治理、促进慈善事业发展的责任。在 2021 年 7 月的会议上，民政部做出了“积极动员社会力量投入防汛救灾和疫情防控”的工作部署。一是动员基层力量参与防汛救灾和常态化

---

① 谢科范、朱姝帆：《新时期应急管理部架构下应急管理体制的变化》，《中国发展观察》2018 年第 19 期，第 65 页。

② 《中共中央办公厅 国务院办公厅关于调整应急管理部职责机构编制的通知》，中国机构编制网，http://www.scopsr.gov.cn/jgbzdt/gg/202010/t20201009_377160.html，最后检索时间：2022 年 2 月 20 日。

③ 罗姣：《我国应急管理部门职权配置研究》，湘潭大学硕士学位论文，2020。

④ 《全国首创！广州出台应急救援力量参与突发事件处置补偿办法》，广东省人民政府网，http://www.gd.gov.cn/zwgk/zdlyxxgkzl/zhsgjy/content/post_3259935.html，最后检索时间：2022 年 3 月 3 日。

疫情防控，维持群众生活状态的稳定；二是引导慈善组织积极参与防汛救灾，监督款物来源和使用去向；三是建立社会应急力量参与灾害救助应急联动机制，构筑民政领域防汛救灾和疫情防控的坚固防线。[①] 民政部在突发事件响应中担负了重要的动员引导基层力量和慈善力量的职责，为社会力量有序参与应急管理工作提供了重要指导。

（三）年度参与特征

2021 年 9 月，民政部印发《“十四五”社会组织发展规划》，从登记监管、税收优惠等方面对社会组织建设进行部署，[②] 我国慈善事业迎来新的发展机遇。本部分将在介绍各类社会组织发展情况的基础上，依据相关数据分析慈善参与防灾减灾的成效。

1. 社会组织

2021 年社会组织数量持续攀升，趋向规范化发展。整体来看，2021 年各类社会组织数量整体处于增长的态势，社会团体数量略有下降。截至 2021 年第四季度，我国社会组织数量突破 90 万个大关，其中社会团体 37.1 万个，民办非企业单位 52.1 万个，基金会 8885 个（见表 3）。为进一步促进社会组织高质量发展，2021 年 7 月，民政部开展了“僵尸型”社会组织专项整治行动，责令各省份不规范的社会组织整改或给予撤销登记，社会组织迈向高质量发展阶段。[③]

表 3　2021 年民政统计数据

社会组织	第一季度	第二季度	第三季度	第四季度
社会团体(万个)	37.6	37.5	37.4	37.1
民办非企业单位(万个)	51.5	51.8	51.9	52.1

① 《民政部部署推进全国民政系统防汛救灾和疫情防控工作》，民政部官方网站，http：//www.mca.gov.cn/article/xw/mzyw/202107/20210700035653.shtml，最后检索时间：2022 年 2 月 26 日。

② 《民政部关于印发〈“十四五”社会组织发展规划〉的通知》，民政部官方网站，http：//www.mca.gov.cn/article/xw/tzgg/202110/20211000037062.shtml，最后检索时间：2022 年 2 月 16 日。

③ 《2021 年社会组织十件大事》，民政部官方网站，http：//www.mca.gov.cn/article/xw/mtbd/202201/20220100039248.shtml，最后检索时间：2022 年 2 月 16 日。

续表

社会组织	第一季度	第二季度	第三季度	第四季度
基金会(个)	8540	8647	8733	8885

资料来源：民政部 2021 年第一、二、三、四季度的统计数据，民政部官方网站，http://www.mca.gov.cn/article/sj/tjjb/qgsj/，最后检索时间：2022 年 6 月 15 日。

2. 基金会

党的十九届五中全会提出要发挥第三次分配作用，发展慈善事业，改善收入和财富分配格局。[①] 作为慈善事业的重要推手，基金会积极响应国家战略，在 2021 年参与了新冠肺炎疫情、河南郑州“7·20”特大暴雨灾害等突发事件的响应，具体呈现以下特征。

第一，基金会数量逐年增长，增长率有所下降。自 1981 年第一家基金会成立后，我国基金会的数量连年增长，至 2021 年已有 8778 家（见图 1）。增长率下降了 2.86%，处于缓慢增长阶段。[②]

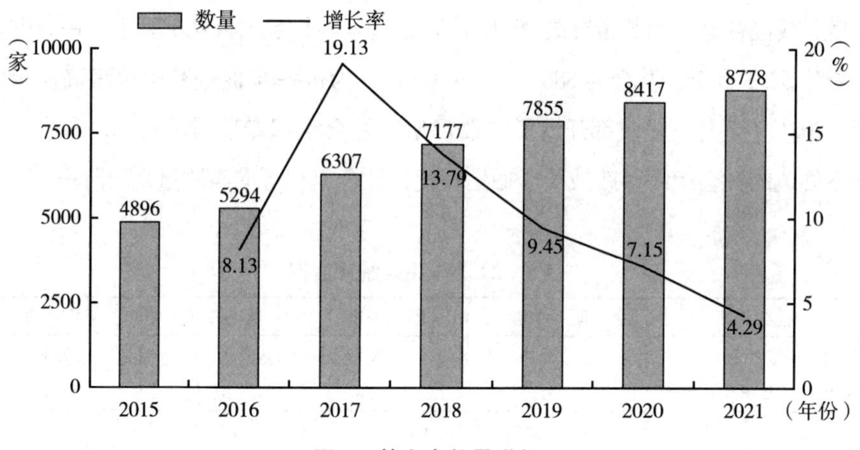

图 1　基金会数量增长

资料来源：根据易善数据、基金会中心网数据整理。

① 《民政部：将采取三大措施进一步发挥慈善事业的第三次分配作用》，《公益时报》，http://www.gongyishibao.com/html/yaowen/2021/09/18658.html，最后检索时间：2022 年 2 月 18 日。

② 《数读：中国公益基金会 40 年历程》，易善数据微信公众号，最后检索时间：2022 年 2 月 17 日。

基金会积极参与了2021年应急管理工作，例如，2021年7月，河南遭遇极端强降雨袭击，通过互联网线上募捐的159家公募机构中有100家为基金会（见图2），共上线275个项目，筹款总额超过8亿元，极大推动了洪灾筹款进程。①

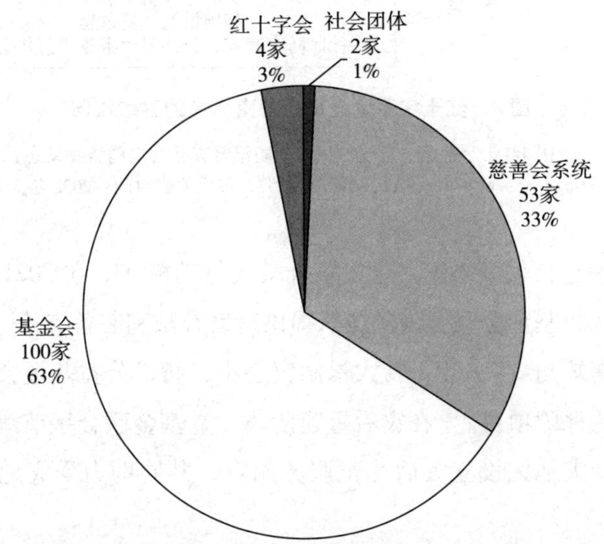

图2　线上筹款项目的公募机构类型数量和占比

资料来源：《2021年河南洪灾互联网筹款数据跟踪与分析》，方德瑞信，https：//www. cafpnet. cn/index. php？ s=/Index/detail/id/617. html，最后检索时间：2022年2月15日。

第二，筹款效果提升，筹款项目覆盖灾害各阶段。以洪灾筹款为例，2021年针对河南郑州“7·20”特大暴雨灾害的筹款总额、项目数量、筹款人次均远超2020年单项灾害的数值。此外，筹款项目中有189个项目包含灾后重建、防灾减灾等内容，体现出基金会对于韧性建设的关注。如图3所示，从红十字基金会的善款流向中也可以看出基金会在灾害治理的多阶段发力的特征。②

① 《2021年河南洪灾互联网筹款数据跟踪与分析》，方德瑞信，https：//www. cafpnet. cn/index. php？ s=/Index/detail/id/617. html，最后检索时间：2022年2月15日。

② 《2021年河南洪灾互联网筹款数据跟踪与分析》，方德瑞信，https：//www. cafpnet. cn/index. php？ s=/Index/detail/id/617. html，最后检索时间：2022年2月26日。

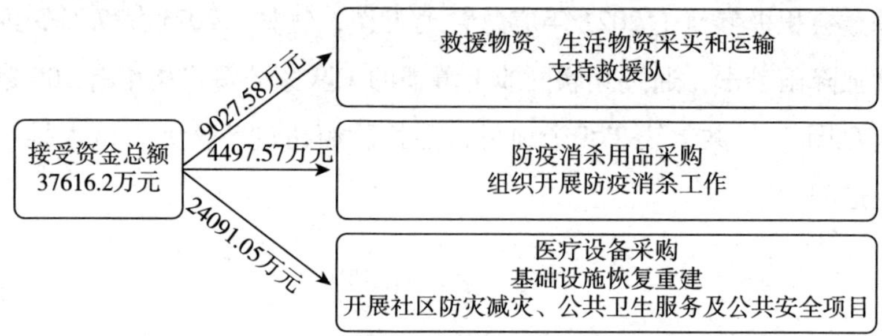

图 3　红十字基金会用于河南水灾的善款流向

资料来源：《中国红十字基金会接受使用河南防汛救灾社会捐赠款物动态》，中国红十字基金会官网，https：//new. crcf. org. cn/article/21757，最后检索时间：2022 年 2 月 16 日。

第三，基金会积极协作，建立联合救灾行动模式。在 2021 年抗洪救灾时，多家企业、基金会联合为救援队提供行动补贴和装备支持，助力灾后重建。如在河南郑州“7 · 20”特大暴雨灾害中，腾讯公益基金会联合红十字会发起救援队保障项目。[①] 在灾后重建阶段，壹基金联合字节跳动公益、支付宝公益在受灾地区设立灾后儿童服务站点，共同助力受灾地区儿童长远发展。[②]

第四，多措并举，助力常态化疫情防控。一方面，基金会开通了长期捐赠通道适应疫情常态化形势。例如，2021 年中国宋庆龄基金会累计募集捐赠款项 4899323. 6 元，支持防疫工作（见表 4）。另一方面，基金会联合其他社会组织开展社区常态化防疫能力建设。如壹基金支持了湖北省 5 家社会组织实施安全家园项目，完成了社区应急预案设计和物资配置，并开展应急宣传活动。[③]

① 《各基金会积极救灾开设各类资助项目》，中国社会组织促进会网站，https：//www. chinanpo. org. cn/index/index/show/id/4503. html，最后检索时间：2022 年 2 月 16 日。

② 魏明涛：《建立联合救灾行动模式，防灾减灾亟待全社会关注》，凤凰网公益，https：//ishare. ifeng. com/c/s/v002S2UFIQ559kiZAcp2XTYbnbeYBrcfaTcqh11-_ udpBh60_ _ ，最后检索时间：2022 年 2 月 27 日。

③ 《2021 年壹基金疫情防控行动进展（第一季度）》，壹基金官网，https：//onefoundation. cn/news/1351/，最后检索时间：2022 年 2 月 27 日。

表 4 中国宋庆龄基金会接受社会捐赠支持疫情防控情况汇总

捐赠时间	捐赠方	捐赠金额	捐赠进展情况
2021 年 1 月 22 日	爱心人士	200 元	计划用于疫情防控工作
2021 年 5 月 6 日	圣华盾防护科技股份有限公司	折合人民币 2250000 元	向云南省德宏州红十字会捐赠医用防护服 3 万件
2021 年 6 月 7 日	迅销(中国)商贸有限公司	折合人民币 1690068 元	向广东省第二人民医院等单位捐赠衣物 20092 件
2021 年 6 月 21 日	迅销(中国)商贸有限公司	折合人民币 347916 元	向深圳市第二人民医院、深圳出入境边防检查总站医院捐赠衣物
2021 年 8 月 30 日	北京必旺食品有限公司	折合人民币 491139.6 元	向北京陆贰陆门诊部、北京市医院、北京市普仁医院、同仁医院、北京市大兴区亦庄医院捐赠防疫物资 13522 件
2021 年 11 月 4 日	西安胜佳实业有限公司、亚太国际工程股份有限公司及爱心人士	折合人民币 120000 元	向内蒙古额济纳旗捐赠 N95 医用口罩 24000 只

资料来源：根据中国宋庆龄基金会网站数据整理，http：//www.sclf.org/tzgg/index.htm，最后检索时间：2022 年 2 月 21 日。

3. 社会应急救援队伍

社会应急救援队伍是我国应急救援体系的重要组成部分，是防范和应对突发事件的重要力量。据统计，全国共有社会应急救援队伍 1700 余支，人员队伍规模呈稳步发展趋势。[①] 2021 年，社会应急救援队伍多次参与突发公共卫生事件、重大自然灾害应对工作，呈现如下特点。

第一，参与应对灾害全阶段。社会应急救援队伍的工作重点包含灾前减灾备灾、灾时应急响应和灾后恢复重建。[②] 如浙江公羊救援队在平日会定期为公众开展应急救援知识及意外事故伤害处理培训，以提升公众防灾减灾意识。河南郑州“7·20”特大暴雨灾害发生时，公羊救援队第一时间前

① 《应急管理部关于印发〈“十四五”应急救援力量建设规划〉的通知》，应急管理部官网，https：//www.mem.gov.cn/gk/zfxxgkpt/fdzdgknr/202206/t20220630_417326.shtml，最后检索时间：2022 年 7 月 4 日。

② 《第 13 个全国防灾减灾日：壹基金邀你壹起准备“家庭应急包”》，壹基金官网，https：//onefoundation.cn/news/1349/，最后检索时间：2022 年 2 月 16 日。

往灾区，累计转移受灾群众千余人次，灾后又及时开展防疫消杀工作，累计消杀 20000 余平方米。[①] 第二，救援技能趋于专业化。社会应急救援队伍均有各自专攻领域，在山地救援、水上救援、城市搜救、高空救援等不同技能上打造本队伍优势。2021 年 11 月，应急管理部发布了《社会应急力量救援队伍建设规范（征求意见稿）》，以全面提高社会应急救援队伍的综合素质和实战能力。[②] 第三，着力打造队伍品牌。一些救援队伍会采取联盟或者在全国设立分队的形式进行发展。蓝天救援队是品牌化建设的典型，拥有授权队 132 支、正式队 407 支、专业队 8 支，超过 6.5 万名队员。[③]

4. 志愿者

相较于其他救援力量，志愿者更加贴近基层、贴近受灾一线。志愿者具备较强的灵活性，不仅在灾时能够快速响应，成为“第一响应人”，还能在平时深入基层培养公众的安全意识。此外，志愿者队伍多样化、专业化发展，来自不同领域的志愿者组成的服务网络具有异质性和互补性，能够链接各方资源，形成完备的服务体系。[④] 根据中国志愿服务网的统计，截至 2022 年 2 月 13 日，全国共有实名志愿者 2.21 亿人，志愿队伍 123 万个，完成志愿项目总数达到 899 万个，服务时间总数达 375258 万小时。[⑤] 据统计，全国应急志愿者超过 60 万人。[⑥]

---

① 《浙江省公羊会公益救援促进会》，应急管理部官网，https://www.mem.gov.cn/xw/ztzl/2021/qgyjglxtxjmfhzcwsbzdh/xjjt/shyjyll/202111/t20211104_401717.shtml，最后检索时间：2022 年 2 月 27 日。

② 《关于征求〈社会应急力量救援队伍建设规范（征求意见稿）〉系列标准意见的函》，应急管理部官网，https://www.mem.gov.cn/gk/zfxxgkpt/fdzdgknr/202111/t20211111_402599.shtml，最后检索时间：2022 年 2 月 20 日。

③ 《蓝天大数据》，蓝天救援信息公开平台，https://www.blueskyrescue.cn/bigdata，最后检索时间：2022 年 2 月 26 日。

④ 任慧颖：《应急志愿服务的多主体全过程联动研究——基于公共危机协同治理理论的视角》，《理论学刊》2022 年第 1 期，第 153 页。

⑤ 《全国志愿服务数据统计》，中国志愿服务网，https://chinavolunteer.mca.gov.cn/NVSI/LEAP/site/index.html#/home，最后检索时间：2022 年 2 月 13 日。

⑥ 《应急管理部：全国应急志愿者有 60 多万人》，新华社新媒体，https://haokan.baidu.com/v?pd=wisenatural&vid=1096391442379351426，最后检索时间：2022 年 7 月 1 日。

二　慈善参与防灾减灾救灾的热点分析

（一）新冠肺炎疫情防控中的慈善参与

回顾我国2021年疫情防控工作，“精准”二字贯穿始终。2021年，随着抗击新冠肺炎疫情的经验不断累积，我国对于散点暴发疫情的处置手段日趋成熟，疫情防控政策日趋“精准”与“科学”，常态化疫情防控措施有效地控制了疫情发生与扩散。[①] 然而，全球疫情形势严峻，我国外防输入的压力仍然较大，新冠病毒变异迭代的速度更不可小觑。[②] 在输入病例急增及奥密克戎变异毒株的双重压力下，想要减少疫情对人们日常生活的影响，实现精准防控，不仅要依靠政府部门的指挥安排，还必须广泛发动社会力量，落实封控区域的防疫工作。在精准防疫政策下，社会力量参与疫情防控的过程中呈现如下特征。

1. 迅速响应抗疫需求，物资提供多样化

回顾2021年，我们可以发现，每当出现疫情，社会力量均能迅速做出反应，向封锁区域提供医疗及生活用品、食品等各种物资，以保障疫情封控区的正常运作。

首先，在响应需求的速度上，社会力量能够在疫情散点暴发后第一时间对疫情封控区域的需求进行了解，并向封锁区域提供援助，缓解封控区域的物资压力。2021年冬天，西安首次出现奥密克戎毒株感染病例，面对新型毒株的威胁。爱德基金会在西安实行封闭管理当天便启动响应，累计向西安市20个社区发放防护服850套、医用N95口罩4800只。美团公益基金会第

① 《坚持常态化疫情防控不松懈——访国家卫健委新冠肺炎疫情应对处置工作领导小组专家组组长梁万年》，《人民日报》2021年11月19日，第12版。

② 国家卫生健康委员会：《关于奥密克戎，国家卫生健康委最新解答来了!》，http://www.nhc.gov.cn/xcs/s7847/202201/1c1a23e9e172481da9a6b087c3eaa8fe.shtml，最后检索时间：2022年4月24日。

一时间响应需求，通过中国红十字基金会捐赠 10 辆负压救护车，投入一线救治工作。①

其次，较过往抗疫中关注医疗设备而忽略日常用品不同，2021 年社会力量提供的物资呈现多样化的特点。同样以西安疫情为例，社会力量除了提供医疗物资外，还运送了各种食品、生活必需品，例如，榆林市榆阳区慈善协会向西安捐赠 425 吨生活抗疫物资，保障雁塔区农民工和困难群众基本生活所需；李宁集团携手中国妇女发展基金会首批捐赠“母亲邮包”、女性卫生用品等。

2. 社区作用持续发挥，基层力量协同抗疫

回顾 2021 年，我国疫情防控工作呈精准化趋势。作为城市治理的最小单位，社区精准防控工作以网格化管理模式为依托，整合了社会组织、志愿者、社区居民等资源，发挥了基层力量在疫情防控中的重要作用。

在日常防疫过程中，社区志愿者等社会力量主要参与防疫宣传及日常防疫管理工作。在防疫宣传方面，基层工作者熟悉社区内信息传播链条，掌握社区信息发布渠道，能够高效地向社区居民传递疫情最新资讯。在日常防疫管理上，基于对社区内的防疫条件及居民生活习惯的了解，社区工作者及志愿者们能够积极发挥灵活性优势，参与来访登记、体温监测等工作，辅助社区工作人员开展疫情防控工作，在确保防疫工作落实的同时减少对居民生活的影响。2021 年 10 月，北京市出现疫情，北京市丰台区多个小区及街道被列为封控区。在封控期间怡海花园小区形成以物业为主、志愿者助力、全体居民配合的疫情防控矩阵；社区内餐饮、超市等企业积极响应，尽其所能为抗疫提供所需物资；社区工作人员将上述收集到的物资配送到户，200 多名社区工作人员共转送快递外卖等物资 3000 余件；社区居民也踊跃报名，在核酸检测点及配送站提供志愿服务。②

---

① 赵莹莹：《各地公益组织驰援西安疫情防控》，人民政协网，http：//www.rmzxb.com.cn/c/2022-01-11/3024663.shtml，最后检索时间：2022 年 4 月 24 日。

② 北京市民政局信息中心：《疫情直击——丰台区怡海花园社区：“五社”联动共抗疫情》，北京民政官网，https：//baijiahao.baidu.com/s？id=1714794230470115612&wfr=spider&for=pc，最后检索时间：2022 年 6 月 3 日。

3. 关注前线人员，体现抗疫温度

疫情暴发伊始，由于抗疫经验不足，一些前线抗疫人员的需求无法得到及时满足。步入2021年，随着我国防疫经验不断累积，社会各界对于一线防疫人员的关注显著上升。

一方面，社会力量加大对抗疫人员的资源投入，优化前线抗疫条件，为前线抗疫人员的工作提供便利。2021年1月12日，吉林通化市出现首例新冠肺炎感染者。为降低寒冷天气对医护人员工作的影响，中国扶贫基金会于2021年1月29日紧急运送360套被褥、2000副棉线手套、4200桶方便面，以改善一线抗疫人员夜班休息条件；同时为通化市中心医院提供“中国一汽抗疫天使关爱包”500个、“中国一汽抗疫天使加油包”1000个，从个人防护、生活保障、女性关爱方面为一线抗疫人员提供支持。①

另一方面，社会力量逐渐关注一线抗疫医务工作者的风险保障。以字节跳动为例，截至2022年1月21日，字节跳动医务工作者人道救助基金已为89批共3738名（3741人次）抗击疫情医务工作者提供人道救助。其中，为3670名因抗击疫情而不幸感染的医务工作者，每人资助10万元；为68名因抗击疫情而不幸殉职的医务工作者，每个家庭资助100万元。②

4. 化零为整，形成专业支援团队

一旦疫情发生，疫情所在区域往往会面临较大的人力资源压力。因此，整合人力资源驰援疫区成为我国社会力量参与疫情防控的重要手段之一。

首先，在支援方式上，鉴于当地力量更了解突发区域环境及整体医疗卫生状况，社会力量进行跨省、跨市驰援常与当地力量开展“合作式”支援。2021年12月，西安突发疫情。平澜基金会联合中华社会救助基金会启动应

① 中国扶贫基金会：《通化加油，我们益起扛！我们的物资又到通化啦》，中国扶贫基金会公众号，https：//mp. weixin. qq. com/s/2OT2q_ _ oAS9V1dXRhTp4VA，最后检索时间：2022年6月3日。

② 《第八十九批1名医务工作者获中国红基会字节跳动医务工作者人道救助基金资助》，中国红十字基金会自媒体号，https：//www. thepaper. cn/newsDetail_ forward_ 16424403，最后检索时间：2022年4月24日。

急响应，协调属地救援伙伴赶赴一线开展防疫消杀和密接人员转运工作。2021 年 12 月 21~25 日，平澜公益基金会防疫工作组在西安开展消杀工作累计 68200 平方米。与此同时，平澜基金会积极协助当地防疫部门转运患者及密切接触者，截至 2021 年 12 月 28 日共计协助防疫部门转运患者及密切接触者 36 人。①

其次，我国社会应急力量的专业性不断提高，具体表现为对于人员的培训以及对专业人才的引进。2021 年 1 月 12 日，由北京市社会心理工作联合会、北京博能志愿公益基金会、北京惠泽人公益发展中心共同牵手河北、广东的专业社会组织组成的“河北 iWill 志愿者联合行动”正式启动。该项目将社会工作者、医师、心理咨询师“三师”组成的专业志愿者队伍融入河北的常态化疫情防控社区工作中，为河北石家庄的社区和居民无偿提供陪伴与专业支持。②

（二）河南郑州“7·20”特大暴雨灾害响应中的慈善参与

2021 年 7 月 17~23 日，受极端暴雨天气影响，河南省并发严重城市内涝、河流洪水、山体滑坡等多重自然灾害，造成 398 人死亡或者失踪和直接经济损失 1200.6 亿元。③ 河南郑州“7·20”特大暴雨灾害过程之长、范围之广、强度之大历史罕见。全国各地社会应急力量发挥专业优势，迅速赶赴河南灾区，开展抢险救援。截至 8 月 10 日，15 家募捐平台累计上线 384 个项目，筹款总额超 15 亿元，捐赠人次超 3000 万④。社会应急力量积极投身防汛救灾前线，构织全面救助网络，为有效控制灾情发挥了重要作用。全国

---

① 平澜基金会：《助力西安抗疫丨我们在一线开展疫情防控工作》，平澜基金会公众号，https://mp.weixin.qq.com/s/uiZ4pUGiZajoja8EYc4aPQ，最后检索时间：2022 年 4 月 24 日。

② 北京博能志愿公益基金会：《iWill 志愿者的联合行动第七战疫，现在开始招募啦!》，北京博能志愿公益基金会公众号，https://share.api.weibo.cn/share/288301123，4602097888661037.html?weibo_id=4602097888661037，最后检索时间：2022 年 3 月 10 日。

③ 国务院灾害调查组：《河南郑州“7·20”特大暴雨灾害调查报告》，https://www.sohu.com/a/518225573_121106991，最后检索时间：2022 年 2 月 18 日。

④ 李庆：《多家基金会河南水灾互联网筹款超千万，这些钱都花哪儿了?》，公益时报，https://mp.weixin.qq.com/s/UGcfbKpq9TOnJEw68Sl6-Q，最后检索时间：2022 年 2 月 22 日。

投入救援队伍540余支、超1.1万人次。应急救灾整体呈现全流程救助、全区域覆盖、全阶段保障的特点。一方面，河南各级慈善会陆续发布接收捐赠公告，开展物资配置；另一方面，社会团体、基金会、救援队、志愿者等社会应急力量启动河南特大暴雨救助专项，以专业服务深入一线提供搜救、医疗救护、后勤保障、心理援助等全方位服务。

1. 社会应急力量的参与路径

（1）社会组织协同网络：多元主体共同构建资源共享和行动协同平台。

协同网络为组织间信息共享、资源配置、行动协同提供了对话平台，实现了多元主体的高效互动，发挥了重要信息枢纽、资源链接、实践创新作用。基金会救灾协调会（以下简称“协调会”）是社会组织协同的典型实践。

在参与主体上，多样化社会组织的引入凝聚了救援力量，促进了救援资源统筹。协调会联合了多领域社会组织启动河南“7·20”洪灾社会组织协同响应工作小组，由9家主流基金会构成，获得7家专业风险管理和应急救灾机构支持（见表5）。在参与内容上，多元组织专业资源互补，推动全阶段、全领域的救援服务网络构建。卓明灾害信息服务中心以信息技术提供救援信息支持；支付宝公益等企业基金会依托企业资本和平台募捐强化了救援物资保障；嵩山智库等聚焦救援和灾害治理框架设计等。在工作方式上，成立工作小组，跳出传统“各自为政”工作格局。协调会成立河南郑州“7·20”特大暴雨工作小组，就其信息发布机制（包括信息来源、信息命名等）、信息发布时间（包括发布频率、发布内容等）、信息发布渠道和范围进行公示，共发布13期“河南‘7·20’洪灾社会组织应急响应共同协同”的信息公告，成为获取救灾进程和了解社会组织参与情况的一线窗口。①

① 基金会救灾协调会：《河南“7·20”洪灾社会组织应急响应共同协同启动》，基金会救灾协调会微信公众号，https：//mp. weixin. qq. com/s/483afoc4h0QqUAaUXqPtww，最后检索时间：2022年2月22日。

表 5　河南“7·20”洪灾社会组织协同响应网络成员

单位：家

机构类型	成员	合计
基金会	中国扶贫基金会	9
	深圳壹基金公益基金会	
	北京平澜公益基金会	
	招商局慈善基金会	
	爱德基金会	
	中国红十字基金会	
	支付宝公益基金会	
	南都基金会	
	小米公益基金会	
支持机构	北京师范大学风险治理创新研究中心	7
	基金会救灾协调会	
	卓明灾害信息服务中心	
	基金会发展论坛	
	中国慈善联合会	
	嵩山智库	
	中国应急管理学会社区安全专业委员会	
总计		16

资料来源：基金会救灾协调会：《河南“7·20”洪灾社会组织应急响应共同协同启动》，基金会救灾协调会微信公众号，https://mp.weixin.qq.com/s/483afoc4h0QqUAaUXqPtww，最后检索时间：2022 年 2 月 22 日。

（2）应急救援队伍：快速反应，高效发挥专业行动力。

在参与主体上，社会应急救援队伍经验丰富，能够充分发挥一线救援专业优势。救援队在多次救援行动中积累了丰富的经验，同时配备了冲锋舟、救生衣、生命探测仪等专业设备保障救援行动。例如，壹基金紧急救援项目网络中来自山东的 7 支救援队迅速响应，49 名救援队员携 14 辆救援车、13 艘冲锋舟、12 台马达、11 个激流救援装备包、2 台发电机前往郑州展开救援工作。[①] 在参与内容上，深入各级灾区，实现全阶段应对和全流程参与。救援队第一时间

① 《救援仍在进行，祈求一切平安！壹基金紧急响应河南灾情》，壹基金，https://baijiahao.baidu.com/s?id=1705909343860659179&wfr=spider&for=pc，最后检索时间：2022 年 4 月 24 日。

进入郑州、巩义、新乡等各级灾区，围绕居民区、街道等广泛散点救援，在生命救助、危险排查、转移物资、人员安置等方面发挥了突出作用。在应急响应协同上，设立协调中心推进政社协同，优化了资源配置。“7·20洪灾社会组织和志愿者协调中心（郑州）”[①] 的成立实现了统一指挥和组织协同，截至2021年7月26日24时，中心登记报备社会组织525个，其中一线救援队291支。[②] 协调中心的成立推动了专业资源与救援需求的对接，为救援队加强合作、优化人力配置奠定了基础。

（3）基金会：实施专款专项，保障款物和服务的全面支撑。

有灾害救助业务的基金会，广泛开展社会募捐，夯实了救援物资及服务保障。据统计，上线筹款的159家公募组织以基金会为主，筹款项目275个，筹款额超8亿元，约占筹款总额的53.4%。[③] 除大量善款外，基金会捐赠的救援设备、生活物资也持续向灾区输入，抢险救灾专项相继发布。中国红十字基金会启动“天使之旅2021——驰援河南洪灾行动”，为超过2000户家庭提供一周应急生活保障；[④] 中国扶贫基金会推出“重振家园行动——灾后以工代赈”项目，支持620个村庄进行灾后重建。[⑤]

此外，各大企业基金会作为捐赠主体和募捐平台提供了稳定的资金支持。如北京字节跳动公益基金会捐赠1亿元，为受灾地区儿童提供生活学习等服务；美团公益基金会捐赠1亿元，为灾民提供生活安置、灾后卫生防疫

① 《7·20洪灾社会组织和志愿者协调中心成立》，北京医务社工公众号，https：//mp. weixin. qq. com/s/isEsnU_ Rp2dlSOXH_ ypgzQ，最后检索时间：2022年3月7日。

② 《7·20洪灾社会组织和志愿者协调中心（郑州）工作简报（7月26日）》，授渔公益，https：//view. inews. qq. com/a/20210727A0FC1000，最后检索时间：2022年3月7日。

③ 李庆：《多家基金会河南水灾互联网筹款超千万，这些钱都花哪儿了?》，公益时报，https：//mp. weixin. qq. com/s/UGcfbKpq9TOnJEw68Sl6-Q，最后检索时间：2022年2月22日。

④ 中国慈善联合会：《慈善力量驰援河南防汛救灾简报一期》，中国慈善联合会公众号，https：//mp. weixin. qq. com/s/qLIXRuuYoVFSTHqxLkY4Ow，最后检索时间：2022年2月22日。

⑤ 政协君：《河南洪灾——基金会参与救灾背后的思考》，人民资讯，https：//baijiahao. baidu. com/s? id=1708301724568501009&wfr=spider&for=pc，最后检索时间：2022年2月22日。

等服务。[①] 企业基金会依靠信息技术和资金动员力，拓宽了线上多路捐助，进一步强化了灾区基础物资保障。

（4）社会大众：创新自发救助形式，广泛动员社会互助。

社会大众是应急响应中自助自救、互帮互助的重要力量。在本次河南洪灾应对中，线上救助文档的开发为社会力量参与应急注入了新的形式。上海财经大学学生结合专业知识创建《待救援人员信息》救命文档，文档创建第6小时，首个“成功救援”出现；24小时内，已“自发”更新270多版，共250余万次访问量，为救援救助提供了信息参考。[②] 此外，腾讯文档上线“河南暴雨互助”24个文档模板，涵盖“物资求助联系信息收集”“灾情辟谣信息”等内容，囊括受灾群众、救援队、公益机构等主体，为全面信息搜集和对接提供了数据支持。[③] 此外，社会名人积极捐助、广泛动员，86个艺人团体或个人累计捐赠超1亿元[④]，在灾情正面导向方面发挥了独特作用。但同时在本次救灾中也存在不少网红“非专业救援”，强大号召力下如何进一步规范自发的慈善行动仍待进一步讨论。

2. 社会应急力量的参与特点

（1）搭建社会应急力量协同平台。纵向看，河南省已形成较完善的慈善会系统，慈善总会、协会到慈善工作站、分站全部设立，五级慈善组织体系实现省内全覆盖[⑤]，为开展防灾减灾救灾构建了上下联通、互动高效的基本框架。横向看，以各级枢纽型社会组织为引领，为分散的志愿服务机构、

---

① 中国慈善联合会：《慈善力量驰援河南防汛救灾简报一期》，中国慈善联合会公众号，https：//mp. weixin. qq. com/s/qLIXRuuYoVFSTHqxLkY4Ow，最后检索时间：2022年2月22日。

② 《上海财经大学学生创建“救命文档”引网友点赞》，人民网，https：//baijiahao. baidu. com/s? id = 1706084030133090149&wfr = spider&for = pc，最后检索时间：2022年3月11日。

③ 《河南洪灾公益观察丨多方社会力量驰援河南灾区，互联网催生救灾新生态》，《南方周末》，http：//www. infzm. com/contents/210205，最后检索时间：2022年3月7日。

④ 《河南洪灾公益观察丨多方社会力量驰援河南灾区，互联网催生救灾新生态》，《南方周末》，http：//www. infzm. com/contents/210205，最后检索时间：2022年3月17日。

⑤ 张明敏：《专访河南省慈善总会副会长董颖生：5.2亿元网络募款背后的优势及挑战》，公益时报，https：//view. inews. qq. com/a/20211126A0C6D500，最后检索时间：2022年2月19日。

草根组织、社会团体等社会力量搭建平行沟通平台，进一步协调了各级救援力量，充分发挥社会组织防灾减灾救灾效能，形成各级区域内自救的高质量协同。“7·20 洪灾社会组织和志愿者协调中心”的设立促进了社会应急力量的统筹与配置优化。[①] 一方面，协调中心统筹社会应急力量与救援信息、救援对象相匹配，实现救援资源优化配置；另一方面，协调中心作为指挥协调平台，与各级应急部门展开合作，深化了政社协同，形成了优势互补、共同推进救灾的良好局面。

（2）实现救援供需对接高度信息化。高度信息化成为弥合救灾体系的又一重要特征。一是设立“7·20 洪灾社会组织和志愿者协调中心”对救援信息统一调度，充分把握了域内受灾情况并实现救援力量优化配置。二是构建民间救援信息服务机制，卓明灾害信息服务中心搭建了系统的灾情信息平台，一方面线上广泛传播《暴雨自救手册》《河南洪灾紧急求助信息登记表》等开展救援信息搜集、信息核查、医疗咨询等服务；另一方面整合灾害信息、追踪汛情灾情并及时发布救灾简讯[②]，一定程度上为应急响应提供了信息参考。此外，中国慈善联合会与郑州市慈善总会发布《7·20 河南水灾社会力量应急响应报备登记表》，实现了救援信息高效流转与统筹。

（3）强化社会组织对政府的功能“补位”。从政府看，协调中心的设立为民间力量参与救援搭建了指挥协同平台，短时间内超 100 家组织备案；灾情发生后，民政部下达社会动员指示，社会组织管理局发布社会组织协同通知，河南省民政厅公示已备案的 20 家慈善组织及联系方式，自上而下形成了社会组织动员政策通路。从社会组织看，一是慈善会发挥重要链接作用。通过慈善会对多元主体统筹调配，同时接收捐助、规划拨付方案，作为政社中介平台引导社会组织有序救灾以促进政社救援洽合。二

① 张明敏：《103 支民间救援队报备“7·20 洪灾社会组织和志愿者协调中心”在郑州市慈善总会建立》，公益时报，https：//www. thepaper. cn/newsDetail_ forward_ 13689734，最后检索时间：2022 年 2 月 18 日。

② 张明敏：《103 支民间救援队报备“7·20 洪灾社会组织和志愿者协调中心”在郑州市慈善总会建立》，公益时报，https：//www. thepaper. cn/newsDetail_ forward_ 13689734，最后检索时间：2022 年 2 月 18 日。

是社会组织发挥专业效能补缺。社会组织具备一定的民众动员力，其专业服务弥补了救灾中特定领域功能不足，如卓明灾害信息服务中心的信息报送、广大志愿者的物资调配与运送、受灾群众心理关怀等专业性服务等。

（4）高效能发挥公益项目专业优势。专业化公益项目优势互补，共同构织了全面应急救灾网络。一方面，救灾行动迅敏，中国慈善联合会、深圳壹基金等组织及时上线救灾项目、公开受捐渠道、开展救援行动，系列举措为防汛救灾争取了宝贵时间。另一方面，项目专业化程度高，如蓝天救援队等具备救援经验的专业力量携带冲锋舟、救生衣等设备深入一线，成为救援力量的重要补充；中国扶贫基金会充分发挥优势效能，启动“重振家园行动——灾后以工代赈家园清理”聚焦灾后重建帮扶。①

（三）国际防灾减灾救灾行动中的中国慈善参与

《“十四五”社会组织发展规划》指出“要稳妥实施社会组织‘走出去’，增强我国社会组织参与全球治理能力”。社会力量参与国际防灾减灾救灾行动，是我国高质量发展下的现实走向和提升国际影响力的必然要求。2021 年，中国慈善参与国际防灾减灾救灾整体呈现以下特征。

1. 民间组织的国际应急参与机制逐步成熟

一是我国援外管理体制不断优化，强化了中国民间组织的国际参与保障。当前我国对外援助中，人道主义思想继续深化，部委援外合作制、援外支持体系持续优化升级，为民间力量借助国家平台参与国际灾害应急响应提供了基本支撑。2021 年 8 月 27 日，《对外援助管理办法》② 发布，就新形势下对外援助政策规划、项目立项、监督评估等做了新规定，为我国社会力量参与国际防灾减灾救灾指明了方向。

---

① 中国扶贫基金会：《以工代赈！中国扶贫基金会启动“河南灾区重振家园行动”项目》，公益时报，https：//xw. qq. com/amphtml/20210727A03MJ600，最后检索时间：2022 年 2 月 18 日。

② 《对外援助管理办法》（国家国际发展合作署中华人民共和国外交部、中华人民共和国商务部令 2021 年第 1 号），中国政府网，http：//www. gov. cn/gongbao/content/2021/content_5651734. htm，最后检索时间：2022 年 2 月 22 日。

二是民间组织的深入发展推动援外参与机制逐步成熟。蓝天救援队已在尼泊尔地震、缅甸水灾等国际灾害应急救援中总结出“24 小时投送，灾区独立‘7×24’小时工作，统一理念制度、救援协调、装备着装、培训体系”的国际慈善应急机制。[①] 当前以蓝天救援队为代表的部分社会力量已将国际慈善参与纳入发展战略，已形成愈加科学、有序的参与路径。

三是主要组织的国际参与路径为中国社会力量的全球融入开辟了道路。一大批社会组织已经探索出一条国际参与的成熟路径，打通了中国民间组织国际慈善参与的壁垒。猛犸公益基金、阿拉善 SEE 生态协会等社会组织设置了相关的国际发展部门，因灾对标公益项目，在风险防控与应急救灾知识交流普及、专业增能、灾后重建等方面开展国际防灾减灾救灾行动。专营国际救灾的社会组织逐渐探索出国际慈善参与的典型路径。2021 年，北京平澜公益基金会立足较为成熟的援外机制成功在肯尼亚、黎巴嫩、尼泊尔等 9 个国家开展了 12 次人道主义援助，实现约 53. 11 万人次受益。[②]

2. 慈善参与方式的创新性应用

2021 年，受仍肆虐的新冠肺炎疫情影响，国际实地调研和项目援助遭受极大阻碍。面对新形势，借助高新技术，我国社会力量探索出线上防灾减灾救灾新模式。

一方面，以多元线上形式参与国际灾害防治。2021 年，《〈上合组织成员国政府间救灾互助协定〉行动计划（2020—2021 年）》继续施行，共建“一带一路”国家应急管理政策法规标准研讨会、“一带一路”自然灾害防治和应急管理国际合作部长论坛陆续召开，以中国红十字会、中国扶贫基金会等为代表的社会组织，借助相关平台向世界传递着中国声音。

另一方面，实现了“互联网+专业服务”的服务形式创新突破。展能医务社工线上心理支援平台聚焦疫情下全球华人焦虑、孤独等心理症状，尽管

① 《蓝天救援》，中国官方网站，http：//bsr. net. cn/，最后检索时间：2022 年 2 月 22 日。

② 《一起走进 Peaceland ｜ 2021 年，9 个国家，12 次人道援助，53. 11 万人次受益》，平澜基金会公众号，https：//mp. weixin. qq. com/s/1jDMESgjonQIBkQn33IKOQ，最后检索时间：2022 年 3 月 11 日。

未能开展实地调研，但线上应急知识普及、专业线上心理服务的开发，为新冠肺炎疫情下广大海外同胞提供了有效心理支持。

3. 精准救援，“造血增能”提升社会韧性

我国社会组织在参与国际防灾减灾救灾工作时充分发挥灵活度高、专业性强、动员范围广等功能优势，精准识别需求，积极提供援助的同时，推动当地社会自助。

一方面，需求已成为我国民间组织开展国际项目设计的重要出发点。2021 年 3 月，“一带一路 · 民心相通”学生手拉手活动——“儿童健康爱心包”项目启动，聚焦疫情下沿线国家儿童健康安全问题，向老挝、柬埔寨等沿线国家捐赠共计 400 万只儿童口罩。[①] 另一方面，激发和提升援助对象自主内生力成为我国民间组织国际慈善实践的关注点。我国社会力量对外援助实现了从无偿投入到专业服务输入的转变。中国扶贫基金会对非设置减贫扶贫项目，聚力地区提升反贫能力；爱德基金会在线举办“民心相通，爱梦与共”的中非民间论坛深化公益助学项目落地，促进了社会自助力量自生。

三 慈善参与防灾减灾救灾的展望

结合我国局部零星点状散发的新冠肺炎疫情、河南郑州“7 · 20”特大暴雨等突发事件，本文总结了 2021 年我国社会应急力量在参与防灾救灾减灾中遇到的挑战以及未来发展趋势。

（一）面临挑战

1. 防灾意识仍有待提升

一方面，社会力量的工作重心仍在救灾上，防灾减灾参与存在优化空

---

① 《中顺洁柔“一带一路”沿线国家爱心物资交接在京启动》，《南都周刊》，https://baijiahao.baidu.com/s?id=1696600566202307304&wfr=spider&for=pc，最后检索时间：2022 年 3 月 19 日。

间。当前社会组织主要参与应急管理过程中的应急响应与恢复重建阶段，还未全面覆盖和深度参与到社区、学校、企业、家庭等各个单元的防灾减灾工作中。另一方面，社会组织自身的防灾备灾机制有待完善，尤其是应急能力建设略有不足。以河南郑州“7·20”特大暴雨灾害为例，社会力量存在技术操作不规范、装备使用不娴熟等问题，甚至出现了人员伤亡和物资耗损且补给不足的现象。

2. 应急管理社会创新有待强化

《“十四五”国家应急体系规划》指出：“要强化信息支撑保障，强化数字技术在灾害事故应对中的运用，全面提升监测预警和应急处置能力。”[①]前有新冠肺炎疫情防控中的“求助物资文档”，再到山西洪灾救援中的“救命文档”，社会力量的公益热情值得肯定与赞扬。但完全由民间自发组织的“救命文档”的建立带有较大的偶然性和主观性，尤其是在信息的准确性、真实性以及资源的有效分配上还存在提升的空间，这也表明救灾应急响应体系在“信息救灾”方面仍有待完善。[②]

创新是实现应急管理现代化的基础性驱动。2021 年从应对常态化新冠肺炎疫情、云南漾濞地震等实践来看，我们缺乏对于气候变化下巨灾形成规律的认知及相关的巨灾研究机构。此外，应急管理的核心技术产品常常面临峰值需求高、常态需求不足的境况，难以用传统商业模式解决。在参与防灾救灾过程中，企业常将目光聚焦在送水、送物资等基础的抢险救灾服务上，忽视了应急管理相关核心技术产品的发展。因此，如何加强企业创新性建设、搭建社企合作新模式成为挑战。

3. “前端—中端—后端”三方力量协同仍存在张力

前端救援力量、中端协作平台、后端支持力量，需在灾情响应中磨合，

---

① 国务院印发《“十四五”国家应急体系规划》（国发〔2021〕36 号），http：//www.gov.cn/zhengce/content/2022-02/14/content_5673424.htm？spm = C73544894212.P59511941341.0.0，最后检索时间：2022 年 3 月 13 日。

② 朱昌俊：《“救命文档”复现，再证“信息救灾”的重要性》，光明网，https：//m.gmw.cn/baijia/2021-10/11/35223325.html，最后检索时间：2022 年 3 月 13 日。

不断优化迭代协同机制，保障协同机制的有效性，但当前三方力量协同机制还有待系统建设。一方面，前端救援力量具备技能和装备优势，但缺乏有效指挥协调和资源配置。以往社会组织各自为政的行动方式会导致出现信息披露不及时、捐赠款物处置迟缓、志愿服务统筹不够等情况，影响救援效率。同时，社会力量与政府指挥协作存在空间。2021 年，在疫情防控常态化的局势下，某地方政府做出了防疫物资由新冠肺炎防控指挥部统一调配使用的规定。这导致社会组织的灵活性特质无法充分发挥，降低了资源配置效率，[①] 甚至社会组织的执行力与公信力也大受影响。另一方面，中端协作平台功能有待完善，后端捐赠和其他社会公众力量参与还未得到良好的引导和规范。灾情突发时，除了专业的社会应急力量积极投身抢险救灾的活动中，普通公众也希望贡献一份自己的力量，但自主邮寄物资、传播未经核实的信息等无序参与一定程度会影响救灾效率。尤其还有某些所谓“网络红人”，以博取流量为目的进入灾区。这种在灾区四处拍摄的行为不仅影响救援，且不利于灾区自救、互救，影响应急行动开展。因此作为后端的支持力量，应在灾情发生时听从指挥，以保证救灾减灾行动的高效开展。

4. 开展灾情评估能力有待完善

随着中国经济社会的快速发展，灾害的社会影响问题越来越受到政府和社会各界的高度关注。如何快速有效地开展灾害的社会影响评估，将碎片化的灾害应对资源和能力无缝对接起来，成为判断社会力量参与是否有力、有效的关键点，也是社会力量参与灾害应对的出发点和立足点。当前社会力量开展灾情评估仍面临诸多挑战。一方面，极端气候变化和复杂性、系统性风险对社会力量参与应急管理的能力不断提出新的要求。河南郑州“7·20”特大暴雨发生后，全国上下迅速驰援河南，但灾区洪水、疫情等各种复合灾害、次生灾害的风险复杂性导致部分社会组织的救援力量发挥受限，社会力量还未能将各种能力和资源通过灾情的社会影响评估联动起来。另一方面，

---

① 王伟进、何立军：《目标、渠道、能力与环境——一个社会组织协同应急管理的分析框架》，《学习论坛》2022 年第 1 期，第 104 页。

社会力量还未建立专业化的灾害社会影响评估队伍和知识体系，相关灾害社会影响评估的指标体系和有效方法有待开发。

5. 规范化的灾后重建机制仍待健全

首先，社会组织在灾区开展的服务形式较为单一。灾区群众不仅面临物质损失，更是心灵受挫，灾后的心理援助工作亟待重视。其次，如何实现灾后支持可持续、确保服务的长效供给仍亟待探索有效的方式，以推动灾区人民充分利用现有资源自强自助、自我恢复。最后，灾后救助项目的监督和评估工作仍有欠缺。过往社会组织、企业在捐赠后就当“甩手掌柜”的行为不利于灾后恢复工作的长远运行。灾难救助不仅在于灾时，更需要注重救助项目的合理性和持续性，以统筹好发展与安全两件大事，帮助受灾地区逐步进入恢复常态运行的阶段。

（二）发展趋势

1. “五社联动”机制建设逐步完善，形成社区应急管理合力

2021 年 7 月 11 日，《中共中央、国务院关于加强基层治理体系和治理能力现代化建设的意见》提出，完善社会力量参与基层治理激励政策，创新社区与社会组织、社会工作者、社区志愿者、社会慈善资源的联动机制，吸纳社会力量参加基层应急救援。“五社联动”是指以社区为平台、以社会组织为载体、以社会工作者为支撑、以社区志愿者为辅助、以社会慈善资源为补充的现代基层治理行动框架。① 在常态化应急管理中，通过“五社联动”的机制建设，形成社区应急管理模式，确保救灾时的高效、有序展开。一方面帮助社区搭建完备的知识体系，设置对潜在的灾害风险应对的情景预案，提高风险应对能力，增强社区韧性。② 另一方面，“关口前移”，吸取地

---

① 湖北省民政厅课题组、孟志强：《“五政联动”助推基层治理体系和治理能力现代化》，《中国民政》2021 年第 17 期，第 37 页。

② 《专访 | 张强：要在救灾的碰撞中跨越传统边界、促进共同体建设》，https://baijiahao.baidu.com/s?id=1706641612496185835&wfr=spider&for=pc，最后检索时间：2022 年 2 月 22 日。

震、水涝等灾难带来的惨痛教训，加强风险应对演练，促进人们形成应对灾难的行为习惯与条件反射，努力打造社区防灾减灾“三个有”格局，建立完善“第一响应人”制度，在编制应急预案的基础上有一张参与式的社区风险地图，帮助家家户户制定家庭减灾计划。

2. 智能化信息协作平台创新搭建，提升应急救灾效率

《“十四五”国家应急体系规划》强调精准认识和把握灾害事故的致灾规律。社会力量作为社会治理的重要主体，不仅要加强自身专业建设，培养创新性应急管理人才，更要适应科技信息化的发展大势，整合科技资源，依靠科技创新，提高社会力量参与应急管理的科学化、专业化、精细化水平。通过智能化的信息协作平台，不仅增强信息有效性，在监测、评估、研判、救援、救助等环节实现快速响应；还能加强各部门协作，形成信息互通、资源整合、各司其职、齐抓共管的应急管理合力，提升应急救灾效率。

3. 多方协同力量间的链接有效弥合，深化协同治理体系

疫情防控常态化背景下，灾害应对情景已从单一的疫情防控转向复合型的灾害管理。在疫情和“天灾”的双重压力下，加强前端救援力量、中端协作平台、后端支持力量的协同弥合，深化协同治理体系已是大势所趋。前端力量加强需社社协同，充分发挥社会应急力量的基础性和灵活性特质。一方面要吸纳专业强、经验多、影响力大的社会力量参与协同治理，形成多层次、全方位、广覆盖的协同治理体系。① 另一方面，通过在社区建立“第一响应人”队伍，及时把握前沿动态的脉络变化，做好风险预判，提高资源配置效率。中端协作加强政社协同，构建以党政部门治理为主轴，社会主体协同参与为轴承的综合协同治理系统，提高中端协作的运行效率。形成横向以政府部门间协同机制带动社会力量协同、纵向以重塑行政层级间协同网络牵引社会多层次协同的思路。② 后端协作方面，灾时规范引导零散力量，严

---

① 张强：《新形势下推进社区治理创新的重心和基本面》，《国家治理》2020 年第 40 期，第 13 页。

② 高小平、张强：《再综合化：常态与应急态协同治理制度体系研究》，《行政论坛》2021 年第 1 期，第 64 页。

格救灾门槛。同时加强社企协同，探索防范化解重大风险的创新方式，保障后端支撑的坚实发展。例如，通过企业科技创新，为社区提供智能预警、应急救援等惠民服务；发挥商业保险的风险分担功能，恢复和保障民生。[①]

4. 通过救援工作靶向化、精准化发展，促进慈善法治化建设

《“十四五”国家应急体系规划》指出要坚持依法治理，实现应急管理的制度化、法治化、规范化，推进完善法律法规架构，推进应急标准建设，重点指出要制定出台加强社会应急力量建设的意见，对队伍建设、登记管理、参与方式、保障手段、激励机制、征用补偿等做出制度性安排。《规划》还推动将社会应急力量参与防灾减灾救灾、应急处置等纳入政府购买服务和保险范围，在道路通行、后勤保障等方面提供必要支持。这标志着“十四五”时期将是社会力量规范有序参与应急管理的制度体系建设的重要阶段，社会力量可以抓住机遇参与政府立法过程，同时以行业协会为代表的社会力量可以充分推动相关标准建设，进而促进社会力量参与应急管理的规范化、标准化进程。

5. 灾情应对的动态评估能力日益提升，构建科学化的应急评估体系

随着突发公共卫生事件不断对社会力量评估灾情能力提出挑战，提升灾情应对的动态评估能力、构建科学化的应急评估体系迫在眉睫。为此，可以从源头防控、灾情应对、灾后重建等三方面建立评估指标。源头防控风险是降低突发事件发生率的关键，把握灾中动态评估是提高救灾效率的前提基础，规范灾后重建是恢复城市生命力的基本保障。与此同时，社会力量可以充分发挥自身的资源链接优势，联合政企学社等多方力量并尽可能地有机融合不同利益相关者视角、不同灾害发展阶段、从个体到家庭的不同单元，开发灾害社会影响评估的指标体系和有效方法，为灾区群众提供更多结构化、社会性、可持续性的支持。

---

① 国务院印发《“十四五规划”国家应急体系规划》（国发〔2021〕36 号），https://www.163.com/dy/article/H0CF30930514NP6K.html，最后检索时间：2022 年 2 月 22 日。

6. 推动灾后重建规范化，实现灾后救援的有力有序有效开展

一方面，建立可持续的灾后重建机制，促进灾后重建工作规范化。一是明确灾后救援中政府的主导地位，厘清上下级政府之间的权责，并以法律形式明确灾后重建中事权清单；二是推动社会组织创新，丰富社会组织在灾后重建的服务形式，从生态环境和社会心理双重视角切入，重新恢复灾区人民的社会关系网络、重塑灾区人民信心；三是加强对志愿者群体的关注，保障志愿者的切身利益。另一方面，建立动态化的重建需求评估机制，帮助灾后救援的有力有序有效开展。由于灾后重建阶段存在多元化目标、价值和地域文化，因此在重建时序上，要建立从恢复初期满足基本生活到中期恢复社会生产再到终期“降低现有风险”和“提升社区韧性”的重建目标机制；在重建空间上，要根据地域、人群和利益主体的多元化设立重建目标，以提升重建的整体满意度。[①]

① 师满江、宁志中、曹琦：《“重建得更好”目标下灾后恢复重建需求评估——以四川长宁Ms6.0地震为例》，《城市规划》2021年第6期，第116页。

B.7
2021年度中国公益慈善十大热点事件评述

聂铂　李皓　董上*

摘　要： 近年来，公益慈善力量在参与社会治理、弥补政府与市场失灵等方面的作用日益引发关注，并逐渐探索建立起本土的公益慈善知识和话语体系。公益慈善热点事件既反映了公益慈善发展现状，也为行业探索未来方向提供了视角和契机。2021 年公益慈善十大热点事件聚焦慈善行为、政策环境、社会治理与慈善教育四个面向：突发公共事件展现慈善捐赠和志愿服务精神的力量；慈善领域的法治环境进一步改善，社会力量参与推动《慈善法》修法为行业争取更友善的发展空间；公益慈善更全面地嵌入社会治理体系；高校公益慈善教育的新进展和共同体的初步建立鼓舞了行业未来发展的信心。面对进入新时代的中国社会，公益慈善的行业面貌逐渐清晰，并在转型发展的探索中推动社会进步。

关键词： 捐赠　法治环境　社会治理　社会力量　公益教育

一　引言

随着对新冠病毒研究的深入，人们越来越意识到新冠病毒可能将长期

* 聂铂，南开大学周恩来政府管理学院博士研究生，主要研究方向为公益社会学、公益教育；李皓，南开大学周恩来政府管理学院硕士研究生，主要研究方向为公益社会学；董上，南开大学周恩来政府管理学院博士研究生，主要研究方向为残疾人社会组织。

存在于人类社会，新冠肺炎疫情已成为考察全球经济社会发展时无法忽视的重要背景。中国执行严格的疫情防控措施，对疫情实行“零容忍”政策。在社会管理方面，针对人员流动、活动组织、生产开展等制定了精细化的疫情防控规定，并逐步建立起常态化防控机制以及疫情突发应对机制。2021 年，全国各地疫情呈多点散发状态，在“外防输入，内防反弹”的方针指导下，举国动员体制在迅速有效扑灭疫情方面作用明显，国内疫情防控形势总体平稳。在这样的疫情防控背景下，2021 年我国在恢复生产生活秩序、经济社会发展方面表现不俗。国家统计局公开数据显示，2021 年国内生产总值（GDP）达 114.4 万亿元，居世界第二位，同比增长 8.1%，超出国际货币基金组织对美国、欧元区、日本经济的预计值，在全球主要经济体中名列前茅。① 这一年，中国向世界宣告解决了绝对贫困这一历史性的问题，全面建成小康社会，并提出继续向第二个百年奋斗目标迈进，实现共同富裕。

在经济社会发展的整体环境下，创新社会治理和提升社会治理能力成为国家社会关注的焦点。公益慈善参与社会治理并发挥作用，与社会领域各部门产生互动并加强联结。第三次分配和共同富裕目标的提出为公益慈善增添了新的想象，拓宽了发展空间，公益慈善行业发展以及公益慈善相关事件也逐渐吸引了社会各界的更广泛关注。“慈善蓝皮书”课题组组织了十大公益慈善热点事件的评选，本报告对此进行述评。

二　2021年度中国公益慈善十大热点事件

（一）豫晋水灾引发社会广泛关注，各界力量参与灾害救助

2021 年 7 月，河南连续多日遭遇极端暴雨袭击，由此引发特大水灾，

① 《国民经济量增质升“十四五”实现良好开局》，新华网，http：//www.xinhuanet.com/politics/20220214/9154f525caff4ce1b9e29dd1d62d8558/c.html，最后检索时间：2021 年 2 月 20 日。

国家防总启动防汛Ⅱ级响应，河南省防指启动防汛Ⅰ级响应。水灾致数百人遇难，财产损失超千亿元，政府积极统筹部署救援，社会救援力量自发集合开展救援工作。慈善组织迅速上线暴雨援助信息收集通道，社会捐赠积极性高涨。以河南慈善总会发起的“防汛抗洪驰援河南”项目为例，截至8月31日，该项目累计接收社会捐赠47.3亿元。同时，有舆论质疑郑州防汛工作存在问题造成市内严重灾情，对此国务院成立郑州“7·20”调查组，调查评估灾害的应对过程。同年10月，山西多地出现强降水天气，全省多个观测站日降水量和过程累计降水量均超建站以来同期历史极值，国家减灾委、应急管理部启动Ⅳ级救灾应急响应。山西水灾受灾人数超过175万，造成直接经济损失超过50亿元。据不完全统计，水灾发生1天之内企业捐款接近4亿元。山西水灾期间，有报道称暴雨连下60小时却“无人问晋”，在社会关注、捐赠积极性、救援参与度等方面与全国驰援河南水灾形成鲜明对比，引起公益慈善行业和关注公益慈善人士讨论和反思。

（二）企业响应“共同富裕”目标，开启公益发展新蓝图

2021年8月，中央财经委员会召开第十次会议，把“共同富裕”作为一项重要议题提出。11月8~11日，中国共产党第十九届中央委员会第六次全体会议审议通过了《中共中央关于党的百年奋斗重大成就和历史经验的决议》，明确提出实现全体人民共同富裕的第二个百年奋斗目标。① 响应党的号召，企业纷纷启动共同富裕计划。8月18日，腾讯投入500亿元启动“共同富裕专项计划”，为带动低收入增收、促进医疗救助完善、推进乡村经济增效、资助普惠教育共享等提供持续支持。② 在此前，腾讯已投入500亿元用于探索基础科学、教育创新、乡村振兴、碳中和、公众应急、养老科

① 《中共中央关于党的百年奋斗重大成就和历史经验的决议（全文）》，中华人民共和国中央人民政府官网，http：//www.gov.cn/zhengce/2021-11/16/content_ 5651269.htm，最后检索时间：2022年5月9日。

② 《腾讯启动“共同富裕专项计划” 持续发力改善民生》，光明网，https：//m.gmw.cn/baijia/2021-08/19/35093022.html，最后检索时间：2022年4月27日。

技和公益数字化等多个领域。同时，腾讯基金会对“99公益日”进行升级，将配捐与支持在平台筹款的公益组织可持续高质量发展相结合。未来将把10天的密集筹款行动转变为持续全年的可持续公益生态建设。9月，阿里巴巴集团提出“阿里巴巴助力共同富裕十大行动”，将在2025年前投入1000亿元用于科技创新、经济发展、高质量就业、弱势群体关爱和共同富裕发展基金五个方面。其他企业如拼多多设立“百亿农研专项”计划，推动农业技术进步。吉利控股集团启动共同富裕计划，助力实现产业共富。美团、小米等知名企业也采取多元路径响应共同富裕战略目标。

（三）公益性捐赠税前扣除资格确认新规发布

2021年2月，财政部、税务总局、民政部发布《关于公益性捐赠税前扣除资格确认有关衔接事项的公告》，调整了公益慈善事业支出和管理费用比例、评估等级、非营利组织免税资格等相关规定。[①] 在该公告发布前，三部门及各省相关部门陆续发布2020~2022年度公益性社会组织捐赠税前扣除资格名单，获得捐赠税前扣除资格的公益性社会组织数量较往年有所减少，引起公益行业高度关注，行业专家、实务人士纷纷呼吁政策调整并加入研讨。在一众呼吁下，三部门出台“补丁政策”对税前扣除资格的限定条件进行了调整，解决了2020年发布的《关于公益性捐赠税前扣除有关事项的公告》与2016年发布的《关于慈善组织开展慈善活动年度支出和管理费用的规定》的内容不一致问题，使得更多社会组织能够获得公益性捐赠税前扣除资格。为鼓励社会公益性捐赠，并考虑到新冠肺炎疫情影响，此次发布的公告也让更多因为无法参加等级评估或参加评估尚未拿到评估等级的社会组织有机会获得公益性捐赠税前扣除资格。

（四）《慈善法》修订正式启动，继续坚持开门立法原则

全国人大于2020年启动《慈善法》执法检查，听取了执法检查组关于

---

① 《公益性捐赠税前扣除资格确认新规发布》，搜狐网，https：//www.sohu.com/a/452404768_99901099，最后检索时间：2022年5月9日。

执法检查情况的汇报。2021年两会后，全国人大常委会正式决定启动《慈善法》修订工作，3月26日，全国人大社建委在京召开《慈善法》修订工作专家座谈会，表示将继续坚持开门立法原则，并呼吁相关专家积极参与。学界专家、公益慈善组织等积极行动：金锦萍、刘培峰、马剑银作为召集人，北京大学法学院非营利组织法研究中心、北京师范大学法学院公益慈善与非营利法治研究中心主办，中国灵山公益慈善促进会、爱德基金会传一慈善文化基金协办，并联合多家机构共同举办了十期“慈善法治圆桌汇”，以学术沙龙的形式深度探讨慈善法治建设；清华大学、上海交通大学、复恩法律等机构的专家发起《慈善法》修订研讨系列沙龙，并邀请政界、实务界人士共同参与讨论；中国社会保障学会组织中国人民大学、北京师范大学、中国社会科学院、中国慈善联合会等高校和社会组织的专家围绕《慈善法》修法研究展开讨论。广州社会组织研究院、广州市公益慈善联合会、深圳市慈善事业联合会等多家珠三角地区的社会智库和慈善行业组织共同发起“推动珠三角慈善事业高质量发展”系列沙龙活动，基于珠三角的慈善实践经验，积极建言献策，为《慈善法》的修订贡献智慧和力量。此外，全国人大社建委委托清华大学公益慈善研究院、中国社会保障学会、北京师范大学中国公益研究院等单位开展《慈善法（修订草案）》（专家意见稿）起草工作，为修法提供参考。

（五）我国脱贫攻坚取得全面胜利，社会力量发挥积极作用

2021年2月25日，全国脱贫攻坚总结表彰大会在京举行，我国向世界庄严宣告脱贫攻坚战取得全面胜利。一批在打赢脱贫攻坚战中做出突出贡献的个人和集体获得表彰，根据中国社会组织政务服务平台初步统计，全国社会组织领域有1人获“全国脱贫攻坚楷模”称号，23名个人获“全国脱贫攻坚先进个人”称号，20个集体获“全国脱贫攻坚先进集体”称号。脱贫攻坚阶段，民政部门广泛开展社会力量动员工作，积极引导社会组织、慈善力量、专业社工、志愿者参与脱贫攻坚行动。全国社会组织共实施扶贫项目超过9万个，投入各类资金1245亿元，通过产业扶贫、科技扶贫、教育扶

贫、文化扶贫等方式，促进人才、资金、技术向贫困地区流动，推动社会扶贫、行业扶贫与专项扶贫的深度融合。社会组织在脱贫攻坚中的作用也受到国家乡村振兴局署名文章的肯定。

（六）公益慈善教育发展取得新突破，公益慈善人才培养迈上新台阶

2021 年 5 月 8 日，中静新华资产管理有限公司向浙江工商大学捐赠 3.5 亿元，用于建设全国首家慈善学院和慈善大楼，培养国民教育系列公益人才。之后，浙江工商大学向中华人民共和国教育部递交申报慈善管理本科专业相关材料，于同年 8 月获得批准。同时，山东工商学院同期申报公益慈善管理本科专业也获得批准，成为公益慈善学科发展的新突破。11 月 6 日，清华大学公益慈善研究院和敦和基金会联合主办首届“清华—敦和中国高校公益慈善教育论坛”，50 余位嘉宾出席了论坛，并得到学堂在线、凤凰网公益、中国慈善家、腾讯新闻、南方周末等媒体的支持和关注，线上直播吸引观众累计达 16 万人次。论坛围绕中国大学公益教育的使命、中国高校公益教育现状和发展方向、人才需求视角下的高校教育与行业支持、公益慈善通识教育的未来以及课程教学组织与方法等话题进行了深入讨论，并发布《中国高校公益慈善教育报告 2021》。论坛上，40 家高校联合发起《关于共同推动中国高校公益慈善教育的倡议》，旨在有效促进高校公益教育发展和学科建设，推动政府、高校、行业、媒体等多元教育力量联合行动。截至 12 月底，共有 53 所院校或研究机构响应并加入，中国高校公益慈善教育共同体呼之欲出。

（七）民政部发布《“十四五”社会组织发展规划》，进一步规范和促进社会组织高质量发展

2021 年 9 月 30 日，民政部印发《“十四五”社会组织发展规划》，总结“十三五”期间我国社会组织发展状况和成绩，提出“十四五”期间社会组织发展的指导思想、基本原则、主要目标和相关发展预期指标。《规划》提

出加强社会组织党的建设、完善社会组织法律制度、规范社会组织登记、健全社会组织监管体系、提升社会组织执法水平、加强社会组织自身建设、引导支持社会组织发展及发挥社会组织积极作用等八大主要任务，并在加强组织领导、完善投入机制、强化研究宣传和抓好考核评估等方面提供保障，对社会组织规范有序发展做出整体安排。①

（八）构建现代化基层治理体系新格局，形成基层治理共同体共治合力

2021 年 7 月，《中共中央　国务院关于加强基层治理体系和治理能力现代化建设的意见》发布，《意见》整体勾画了中国特色基层治理体系图景，提出增强基层治理能力的方向和路径，构建了多主体力量、多服务对象、多层次内容的服务格局。在推进基层法治和德治建设方面，《意见》指出要发展公益慈善事业，完善社会力量参与基层治理的激励政策，创新“五社联动”机制，支持建立乡镇（街道）购买社会工作服务机制和设立社区基金会等协作载体，吸纳社会力量参加基层应急救援，并进一步强调了“五社联动”的行动框架在基层治理中的作用。② 社区基金会对基层治理的重要性也被明确提及，尽管当前我国社区基金会数量仍处于低位，但近年随着社区建设的不断推进、社会治理的日趋深化，社区基金会的发展势头和前景一直备受社会关注和行业重视，尤其在参与社会治理、满足社区个性化需求以及推动社会创新等领域，社区基金会无论在整体规划层面还是具体操作层面都有着独一无二的优势。从长远来看，作为完善社会治理体系的抓手之一，社区基金会将进一步发挥纽带作用，为提升基层治理水平贡献智慧与力量。

① 《“十四五”社会组织发展规划》，中华人民共和国中央人民政府官网，http：//www.gov.cn/zhengce/zhengceku/2021-10/08/content_ 5641453. htm，最后检索时间：2022 年 5 月 9 日。

② 《中共中央 国务院关于加强基层治理体系和治理能力现代化建设的意见》，中工网，http：//www.workercn.cn/34196/202107/11/210711190011706.shtml，最后检索时间：2022 年 5 月 9 日。

（九）鸿星尔克捐赠5000万元物资驰援河南水灾，引发网友“野性消费”与质疑

2021 年 7 月，河南发生严重水灾，企业、公众捐赠热情高涨。网友发现鸿星尔克公司上年净利润亏损 2.2 亿元，企业“濒临破产”，仍低调捐赠 5000 万元物资援助灾区。随后，捐款新闻被广泛转发，社会舆论迅速发酵。“鸿星尔克”话题登微博热搜榜首，网友纷纷涌入鸿星尔克直播间“野性消费”予以支持，淘宝和抖音直播间累计销售额均超亿元，一度导致直播间商品全部售空。面对网友的热情支持，鸿星尔克董事长进入直播间现场向网友道谢并呼吁“理性消费”。7 月 23 日，网友称根据公开可查资料，鸿星尔克仅捐赠 20 万瓶矿泉水，质疑其“诈捐”。对此，鸿星尔克董事长吴荣照出面回应，表示已与郑州慈善总会及壹基金拟好捐赠协议，部分物资已发出，后续将陆续履行 5000 万元物资的捐赠承诺，并于微博澄清了“企业濒临破产”的传言。

（十）国务院加强对弱势群体民生的关注，积极引导社会力量参与保障救助

2021 年，国务院发布多项旨在关注弱势群体权益的规划和指导意见，多角度全方位关注民生，并积极鼓励慈善等社会力量参与。在残疾人发展方面，国务院于 7 月 8 日印发《“十四五”残疾人保障和发展规划》，从完善残疾人社会保障制度、帮扶城乡残疾人就业创业、健全残疾人关爱服务体系等方面提出五大主要任务及 11 项主要指标。[①] 针对医改和社会救助，国务院办公厅 10 月 28 日印发《国务院办公厅关于健全重特大疾病医疗保险和救助制度的意见》，提出了发展壮大慈善救助、积极引导慈善等社会力量参与救助保障的要求，从而构建政府主导、多方参与的多层次医疗保障体系。[②]

① 《“十四五”残疾人保障和发展规划》，中华人民共和国中央人民政府官网，http：//www.gov.cn/zhengce/content/2021-07/21/content_ 5626391.htm，最后检索时间：2022 年 5 月 9 日。

② 《国务院办公厅关于健全重特大疾病医疗保险和救助制度的意见》，中华人民共和国中央人民政府官网，http：//www.gov.cn/zhengce/content/2021-11/19/content_ 5651446.htm，最后检索时间：2022 年 5 月 9 日。

此外，为积极应对人口老龄化、激发老龄社会活力，11 月 24 日，《中共中央国务院关于加强新时代老龄工作的意见》发布。《意见》鼓励公益组织对老龄事业投入，充分发挥社会工作和志愿服务在老龄工作中的重要作用，进一步开展“银龄行动”引导老年志愿者以志愿服务形式积极参与民生活动。[①] 为响应政策号召，近年来，北京、青岛、成都、南京等地探索“时间银行”互助养老服务模式，鼓励人们互助互惠，共享志愿服务价值。

三　公益慈善热点事件与中国公益慈善发展

从上述热点事件中可以看到，2021 年公益慈善十大热点事件发生在捐赠与行动响应、慈善法治环境、社会力量参与社会治理以及慈善教育发展四个方面，在引起社会广泛讨论的同时也体现了公益慈善事业新的发展动向。

（一）慈善行为：突发公共事件中的社会捐赠与行动响应

1. 传媒效应影响社会捐赠

2021 年的非常态社会捐赠主要发生在 7 月的河南水灾和 10 月的山西水灾这两次突发公共事件时期。一方面，公众对突发性社会事件的响应体现出社会主体强烈的自愿捐赠意愿，尤其表现为企业大额捐赠以及公众的互联网捐赠积极性高涨。这表明民间蕴藏的慈善资源的丰富性以及公众慈善捐赠的强烈愿望一旦得到广泛动员，便能够迅速集聚形成强大能量，有效缓解和弥补紧急状况下的资源匮乏，为公共资源配置和调动提供缓冲的时间和空间。另一方面，媒体信息传播以及舆论引导等传媒效应影响了公众对两次水灾的关注度。社会捐赠行为容易受传媒影响和群体情绪刺激，形成一次性捐赠热潮，然而捐赠愿望和动力会在接续发生的突发公共事件中明显减弱。广州市社会创新中心与公益资本论对两次水灾的媒体报道进行数据比对，发现媒体

① 《中共中央国务院关于加强新时代老龄工作的意见》，中华人民共和国中央人民政府官网，http：//www. gov. cn/zhengce/2021-11/24/content_ 5653181. htm，最后检索时间：2022 年 5 月 9 日。

对先后发生的两次水灾的报道密集度和速度差异巨大。[①] 公益筹款行业培育平台方德瑞信的研究指出，晋陕水灾未受到媒体、公众广泛关注，互联网公众筹款较河南水灾时期明显呈现疲态。[②]

中国的公众筹款市场处于不成熟阶段，公益慈善尚未成为社会普遍共识，社会公众稳定的捐赠习惯仍未养成，持续捐赠动力不足。20 世纪 60 年代，美国学者格伯纳提出的涵化理论指出传媒能够影响人的观念，具有教养效果，使受众在认识上趋于一致。大众传媒的涵化功能对社会公众的慈善和捐赠观念的塑造与影响值得重视。一方面，政府和公益组织应看到慈善的社会基础，重视发挥大众传媒的作用，培育和引导社会整体的捐赠习惯、捐赠文化和慈善氛围。同时，传媒也应被纳入应急管理体系，发挥其紧急动员的功能，形成常态和紧急状态下的大众传媒在公益慈善方面的重要价值。另一方面，面对社会资源筹募窘境，公益组织不仅要加强自身筹款能力、行业协同能力以及紧急动员能力，也需要学习如何促进一次性捐赠行为向持续性捐赠行为转化，学习如何与社会其他领域如媒体、商业顺畅沟通渠道，通过建立一定的常态互动机制实现资源筹措目标。此外，公益慈善行业更需要学会用公众能够接受的话语讲述公益故事，最终达成项目目标，实现公益价值。

2. 国家应急体系与社会力量：协同与吸纳

2021 年，社会力量在响应突发公共事件救援行动中表现活跃，如灾害信息专业研判、民间救援队伍紧急集结、特殊需求群体和家庭支持、企业专业志愿服务、民间互助等。公益组织迅速投入突发公共事件中，依托其专业能力、网络优势、灵活性和下沉能力有效推动救援工作。不仅如此，中国慈善联合会救灾委员会与郑州市慈善总会联合设立“7·20 洪灾社会组织和志愿者协调中心”，专事协调救灾力量，促进协同。公益慈善行业的行动协调

---

① 《实锤了！水灾能筹到多少钱，与灾情关系不大，与媒体报道关系特别大》，广州市社会创新中心微信公众号，最后检索时间：2022 年 1 月 25 日。

② 《2021 年晋陕洪灾互联网筹款数据跟踪与分析》，方德瑞信微信公众号，最后检索时间：2022 年 2 月 24 日。

以及对志愿力量的统合体现了行业自觉。相较于分散力量，各自为战，公益慈善在此次救援行动中行业共同体的形象得到展示。社会救援力量的专业性、响应能力以及实践经验得到政府认可，并逐步被吸纳到国家应急管理系统，与政府力量协同提供应急服务。社会力量更广泛地参与到国家公共服务体系中。

但也应看到，这种协同是否能产生实效并释放加成效应，如何建立顺畅的应急协调常态化沟通机制，以及被纳入国家公共服务体系中的自主性等问题仍有待验证和探索。此外，救援领域的专业性决定社会救援力量运作和维护成本相对高昂，不易得到社会关注和资源投入，因此运维资金上的短板成为社会救援力量可持续发展的现实阻碍。如何充分借助灵活性强、补位迅速、专业度高、动员快的社会力量，与国家救援力量形成配合机制，在紧急公共事件发生、大规模救援到来前，迅速有效处置危险情况是亟待探讨的问题。

3. 企业慈善行为的社会监督趋于加强

从鸿星尔克捐赠事件的迅速升温和突遭质疑中可以看到，一方面，企业具有迅速响应慈善捐赠的意愿和能力，无论其初衷出自何种考量，企业都是可以动员的重要捐赠力量，且捐赠对于企业品牌形象、社会声誉、社会关注度都会产生不可估量的作用。另一方面，社会高度推崇和鼓励慈善行为，对此具有清晰的喜恶界限和敏锐反应力，这种情感边界和敏锐反应一定程度上形成了社会监督。虽然近年来屡有企业或个人“诈捐”的新闻出现，其背后的真实情况难以考证，但随着网络技术的发展、信息公开体系的建设以及公众监督意识的觉醒，诈捐行为势必式微。对于公益组织而言，关键点在于如何借助社会中推崇慈善行为的文化营造慈善参与氛围；此外，面对企业或个人捐赠时，如何有效跟进和进行捐赠人维护，帮助捐赠人及时达成捐赠意愿，做好信息公开，也值得深入探索。而质疑声音的出现，既体现了社会监督的强大力量，也体现出公众对公益慈善寄予的道德期待。无论从哪一方面，都反映了当下公众公益慈善认知和公益素养的提升，也彰显了维护社会公众对于公益慈善参与热情和信心的重要性。

（二）政策环境：法治完善推动公益慈善发展

政府作为国家的管理者，通过制定法律政策，提供全国性公共品，为包括公益慈善在内的社会各部门提供运作依据和制度保障。2021 年，公益慈善法治体系得到进一步完善，3 个备受关注的法律法规政策相关事件利好公益慈善行业整体发展。

1. 开门立法推动多元参与

2016 年正式颁布实施的《中华人民共和国慈善法》的划时代意义不仅在于其是我国第一部公益慈善领域的综合法律，更在于这部法律的制定及修法集中体现了我国立法民主化的探索。开门立法原则在慈善立法及修法中得以贯彻，体现了社会协同治理的理念，改变了自上而下的线性治理模式，能够良好面对和有效回应社区关切以及社会发展中的复杂性、系统性问题，吸纳多元主体参与，并及时针对多元诉求和利益进行协调整合。开门立法把复杂的社会现实问题纳入慈善法律规制范围内，有利于提高法律的社会适应性。慈善法的开门立法是一个双向调试的过程，一方面在于立法部门能够坚持以开放的态度听取社会声音、吸纳民间智慧，另一方面在于社会力量具有推动法制完善的技术能力、实践经验和持续参与的动力，两者在立法实践中不断调试形成良好互动关系，推动了立法修法进程并产生实效。在 10 余年的慈善立法过程中，政府与社会力量之间初步探索出了一条有效沟通、互相协同的路径，学者的理论优势、实务界的实践经验以及社会公众的反馈均得到重视。

但同时也应看到，除了学术界和实务界，媒体、企业以及社会公众对慈善立法和慈善法治体系建设赋予的关注仍十分有限，社会力量的多元化尚且不足。此外，慈善法治建设中的政社协同常态机制尚未形成，学界和业界参与和推动法治建设的手段与方法相对局限，与慈善法治相关的其他学科如财政学、经济学等领域的学者参与动力不足，这些都将掣肘公益慈善法治环境持续向好发展。不过随着第三次分配和共同富裕目标的提出带来又一波慈善发展推动力，我们有乐观的理由相信公益慈善与社会其他部门的互动将进一步增强。

2. 抵税资格调整新规维护公益组织发展的友善环境

非营利组织免税资格和公益性捐赠税前扣除资格是公益组织最为关心的两项涉税事务，影响到公益组织的长远发展。对于公益慈善组织而言，特殊时期抵税资格调整性新规的出台解决了其筹款合法性问题，释放了组织的资源汲取能力，增强了筹款信心，为公益与商业和社会互动建立了可行联结，有助于公益组织挖掘社会资源，拓展筹款渠道。

受袭击全球的新冠肺炎疫情以及随之而来的全球经济下行走向影响，企业和个人捐赠势必受到严重影响，公益性捐赠税前抵扣资格能够为捐赠者提供实际的税收优惠，对于捐赠意愿和捐赠热情的维护、拓展新的捐赠人、保持与企业和公众的互动渠道都具有积极意义，这一调整为公益组织实现可持续发展提供了驱动力。但是也应该看到，与公益组织生存和发展高度相关的税收政策法规相对分散，彼此之间存在接续问题，不同部门在政策落实中也存在较大的理解偏差。此外，政策推出时未充分考虑整体社会环境、实操情况以及紧急情况下行业的变化因素。虽然在政策出台后，学界业界对此进行了讨论，一定程度上推动了调整措施出台，但仍具有一定的滞后性，也体现出政府、市场与社会领域之间在财税问题上沟通不充分，机制不完善等问题。

3. 社会组织发展规划引导组织规范角色定位

民政部《“十四五”社会组织发展规划》为社会组织当下一段时间发展提供了总体方向指引，有利于营造稳定的发展环境和公益慈善氛围。社会组织能够借此明晰行业发展的整体背景、未来发展方向和发展机遇，主动思考和寻找机构在行业中的位置，增强信心，深耕议题。再者，规划中的具体举措如加强监管、建设信用体系等具有现实指导性，能够推动社会组织以此为契机和目标，对照自身情况规范行为，主动提升机构运营能力以及项目执行能力，推动组织合规运营并走上高质量发展道路。社会组织发展的纲领性文件能够助力打造公益慈善良好形象，增强公众对慈善的信心和关注。此外，规划的出台也为地方民政部门提供了整体框架和参照依据，有助于地方因地制宜地制定落实和促进公益慈善发展的相关政策措施，维护公益生态多样性和组织活力，促进地方公益慈善特色和创新发展。

（三）社会治理：多元主体的参与

社会力量近年来被吸纳进入政府主导的社会治理体系，活跃在经济社会发展的各个领域。2021 年，企业、社会组织等社会力量在脱贫攻坚、第三次分配与共同富裕、基层治理体系构建以及民生保障方面表现突出，备受社会关注。与此同时，社会治理的多元主体架构变得愈加丰富完善。

1. 社会组织参与贫困治理与民生保障

绝对贫困是困扰我国发展的历史性问题，扶贫济困是传统慈善的主要关注点和工作领域。公益组织能够汇聚社会资源，发挥行动灵活、工作方法丰富、社区关系密切等优势，助力贫困问题的根本解决。各项鼓励参与扶贫及弱势群体民生保障的措施进一步激发了公益组织的积极性和能动性，更好地动员社会资源投入其中，形成政策、人力、专业工作方法、资金等资源的合力，探索出贫困治理和民生保障的中国道路。

多元主体协同参与的社会治理共同体集合了政府、市场与社会力量，构建了社会整体支持体系和资源动员机制。社会组织发挥了在政府和市场之外的社会力量的优势，下沉基层社区，动员社区力量，广泛筹措资源，利用慈善资源帮助贫困和弱势群体改善困境，出色的工作成绩使社会组织成为社会治理中可以依靠和不可或缺的重要力量。新型社会治理体系和治理格局的不断完善，社会治理能力现代化的持续加强，能够提升和加强民生保障能力，确保和稳固民生保障成效。包括志愿服务在内的社会力量在多个社会议题中得到更广阔的发展空间，一方面能够实现组织多元化发展，另一方面，通过与社会共享服务价值，慈善文化得到弘扬，促进了慈善氛围的进一步形成。

2. 企业积极响应“共同富裕”

2021 年中共中央提出第三次分配战略，通过构建和完善既体现效率又兼顾公平的收入分配体系，推动共同富裕目标的实现。共同富裕既是目标，也是现实发展路径，不仅在于简单的经济增收，还包括各个群体充分享有社会各个领域发展的成就。共同富裕与社会治理格局密切相关，在社会治理创新实践中，企业通过履行社会责任参与社会治理，丰富了多元治理体系，凝聚市场力量，实现政府、市场、社会之间的协同社会治理。实现共同富裕目标，企业应首先做好基于效率的第一次分配，并积极参与第三次分配，促进共同富裕这一社会整体目标的实现。共同富裕目标的提出动员和团结了企业力量，并得到积极而迅速的响应，企业慈善捐赠氛围骤然升温，慈善资源总量不断增加。企业慈善的兴起体现了治理吸纳慈善的社会治理特征。[①] 但是基于公益慈善的自愿性原则，需要政府创设良好的动员机制，激发企业自主履行社会责任并发挥慈善精神，同时保持其在社会经济生产中的积极性，既尊重效率优先，也兼顾社会公平。此外，如何维持企业参与公益慈善、助力共同富裕的持久动力，推动企业慈善内生动力的形成也是需要探索的问题。另外，共同富裕目标下，慈善资源骤增，如何合理有效利用和整体协调资源也值得思考。总之，对于公益慈善行业来说，共同富裕的目标既是发展的机会窗口，也是能力上的艰巨挑战。

3. 政府主导构建基层治理新格局

我国的社会治理经历了从管理理念到治理理念的变革过程，逐步走向治理能力现代化的道路。近年来，中国的现代化社会治理体系建设发展迅速，完善、加强和创新治理体系的举措在国家治理的各个层面推出和施行。社会治理包括社会治理机制和具体社会事务治理两层含义，当指向具体社会事务治理时，社会治理和基层治理大部分时候是重合的，即基层社会治理。[②] 基层汇聚社会生活最为具体细致的问题，涵盖最为广泛的利益群体，也是社会治理的重要面向。2021 年我国提出要促进公益慈善发展，完善社会力量参

① 朱健刚、严国威：《治理吸纳慈善：2019 年中国慈善事业综述》，载杨团、朱健刚主编《中国慈善发展报告（2020）》，社会科学文献出版社，2020，第 1~26 页。

② 郁建兴：《辨析国家治理、地方治理、基层治理与社会治理》，人民网，http：//theory.people.com.cn/n1/2019/0830/c40531-31326555.html，最后检索时间：2022 年 2 月 25 日。

与基层治理的激励政策，创新“五社联动”机制，支持建立乡镇（街道）购买社会工作服务机制和设立社区基金会等协作载体，吸纳社会力量参加基层应急救援，完善基层志愿服务制度等。[①] 由此可见，社会工作、公益慈善、志愿服务，以及邻里个体互助等各层面社会力量均被吸纳到基层治理框架中，成为基层治理中可以动员和依靠的力量，多元主体协同的基层社会治理共同体将在治理实践中不断得以构建并逐步走向成熟。此外，在各类型公益组织中，社区基金会作为基层治理协作载体被特别提出，由于其深耕社区，关注社区议题，动员社区资源和内生动力以服务社区居民，而成为社区治理的重要抓手之一。

《中国慈善发展报告（2020）》的总报告提出，2019 年民间公益慈善事业被进一步纳入国家治理体系，呈现“治理吸纳慈善”的总体特征。[②] 随着现代化进程不断向前发展，以及第三次分配和共同富裕目标的推进，治理吸纳慈善的特征将更加清晰明显，现代化社会治理格局也将在这一进程中逐步得到巩固并最终形成。

（四）慈善文化：探索公益教育共同体与公益话语的构建

2021 年，公益慈善专业教育取得重要进展，高校公益慈善人才培养体系初步建立。两所院校慈善管理本科专业获批，浙江工商大学完成了本硕博公益慈善人才培养体系建设，成为国内第一家拥有国民教育序列 3 个层次公益人才培养体系的高校，极大地鼓舞了高校开办公益慈善教育的信心和行动。

高校开办公益慈善教育并不是新鲜事物，清华大学、北京大学、上海交通大学、中山大学、深圳大学等高校此前就已经通过各种方式，探索和实践

---

① 《中共中央国务院关于加强基层治理体系和治理能力现代化建设的意见》，中华人民共和国中央人民政府官网，http：//www.gov.cn/zhengce/2021-07/11/content_ 5624201.htm？trs=1，最后检索时间：2022 年 2 月 25 日。

② 朱健刚、严国威：《治理吸纳慈善：2019 年中国慈善事业综述》，载杨团、朱健刚主编《中国慈善发展报告（2020）》，社会科学文献出版社，2020，第 1~26 页。

公益慈善专业教育。这种实践也得到公益组织以及来自企业、个人的捐赠资金和其他资源的支持。公益慈善教育环境的改善和教育氛围的形成非朝夕之功，更非个体的力量可以改观。近年来，对于共同体概念的争论，以及共同体形成的实践一直备受关注，铸牢中华民族共同体意识，构建社会治理共同体理念成为国家和社会建设的重要理念和实践路径。2021 年公益慈善教育领域的学者和行动者把共同体建设付诸行动，中国高校公益慈善教育共同体已初具雏形。

高校公益慈善教育共同体的形成，以及公益慈善本科专业的设立是中国公益慈善发展的重要里程碑，更是公益慈善领域为公益慈善本土话语体系建设做出的积极努力，有助于增强社会对于公益慈善事业的认知，提升公益慈善在经济社会发展中的地位和社会认可度。高校公益慈善教育开始从分散实践走向集体行动，从附属其他学科逐步转为独立专业办学，这不仅会改善在公益慈善教育中历来存在的学术界与实务界联结薄弱、互动有限、理论与实践研究脱节或者滞后等问题，还将推动公益慈善教育专业化和公益慈善知识系统化，并促进公益教育资源的流动。此外，也将打破公益慈善领域界限，吸引其他学科力量介入公益领域，丰富学科视角。从长远看，公益慈善教育的发展会为行业高质量发展提供人才保障。

多家高校、研究机构的响应，以及公益组织的积极支持促成了高校公益教育共同体的形成。但公益教育并不只局限于在高等教育机构中开展，民间组织也多有实践，例如，深圳国际公益学院的国际慈善管理项目、广州公益慈善书院的全人教育、阿拉善 SEE 生态公益学院的思益博雅课程等。高校如何与民间组织共同构建差异化、多层次合作共同体，专业教育与职业教育如何建立良好衔接的公益教育体系，满足行业对于人才的需求，需要在现实情境中进一步探索。此外，长久以来高校公益教育分散办学的现实，关注并从事公益慈善领域研究的学者数量不多，理论与实务能力兼具的师资有限，共同体的协调行动机制尚未有效建立，教育本身对于资源投入的长期性和高要求，加之难以开展即时性评估等现实情况，都使得公益慈善教育发展的前路道阻且长。

四 结论

从上述十大热点的分析中我们看到，2021 年公益慈善行业内部格局进一步完善，公益话语的探索性建构有了新进展。此外，公益慈善参与社会治理成效显著，与其他多元社会力量构建治理共同体，并在社会治理创新中表现不俗，成为协助解决社会问题、实现社会愿景中不可忽视的一环。公益慈善逐渐展现了愈加成熟化、规范化的面貌。

当然，从热点事件中，我们不仅应看到逐渐清晰的公益慈善行业面貌和不断锤炼的韧性，也应关注行业内外潜在的问题和挑战。在慈善行为方面，既应看到公共事件中社会捐赠和志愿服务热情的高涨，更应重视稳定的捐赠习惯与捐赠文化的培育，如何营造合理的慈善参与氛围，推动公众慈善认知和公益素养的提升，值得各方合力共同探索。在政策环境方面，法律法规的完善毋庸置疑体现了政社互动推动公益慈善法治环境向好的努力，但一定程度上也反映出政府、市场与社会领域之间沟通的滞后性和不充分，如何进一步促进政社互动、吸纳多元主体参与慈善法治建设，提高回应公益慈善行业的利益诉求的效率，都需在未来的实践中寻找答案。在社会治理方面，如何更有效地发挥公益慈善的力量、让慈善服务于国家治理体系的同时保持其内部活力和自主性，仍值得我们反思。在慈善文化方面，在受到新进展鼓舞的同时，如何抓住时代机遇推动慈善教育发展更进一步仍是后续的考验。

2021 年是我国现代化建设进程中具有特殊意义的一年。在这一年，公益慈善行业积极地进行内部探索，也努力向外寻求更宽广的发展空间。在国内发展环境的背景下、公众视野的焦点中、反思自身的诘问中，公益慈善行业求索转型发展的前路、努力建设行业面貌和寻求角色定位。无论何种努力，都彰显了行动的价值和力量。

B.8
2021年企业社会责任报告

郭沛源　周文慧　安国俊*

摘　要： 经过多年发展，企业社会责任在中国越来越被接受，特别在大型企业和上市公司中；近年来，与企业社会责任密切相关的环境、社会和公司治理（ESG）理念也越来越多地被提及。尽管企业社会责任和ESG不等同企业慈善行为，但是企业慈善行为确是企业社会责任和ESG的重要内容。本文通过对经理人调查、ESG评级等数据的统计分析，从慈善视角总体描述了2021年中国企业的企业社会责任表现，包括：企业捐赠金额及流向分析、员工公益活动分析、企业设立基金会情况分析、企业参与豫晋水灾救助情况分析及企业家超大额捐赠行为分析。本文指出中国企业慈善行为存在的若干问题，并提出五条具体对策：从企业战略层面认识社会责任、建立企业做慈善的专业机制、鼓励设立相对独立的企业基金会、培养既懂企业又懂公益的人才、营造促进企业慈善的外部环境。

关键词： 企业社会责任　ESG　公益慈善　捐赠

* 郭沛源，清华大学公共管理学院博士，商道纵横咨询公司创办人，主要研究方向为企业可持续发展和ESG投资；周文慧，新加坡国立大学公共政策硕士研究生，主要研究方向为公共政策和公益慈善；安国俊，中国社会科学院金融所副研究员，主要研究方向为公共财政、绿色金融和低碳转型。商道纵横创新部研究员陈鑫悦、中央财经大学博士研究生伍佳玲对本文也有贡献。

一　企业社会责任概述

（一）企业社会责任的概念和发展

企业社会责任（Corporate Social Responsibility，CSR）是指企业在经营活动中，除了要为股东创造经济价值，还要兼顾员工、客户、社区等其他利益相关方的利益。只有这样，在现代的市场环境下，企业才能更好驾驭风险、稳健经营，实现基业长青。现代意义的企业社会责任发端于20世纪90年代的欧美国家的反血汗工厂运动，部分欧美的服装、电子行业的品牌企业开始关注供应链的企业社会责任表现，并采取聘请第三方验厂等方式，确保社会责任能落地。近年来，企业社会责任的内涵和外延都在不断延伸，逐步融入企业管理的主流思想。譬如，2019年由美国主要企业首席执行官组成的商业圆桌会议（Business Roundtable）发表声明重新定义企业宗旨。声明称，"虽然我们每个公司都有各自目标，但我们对所有利益相关方都有一个共同且基本的承诺"，这些承诺包括"为客户提供价值""投资于我们的员工""公平和道德地对待我们的供应商""支持我们工作的社区"，还有"为股东创造长期价值"。声明最后说，"我们的每个利益相关方都是必不可少的。我们承诺为所有人创造价值，为公司、社区和国家的未来成功创造价值"。① 世界经济论坛将这一声明称为"利益相关者资本主义（Stakeholder Capitalism）"。②

自20世纪90年代以来，企业社会责任在中国也有了长足发展。首先，政府从政策上明确支持企业社会责任，特别是2005年企业社会责任被写入

① Our Commitment，Business Round Table，https：//opportunity. businessroundtable. org/ourcommitment/，last retrieved：April 26th，2022.

② What Is Stakeholder Capitalism，World Economic Forum，https：//www. weforum. org/agenda/2021/01/klaus-schwab-on-what-is-stakeholder-capitalism-history-relevance/，last retrieved：April 26th，2022.

《中华人民共和国公司法》（以下简称《公司法》），2008 年国务院国资委发布《关于中央企业履行社会责任的指导意见》；[①] 2021 年 12 月，《公司法》修订草案拟写入“国家鼓励公司参与社会公益活动，公布社会责任报告”条款；[②] 2022 年 3 月，国务院国资委单独成立社会责任局。[③] 其次，全社会、全市场的社会责任意识也在逐步提升，消费者及公众对企业提出了更高的社会责任预期。最后，中国企业也不断发展壮大，承担社会责任、提升企业品牌，成为企业发展的内在要求。此外，中国在国际社会上塑造负责任的大国形象，这包括企业海外投资时积极承担社会责任。

综上原因，企业社会责任在中国越来越普及。这可以从中国企业发布社会责任报告的数量统计反映出来。2021 年，中国约有 26%的上市公司发布了企业社会责任报告，从 2009 年的 371 份增加到 2021 年的 1125 份，且增幅持续稳定。其中，市值最大的 300 家公司（沪深 300）有 250 家发布报告，占比超过 83%（见图 1）。

（二）慈善与企业社会责任

企业履行社会责任可以分成三个层次。第一层次，是守法层次。企业首先要遵守法律规定的各项要求，譬如不能违反劳动法、不能偷漏税、不能超标排放污染等。能够做到这个层次的企业，我们称之为好的企业。第二层次，是慈善层次。达则兼济天下，具有一定盈利能力的企业可以考虑开展一些公益慈善活动。能够做到这个层次的企业，我们称之为善的企业。第三层

---

① 《关于印发〈关于中央企业履行社会责任的指导意见〉的通知》（国资发研究〔2008〕1 号），http://www.sasac.gov.cn/n2588035/n2588320/n2588335/c4260666/content.html，最后检索时间：2022 年 4 月 26 日。

② 《公司法大修：打造更具活力的中国市场》，全国人民代表大会，http://www.npc.gov.cn/npc/c30834/202203/0233a28a81c340639b061c2922ddbcd5.shtml，最后检索时间：2022 年 4 月 26 日。

③ 《国务院国资委成立科技创新局社会责任局　更好推动中央企业科技创新和社会责任工作高标准高质量开展》，国务院国有资产监督管理委员会官网，http://www.sasac.gov.cn/n2588020/n2877938/n2879597/n2879599/c23711009/content.html，最后检索时间：2022 年 4 月 26 日。

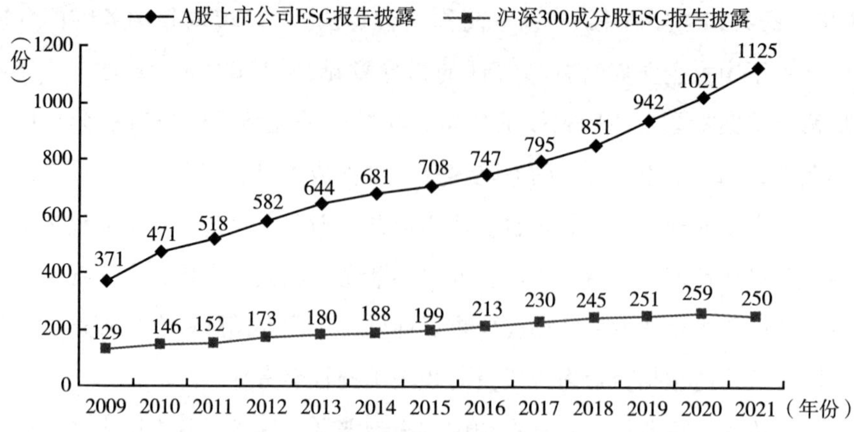

图1　2009~2021年A股上市公司ESG报告发布统计

资料来源：《A股上市公司ESG评级分析报告2021》，商道融绿，https：//syntaogf.com/products/asesg2021，最后检索时间：2022年4月26日。

次，是战略层次。这个层次的企业将社会责任提高到战略高度，从风险管控和机会把握等角度将社会责任有机融入企业战略中，企业与社会变成一种"一荣俱荣、一损俱损"的利益共同体。能够做到这个层次的企业，我们称之为卓越的企业。由此可见，公益慈善是企业社会责任的一个重要内容，但企业社会责任不等同于公益慈善。

然而，在实际工作中，不少企业仍会将慈善作为社会责任最重要的部分。根据商道纵横的调查，有近三成的企业将企业社会责任放到品牌公关等职能部门。对这些部门来说，通过开展公益慈善活动塑造企业的社会责任品牌形象是较为常见的工作（见图2）。

这一点也体现在企业对社会责任经理的能力考量中。据统计，超过六成的企业社会责任经理在面试时，会被关注是否具有企业社会责任或公益领域的工作经验（见图3）。

2021年，中央提出要促进全体人民共同富裕，重点提及要构建初次分配、再分配、第三次分配协调配套的基础性制度安排。第三次分配主要体现为自愿的公益捐赠行为。预计促进共同富裕的相关政策将刺激更多企业开展更多慈善活动以履行社会责任，譬如企业或企业家发起成立公益基金会。

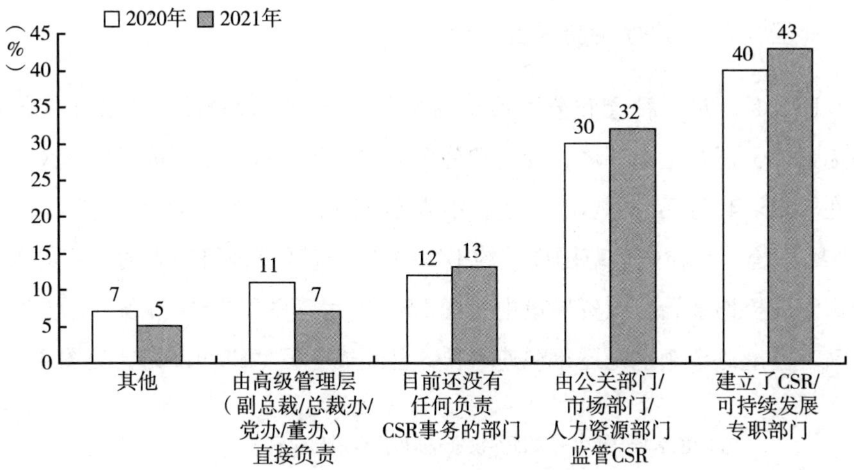

图 2　企业 CSR 职能部门情况统计

资料来源：《2021 年 CSR 职业经理人调查报告》，商道纵横，http：//www. syntao. com/newsinfo/2518659. html，最后检索时间：2022 年 4 月 26 日；《2020 年 CSR 职业经理人调查报告》，商道纵横，http：//www. syntao. com/newsinfo/1021652. html，最后检索时间：2022 年 4 月 26 日。

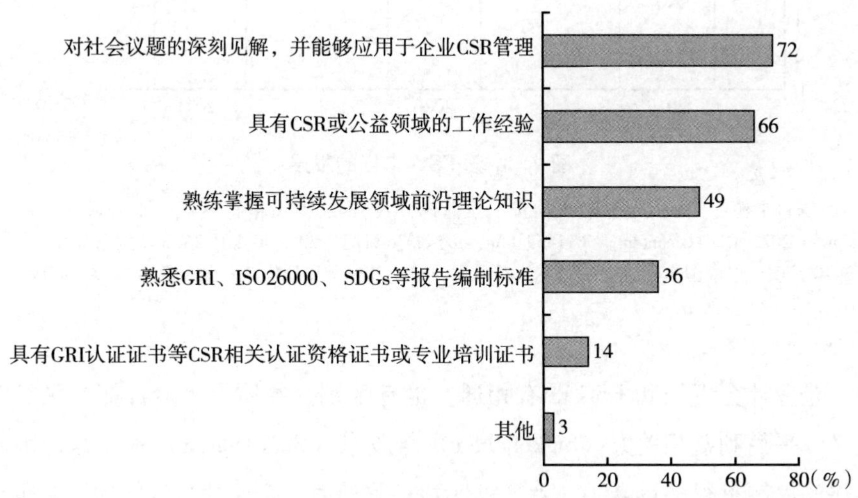

图 3　企业认为 CSR 经理人应该具备的能力

资料来源：《2021 年 CSR 职业经理人调查报告》，商道纵横，http：//www. syntao. com/newsinfo/2518659. html，最后检索时间：2022 年 4 月 26 日。

（三）从企业社会责任到 ESG

ESG 是环境、社会和公司治理的缩写，意即在投资决策中除了考虑财务因素外，还要考虑环境、社会和公司治理因素。这一新兴的投资理念，大约在 2005 年前后被提出，近十年发展迅猛。据全球可持续投资联盟（GSIA）统计，在全球范围内，约 1/2 的欧洲资产管理机构和约 1/4 的美国资产管理机构开始在投资决策中考虑 ESG 因素。中国 ESG 市场占比没有那么高，但绝对金额也是逐年快速增长，已经成为万亿级的市场（见图 4）。

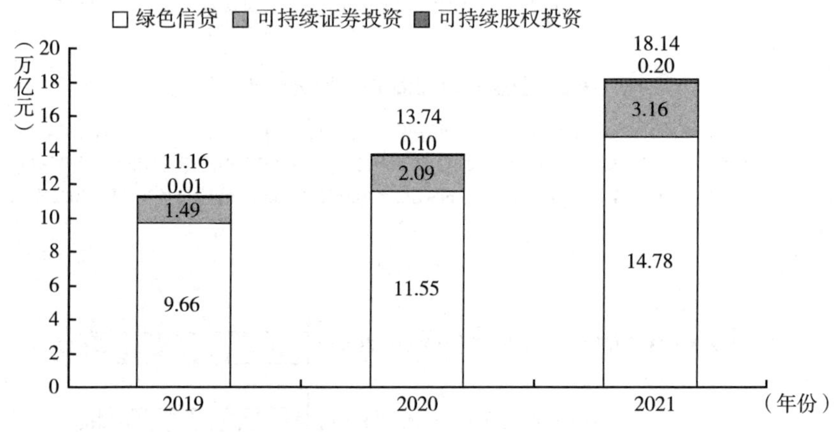

图 4 中国 ESG 市场的发展

资料来源：《2021 年金融机构贷款投向统计报告》，人民银行，http：//www. gov. cn/xinwen/2022-01/31/content_ 5671459. htm，最后检索时间：2022 年 4 月 26 日。数据截至 2021 年 10 月底，据中国人民银行 2022 年 2 月数据，2021 年全年中国绿色贷款余额为 15. 9 万亿元人民币。

企业社会责任和 ESG 既有相通，也有区别。本质上，两者都主张长期主义，平衡利益相关方（Stakeholder）与股东（Shareholder）的利益，因此关注的议题有很多重合。二者最大区别是驱动力。企业社会责任的源头驱动力是社会公众，具体表现为 NGO 对劳工、环境标准的主张；ESG 的源头驱动力是资本市场，具体表现为养老金等长期投资者对上市公司长期稳健性的关切。

同企业社会责任一样，包括企业慈善活动等企业与社区之间的关系也是ESG所关注的议题。因此，上市公司ESG评价，通常会涉及慈善活动的指标。还有一些广义的ESG投资理念，如影响力投资（Impact Investment）、混合投资（Blended Investment）、社会责任投资（SRI）、可持续金融（SDG Financing）等，也特别重视投融资行为的社会影响，对企业的慈善活动也有直接或间接的促进作用。

二　中国企业的企业社会责任实践

下文从多个维度描述2021年中国企业社会责任的实践状况。一是从ESG评级角度，整体上分析上市公司的环境绩效和社会绩效；二是聚焦到沪深300上市公司，用更细致的数据分析其慈善活动开展情况；三是分析2021年中国企业或企业家设立基金会的整体情况；四是分析企业参与2021年两次重大水灾的情况；五是分析企业家超大额捐赠的趋势。

大部分的分析以数据为基础。相关数据主要来自商道融绿的ESG评级数据库（针对上市公司）、商道纵横的中国企业社会责任经理人调查数据，以及笔者专门为本研究搜集的数据。

（一）2021年上市公司ESG整体表现

商道融绿长期跟踪评价上市公司ESG绩效，形成ESG评级数据库。该数据库的评价指标包括环境、社会和公司治理等三个一级指标及若干二级、三级指标（见表1）。

表1　商道融绿ESG评级指标体系

一级指标	二级指标	三级指标(52个通用指标和75个行业指标)
E环境	E1环境管理	环境管理体系、环境管理目标,员工环境意识,节能和节水政策,绿色采购政策等
	E2环境披露	能源消耗、节能、耗水、温室气体排放等
	E3环境负面事件	水污染、大气污染、固废污染等

续表

一级指标	二级指标	三级指标(52 个通用指标和 75 个行业指标)
S 社会	S1 员工管理	劳动政策、反强迫劳动、反歧视、女性员工、员工培训等
	S2 供应链管理	供应链责任管理、监督体系等
	S3 客户管理	客户信息保密等
	S4 社区管理	社区沟通等
	S5 产品管理	公平贸易产品等
	S6 公益及捐赠	企业基金会、捐赠及公益活动等
	S7 社会负面事件	员工、供应链、客户、社会及产品负面事件
G 公司治理	G1 商业道德	反腐败和贿赂、举报制度、纳税透明度等
	G2 公司治理	信息披露、董事会独立性、高管薪酬、董事会多样性等
	G3 公司治理负面事件	商业道德、公司治理负面事件

资料来源：《商道融绿 ESG 评级方法论》，商道融绿，https：//www. syntaogf. com/pages/%E5%95%86%E9%81%93%E8%9E%8D%E7%BB%BFesg%E8%AF%84%E4%BC%B0%E6%96%B9%E6%B3%95%E8%AE%BA，最后检索时间：2022 年 4 月 26 日。

商道融绿自 2017 年起对全 A 股上市公司进行 ESG 评级，开始时覆盖最大的 300 家公司（沪深 300），之后逐步扩大，现在已覆盖 A 股所有公司，为衡量企业投资价值、研究 A 股上市公司的 ESG 表现和 ESG 走势提供洞察。2021 年上市公司 ESG 评级结果显示，A 股上市公司的 ESG 绩效呈现较大差别，头部公司的 ESG 表现已经可以部分对标全球先进实践，但更多的中小型上市公司还在发展初期。全 A 股 4138 家上市公司中，共有 588 家上市公司 ESG 评级在 B 级（含）以上，占 14. 2%。有 3550 家上市公司在 B-级（含）以下，占 85. 8%。这说明 A 股上市公司的 ESG 绩效还有较大的结构化差异（见图 5）。①

从发展趋势分析，近年来上市公司 ESG 评级持续保持提升态势。2018~2021 年中证 800 成分股公司分析，评级在 B（含）以上 ESG 评级的公司由 2018 年的 192 家增至 2021 年的 406 家，增幅达到 112%；评级在 C+（含）以下 ESG 评级的公司由 2018 年的 199 家降至 2021 年的 76 家，降幅为

① 商道融绿将上市公司的 ESG 评级分为 10 个等级，从高到低分别是 A+、A、A-、B+、B、B-、C+、C、C-、D。

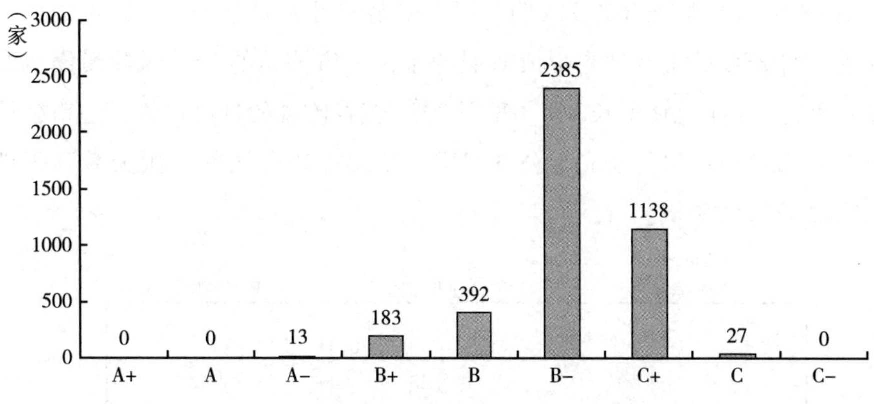

图 5　2021 年 A 股上市公司 ESG 评级分布

资料来源：《A 股上市公司 ESG 评级分析报告 2021》，商道融绿，https：//syntaogf. com/products/asesg2021，最后检索时间：2022 年 4 月 26 日。

61.8%。随着政策、市场和自主驱动力的提升，A 股公司的 ESG 绩效近年来持续提升，并且呈现加速态势（见图 6）。

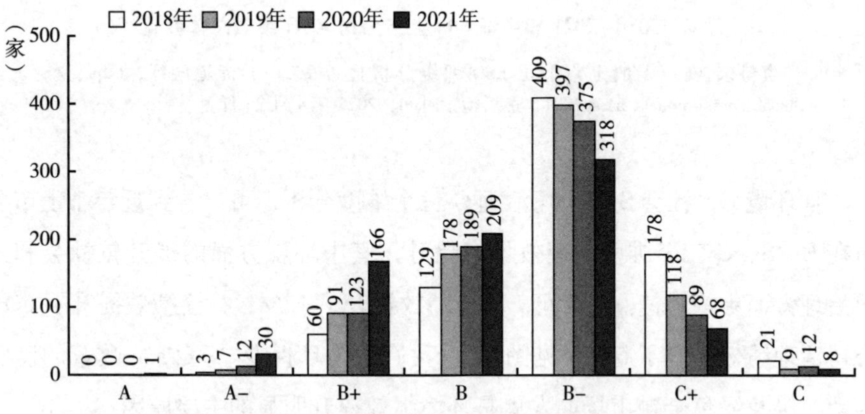

图 6　2018~2021 年中证 800 上市公司 ESG 评级分布

资料来源：《A 股上市公司 ESG 评级分析报告 2021》，商道融绿，https：//syntaogf. com/products/asesg2021，最后检索时间：2022 年 4 月 26 日。

从上市公司的 ESG 管理及披露和 ESG 风险两个维度来分析，可以发现近年上市公司 ESG 管理及披露绩效呈现较大幅度的改进，2021 年相较于2018年总体提升36%，表明公司ESG管理主动性加强，信息披露明显改善。与ESG管理及披露形成对照的是，上市公司的ESG风险暴露也在逐年上升，4年总体增长8%（见图7）。随着监管的日趋严格，上市公司更多的ESG负面事件曝光于公众视野，很多上市公司的“黑天鹅”事件均来源于ESG领域。

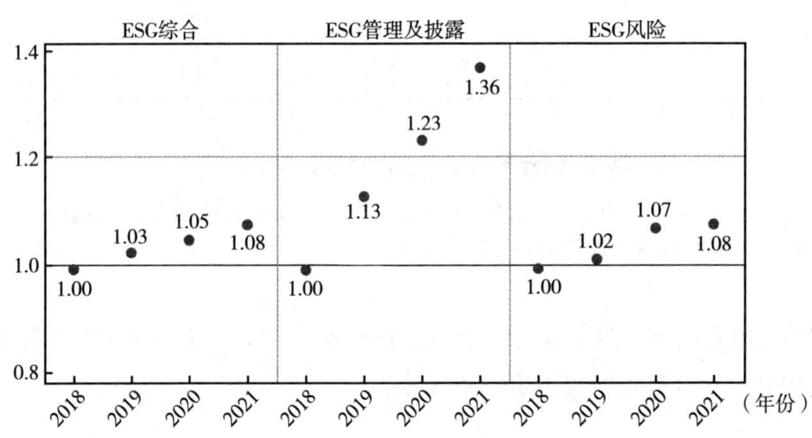

图7　2018~2021年中证800上市公司ESG绩效总体变化

资料来源：《A股上市公司ESG评级分析报告2021》，商道融绿，https://syntaogf.com/products/asesg2021，最后检索时间：2022年4月26日。

从环境E、社会S和公司治理G三个维度分析，可以看到近年来上市公司在E、S、G三个维度的绩效均有提升，其中环境方面的提升较社会和公司治理方面更为迅速。4年间，环境绩效提升了12%，社会绩效提升了6%，公司治理绩效提升了5%（见图8）。我们认为环保及“双碳”政策的监管推动，以及绿色金融市场的发展是环境绩效提升明显的主要原因。

（二）沪深300上市公司慈善活动分析

沪深300上市公司覆盖15个行业，制造业最多（164家），其次为金融业，信息传输、软件和信息技术服务业，交通运输、仓储和邮政业，以及采矿业。从ESG评级的整体水平来看，沪深300上市公司的ESG表现处于中

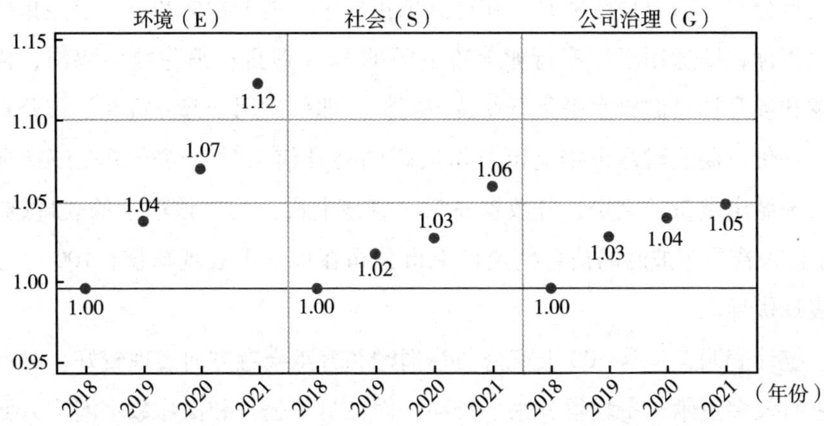

图 8　2018~2021 年中证 800 上市公司 ESG 绩效分项变化

资料来源：《A 股上市公司 ESG 评级分析报告 2021》，商道融绿，https：//syntaogf. com/products/asesg2021，最后检索时间：2022 年 4 月 26 日。

等水平：A 级 1 家，A-级 16 家，B+级 112 家，B 级 74 家，B-级 78 家，C+级 14 家，C 级 5 家，整体还有一定提升空间（见图 9）。

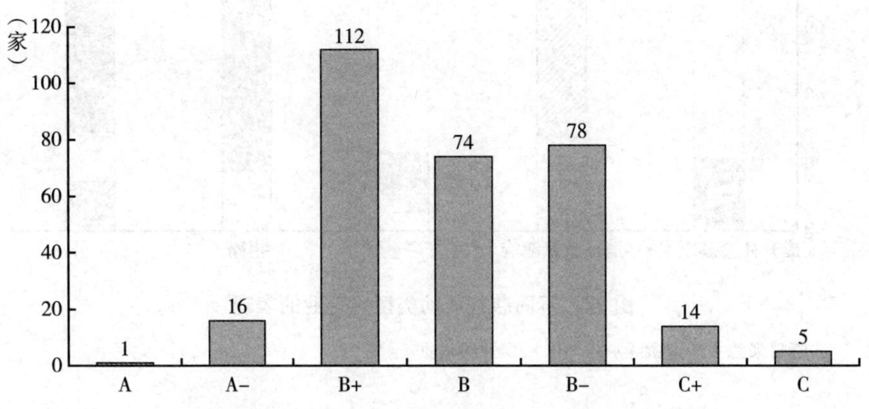

图 9　2020 年沪深 300 企业 ESG 评级分布

资料来源：商道融绿沪深 300 ESG 评级数据。

ESG 评级的社会指标包括一些与慈善活动相关的具体指标。本文选取了捐赠、员工公益、消除数字鸿沟、普惠金融和提升社会健康水平等五项指标进行分析。需要说明的是，在这五项指标中，捐赠指标和员工公益指标是通用指标，即适用于所有行业上市公司的 ESG 评价；消除数字鸿沟、普惠金融和提升社会健康水平是行业特定指标，即仅适用于部分行业上市公司的 ESG 评价。商道融绿根据上市公司披露的公开信息对上市公司在该指标上的表现做出定量的判定，分数越高意味着该上市公司在该项上的表现越好，0 分意味着参照披露的信息判定该上市公司在该项上表现糟糕，100 分意味着表现优异。

统计表明，沪深 300 上市公司在捐赠和普惠金融方面表现较好，对社会慈善有较多贡献，平均得分水平较高；而在员工公益和消除数字鸿沟方面做得相对较差，平均得分水平较低。还有一些应当披露消除数字鸿沟、提升社会健康水平和员工公益等方面表现的上市公司未披露相关信息(见图 10)。

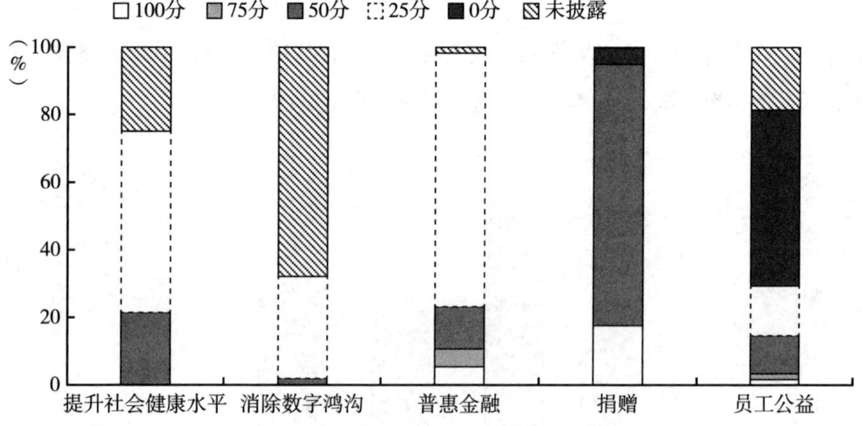

图 10　不同慈善活动类型内企业的表现

资料来源：商道融绿沪深 300 ESG 评级数据。

1. 捐赠金额及流向分析

根据沪深300 上市公司披露的公司盈利状况及捐赠金额，可以计算出上市公司捐赠金额在公司利润中的占比。整体来看，上市公司的净利润与上市公司的捐赠金额呈正相关关系，净利润越高的上市公司往往捐赠金额也越高。这一点不难理解，净利润高的企业有能力捐赠更多资金。此外，从图 11 中可以发现，在净利润较低的企业群中，捐赠金额差距大于净利润较高的企业群。这说明净利润较高的企业整体更加倾向于捐赠占净利润比例更高的资金。

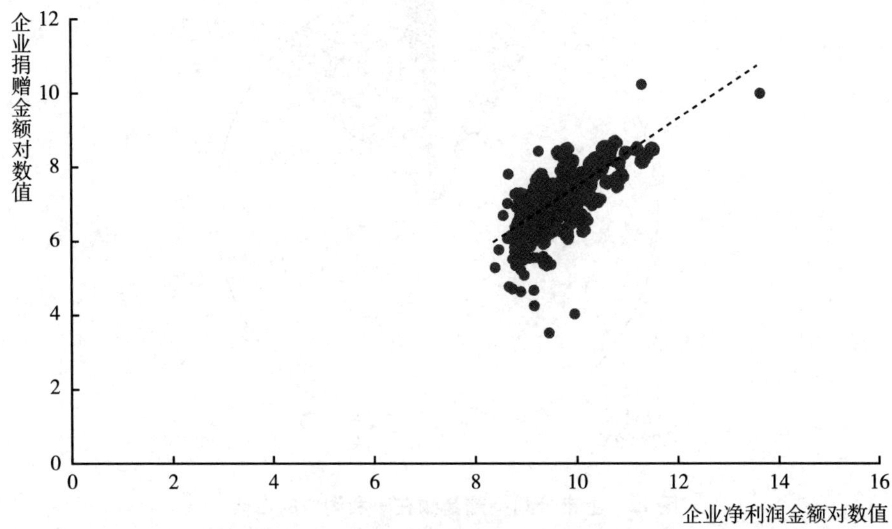

图 11　上市公司捐赠金额与净利润的相关性

注：沪深 300 上市公司的净利润为负的情况较少出现，为简化处理，在图中净利润为负的上市公司未计入。

资料来源：商道融绿沪深 300 ESG 评级数据。

数据显示，275 家盈利并进行捐赠的上市公司平均捐赠了净利润的 0. 70%；13. 67%的上市公司捐赠了超过净利润 1%的资金，其中捐赠净利润 3%以上的有 8 家上市公司；78%的上市公司捐赠了低于净利润 1%的资金；3. 33%的上市公司在 2020 年净利润为负的情况下捐赠；5%的上市公司没有披露捐赠信息或没有做出捐赠（见图 12）。

不同行业的上市公司捐赠数额占公司净利润的比例差异较大。卫生和社会工作行业的上市公司平均捐赠水平最高，达到 5. 04%；文化、体育和娱乐业平均捐赠水平较高，捐赠金额占净利润的 2. 35%，体现出与精神文明相关的行业对企业社会责任的重视程度可能更高。其他行业的平均捐赠占比均小于 1%（见图 13）。

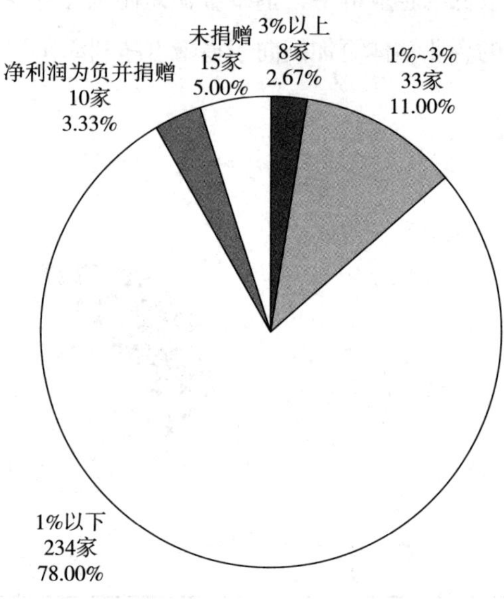

图 12　上市公司捐赠金额在净利润中的占比

资料来源：商道融绿沪深 300 ESG 评级数据。

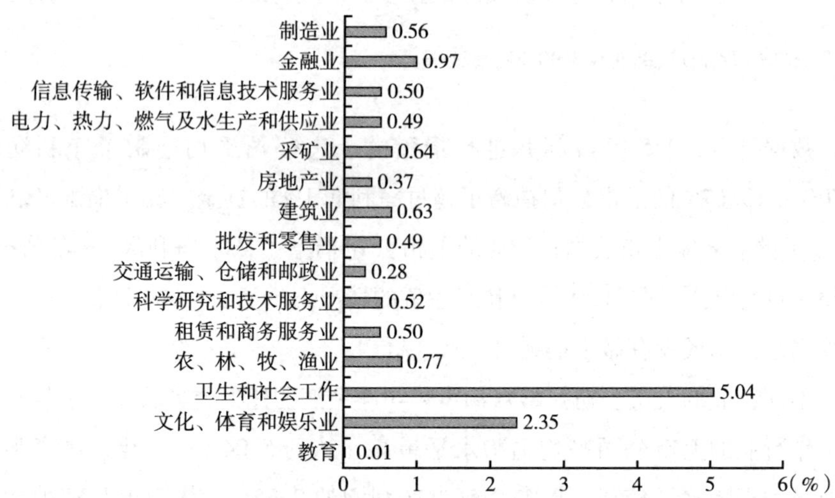

图 13　不同行业上市公司捐赠金额占净利润的比例

资料来源：商道融绿沪深 300 ESG 评级数据。

从上市公司的所有权属性来看，民营上市公司的平均捐赠数额占净利润的比例最高，达到 0.79%，其次是央企所属的上市公司，达 0.71%；地方国有上市公司和中外合资经营的上市公司的数字接近，约 0.6%（见图 14）。

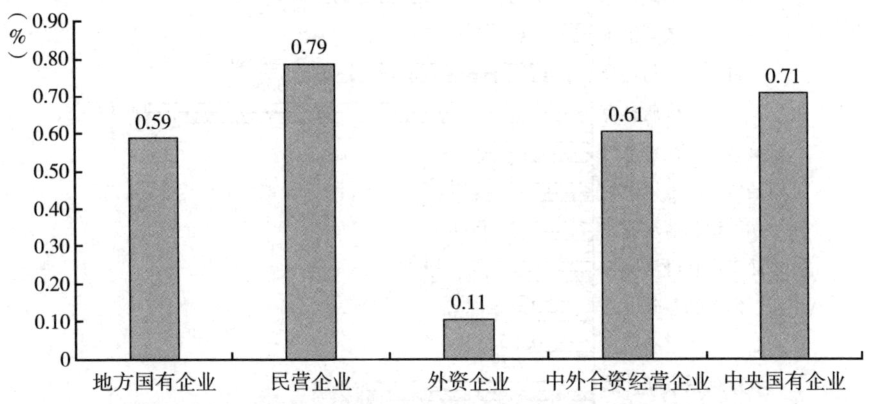

图 14　不同所有权属性的上市公司的捐赠金额占净利润的比例

资料来源：商道融绿沪深 300 ESG 评级数据。

在捐赠流向上，沪深 300 上市公司披露的数据缺乏明确描述，因此本文采用了商道纵横 2020 年和 2021 年《中国企业社会责任经理人调查》报告所披露的数据。报告内容基于商道纵横每年对 100 位左右的企业社会责任经理人的调查，具有一定的代表性，尤其符合大企业的特征（因为中小型企业一般很少设置企业社会责任经理人的岗位）。

2021 年的调查数据显示，按照联合国可持续发展目标（UN SDGs）的 17 个目标进行分类，47.92%的企业捐赠选择优质教育领域，35.42%的企业捐赠选择良好健康与福祉，32.29%的企业捐赠选择消除贫困。这与 2020 年企业捐赠流向的前三大方向一致（2020 年企业对优质教育、消除贫困、良好健康与福祉领域进行捐赠的比例分别为 52.68%、47.32%、39.29%），说明教育、健康、扶贫是多数企业持续关注并参与的慈善方向。

其他领域得到的企业捐赠关注度差距较小。2021 年，10%～25%的企业选择可持续城市和社区，气候行动，清洁饮水与卫生设施，体面工作和经济增长，负责任的消费和生产，工业、创新和基础设施，促进目标实现的伙伴关系等可持续发展议题。廉价和清洁能源，性别平等，缩小差距，消除饥饿，陆地生物，和平、正义与强大机构等领域只有不到10%的企业进行捐赠（见图15）。

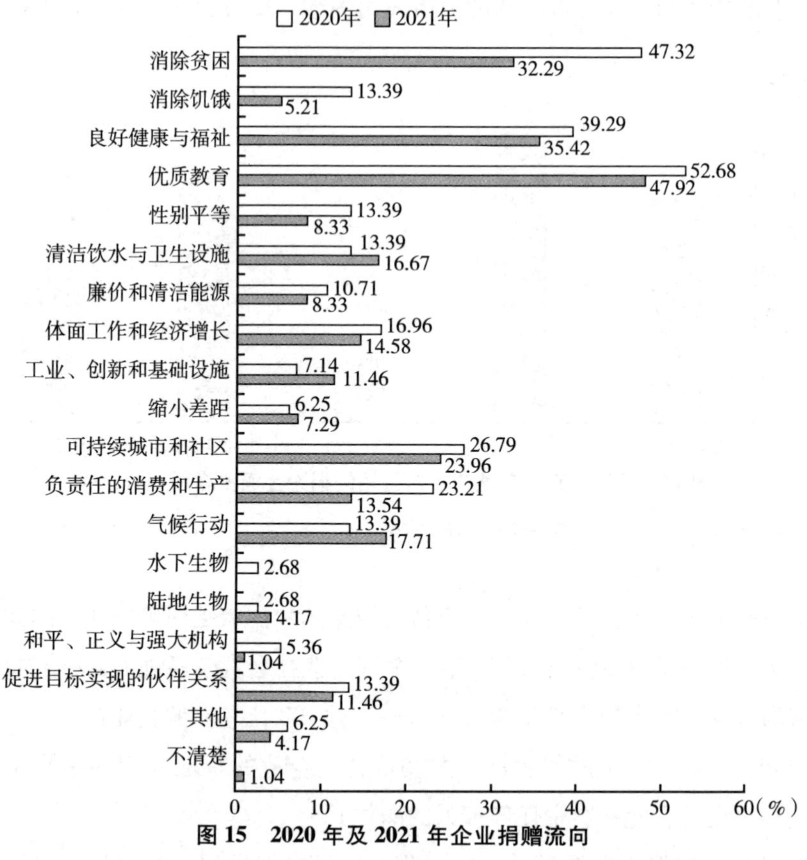

图15　2020年及2021年企业捐赠流向

资料来源：商道融绿沪深300 ESG评级数据。

如果将2021年数据与2020年数据做进一步对比，2021年教育、健康和扶贫这三个方向的流向比重均有所下降，特别是扶贫方向从47.32%下降到32.29%；而一些在2020年仅得到少部分企业关注的领域在2021年获得了更多企业的捐赠，例如在气候行动领域进行捐赠的企业比重从13.39%上升到17.71%。其他得到更多关注的领域还有清洁饮水与卫生设施，工业、创新和卫生设施，缩小差距，陆地生物等。这一方面体现出企业捐赠的方向更加多元化，一些捐赠流向了之前未进入企业视野的议题；另一方面也体现了，随着我国在2020年如期完成精准扶贫攻坚任务，企业对消除贫困的慈善行动也进入了新的阶段，有了新的思考，转为乡村振兴行动，且可能会体现在其他目标方面，例如乡村基础设施建设。

从行业维度分析，本文选取了2021年中国企业社会责任经理人调查中样本数最多的四个行业，即制造业，批发和零售业，信息传输、软件和信息技术服务业，金融业。数据表明，68.75%的信息传输、软件和信息技术服务业企业会对教育领域进行捐赠，金融业的情况类似。而在批发和零售业，捐赠流向最多的是负责任的消费和生产方向，半数企业做了相关捐赠，该领域与行业的业务关系较为紧密。这些反映了不同行业的企业对可持续发展议题具有不同偏好，该偏好一定程度上和捐赠领域与企业业务的关联度相关（见图16）。

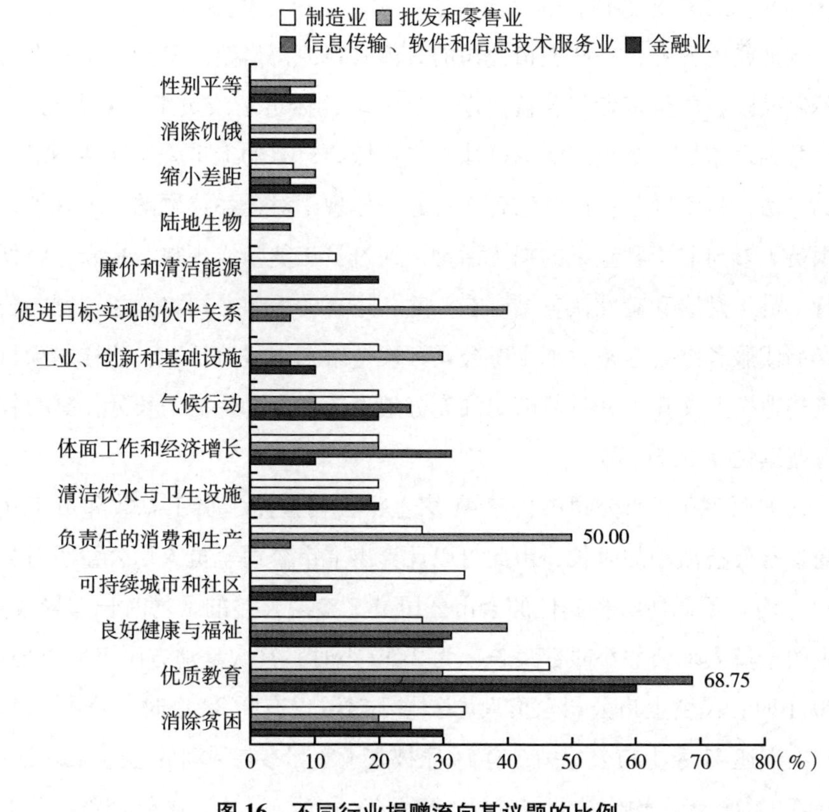

图16　不同行业捐赠流向某议题的比例

资料来源：商道融绿沪深300 ESG评级数据。

2. 员工公益活动分析

在沪深300上市公司中，共有244家上市公司披露了与员工公益活动相关的信息，占比81.3%；其中，108家上市公司披露了员工公益活动的具体内容。数据表明，35家上市公司的员工参与了教育相关的公益活动，包括为留守儿童提供特色课堂、开展金融知识科普等；34家企业的员工参与了扶贫志愿活动；24家企业的员工参与了抗疫救灾公益活动，其中主要为抗击新冠肺炎疫情，少部分涉及洪灾等自然灾害；22家企业与社区联系紧密，开展了社区服务，包括垃圾清理、交通指挥等；21家企业组织员工参与社会健康与福祉相关服务，其中一半以上组织了集体献血，其他活动包括公益健康筛查、卫生教育等；19家企业的员工参与的公益活动与绿色环保相关；15家企业关注弱势群体，包括老人、儿童、退伍老兵等。

从披露内容看，一些上市公司的具体实践值得借鉴。例如，有的上市公司不仅鼓励在职员工参与公益活动，还带动退休员工或员工家属参与公益，将公益的理念传递给更广泛的群体，星火燎原；有的上市公司在活动形式上独具一格，将不同公益议题结合在一起，体现了对公益议题的深入理解，如组织员工参与非营利组织的捐步活动，通过员工徒步实现扶贫捐款，将低碳出行、员工健康和精准扶贫结合在一起；还有的上市公司将公益议题与公司的产品或服务结合起来，如金融公司开展金融知识科普活动，这样的项目有利于塑造企业文化，并且能够更加充分地发挥企业的优势与长处，具有较强的可持续性（见图17）。

在沪深300上市公司中，有41家上市公司披露了员工总数和员工在一年内参与公益活动的时长，由此可以计算出上市公司全员人均公益小时数为1.50小时。不同所有权属性的上市公司员工参与公益的平均时长差异较大，央企的全员人均公益小时数最长，为2.50小时；其次是地方国有上市公司，1.00小时；民营上市公司全员人均公益小时数仅有0.28小时（见图18）。

在上述41家上市公司中，有14家披露了实际参与活动的志愿者人数，由此计算出参与者人均公益参与时长，为5.75小时。其中，中外合资经营上市公司的参与者人均小时数最多，为7.27小时；地方国有上市公司和央企的参

图 17　沪深 300 上市公司员工公益活动主题词云

资料来源：商道融绿沪深 300 ESG 评级数据。

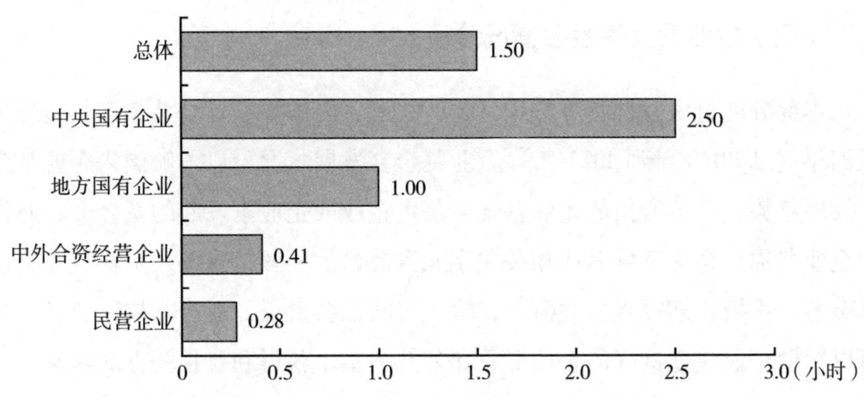

图 18　不同所有权属性企业内的员工平均公益活动参与时长

资料来源：商道融绿沪深 300 ESG 评级数据。

与者人均小时数次之，为 6.17 小时和 5.09 小时，民营上市公司的参与者人均小时数依然是最少的，为 4.80 小时（见图 19）。两相对比，可以看出，国有企业的全员动员能力较强，参与公益活动的员工数量较多，企业社会责任的理念可以直接影响到更多人；中外合资经营企业的组织工作较深入，深度参与公益的员工比较集中，如果能够动员更多员工参与公益，产生的社会影响力将更大；民营企业在动员、组织员工参与公益活动方面还有待改进。

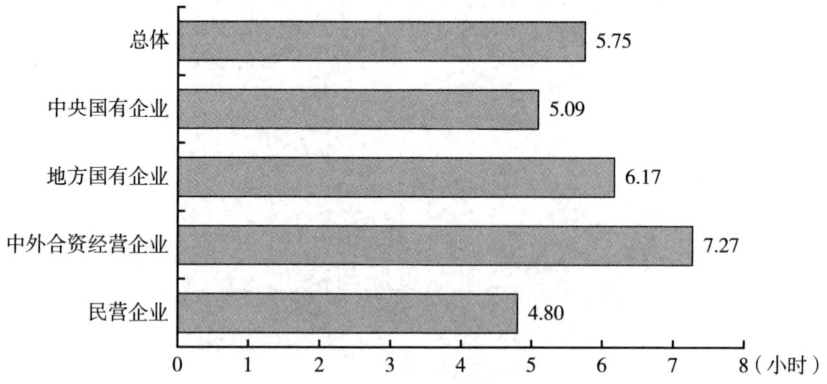

图 19　不同所有权属性企业内的志愿者平均公益活动参与时长

资料来源：商道融绿沪深 300 ESG 评级数据。

（三）企业设立基金会情况分析

本部分通过民政部官方数据、企业官网、媒体报道等公共渠道，梳理了近四年（从 2018 年到 2021 年）企业基金会发展状况，以了解国内企业基金会发展趋势。本节所指的企业基金会是由企业或企业家发起的基金会，通常用企业名称、企业家姓名或相关文字元素命名。一般情况下，企业成立企业基金会，积极长期投入公益事业，除了实践社会责任，还有其战略意义，如可以帮助企业建立良好的企业形象和公共关系，获得利益相关方的认同。

从 2018 年到 2021 年，每年新增的各类基金会数量呈逐年下降的趋势，其中新增企业基金会的数量先降后升，从 164 家减少至 91 家，又在 2021 年回升至 115 家（见图 20）。这一变化的原因可能是两方面：一方面监管部门对基金会的登记监管趋严，操作难度有所增加；另一方面，2021 年中央倡导共同富裕，企业用实际行动积极响应，通过成立企业基金会帮助企业更快更好地落地公益慈善项目，管理企业捐赠，回馈社会。

从企业所有权属性看，民营企业发起的企业基金会最多，超七成新增企

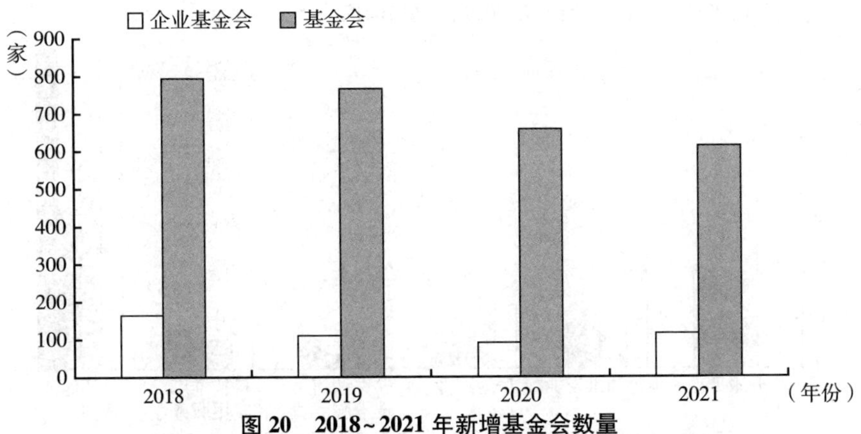

图 20　2018~2021 年新增基金会数量

资料来源：中国社会组织政务服务平台，https：//chinanpo. mca. gov. cn/，最后检索时间：2022 年 3 月 5 日。

业基金会都由民营企业发起：2019 年新增的 110 家企业基金会中有 76 家由民营企业发起，2020 年新增的 91 家企业基金会中有 61 家由民营企业发起，2021 年则有 87 家。值得关注的是，发起基金会的不仅限于大型民营企业，也有规模相对小的民营企业，这反映了中小民营企业对社会责任的重视程度，也激励了更多中小民营企业参与力所能及的慈善活动。外资企业（包括合资企业）发起的基金会数量占比三年内保持平稳，约为 12%。但每年新增的数量出现下跌，从 2018 年 20 家下降到 2021 年的 11 家。国企发起的企业基金会数量每年在个位数徘徊，2018 年和 2019 年每年有 2 家，2020 年和 2021 年每年有 5 家。这可能是因为国企数量相对于民营企业较少。

从企业所在行业看，商务服务业、零售和批发业、房地产业、软件和信息技术服务业、科技推广和应用服务业是发起企业基金会最多的 5 个行业，其中，商务服务业的企业发起的基金会数量最多。整体来看，各行业新增企业基金会的数量变化趋势接近：2018 年数量最多，在 2019 年、2020 年两年间大幅度下滑，2021 年该数字略有回升。但与 2021 年新增企业基金会数量增加的整体趋势不同的是，2021 年房地产业、零售和批发业发起的基金会数量出现滑坡，这可能与行业景气程度及监管政策密切相关（见图 21）。

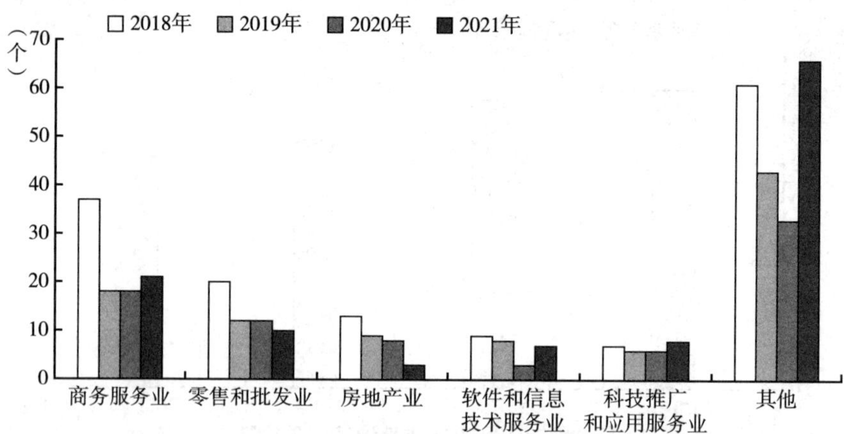

图 21　2018~2021 年新增企业基金会的发起企业所属行业

资料来源：中国社会组织政务服务平台，https：//chinanpo. mca. gov. cn/，最后检索时间：2022 年 3 月 5 日。

从地区分布看，新增设的企业基金会的分布具有明显地域性，多分布在经济发达、企业和公益慈善组织都较密集的省市。数据显示，从 2018 年到 2021 年，新增企业基金会较多出现在广东、浙江、北京、上海、福建、江苏等省市，其中广东省新增企业基金会数量尤其多，是数量排名第二位的浙江省的近两倍（见图 22）。

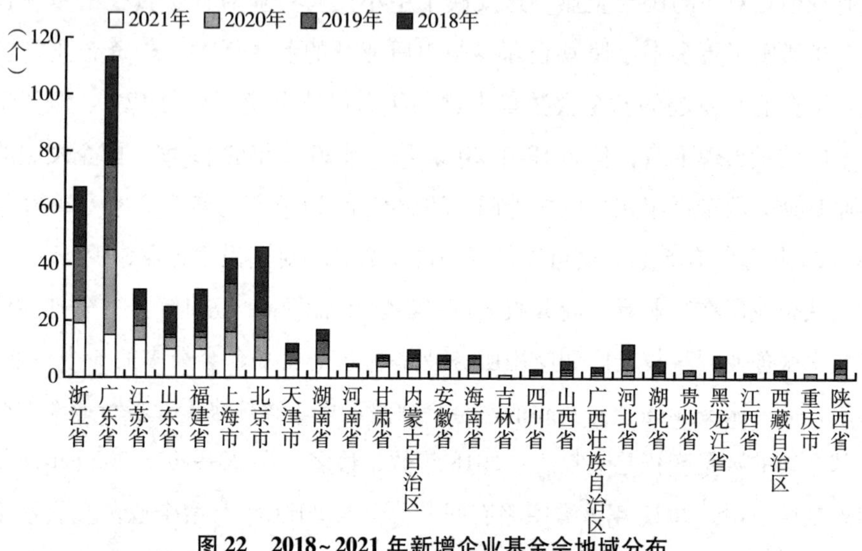

图 22　2018~2021 年新增企业基金会地域分布

资料来源：中国社会组织政务服务平台，https：//chinanpo. mca. gov. cn/，最后检索时间：2022 年 3 月 5 日。

（四）企业参与豫晋水灾救助情况分析

中国有扶危济困的传统美德，企业参与灾害救助也是企业慈善活动的重要内容。在重大灾害发生时，社会和公众会对企业捐款捐物产生一定的预期。2020 年企业多围绕抗击疫情开展灾害救助，企业捐赠总额超过 300 亿元，其中，民企为捐赠主力，IT 互联网行业捐赠总额最高。2021 年，河南和山西两地先后发生重大水灾，也获得了很多企业的救助。本部分统计分析了企业参与这两次水灾救助的情况，并作对比分析。

河南地区的水灾发生在 2021 年 7 月 17~23 日，特大暴雨引发洪涝灾害，受灾范围广、人员伤亡多、灾害损失重。山西地区在 7 月中下旬至 8 月遭遇极端强降雨，引发严重城市内涝、山洪和地质灾害；9~10 月，受秋汛影响灾害加重。①

在两次灾害中，均有众多企业参与捐赠，但企业参与河南防汛救灾的规模远远大于山西。根据商道纵横的不完全统计，在河南防汛救灾中，共有 685 家企业参与，捐赠总额为 534732.6 万元。而在山西防汛救灾中，只有 86 家企业捐赠 105879 万元。前者是后者的 5 倍之多（见图 23、图 24）。在物资捐赠方面，19 家企业给山西捐赠了物资，占捐赠企业总数的 22.10%；111 家企业给河南捐赠了物资，是山西的 5.84 倍，占捐赠企业总数的 16.20%。

由于受灾程度和媒体关注度的不同，为河南减灾救灾捐赠的企业数量远多于给山西捐赠的企业，河南获得捐赠的笔数和捐款总额都远超山西。比较捐赠数额的分布，河南获得捐赠的单笔金额主要在 250 万元以下，山西获得捐赠的金额主要分布在 500 万元以上；河南收到的超大额捐赠的笔数及金额都远多于山西，共有 12 家企业向河南捐赠了 1 亿元，88 家企业向河南捐赠了 2000 万元及以上，在向河南捐赠 1 亿元的企业中，只有 1 家同样向山西

① 应急管理部：《应急管理部发布 2021 年全国自然灾害基本情况》，https：//www. mem. gov. cn/xw/yjglbgzdt/202201/t20220123_ 407204. shtml，最后检索时间：2022 年 2 月 21 日。

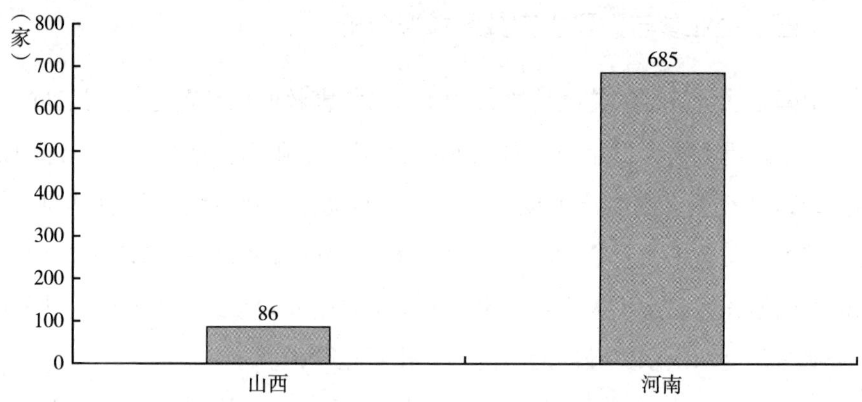

图 23　参与救灾捐赠的企业数量

资料来源：商道融绿调研。

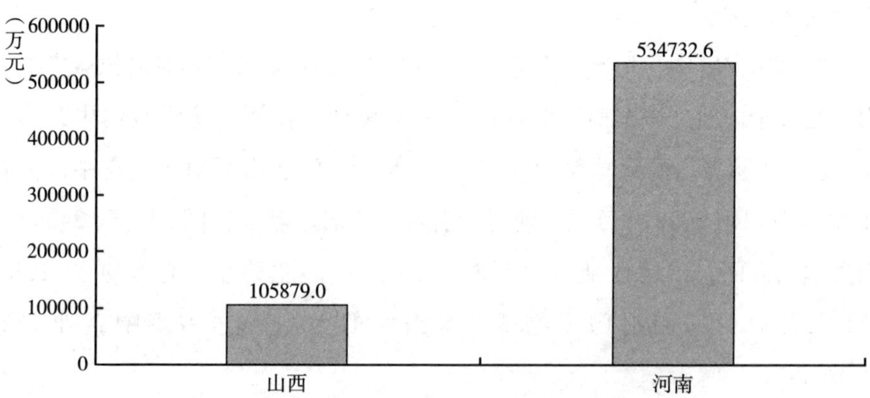

图 24　企业在两次救灾中的捐赠总额

资料来源：商道融绿调研。

捐赠了 1 亿元，其余 11 家捐赠了 2000 万元至 5000 万元不等。以上差异主要是因为河南灾情媒体曝光度更高，许多捐赠能力不强的企业仅对河南进行了捐赠，而向两个地区都进行了捐赠的企业往往倾向于给河南捐赠更多（见图 25）。

大企业对灾害救助的响应速度往往更快。在河南水灾发生后约 72 小时

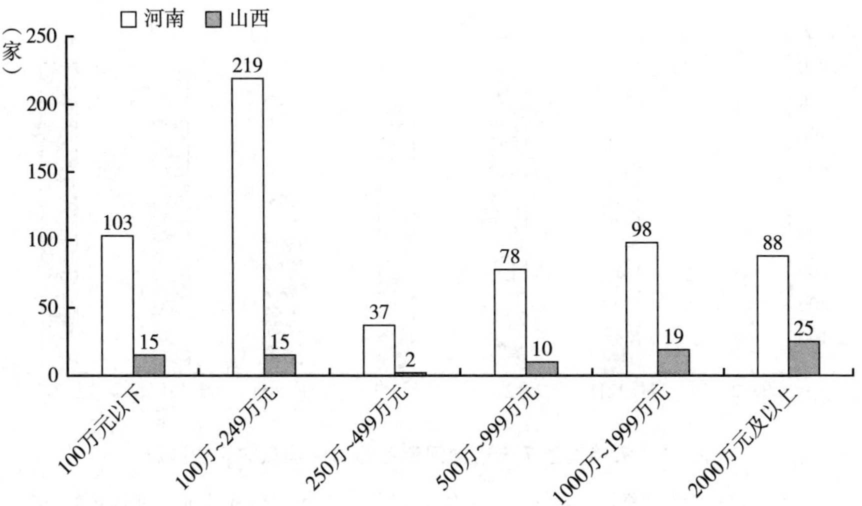

图25　不同捐赠额的捐赠企业数量

资料来源：商道融绿调研。

内，10 余家企业分别进行了 1 亿元及以上的大额捐赠。[①] 仅以河南省慈善总会收到的捐款为例，7 月 21 日当天收到 189 家企业共 529256768 元捐款，占河南此次防汛抗洪全部捐赠的 17.74%；至 7 月 27 日，河南省慈善总会共收到 4588 家企业 2391956330 元资金捐赠，占捐赠总额的 81.15%（见图 26、图 27）。[②] 早期捐赠的企业平均捐赠额度显著高于捐赠时间较晚的企业，主要原因是有更高捐赠能力的大企业对公共事件的反应速度更快；少部分原因是在灾情发生后较短的时间内，企业进行大额捐赠并获得报道有利于帮助企业提升品牌社会形象，但随着时间增加，企业捐赠对宣传的帮助作用会下降。

就行业而言，参与两次救灾的企业的行业分布大体上一致。IT 互联网行业、消费品行业和能源化工行业是参与山西防汛救灾捐赠企业数量最多的

① 《河南水灾为何能得到巨额社会捐赠？专家：舆论关注度是决定性因素》，《公益时报》，http://www.gongyishibao.com/article.html?aid=18199，最后检索时间：2022 年 2 月 20 日。

② 河南省慈善总会：《河南省慈善总会收支明细》，http://www.henancishan.org/g.html，最后检索时间：2022 年 2 月 20 日。

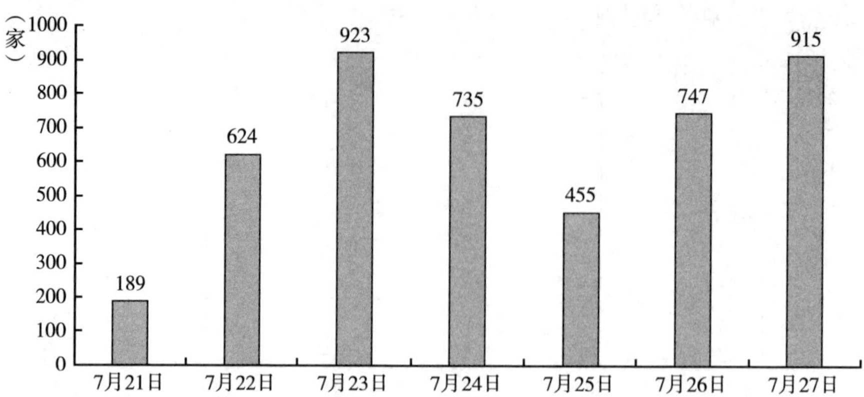

图 26　灾情发生 7 天内向河南慈善总会捐款的企业数量

资料来源：收支明细，河南省慈善总会官方网站，http：//www.henancishan.org/g.html?id=8fa404c0-8f1f-4f26-9f20-ab728eb3fe46，最后检索时间：2022 年 4 月 5 日。

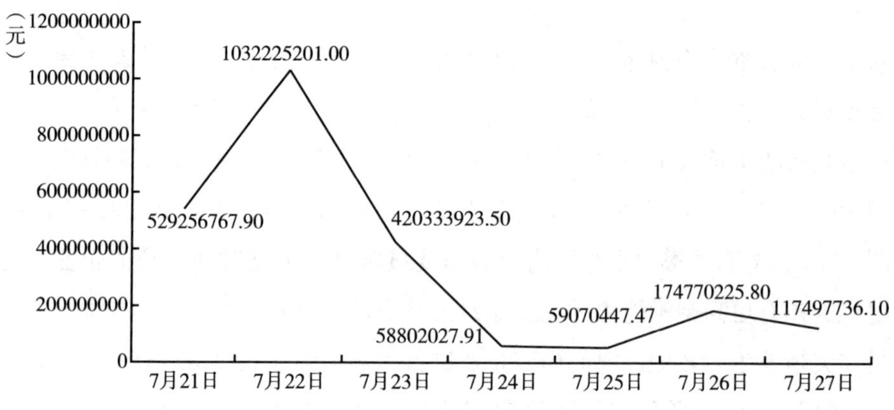

图 27　灾情发生 7 天内河南慈善总会单日收到的捐款总额

资料来源：收支明细，河南省慈善总会官方网站，http：//www.henancishan.org/g.html?id=8fa404c0-8f1f-4f26-9f20-ab728eb3fe46，最后检索时间：2022 年 4 月 5 日。

三个行业。而参与河南防汛救灾捐赠企业数量最多的三个行业分别为制造业、IT 互联网行业和能源化工行业。可以看出，IT 互联网行业和能源化工行业在两次防汛救灾中均有较多的参与。但参与两次防汛救灾的企业的行业分布也有一些区别：在河南防汛救灾中表现出色的制造业，在山西防汛救灾中的参与度不足；而在河南防汛救灾中参与较少的消费品行业在山西防汛救灾参与数量中高居第二位（见图 28）。

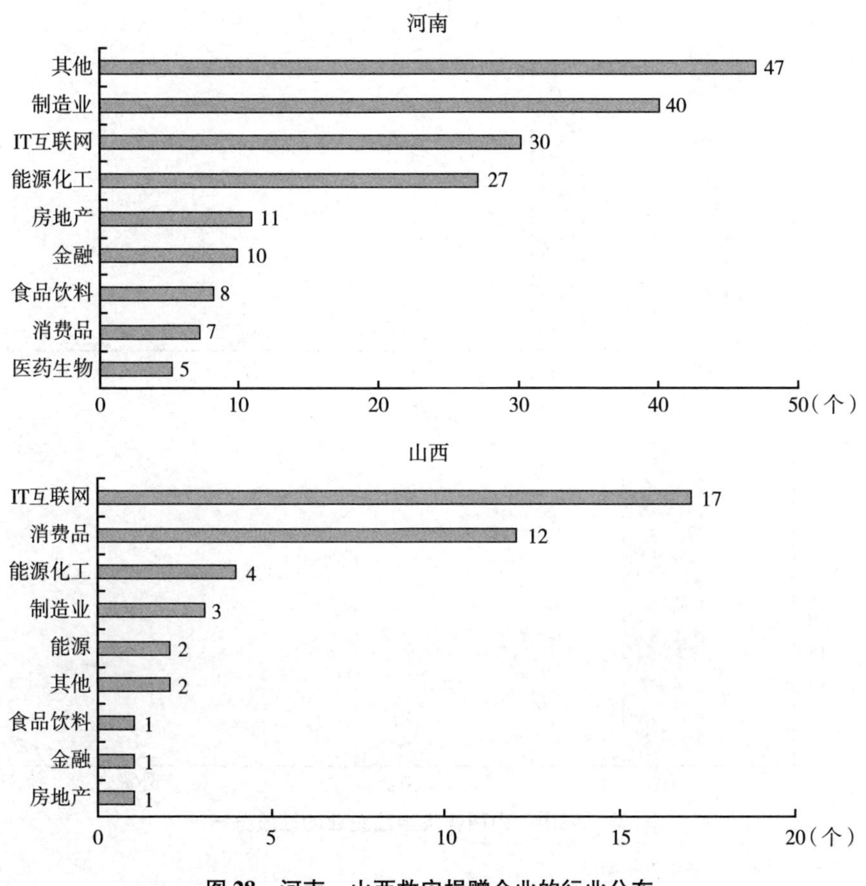

图 28　河南、山西救灾捐赠企业的行业分布

资料来源：商道融绿调研。

从捐赠企业的企业性质来看，河南防汛救灾中的企业性质更加多元化，而在山西防汛救灾中偏向于民企一枝独秀。在两次防汛救灾参与的企业中，民企都占据最高比例，河南和山西分别得到 93 家和 39 家民企的捐赠。然而，在河南防汛救灾中，有高达 73 家国企参与捐赠，但在山西防汛救灾中只有 3 家。外资和合资企业在河南防汛救灾中同样有着不错的参与度，分别有9家和8家参与，但山西防汛救灾只有1家外资参与其中（见图29）。

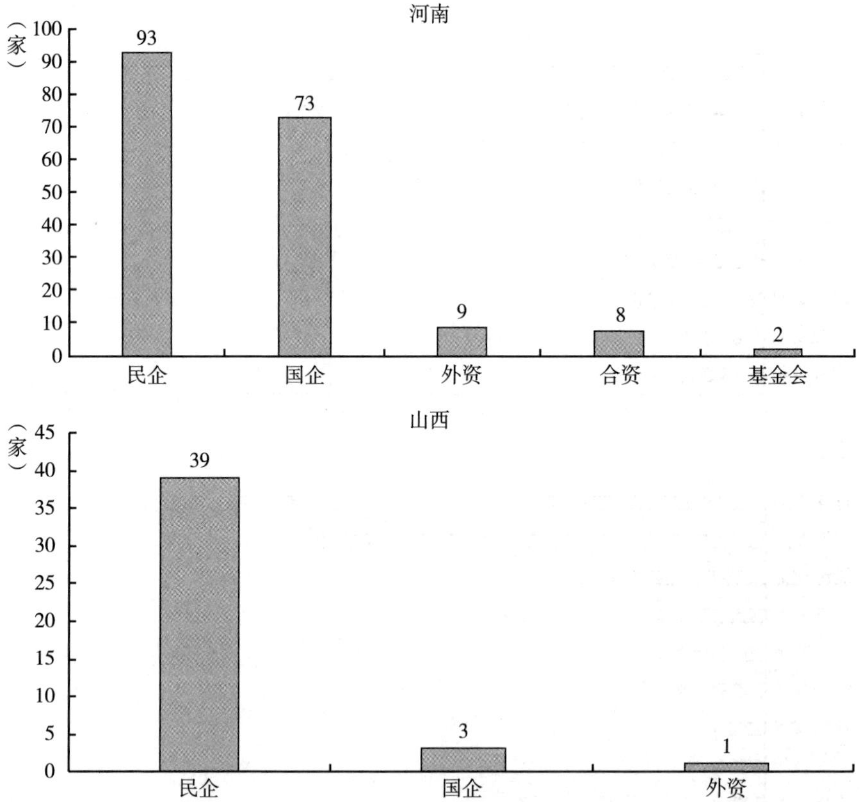
河南
（家）
100
90
80
70
60
50
40
30
20
10
0
93
73
9
8
2
民企
国企
外资
合资
基金会
山西
（家）
45
40
35
30
25
20
15
10
5
0
39
3
1
民企
国企
外资

图29　河南、山西救灾捐赠企业的性质分布

资料来源：商道融绿调研。

以在两次救灾中都有较多参与的互联网行业为例，代表性企业在两次救灾中的捐赠数额也可以反映企业捐赠的整体差异。部分企业在两次防汛救灾中均有大额度的捐赠。其中，较为突出的有阿里巴巴、蚂蚁集团、腾讯、滴滴、拼多多、字节跳动等人们耳熟能详的中国IT互联网头部企业。但它们在两次救灾中的捐赠仍有较大的数额差异：在河南防汛救灾中均捐赠了10000万元，而在山西防汛救灾中捐赠了5000万元及以下（见图30）。

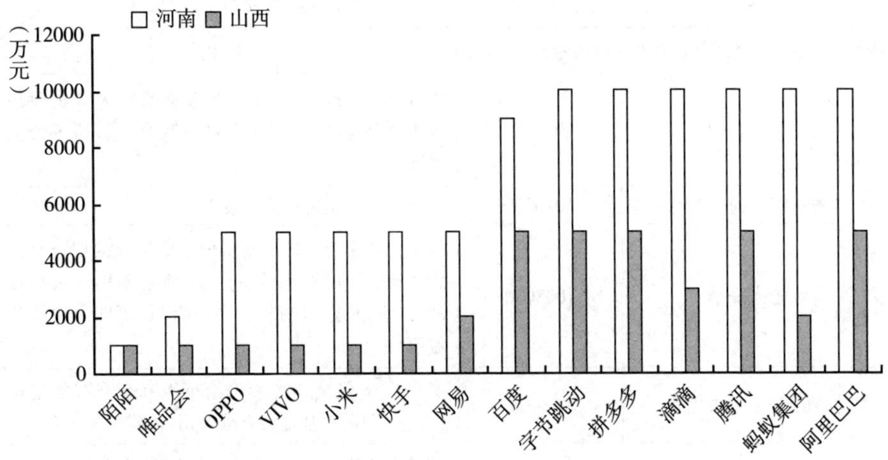

图 30　部分互联网行业企业的捐赠数额

资料来源：商道融绿调研。

从捐赠对象看，企业捐赠的流向集中于官方慈善组织和专业救灾的公益组织。在河南水灾发生后，大部分民营企业选择了捐赠给河南省慈善总会、各级红十字会等具有官方背景的慈善组织，或以灾害救助为主要业务领域的壹基金等基金会；对于山西洪灾，同样是官方慈善组织收到主要的捐款捐物。

（五）企业家超大额捐赠行为分析

近年来，企业家超大额捐赠越来越多见。本文定义的超大额捐赠是指企业家单次捐赠或承诺捐赠在 1 亿元人民币及以上的情形。2021 年，企业家超大额捐赠继续增长。根据《中国捐赠百杰榜（2021）》统计，纳入百杰榜的企业家捐赠人在 2021 年捐赠总额达 697 亿元，创历史新高，是历史平均值的 3 倍多，上榜的门槛也提升至 3000 万元；在百杰榜中，1 亿元以上捐赠占榜单六成以上，捐赠 10 亿元及以上的企业家达 12 人；百亿元、十亿元、亿元捐赠人数均创新高（见表 2）。

表 2　《中国捐赠百杰榜（2021）》捐赠额超 10 亿元的企业家

排名	上榜人	所属机构	捐赠金额(万元)	主要用途
1	王兴	美团	1070410	将其个人持股的 5731.9 万 A 类股转为 B 类股注入王兴基金会,专门用于推动教育与科研等公益事业
2	曹德旺	河仁基金会	1010000	捐赠 100 亿元建福耀科技大学
3	丁世忠	安踏	1008000	创始人及家族成员捐赠价值 100 亿元的现金及家族持有股票设立和敏基金会,将主要用于医疗救助、体育事业、乡村振兴、环境保护等四大领域公益项目
4	雷军	小米集团	958000	捐赠 6.16 亿股 B 类股份给小米基金会有限公司(香港)和雷军基金会有限公司(香港)
5	党彦宝	宝丰集团	600000	承诺十年内通过燕宝基金会捐赠 60 亿元用于教育助学
6	马云	阿里巴巴/蚂蚁集团/马云基金	162500	含协议金额,用于防汛抗疫、教育会、健康、女性、环保等
7	马化腾	腾讯集团	150000	2021 年度实际捐赠,用于济困救灾、科技发展、乡村振兴、教育发展、生态文保等领域,其中与抗疫相关的超过 3.5 亿元,支援河南山西洪灾超过 1.5 亿元
8	曾毓群	宁德时代	139900	向上海交大捐赠 200 万股
9	杨国强	碧桂园	122800	广东扶贫济困日认捐 3.5 亿元
10	陈东升	泰康集团	110000	向武汉大学捐赠 10 亿元
11	李永新	中公教育	100000	向北京大学捐赠 10 亿元
12	徐航	鹏瑞集团	100000	承诺 5 年向世界顶尖科学家发展基金会捐赠 10 亿元

资料来源:《中国捐赠百杰榜（2021）》，中国公益研究院，http://www.bnu1.org/show_2492.html，最后检索时间：2022 年 4 月 26 日。

伴随超大金额捐赠的增多，捐赠的形式越来越丰富，捐赠的安排也越来越精细。其中，捐赠股票的情形日益增多。如表 2 所示，王兴将其个人持股的 5731.9 万 A 类股转为 B 类股注入王兴基金会、丁世忠将价值 100 亿元的现金及家族持有股票成立和敏基金会，雷军捐赠 6.16 亿股 B 类股份给小米基金会有限公司（香港）和雷军基金会有限公司（香港）、曾毓群向上海交大捐赠

200 万股。此外，企业家超大额捐赠的其他流向还有高等学校、企业基金会等，用途包括救灾、科技发展、乡村振兴、教育、环保、健康、女性等。

值得一提的是，有超大额捐赠行为的企业家往往有持续捐赠的习惯。以曹德旺和刘强东为例。曹德旺最早可追溯的超大额捐赠发生在 2010 年，为玉树地震救灾等捐赠数亿元。2011 年，曹德旺捐赠价值 35.49 亿元的 3 亿份福耀玻璃股权，发起成立河仁慈善基金会，在公益界引起巨大反响。2021 年，曹德旺宣布捐赠 100 亿元兴办福耀科技大学，探索“企业出资、政府办学”的新机制。刘强东在京东集团上市几年之后，开始有亿元级别的公益捐赠，受益方包括老家宿迁、中国人民大学和清华大学等。2022 年初，京东集团发布公告，披露刘强东向第三方基金会捐赠 62376643 股 B 类普通股作慈善用途，股票价值近 150 亿元。

三　现存问题

综上所述，企业社会责任在中国越来越普及，特别是大型企业和上市公司。通过开展公益慈善活动塑造企业的社会责任品牌形象是较为常见的企业履行社会责任行为，多数大企业都有捐赠，支持方向主要是教育、健康、扶贫这三个领域，捐赠金额往往与企业的经营状况和盈利水平密切相关。总体来看，民营企业的捐赠金额占净利润的比例最大，央企次之。员工公益也是中国企业履行社会责任的一项内容。全员人均公益小时数约 1.5 小时，参与者人均公益小时数约 5.75 小时。活动领域主要是教育、扶贫和抗击疫情。2021 年，众多企业也积极参与河南和山西两地水灾的救灾工作。

中国新注册的基金会数量呈逐年下降的趋势，但企业基金会的数量则先降后升。民营企业发起的企业基金会最多，集中在商务服务业、零售和批发业、房地产业、软件和信息技术服务业及科技推广和应用服务业等行业。2021 年，房地产业发起的基金会数量出现明显滑坡，而软件和信息技术服务业、科技推广和应用服务业则出现明显上升。此外，企业家单次捐赠行为或捐赠承诺在 1 亿元人民币及以上的超大额捐赠事件越来越多见，做出超大额捐赠的企业家往往都有连续捐赠的行为习惯。

但前文的分析，也反映出中国企业履行社会责任，特别是企业参与慈善活动时存在一些问题与挑战，如做慈善的机制有待完善等。分述如下。

（一）企业社会责任总体还有较大提升空间

尽管企业社会责任普及度提高、ESG 的关注度也提高，但从整体上看，中国企业社会责任总体上还有较大的提升空间。这从前文商道融绿的 ESG 评级分布情况可以看出来，即中国上市公司的 ESG 评级总体分布在中间靠后的等级。

从 MSCI 的 ESG 评级数据也能看到类似的趋势。[①] 如果与自身相比，中国上市公司的 ESG 评级是提升的，2020 年 A 级、BBB 级和 BB 级的上市公司数量显著多于 2018 年。但如果与 MSCI 全球或 MSCI 新兴市场的 ESG 评级相比，2020 年中国上市公司的 ESG 评级就显著落后了（见图 31）。

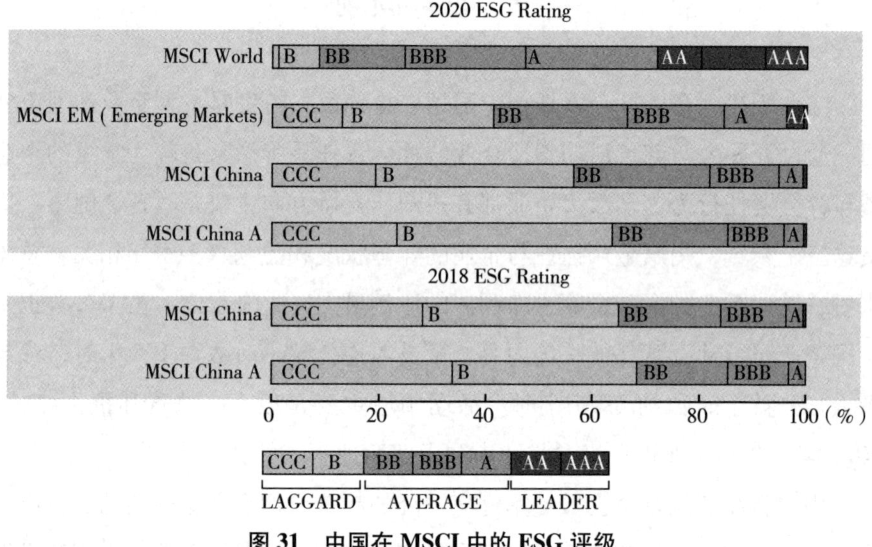

图 31　中国在 MSCI 中的 ESG 评级

资料来源：Would Integrating ESG in Chinese Equities Have Worked，MSCI，https：//www.msci.com/www/blog-posts/would-integrating-esg-in/01970806830，最后检索时间：2022 年 4 月 26 日。

① MSCI 的 ESG 评级分为九个等级：AAA、AA、A、BBB、BB、B、CCC、CC、C。

造成这一结果的原因很多，最重要的一个原因是信息披露。即中国上市公司还不擅于披露社会责任和ESG方面的信息，导致ESG评级分析师很难从公开渠道获取到足够数据和信息，以对每个细分指标做出准确评价。在实际操作中，评级分析师如果无法得到某个指标的信息，该指标的得分就会是零。前文提到中国最大市值的上市公司的ESG信息披露较高，这是相对的。根据KPMG 2021年的调查，2020年，中国百强公司的ESG披露比例为78%，比例算高的；但这个数字和日本（100%）、马来西亚（99%）、印度（98%）、美国（98%）、瑞典（98%）、西班牙（98%）、法国（97%）、南非（96%）、英国（94%）等国家相比，就显得低了。

具体地看，根据商道融绿与负责任投资原则（PRI）的研究《中国的ESG数据披露（2019）》，在ESG指标中，中国上市公司治理（G）类别的指标披露率最高，达66.3%；其次是环境（E）类别的指标，披露率为40.4%；社会（S）类别的指标披露率是最低的，只有28.9%。不过，低披露率的类别也有个别指标披露率很高，譬如在社会类别中，捐赠、职业健康与安全这两个指标的披露率较高；在环境类别中，碳排放信息的披露率较低。究其原因，主要是企业核算和披露碳排放数据的意愿不强。商道融绿发布的《A股上市公司应对气候变化信息披露分析报告（2021）》显示，2020年全A股4136家上市公司仅有149家上市公司披露了全部生产单位的碳排放量，占全A股数量的3.6%。

（二）企业缺乏系统性的慈善战略

很多企业开展慈善活动缺乏机制和策略，议题选取、项目选取往往容易被决策者的个人偏好或一些与慈善无关的外部因素所左右。

这样会导致企业慈善出现“随意”或“跟风”两种问题。有的企业负责人很热心公益，看到社会上出现需要帮扶的人和事，都建议企业做出响应，数年下来，企业开展了不少慈善活动，但项目很多，涉及的议题也很多，总体上缺乏系统性和战略性，企业的公益团队处于繁忙但又迷茫的状态。也有的企业负责人纯粹将慈善活动当作维护政府关系的手段，因此，只要有政府官员来劝募，都会立即做出回应，久而久之，同样也会出现项目过多、过散的问题。

具有战略价值的企业慈善通常具备两个特征。一个特征是能产生双重价值，即既产生社会价值，也产生商业价值，但这种商业价值往往是间接的，不是直接的。只有这样，企业开展慈善活动才可以取得双赢，能够形成长效机制。如果只有社会价值，没有商业价值，那么项目持续能力就会比较弱；反之，如果只有商业价值，没有社会价值，那么项目根本不能作为公益慈善项目，如果非要强行为之，企业将面临巨大的声誉风险。另一个特征是发挥企业优势资源解决社会问题。社会问题千千万万，企业如何从中做出选择？企业的核心优势是盈利的能力，这通常是一些很具体的商业能力，如研发能力、销售渠道等，这些能力如果能被应用于解决社会问题，那么产生的效益往往比企业捐钱还要好。这样的企业慈善战略往往会很高效：企业的额外投入不必很高，但所产生的社会效益会很大。

（三）企业缺乏负责慈善的专职部门

企业缺乏系统性的慈善战略，一个很常见的原因是企业缺乏负责慈善的专职部门。理想的情形下，企业单独设立企业社会责任专职部门，全面负责包括企业慈善在内的企业社会责任和可持续发展工作，这在许多世界 500 强公司中已经是标准配置。退而求其次，是将相关职能放到公关、市场等相关部门，虽然没有专职部门，但至少也有专人专岗。

但是，现在并不是所有企业都能做到。根据商道纵横的企业社会责任经理人调查，被调查对象中有 42. 71%建立了企业社会责任或可持续发展的专职部门，33. 33%的企业由公关部门、市场部门、人力资源部门等其他部门兼管，12. 50%的企业没有任何负责企业社会责任事务的部门，8. 33%的企业由高级管理层（如办公室等）负责相关工作（见图 32）。后两者的情形(20. 83%)，可以理解为企业社会责任的工作是比较弱化的。必须指出的是，商道纵横的企业社会责任经理人调查的受访对象，往往是商道纵横能触及的一些企业，这些企业多数在企业社会责任领域比较活跃。因此，可以推断，上述比例要高于大企业群体的平均水平，如果把中小企业纳入统计范围，上述比例将出现数量级下降。

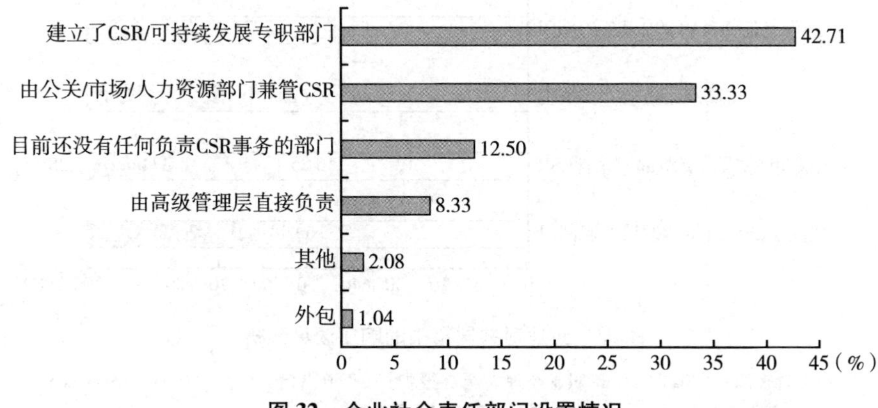

图 32　企业社会责任部门设置情况

资料来源：《2021 年 CSR 职业经理人调查报告》，商道纵横，http：//www. syntao. com/newsinfo/2518659. html，最后检索时间：2022 年 4 月 26 日。

统计数据显示，设置专职部门确实可以提升企业做慈善的能力。以企业对共同富裕的响应速度为例，建立专职部门的企业能够在更短时间内进行响应，启动专项计划，12. 20%的企业在调研时就已经发布了共同富裕专项计划，26. 83%的企业正在准备相关启动工作。在由公关、市场等部门兼管企业社会责任工作的企业中，6. 25%在调研时已发布专项计划，37. 50%的企业在准备中。其余的企业很多还没考虑到相关工作部署（见图 33）。

在专职部门设置方面，近年来还出现一个新的问题，即企业发起设立企业基金会后，如何协同企业慈善工作和企业基金会工作。凡设立企业基金会的企业，通常都有专职部门或至少专人专岗负责企业慈善。目前常见的实践，是将企业慈善和企业基金会的工作层叠起来，简单说就是“一套人马、两块牌子”。当下，多数企业基金会还要持续不断依赖企业输血，这种模式有一定合理性，但长期看，这会制约企业基金会的独立发展。

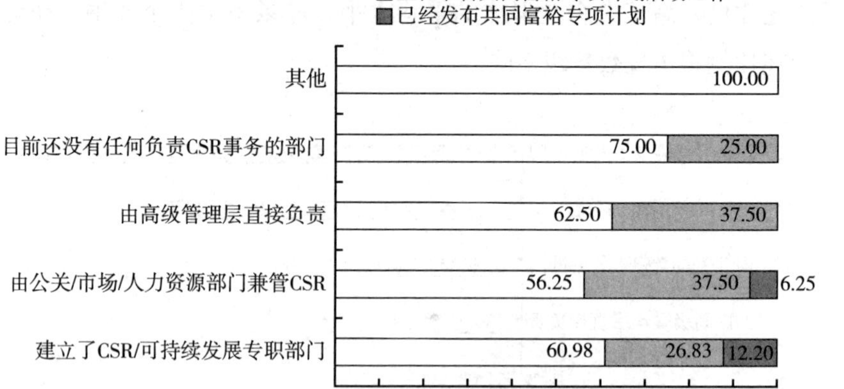

图 33　企业对共同富裕的响应速度分析

资料来源：《2021 年 CSR 职业经理人调查报告》，商道纵横，http：//www. syntao. com/newsinfo/2518659. html，最后检索时间：2022 年 4 月 26 日。

（四）企业做慈善的人才储备不足

要组建企业社会责任或企业慈善的专职部门，企业必须配备相应的专业人才，这也是企业当下所面临的挑战之一。

一方面，在企业里做企业社会责任或企业慈善的经理人必须既懂得企业经营，又懂得公益慈善。具备这样跨界知识结构的人才很少。实际情况通常是懂企业不懂公益，或者是懂公益不懂企业。不管是哪一种情况，都会限制经理人在企业里面做好企业慈善的工作。

另一方面，在岗的经理人也面临很多挑战，特别是来自内部。在企业里从事慈善工作的经理人常常感觉比较孤立无援、被边缘化、缺乏来自领导和同事的认可，也由此带来对职业发展的无奈和倦怠。

调查显示，42.71%的经理人认为开展企业社会责任工作的最大障碍是缺乏公司高管的工作认可和支持。缺乏内部相关部门的认同和认可，没有清晰的职业发展路径是第二、三大障碍。工作对专业度的需求、开展广泛合作的要求使得缺乏专业技能提升的方式/培训，缺乏专业的合作机构，没有同业交流的圈子成为排名第四至第六的障碍。此外，部分企业社会责任经理人还面临未设立专职的职能部门、CSR 项目相关预算不足、工作压力较大等障碍（见图 34）。

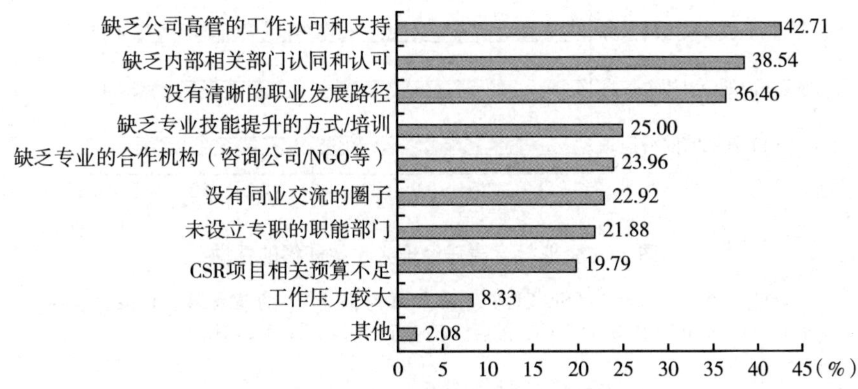

图 34 从事企业社会责任工作时的障碍

资料来源：《2021 年 CSR 职业经理人调查报告》，商道纵横，http：//www. syntao. com/newsinfo/2518659. html，最后检索时间：2022 年 4 月 26 日。

因此，企业社会责任经理人也很希望获得能力的提升。调查显示，他们最希望得到的帮助是前沿信息、同行业相关信息、拓展人脉，其次是国内外的培训与交流活动，最后才是一对一辅导（见图 35）。

（五）企业缺乏常规的救灾响应机制

我国是自然灾害多发的国家，在自然灾害及其他突发灾害面前，社会对企业特别是大型企业有一定的预期，希望它们能够积极参与灾害救助工作。从 2021 年企业参与河南和山西两地的水灾救助情况，可以看出这个特点。

因此，每次灾害发生后，企业往往要迅速决策几个问题：要不要捐？捐资还是捐物？捐给谁和怎样捐？缺乏常规救灾响应机制的企业，此时往往会陷入被动。特别是决策要不要捐的时候，很多企业更多会考虑社会舆情和同业行动：如果社会呼声较高，企业捐赠意愿就会高；如果同行中有企业率先行动，行业中其他企业捐赠意愿也会高。

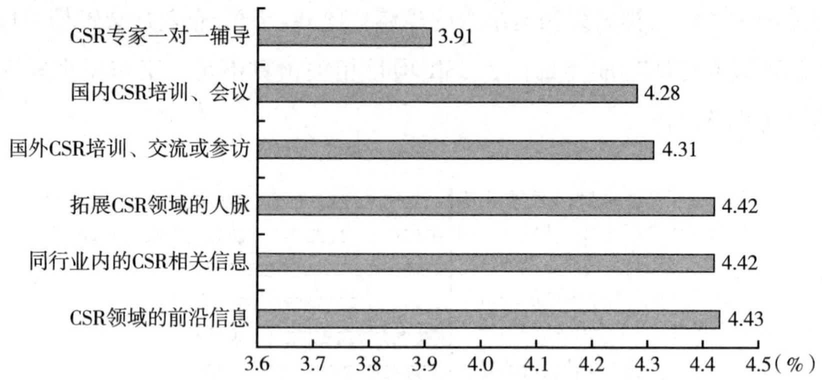

图 35　企业社会责任经理人希望获得的帮助

资料来源：《2021 年 CSR 职业经理人调查报告》，商道纵横，http：//www.syntao.com/newsinfo/2518659.html，最后检索时间：2022 年 4 月 26 日。

但是，从科学救灾、社会整体福利考虑，这并非最优选择。最优选择应该是考虑灾害性质、受灾程度、灾民需求，同时结合企业的优势资源，提供有效率和有效果的救助。譬如，具有仓储物流资源的企业，可以迅速调集救灾物资并运送到现场；具有供电、通信等服务能力的企业，可以迅速启动应急机制，为当地恢复电力供应和恢复信息网络服务，这虽不是直接救助，却为其他救助、救治工作创造了条件。

从这个角度去思考，很多企业可以建立常规的救灾备灾机制，以便在突发灾害时能迅速启动机制、快速响应。现在，已经有企业这样做了，但还有很多企业没有建立这样的救灾备灾机制。后者很容易陷入“要不要捐”“捐多少合适”的抉择困境中。

四　对策建议

（一）从企业战略层面认识社会责任

企业社会责任和 ESG 对企业来说，应该放到战略层面来理解，以实现企业价值与社会价值的双赢。这已逐步成为各方共识，连证券交易所也开始要求董事会对 ESG 负责。港交所在最新的 ESG 报告指引中就要求上市公司的董事会声明如下事项：（1）披露董事会对 ESG 事宜的监管；（2）识别、评估及管理重要的 ESG 相关事宜的过程；（3）董事会按 ESG 相关目标检讨进度。董事会声明应包括上市公司现行的 ESG 管理方针、策略、相关重要性及目标。因此，企业特别是大型企业和上市公司应顺势而为，逐步提升企业社会责任和 ESG 绩效。

企业慈善也是社会责任的重要内容。从战略角度看，企业应该思考如何实施"更具战略性的慈善"和"更聪明的慈善"。此类慈善战略的核心特征是企业发挥自身核心能力解决社会问题。捐款只是企业慈善策略的一种，但不是唯一选项，也不一定是最优选项。

（二）建立企业做慈善的专业机制

要把企业社会责任和慈善工作做好，企业还要做好建章立制、科学管理的工作。首先是要设立专职部门，或至少有专人专岗负责企业社会责任和慈善工作。其次是要引入科学管理的方法，从企业慈善项目设计，到项目实施，再到项目评估，都应有科学流程，譬如项目社会效益评价。此外，考虑到近期新冠肺炎疫情、极端天气事件的影响，企业也应建立救灾备灾机制，可参考表 3。

表 3　企业救灾备灾机制常见问题及回应

问题	回应
Q:企业是不是只能捐钱?	A:不一定,可以发挥企业专业优势救灾
Q:企业是不是只能在黄金 72 小时出手?	A:不一定,常见救灾分为紧急救援、过渡安置、灾后重建几个阶段,企业参与的空间越靠后越大,但企业可以在 72 小时内先与公益组织达成合作,发出声音
Q:企业应该和谁合作?	A:救灾和灾后救援非常专业,要找专业公益组织合作。在网上查找一下经常参加救灾的专业公益组织信息

续表

问题	回应
Q:只能一次决策参与救灾么?	A:不一定,救灾不是拍脑袋的事情,必须根据灾情评估行事,所以有的企业先捐紧急救援的资金(50万~200万元),后期根据灾情再做第二次决策
Q:这次救灾来不及了,怎么办?	A:很多企业只是在发生灾害的时候才想起救灾的事情,因为情势紧急,效率、效果都会受到影响。实际上,企业应该有更强的预见性,事先与专业救灾的公益组织达成合作,全面参与备灾、救灾、重建的各个环节。尤其是要提前授权专业救灾的公益组织一定额度的救急资金,允许在灾害发生时立即调用,这对救灾组织来说至关重要

(三)鼓励设立相对独立的企业基金会

有不少企业是有意愿和能力设立企业基金会的，设立企业基金会也有利于引导企业从更长期限考虑企业慈善战略，对这一行为应予鼓励。但是，从近几年的统计数据看，企业基金会的增长并不多，可见一些企业想设立基金会的需求并未被释放出来。造成问题的原因很多，其中一个原因是设立企业基金会的程序要求较多、门槛较高，企业望而却步。对此，监管部门可以予以适当调整，鼓励企业设立企业基金会，这也符合促进共同富裕的政策方向。

对已经设立企业基金会的企业来说，要协调好企业慈善和企业基金会的协同问题。从法律上说，两者是两个独立法人，各自的治理、决策和运营是相互独立的；但在实际工作中，企业对企业基金会的影响不可避免。因此，做好协同、实现双赢就是一个很现实的问题。对有条件的（主要是财务收支可以在很长时间内保持稳定）企业基金会来说，探索独立运营的道路意义重大。毕竟，从欧美实践看，企业或企业家发起的基金会要成为有影响力的专业机构，都必须要脱离原生企业的影响。

(四)培养既懂企业又懂公益的人才

既懂企业又懂公益的人才是比较稀缺的，有必要加大培养力度。这既可以通过社会类的培训来产生，例如商道纵横在2015年发起的商道学堂；也可以通过高校教育来培养，现在多家知名高校设立了公益慈善研究院，可以发挥作用。

需要指出的是，人才培养的对象不仅有即将或已经在企业从事慈善工作的经理人，也包括在NGO工作要和企业合作的公益人。商道纵横的调查显示，在被问及企业慈善的常见挑战时，64.58%的经理人指出NGO缺乏对企业需求的深入了解，48.96%的经理人指出NGO缺乏商业思维（见图36）。因此，公益人也应该多学习一些企业管理的知识，以便更好达成与企业的合作。

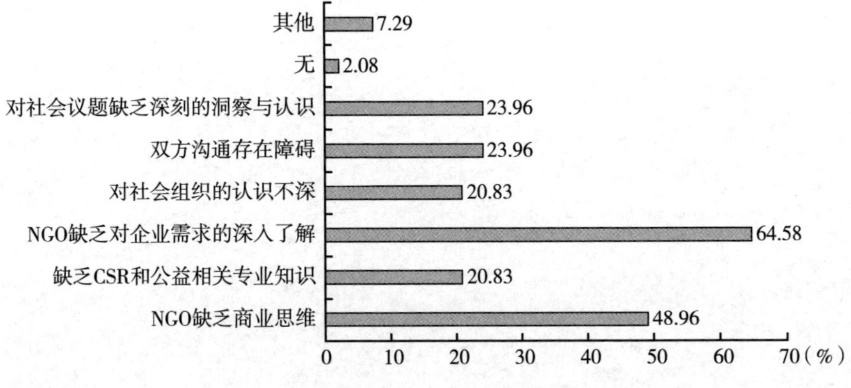

图36　企业与NGO合作时面临的挑战

资料来源：《2021年CSR职业经理人调查报告》，商道纵横，http：//www.syntao.com/newsinfo/2518659.html，最后检索时间：2022年4月26日。

（五）营造促进企业慈善的外部环境

以上主要从企业开展慈善的视角来考虑，除此之外，也有必要跳出企业视角，从全社会来看这个问题，即如何营造促进企业慈善的外部环境。首先，监管部门可予鼓励和引导，如税收减免、支持股权捐赠和慈善信托等创新实践等。其次，NGO也要提升能力，特别是增进对企业的了解，以便更好地对接企业合作。最后，全社会可以加大宣传正确的商业义利观，商业与社会可以达成互惠互利的关系，形成好的企业得到好的社会评价的正向反馈。

此外，中小企业也不能被排除在外。大企业有能力、有资源做慈善活动；中小企业的能力和资源都相对不足。对此，一方面要引导中小企业形成“不以善小而不为”的认知，从力所能及的小事做起；另一方面可以调动公共资源搭建平台，让中小企业不必太费周章就可以参与慈善。

B.9
互联网慈善与数字公益报告

赵杰翔　朱健刚*

摘　要： 从20世纪90年代中后期互联网公益的发端开始到今天，中国的互联网慈善发展已经进入法制化、行业化发展的新阶段，尤其新冠肺炎疫情加速了公益行业与互联网技术的融合。由此，“公益数字化”成为2021年行业的年度关键词之一，在多次全国性的公益盛会和媒体宣传中成为热议话题。互联网及数字化的技术和逻辑已对公益慈善行业起到重大影响，借助互联网，部分公益机构的募款、宣传、项目执行等效率都得到跨越式的提升，但互联网公益也暴露出了诸多亟须关注和改进的问题。互联网公益的机遇与风险并存，仍需更多从业者和研究者参与观察与做出行动。

关键词： 互联网慈善　公益数字化　慈善创新　在线参与

作为一种信息技术的互联网越来越成为人类命运共同体新的生态条件，它极大地解放了信息的生产与传播，深刻地影响着人们的日常生活、工作模式、社会交往乃至思维方式。截至2020年3月，我国网民规模已经达到9.04亿人，较2018年底增长7508万人，互联网普及率也达到64.5%，较

* 赵杰翔，南开大学助理研究员，主要研究方向为公益慈善、教育人类学、乡村发展等；朱健刚，南开大学教授，主要研究方向为公益慈善、社区治理、社会组织等。

2018 年底提升 4.9 个百分点。[①] 而在公益慈善领域，互联网尤其是移动互联网的兴起给人们的慈善理念、慈善参与意识、捐赠方式以及公益机构的项目传播、管理和执行等都带来了重要影响。

2021 年，受新冠肺炎疫情影响，在相对隔离的生活状态和线上办公越来越普遍的背景下，互联网与数字公益的发展被按下了“快进键”，在这一年里，互联网募捐信息平台继续增加、互联网捐赠数额再创新高、公益数字化成为热门话题、互联网公益项目推陈出新，然而在这样的势头下，互联网公益也暴露出一些问题。本报告将在回顾互联网慈善发展概况的基础上，对 2021 年度互联网公益的相关数据和重要事件进行回顾，同时指出存在的问题及可能的解决办法。

一　互联网慈善发展脉络回顾

（一）20世纪90年代中后期：互联网慈善初登场

互联网发端于 20 世纪 90 年代中期，1994 年被称为中国互联网“元年”[②]，而 1995 年第四届世界妇女大会则将 NGO 的概念带入中国[③]。现代公益组织的概念开始被更多人了解。当代中国公益的开创者之一商玉生先生早在 1995 年就提出要做互联网公益，1998 年底，在他和徐永光的倡议下，13 家公益慈善机构共同发起“中国基金会与 NPO 信息网”这个民间的公益行业虚拟平台——该平台后来被正式注册为“北京恩玖信息咨询中心”[④]。除此之外，互联网平台开始被用于慈善信息发布、自我宣传和内部沟通的工

① 中国互联网络信息中心：第 45 次《中国互联网络发展状况统计报告》，http：//www.cac.gov.cn/2020-04/27/c_ 1589535470378587.htm，最后检索时间：2022 年 2 月 18 日。

② 吴世文、何屹然：《中国互联网历史的媒介记忆与多元想象——基于媒介十年“节点记忆”的考察》，《新闻与传播研究》2019 年第 9 期，第 75~93 页。

③ 王名、贾西津：《中国 NGO 的发展分析》，《管理世界》2002 年第 8 期，第 30~43 页。

④ 杨团：《怀念商玉生先生》，《南方周末》，http：//www.infzm.com/contents/188104，最后检索时间：2022 年 2 月 18 日。

具。这些互联网慈善的早期尝试，可以看作互联网慈善在中国的第一个历史节点。不过在这一时期，大多公益组织主要还是从事线下的、在地的服务，因此互联网对于公益慈善行业的整体发展影响并不大。

（二）21世纪初：迈入互联网慈善的“门户时期”

直到 2004 年 12 月印度洋海啸发生，还处于测试阶段的易宝公益平台开始为北京红十字会紧急开通网络募捐通道，此次募捐成为国内最早可查证的网络募捐案例[①]，作为首例，易宝公益平台迈出了中国互联网捐赠的第一步[②]。2006 年，搜狐网的公益频道正式上线，作为当时最大的线上公益平台，它的成立标志着互联网慈善正式迈入“门户时期”[③]。搜狐公益频道主要发布各类公益慈善信息，基于搜狐网海量的用户群体，搜狐公益传播了公益理念，很好地培养了网民的慈善意识。差不多同一时期，即在 2005 年民间还成立了一个颇有影响的公益网站：NGOCN 网[④]。21 世纪初开始尝试互联网捐赠，并开始建立门户网站，构成了互联网慈善发展的第二个历史节点。

（三）2008年：灾难催生网络宣传与筹款

2008 年“5·12”汶川地震激发了全国人民的慈善“井喷”，其后的地震救灾和灾后重建催生了公益慈善与互联网联合的第三个节点。地震发生后的第二天，一份由四川、云南、贵州、北京和福建等地 20 多家公益组织联合发起的题为“紧急呼吁：呼请民间组织参与‘5·12’地震援助行动”的倡议书在 NGOCN 网上出现，与其一起公布的还有为地震救灾专门设立的民

① 《新公益时代来临：“互联网+公益”助力精准扶贫》，https：//www.sohu.com/a/288898010_100172387，最后检索时间：2022 年 2 月 18 日。

② 《“环球趋势”责任践行奖候选案例——易宝支付》，环球网，https：//tech.huanqiu.com/article/9CaKrnKg3Uf，最后检索时间：2022 年 2 月 18 日。

③ 陈一丹等：《中国互联网公益》，中国人民大学出版社，2019，第 26~27 页。

④ 《NGO 发展交流网—NGOCN—搭建公益行业门户网站》，https：//gongyi.sohu.com/20100330/n271211966.shtml，最后检索时间：2022 年 2 月 18 日。

间赈灾 QQ 群、专题网页地址和救援行动论坛网址等。[①] 同时互联网筹款也开始广泛进行，在汶川地震发生后的 24 小时内，淘宝支付宝、腾讯财付通、易宝支付分别为李连杰壹基金、北京红十字会等开通个人网上捐款平台。[②] 也正是在这一年，腾讯网络捐赠平台上线[③]，在短短几天内，腾讯公益平台筹款额超过 2000 万元，即使近几年腾讯公益平台捐款总额保持了非常高速的增长态势，汶川地震救灾项目“又逢‘5・12’：感恩生命，永不放弃”仍然是腾讯公益平台创建以来总筹款额最高的项目之一。[④] 这次大规模网络捐赠使互联网慈善向前迈了一大步。

（四）2015年：网络筹款走向大众化日常化

与此相呼应的是另一互联网巨头阿里巴巴对慈善的投入。支付宝公益（原蚂蚁金服公益）也是在汶川地震期间兴起，它为灾区开通募捐渠道，并开始上线运营平台。2009 年，淘宝“公益宝贝计划”面向商家开放，淘宝卖家可以将商品设置为“公益宝贝”，每卖出一份商品，就能按照一定比例捐赠给慈善机构或项目一定的数额，这为广大“线上卖家”开辟了参与慈善的途径，最终形成了面向互联网 B 端的“公益电商”模式。[⑤] 淘宝的公益模式不仅激发了互联网电商的公益热情，还使消费与公益慈善挂钩，进一步推动了互联网慈善的发展。2010 年阿里巴巴公益（原淘宝公益）平台正式上线，由阿里巴巴公益基金会进行运营。除了继续发展“公益宝贝”计划，阿里公益还推出了公益网店，鼓励公益组织以阿里巴巴平台为入口同消费者进行更多的交流，通过向网友“出售”自己的公益产品来募集善款。阿里

---

① 朱健刚、赖伟军：《“不完全合作”：NGO 联合行动策略——以“5・12”汶川地震 NGO 联合救灾为例》，《社会》2014 年第 4 期，第 187~209 页。

② 《汶川地震救援，三大网上捐款平台均破 1000 万》，美通社，https：//www.prnasia.com/story/10762-1.shtml，最后检索时间：2022 年 2 月 18 日。

③ 《中国网络捐赠研究报告》，阿里巴巴公益基金会，http：//www.alijijinhui.org/content/12381，最后检索时间：2022 年 2 月 18 日。

④ 《腾讯公益十周年报告》，腾讯研究院，https：//www.tisi.org/Public/Uploads/file/20170613/20170613150537_16358.pdf，最后检索时间：2022 年 2 月 18 日。

⑤ 陈一丹等：《中国互联网公益》，中国人民大学出版社，2019，第 28 页。

公益还和网商进行合作，对慈善组织官方身份开设的网点进行专门的“公益店”认证并配套支持政策。[①] 这使网络筹款向大众化发展推进了一步。

随着互联网从 2G 跨入 3G 时代，通信网的安全性进一步提高，手机支付等方式也从此可行。[②] 从 2011 年到 2012 年，微信和微信公众号也相继诞生，成为促进公益慈善事业宣传和发展的新媒体平台。2011 年 1 月，“微信”上线，移动互联网和社交媒体共同推动为互联网公益慈善的发展提供了良机。特别是在 2013 年 8 月“微信支付”正式上线后，移动支付的方便快捷降低了善款的流动成本，使互联网慈善进一步在大众中普及。腾讯公益在此基础上，于 2014 年推出新型的捐赠模式——“一起捐”，由网友个人为公益项目发起一定数额的爱心筹款，由圈内友人合力完成该筹款任务，“一起捐”的出现将劝捐者从平台变为用户，第一次使得募捐充分利用了用户的社交网络。[③] 与 2013 年相比，2014 年腾讯公益平台筹款总金额和筹款总人次均有大幅度的增加，增幅超过 300%。[④] 这些积累终于迎来了互联网慈善的第四个历史节点：2015 年开始的“99 公益日”。99 公益日发动全国数亿网友，以轻量、便捷、快乐的方式参与公益，数据显示，2015 年 9 月 7~9 日三天，在腾讯公益平台上共筹得善款近 1.3 亿元。[⑤] 经过五年的连续运作，“99 公益日”已发展成为行业的年度公益日。2021 年共计有超过 6870 万人次在“99 公益日”捐出 35.69 亿元，加上腾讯公益慈善基金会的 6 亿元资金支持，总共募得善款 41.69 亿元。[⑥] 99 公益日极大地推动了网络公益慈善向大众化、平民化、趣味化、日常化的发展。

---

① 阿里巴巴公益，https://www.taobao.com/markets/gy/index，最后检索时间：2022 年 2 月 18 日。

② 陈德全：《3G 元年的通信产业 6 大趋势》，《IT 时代周刊》2006 年第 2 期，第 38~39 页。

③《数据解读 99 公益日，公益新生态背后的机制与愿景丨白皮书精华版》，腾讯研究院，https://www.tisi.org/4934，最后检索时间：2022 年 2 月 18 日。

④《腾讯公益十周年报告》，腾讯研究院，https://www.tisi.org/Public/Uploads/file/20170613/20170613150537_16358.pdf，最后检索时间：2022 年 2 月 18 日。

⑤《数据解读 99 公益日，公益新生态背后的机制与愿景丨白皮书精华版》，腾讯研究院，https://www.tisi.org/4934，最后检索时间：2022 年 2 月 18 日。

⑥《超 1.25 亿人次小红花共襄善举，99 公益日助力全民共建共富》，腾讯网，https://new.qq.com/omn/TEC20210/TEC2021091000248000.html，最后检索时间：2022 年 2 月18 日。

（五）2016年至今：法制化、行业化发展阶段

从2012年互联网从2G迈向3G开始，互联网慈善就进入了一个高速发展的时期。随着公众的慈善意识和捐赠习惯在其中的培养和强化，互联网慈善文化也逐步形成。但与此同时，一些负面事件也在互联网频繁“爆雷”，比如2011年6月，自称中国红十字会商业总经理的郭美美在微博上大肆炫富，引爆公众对慈善的信任危机。为规范慈善活动，2016年9月，随着《中华人民共和国慈善法》正式实施，我国公益慈善事业进入了法制化的发展阶段。同时，民政部还制定了《公开募捐平台服务管理办法》《慈善组织互联网公开募捐信息平台基本技术规范》《慈善组织互联网公开募捐信息平台基本管理规范》等行业规范，为互联网慈善平台的运营和监管提供政策支持。这是互联网慈善创新发展的第五个历史节点，互联网慈善进入依法治理的阶段。

基于互联网慈善的发展历史和目前呈现的境况，我们可以观察到一方面“互联网+慈善”的结合在不断发展和深化，从最初利用互联网进行宣传、筹款等工作，到现在互联网已经越来越深刻地“嵌入”公益机构中，公益机构的运作和发展也越来越依赖互联网平台和相关的技术手段；另一方面，借助互联网平台，慈善项目也实现了更广泛的动员和更多样的可能性，各种各样互联网创新项目层出不穷。总体上看，经过这五个历史节点，中国的互联网慈善发展已经进入法制化、行业化发展的新阶段。

二　2021年互联网慈善的趋势和特点

从21世纪开始，公益慈善事业与互联网的关系呈现一个加速度的趋势，互联网相关技术从一种外在的工具或技术逐渐“嵌入”公益组织的肌理之中，它不仅对公益行业的宣传、筹款、运作等外在的方面产生了影响，还对公益行业的逻辑、思维、认知等方面产生了变革式的影响。尤其新冠肺炎疫情以来，公益慈善更是加速了与互联网的融合，而且这种融合是不可逆的，

将持续给行业带来深刻影响。回顾 2021 年的互联网慈善，可以看到以下新的变化和趋势。

（一）在已有基础上，新增10个互联网慈善募捐平台，进一步提高了民众参与公益的便利性和快捷性，同时出现了一些趣味性和娱乐性相结合的公益项目，激发了广大网友参与公益慈善活动的积极性

互联网慈善一开始就远远超过传统慈善的资源动员能力，当下移动支付越来越便利和安全，极大地降低了善款的流动成本，进一步提高了民众参与公益的便利性和快捷性。慈善组织互联网募捐信息平台是慈善组织发布募捐信息、获取公众关注和捐赠的重要渠道，自 2016 年和 2018 年分别确认了 20 家互联网募捐信息平台之后，2021 年 11 月民政部的第 516 号公告显示新增了 10 家平台为第三批慈善组织互联网募捐信息平台（见表 1）。

表 1　2021 年新增的第三批慈善组织互联网募捐信息平台

平台名称	运营主体
字节跳动公益	北京字节跳动科技有限公司
小米公益	小米科技有限责任公司
亲青公益	中国青少年发展基金会
哔哩哔哩公益	上海宽娱数码科技有限公司
平安公益	深圳市平安公益基金会
360 公益	北京奇保信安科技有限公司
中国移动公益	中移在线服务有限公司
芒果公益	湖南快乐阳光互动娱乐传媒有限公司
慈链公益	佛山市顺德区慈善组织联合会
携程公益	上海携程商务有限公司

从表 1 可以看出，最新一批慈善组织互联网募捐信息平台的运营主体以企业运营占多数，近几年来广受青年群体关注的字节跳动公益、哔哩哔哩公益和芒果公益等平台均入选，而这几家平台的运营主体目前在互联网中发展

较快、受众较多，新一批平台的上线将吸引更多网友关注公益慈善事业的发展。在互联网慈善募捐平台数量越来越多的情况下，每个平台的公益活动设计也各有特色，激发了广大公众对公益慈善事业的参与度和兴趣度。很多公益项目积极推进公益与衣食住行等各方面的结合，比如旧衣物通过网络预约之后上门回收，还有捐步数等公益项目都将生活与公益结合起来，通过便捷的方式支持普通民众参与到公益之中，助力公益自然地成为生活的一部分。而2021年上线的字节跳动公益平台，则更注重与人们的生活节奏契合，并且加入了娱乐性和趣味性。

在当下快速的生活和工作节奏中，时间变得越来越碎片化，“短、平、快”的移动短视频社交应用重新定义了视频传播与影视表达的“语言规则”，将视频的单位从分钟变为秒，开启了视频的“读秒时代”①，移动短视频占据着人们的时间，抢夺着人们的注意力。字节跳动公益平台上线后，巧妙借助抖音平台，其发起的首个公益挑战活动——点画成真，迅速吸引了大众的注意力，以有趣的方式让大众参与到公益活动之中。该活动通过有趣的形式吸引网友拍摄视频，让乡村学童的午餐简笔画成为一顿真正的营养午餐，并邀请杨紫、唐嫣、杨迪等十余位艺人号召粉丝一起参与，该项目在字节跳动公益平台上线9天筹款突破千万元，截至2021年12月底，挑战赛已有110多万人次捐款，为项目筹款超1500万元，可以为乡村学童送去370多万份免费午餐②。该互联网创新公益活动不仅迎合了当下短视频的热潮、发挥了明星的名人效应，还以有趣直观的方式让广大网友以轻松愉快的方式参与到公益活动中，而且筹款效果和参与者的反响都很好。

---

① 万穗：《步入“读秒时代”——移动短视频的发展、存在问题及趋势探析》，人民网研究院，http://media.people.com.cn/n1/2016/0309/c402793-28185604.html，最后检索时间：2022年2月18日。

② 字节跳动公益：《字节跳动公益、抖音上线“星动公益计划”，用行动连接爱》，公益中国，http://www.pubchn.com/news/show.php?itemid=96616，最后检索时间：2022年2月18日。

（二）“公益数字化”成为年度热点，公益行业与互联网的结合更加紧密，数字化技术得到提升，极大扩展了慈善项目的范围和慈善文化传播的广度

在疫情常态化的形势下，各大中小公益组织都主动或被迫地加快了与互联网的融合趋势。数字化技术使得在家办公或异地办公成为可能，提高了机构工作的灵活度、宣传的广度、筹款的效率等。部分实力雄厚的公益组织通过区块链技术提升了组织的透明度，深化了组织与捐赠者之间的信任感；其他中小组织也纷纷探寻数字化之路。总之面对持续存在的疫情和巨大的数字红利，很多公益组织都在积极进行数字化变革，提升互联网技术。2021 年多次全国性的行业盛会都借助数字化技术实现了更广泛的传播和更大的社会效应，与此同时，也助力“公益数字化”成为年度行业热门话题。

2021 年于线上举办了多场开放的互联网慈善盛会，借助数字化技术激活了公众参与公益、了解公益的热情。中国互联网公益峰会于 5 月 20~21 日举行，以“数字共建·公益流深”为主题，聚焦数字共建，围绕“公益数字化”等一系列话题进行分享、对话。该次峰会在重庆设置线下会场，共有联合国代表、全球知名科技公司驻华负责人、国内知名高校学者、知名公益企业家、公益名人、各大基金会负责人、公益及科技行业媒体记者，以及近 2000 位来自全国公益行业的代表齐聚重庆市人民大礼堂①；同时峰会也以高质量画质将全程转播给线上观众，共计约有 70 万人次通过网络直播观看该次峰会。该次会议通过线下线上的广泛动员，引起了广大网友的热烈讨论，也使“公益数字化”这一提法深入人心。

2021 年 9 月迎来了两场互联网公益盛会：阿里巴巴的 95 公益周和腾讯的 99 公益日。结合当下国家的乡村振兴战略，95 公益周以“明星+主播+公

---

① 《2021 中国互联网公益峰会重庆开幕：聚焦数字化，助力“十四五”》，中国日报网，https：//baijiahao. baidu. com/s? id = 1700329760310251870&wfr = spider&for = pc，最后检索时间：2022 年 2 月 18 日。

益项目”的形式组织了“助力乡村振兴”直播夜，在一周时间里，95公益周带动了2.2亿人次参与支持乡村教育、老人关爱、乡村防灾减灾等多个议题①。在数字化技术进一步降低成本的情况下，极大扩展了公众的参与度。2021年“99公益日”的善行动员进一步触达社会各界：小红花互动人次超1.25亿，送小红花、答公益题目等公益行为实现破圈传播，亿万爱心网友共同领取了超9000万朵助力小红花；在全民公益的氛围下，共计有超过6870万人次在99公益日期间捐出35.69亿元，加上腾讯公益慈善基金会的6亿元资金支持，总共募得善款41.69亿元②，相较于上年的5780万人次参与、筹得23亿元善款等数据，在成绩上无疑是更进一步。除此之外，9月底还在浙江乌镇举办了2021年世界互联网大会乌镇峰会互联网公益慈善与数字减贫论坛，通过互联网促进共同富裕、推动普惠发展成为论坛的共识和方向。

中国基金会发展论坛年会是公益行业最具影响力的交流平台之一，2020年该论坛首次以线上为主的方式举办，2021年11月底以全程在线的方式进行云直播，举办2场主论坛、12场平行论坛，72家机构参与共创，报名参会人数逾3600人，首次覆盖全部34个省级行政区，线上观看近200万人次，单场实时在线保持3000多人③。可以说这些借助数字化技术进行的线上活动均是2021年互联网公益的成功尝试，与公益慈善相关的话题和文化借助互联网平台在线上广为传播，公众也借助便利的移动互联网参与了互联网盛会。

（三）募捐活动与媒体宣传紧密结合，互联网慈善募捐爆发出极大潜力

互联网，尤其是移动互联网平台为信息的迅速和广泛传播提供了有利条

---

① 瞭望智库：《2.2亿人一起来做件大好事：互联网改变了公益和乡村》，https://mp.weixin.qq.com/s/Cxu7nLgBKl8TfLimmd_vFg，最后检索时间：2022年2月18日。

② 《超1.25亿人次小红花共襄善举，99公益日助力全民共建共富》，腾讯网，https://new.qq.com/omn/TEC20210/TEC2021091000248000.html，最后检索时间：2022年2月18日。

③ 《基金会论坛与你走过的2021 | 年度策划》，基金会论坛，https://mp.weixin.qq.com/s/WqvpxkTi1WbtJGqmxLNXuA，最后检索时间：2022年2月18日。

件，有助于公益项目和慈善信息的推广，在较短的时间周期内获得较多的筹款，大大提升了筹款效率。比如12月字节跳动公益联合爱德基金会、它基金发起“#爱它行动季”公益活动，筹款目标为200万元，用途为流浪动物保护。在活动期间，用户在抖音平台带话题“#爱它行动季”发布视频，即可参加挑战赛；挑战赛邀请40多位明星达人参与，该活动在抖音公益平台上线仅仅12天就有14万网友为流浪动物募集200万元善款[①]，在极短的时间内完成了筹款目标，而且吸引了十几万网友发布相关视频内容。这个活动不仅广泛传播了动物保护等相关的公益文化，调动了广大网友的参与，还体现出了网络募捐活动在平台支持、宣传到位等情况下，将爆发出极大的潜力。

又如2021年河南水灾因获得大量媒体的关注和报道，持续引发了公众的高度关注和捐赠热情，据筹款行业培育平台方德瑞信8月23日发布的《2021年河南洪灾互联网筹款数据跟踪与分析》，截至8月10日，在15家互联网募捐信息平台累计上线384个募捐项目，累计筹款总额超15亿元，捐赠人次超3144万人次。[②] 从河南水灾的公众筹款热情中可以看出互联网曝光度对慈善募捐的重要影响。而另一份报告，即《河南山西水灾公益筹款与媒体报道对比分析报告》显示，2021年河南与山西两次洪涝灾害的受灾情况严重程度相当，山西受灾人数甚至超过河南受灾人数，然而在两次水灾的公益项目筹款中，筹款项目与金额河南水灾却远远高于山西水灾，而这样的筹款结果与媒体的曝光度密切相关，山西水灾的报道数量远远少于河南水灾的报道数量。[③] 这份对比分析报告的发布在公益行业内也引发了讨论，更多从业者看到互联网筹款与媒体宣传、曝光度等之间的密切联系，而这也

① 《字节跳动公益平台上线流浪动物保护项目，14万网友筹款200万元》，中国网，http：//science. china. com. cn/2021-12/21/content_ 41829108. htm，最后检索时间：2022年2月18日。

② 《2021年河南洪灾互联网筹款数据跟踪与分析》，方德瑞信，https：//www. cafpnet. cn/index. php？ s=/Index/detail/id/617. html，最后检索时间：2022年2月18日。

③ 《实锤了！水灾能筹到多少钱，与灾情关系不大，与媒体报道关系特别大》，腾讯网，https：//xw. qq. com/amphtml/20220124A0BRIS00，最后检索时间：2022年2月18日。

将反过来形塑公益机构的筹款策略，对之后互联网慈善的发展带来一定影响。

三　互联网慈善存在的问题

从以上回顾可以看到，互联网慈善在宣传、筹款、项目执行等方面都有着极大的潜力，但也需要看到互联网慈善在快速发展的同时，也暴露出诸多问题和不足。

（一）互联网慈善舆情频出，引发行业信任危机

互联网慈善大大提高了公众的参与度，但与此同时也给了公众审视公益慈善的“放大镜”，当下公众对公益机构的透明度、对公益项目的执行效率等都提出了更高要求，一旦互联网慈善募捐或项目运作存在问题，便会迅速引发讨论，同时也给部分人提供了“吐槽泄愤”的机会，给整个公益行业带来信任危机。以中华儿慈会为例，2020 年，贵州女大学生吴花燕事件的善款筹集、使用等方面都遭到网友的质疑，已经引发了很大的舆论风波；2021 年初，该机构与河南省周口市卫健委合作“关爱新生命——儿童营养改善”公益项目，又被网友质疑以公益之名“卖”奶粉。① 2021 年“99 公益日”期间，也正是公益文化传播、大众关注慈善的高峰期，但在 9 月 5 日晚间至 9 月 6 日，一张题为“实锤！公益组织自曝骗取腾讯配捐全流程”的长图在公益圈流传，“不要烫伤我的童年”被质疑套捐②，一时间舆论哗然，腾讯公益平台之后做出了暂停项目在腾讯公益平台上筹款和冻结项目在“99 公益日”期间获得的由腾讯基金会提供的配捐和激励的回应，才暂时平

① 陈嘉伟：《以公益之名“卖”奶粉？中华儿慈会河南周口一项目遭质疑》，大众网，http：//www. dzwww. com/xinwen/guoneixinwen/202101/t20210101_ 7505716. htm，最后检索时间：2022 年 2 月 18 日。

② 《独家｜“不要烫伤我的童年”涉嫌“套捐”？我们采访了涉事机构和当事人》，《公益时报》，https：//view. inews. qq. com/a/20210906A0F6ZS00，最后检索时间：2022 年 2 月 18 日。

息了该风波。[①] 另外还有一项“老兵记忆采集计划”的公益项目因项目预算中没有一分钱给老兵而引起网友对“互联网公益割韭菜”的质疑[②]。这些互联网慈善募捐的不良个案虽披露不多，既有慈善公益领域中老问题的重新表达，也有慈善事业技术化过程中滋生的新问题[③]，但都引发了公众的信任危机。

在互联网时代，因为人人都可以成为信息的发布者、传播者、接收者和搜集者，这使得广大群体对于公益组织的项目运作、信息公开、执行效率和透明度等方面提出了更高的要求，而一些公益机构如果存在对互联网新形势认知不足、项目运作时考虑不全、操作不当，或忽视了项目全方位和各阶段的信息公开问题，便容易引起误会，而且一旦被公众发现问题，都可能酿成一场舆论风波。因此，公益组织在互联网慈善中亟待增加透明度，提升互联网时代的工作能力、公关能力和与公众沟通的敏感度，提高自身的问责能力。

（二）互联网慈善相关法律和规范不够完善，导致管理不当、乱象频出

在法律层面上，由于互联网慈善法律体系的不完善和滞后性，目前绝大多数互联网公益众筹平台不具备慈善信息发布平台的资质，但《慈善法》并未对众筹平台的法律地位和职责予以明确。[④]《慈善法》第二十一条规定“慈善募捐，是指慈善组织基于慈善宗旨募集财产的活动”，但目前民政部指定的互联网募捐信息平台中不仅有慈善组织，还有相当比重由企业运营的

---

① 《“不要烫伤我的童年”项目被指违规套捐 腾讯公益回应：暂停筹款》，《新京报》，https：//baijiahao. baidu. com/s? id=1710144656076523132&wfr=spider&for=pc，最后检索时间：2022 年 2 月 18 日。

② 酷玩实验室：《互联网公益，有多少是在割韭菜?》，https：//mp. weixin. qq. com/s/R0GzeZ2Dh5jI1pa-nAkTfQ，最后检索时间：2022 年 2 月 18 日。

③ 《网络慈善成为慈善金矿，应警惕过度技术化》，《人民日报》，https：//baijiahao. baidu. com/s? id=1655981224802508777&wfr=spider&for=pc，最后检索时间：2022 年 2 月 18 日。

④ 柯湘：《互联网公益众筹：现状、挑战及应对——基于〈慈善法〉背景下的分析》，《贵州财经大学学报》2017 年第 6 期，第 53~60 页。

募捐信息平台。而且关于互联网公募平台年度运营情况，有关法律法规没有公示的相关规定，这就导致目前民政部确认的 30 家互联网慈善募捐平台处于参差不齐的发展状态，如腾讯公益、支付宝公益等平台会在网页上公布捐赠人次和捐赠总额，呈现平台的动态运营情况，但大部分平台都没做到及时公布捐赠的动态信息，甚至在平台网站的设计和维护上都存在问题。可见由于相关法律和管理规范的欠缺，部分运营主体虽然获批成立了慈善组织互联网募捐信息平台，却没有切实履行平台的责任和义务，同时由于没有相应的监管和促进措施，有些平台持续处于消极运营的状态。

另外，当前法律还允许个人发布网络求助信息进行募捐，却对主体资格的审核标准没有明确规定，这就留给不法分子诈捐骗捐可乘之机，从而对整体公益慈善行业的公信力造成负面影响。例如 2021 年 10 月 28 日，"上海民政"微信公众号就发布声明《紧急提醒！以公益为名的刷单返利和竞猜都是诈骗》，声明提到上海民政从上海联劝公益基金会获知，有人通过腾讯平台、抖音 App 及其他互联网渠道，以"上海联劝公益基金会"以及"U 泉"名义进行诈骗。[①] 之后多家基金会也相继发布了反诈骗声明。声明虽然发布了，但需要引起警惕的是除了发声明，该如何从体制、法律、规范和大众教育等方面做出努力，从而降低该类事件再次发生的可能性。

随着短视频等新媒体的兴起，在快手、抖音等短视频平台也出现了很多个体去做慈善救助的视频，这些视频呈现了从发现受助者到救助的整个过程。这些视频不仅给观众带来了一种"在场感"——眼见为实，让人们确实看到救助的行为，还能通过背景音乐、实时情况的呈现引导观众的情感和情绪，这样的助人视频往往能得到无数网友的点赞，而且从网友的留言中可以看到，大部分人对这样的慈善行为是支持的。但后来也曝出一些助人视频其实只是一种"慈善表演"，目的是通过表演来获得关注和"打赏"，并不是真正去做公益慈善，比如抖音的"韩文团队"打着"扶贫"的旗号在凉

① 《小编提醒！以公益为名的刷单行为都是诈骗》，《公益时报》，https：//baijiahao.baidu. com/s？ id = 1717485129640845528&wfr = spider&for = pc，最后检索时间：2022 年 2 月 18 日。

山州拍摄在当地进行的慈善活动，实为摆拍，为达到视频效果，还采用滴眼药水、掐孩子等手段，人为制造女孩流泪场面[①]，这些相关的事件都是互联网慈善不同面向的呈现。在互联网时代，不仅公益机构，还有其他个人和团体在平台上以“公益慈善”为主题发布相关信息，由于监管不到位和相关法律规范不够完善等，慈善在一些人手里变成了牟利的工具。

（三）对于互联网时代提出的新要求，公益机构的能力整体不足，机构发展严重不平衡

互联网技术在慈善领域的创新运用，要求公益机构具备互联网运用的能力，这反过来要求机构在组织架构、人才配备上进行调整，比如成立传播中心、网络部，引进新媒体人才、网站开发运营人才、数据分析人才等。所以互联网慈善的“洪流”对于本身具备这些能力和人才的机构或组织来说便是红利，但对于其他不具备相关资源或技术的机构来说可能会出现难以适应和难以跟上发展节奏的困境。据腾讯发布的《公益数字化研究报告·2021》，公益组织存在数字化差异，表现在：大型机构持续发力不足、小型机构初期起步困难、中型机构数字化程度各有千秋。[②] 虽然公益行业整体的数字化能力不足，机构之间存在的巨大鸿沟却不可忽视。

腾讯公益公布的数据显示，2021 年全年共有 1.5 亿次爱心网友在该平台上捐出善款 54.46 亿元[③]，截至 2021 年 12 月 31 日，腾讯公益累计筹款总额超 170 亿元，人次累积超过 5 亿；通过支付宝公益平台捐出的善款也超过了 55 亿元，捐赠人次累积也超过了 30 亿。腾讯公益、支付宝公益等头部组织掌握着更先进的互联网技术、更充足的人力资源、更雄厚的财力，既可抵

---

① 《短视频团队凉山摆拍渲染贫困博关注被罚，曾靠滴眼药水、掐孩子造流泪场面》，《凉山日报》，https://mp.weixin.qq.com/s/sSsIgaj9HUat9xVjtKaxgA，最后检索时间：2022 年 2 月 18 日。

② 《公益数字化研究报告·2021》，腾讯研究院，https://mp.weixin.qq.com/s/TvPHqtc9AuOdolmMs-4EyQ，最后检索时间：2022 年 2 月 18 日。

③ 《腾讯公益 2021 年数据：1.5 亿次网友捐款 54.46 亿元》，凤凰网，https://finance.ifeng.com/c/8CYWR03uHAq，最后检索时间：2022 年 2 月 18 日。

御更高的风险也获得了更高的公众关注度，故最终捐赠人数和金额都遥遥领先。但除了这些大平台之外，其他的互联网捐赠平台则面临着技术、资源、人力、关注度等多方面的困境，以新华公益为例，该平台正在进行的募捐项目只有5个，募捐总额不足18万元，参与人数不足1.5万人次，平台关于历史募捐金额也没有详细统计，只能根据2018年民政部对互联网公募平台的考核情况得知该平台募捐金额达千万级。互联网捐赠平台的差异只是整体互联网公益发展不平衡的冰山一角，通过互联网获取资源、进行知识与信息管理、在线数据分析、利用互联网协作与传播能力等方面都存在技术鸿沟，有许多草根组织在数字化的洪流中显得渺小、脆弱，而且会面临更大的成本压力。

公益行业的“马太效应”在每年的“99公益日”都会被讨论。很多公益组织可能投入了比头部组织更多的精力和成本，却只能获得较低的“收益”，而且有可能随着时间的推移，投入越多收益却越少。某草根公益组织的负责人表示他们参加了两次“99公益日”的筹款活动之后就没有继续参加，因为投入了大量的时间、精力和人力来做前期的文案准备、中期的宣传推广和后期的维护，收益却和预期相差很大。该负责人表示对于小机构来说，机构和项目的影响力有限，动员能力和行政管理能力有限，想要“入局”更多需要动员的是身边的资源，而身边的资源又有一定的局限性，因此这对于工作人员是劳心劳力，而且是难以持续的。金锦萍指出要想完全避免马太效应几乎不可能，但2021年的“99公益日”对筹款数额做出合理限制，能在一定程度上使头部机构在设置预算时有所限制。虽然短期内难以解决所有问题，但公益行业本身已积极采取一些措施来应对互联网时代机构发展不平衡的问题。

（四）公益数字化带来片面追求互联网影响力的倾向，让公益人加入了数字劳动的内卷化

互联网时代是一个信息过载的时代，让人应接不暇。在这样的情况下，那些最能抓住眼球、成为“热点”的信息就会带来影响力。对于公益组织来说，获得更多的关注、点赞，就更有影响力，更有影响力则意味更有机会

享受互联网红利，获得更多筹款，公益行业目前也已经深受“注意力经济”逻辑的影响，对关注度的追求本身并没有错，但目前存在为了更快获得“收益”而盲目追求关注和影响力等问题。这对公益组织的自我宣传和“营销”能力提出了新的需求，对于部分从业者来说也会带来数字化劳动的剥削。

朱健刚在“2021 年中国互联网峰会”上指出数字化除了带来强大的技术赋能之外，还会带来草根组织的价值内卷，草根 NGO 的工作形式也发生重大的改变，都被要求量化、可视化①，脱离其服务的对象、社区，部分公益从业者可能会失去对工作价值感的体会，从而陷入意义贫困之中。很多公益人在开始做公益的时候往往都带着对社会问题的关注和反思，他们的工作选择具有价值导向。然而随着数字化的发展，大数据已经成为机构的一种思维模式，比如很多公益组织都以各项数据的“大”来作为自己机构的目标，在自我宣传中会特意强调“大数据”，数据也已经在不知不觉中成为评价一个公益组织的重要参考。对于大型公益组织来说，“大数据”可以算作一种炫耀资本；而对于草根组织来说，也不得不加入朝着可视的“大数据”努力，一些基金会在做项目资助的时候，总是希望能得到数据化的反馈。普遍或盲目追求数字的“大”会带来数字劳动的加重，这对于小型公益组织来说无疑是一种负担。比如某公益机构的被访者指出她于疫情期间参加了一个写作项目的执行，该项目的具体活动时间为 5 天，共有 40 多人参加，活动的目标是通过指导日常生活的写作来帮助流动社区的“妈妈们”缓解疫情焦虑并对其赋能，活动的写作任务分为课上的即兴写作和课程作业写作。在结项报告中，支持该项目的基金会要求该组织统计总共“产出”了多少个字。这项工作需要收集每一个参与者所有的写作成果，并一一对其进行统计，这无疑增加了很多无意义的数字劳动。而这种数字劳动越来越成为一种常规和普遍的工作。繁重的数字工作占据了公益人的时间，也疏离了数字劳

① 《公益数字化，破题正当时》，腾讯研究院，https://baijiahao.baidu.com/s?id=1703468819672586224&wfr=spider&for=pc，最后检索时间：2022 年 2 月 18 日。

动者与他人的连接，这在一定程度上会导致意义匮乏和价值缺失。

因此，反思互联网慈善创新在发展中遇到的问题时，我们不应仅仅看到组织或者项目，还应关注具体的“人”，即公益慈善行业的从业者。

（五）互联网慈善相关研究严重欠缺

公益慈善的研究对于促进行业发展具有重要的作用，互联网慈善作为新兴的关注热点也得到一些研究团队的关注，但总体来看相关研究严重欠缺。我国互联网慈善的研究主体主要包括学术界内的研究团队或研究者，也包括公益行业自发去做的研究报告，以及高校和公益行业联合做的一些研究。从中国知网2020年和2021年的相关数据可以管窥学术界对互联网慈善的关注度和关注热点。以“互联网慈善”为主题进行搜索，可以发现发表文章2020年有25篇，2021年有28篇；以“互联网公益”为主题进行搜索，则可以发现2020年有90篇，2021年有60篇；以“数字公益”为主题进行搜索，2020年只有7篇，2021年有12篇；以“公益数字化”为主题进行搜索，2020年有11篇，2021年只有7篇。从整体来看，在学术界，“互联网公益”“互联网慈善”比“数字公益”“公益数字化”的使用更具普遍性，但不论是使用哪个名词，整体的发文量都不高，由此可以看出互联网慈善相关研究在国内学术界尚未受到关注；而从时间上看，从2020年到2021年，相关研究的涨幅也不高，互联网慈善研究急需更多研究者的关注。

相对于学术界的研究，中国公益行业也自发做了很多研究报告，且不少研究报告在网络平台上得到公益从业者较广泛的关注。比如在2021年中国互联网公益峰会上，腾讯正式发布了由腾讯基金会联合腾讯研究院制作的《2021公益数字化研究报告》，该报告通过梳理公益数字化的内涵、“四浪叠加”的历程及驱动因素，展现数字社会下公益数字化的必由之路，同时指出当前公益数字化的发展面临投入不足、人才不足、供给不足等资源瓶颈[①]；又

① 《公益数字化研究报告·2021》，腾讯研究院，https：//mp.weixin.qq.com/s/TvPHqtc9AuOdolmMs-4EyQ，最后检索时间：2022年2月18日。

如《公益行业联劝平台月捐退捐分析报告》和《月捐人画像报告》均对互联网月捐情况进行了相关研究。

实践为研究提供素材，研究又可以反哺实践，对于发展如此迅速的互联网公益来说，更需要研究者的观察分析，而目前的数据均显示研究的欠缺。不过在这一年也可以看到一些可喜的变化，2021 年由腾讯公益联合南都基金会共同开展的腾讯千百计划之“百个项目资助计划”共资助了 15 个捐赠与筹款研究类项目，在这些项目中，在线捐赠、互联网月捐、网络微公益等与互联网慈善相关的项目占较大比重，期待这些项目的成果能为互联网公益事业的发展做出一定贡献。

四　建议与展望

虽然互联网慈善在发展过程中暴露了上述问题，但与传统慈善相比，互联网慈善在发掘慈善资源、链接慈善需求、拓展慈善项目覆盖范围、激发慈善创新、促进慈善生活化、弘扬慈善文化等多方面都比传统慈善更具优势。尤其在突发的公共危机事件面前，互联网慈善更显示出了其强大的动员能力以及快速便捷等特点，能很快回应和部分解决社会的需求。因此，互联网慈善的发展不仅是互联网技术快速发展下的大势所趋，还是我们如今社会的“大势所需”。面对互联网慈善发展中的问题，应积极寻求多方解决之道，促进互联网慈善朝向更积极健康有序的方向发展。故针对上述问题，本报告提出以下几方面的政策建议，以期互联网慈善能得到进一步的完善和发展。

（一）针对网络舆情问题，应将提升公益组织透明度持续作为工作重点

公开透明是慈善事业发展的关键，而公开透明度不佳也是我国慈善危机的原因所在。[①] 一些网络舆情问题，都与组织或项目的“透明度”有着密切

① 曹峋：《我国慈善事业公开透明问题研究》，清华大学硕士学位论文，2014。

关系。这些事件暴露了公益组织在互联网平台执行项目时，对项目详情、筹款计划、筹款流向、善款使用计划、项目进展情况、财务收支详情等信息并没有进行详细、及时地公开，由此引来公众的质疑和责问。因此，针对网络舆情和公众信任危机的问题，督促慈善组织以及每一个项目透明度的提升都应成为持续工作的重点。目前，我国《慈善法》对于公益机构的透明度已做出了相关规定，比如第三章第 24 条规定“开展公开募捐，应当制定募捐方案。募捐方案包括募捐目的、起止时间和地域、活动负责人姓名和办公地址、接受捐赠方式、银行账户、受益人、募得款物用途、募捐成本、剩余财产的处理等”；第八章第 75 条明确规定“慈善组织、慈善信托的受托人应当向受益人告知其资助标准、工作流程和工作规范等信息”①。但是在具体落实该法的过程中，对于如何及时按照规定落实要求以及若不按照法律要求则该受到何种处罚等都未做具体说明，因此相关机构应进一步完善《慈善法》及其具体落实的制度，以在法律层面确保透明度的落实。

此外，应进一步完善外部对慈善组织透明度的监管机制。我国对慈善组织外部监管主要体现在法律的大震慑、政府的大监管、行业自律、第三方评估以及社会监督上②。公益慈善行业的外部多方监督体系已经逐步建立，但如何将监管落到实处是需要努力的方向。除了以上所说的法律角度之外，国外的相关经验表明第三方评估也是督促慈善组织提高透明度的一种重要方式。比如，英国相关的慈善法律明确提出了第三方独立审核的机制，收入超过 25000 英镑的机构需要接受独立检查，收入超过 100000 英镑的机构需要接受专业财务机构审计；在美国，Charity Navigator 为超过 8000 家慈善机构提供评分，成为大众捐款的依据之一③。中国基金会中心网主导推出的中基

① 中华人民共和国中央人民政府：《中华人民共和国慈善法（主席令第四十三号）》，http：//www. gov. cn/zhengce/2016-03/19/content_ 5055467. htm，最后检索时间：2022 年 2 月 18 日。

② 刘娜：《当前慈善组织公信力的保持：外部监管与内部治理》，《河北地质大学学报》2017 年第 2 期，第 73~77 页。

③ 《如何提升慈善组织透明度?》，财新网，https：//m. thepaper. cn/newsDetail_ forward_ 5583923，最后检索时间：2022 年 2 月 18 日。

透明指数FTI是一种第三方评估的方式，也有效地推动了基金会行业整体的透明度发展[①]，但其在监管数据收集的来源以及标准的制定等方面，还有待进一步完善。[②]

（二）多部门参与，完善互联网慈善监管机制，谨慎发布信息

针对互联网慈善出现的各种问题，还有必要完善互联网慈善监管机制，这首先需要强化不同部门之间的协同监管。《慈善法》颁布后，民政部、工业和信息化部、国家新闻出版广电总局、国家互联网信息办公室联合出台了《公开募捐平台服务管理办法》（以下简称《办法》），该《办法》明确了各部门的监管职责[③]。与此同时，为落实各部门的监管责任，《办法》的第十三条还规定：民政部门应当建立健全与广播、电视、报刊及互联网信息内容管理部门、电信主管部门的信息沟通共享机制、信用信息披露机制和违法违规行为协查机制，强化协同监管[④]。该《办法》从法律政策上来说，是一次促进多部门参与互联网慈善监管机制的方式，是值得肯定的。但在现实中关于如何落实《办法》以及提高各部门对于该《办法》的重视，还需要在法律和行政上共同努力，以促使多方协同监管机制真正落地。

在多部门监管的基础上，还应完善"全过程、全阶段"的监管机制，在事前、事中和事后都进行综合监管。刘威指出应构建政府部门、网络平台、媒体、大众以及专业机构等多方参与和事前、事中与事后的全过程综合

① 基金会中心网简介：http：//new. foundationcenter. org. cn/about/about_ cfc. shtml，最后检索时间：2022年2月18日。

② 《如何提升慈善组织透明度?》，财新网，https：//m. thepaper. cn/newsDetail_ forward_ 5583923，最后检索时间：2022年2月18日。

③ 中华人民共和国中央人民政府：《民政部等四部委关于印发〈公开募捐平台服务管理办法〉的通知》，http：//www. gov. cn/xinwen/2016-08/31/content_ 5104095. htm，最后检索时间：2022年2月18日。

④ 中华人民共和国中央人民政府：《民政部等四部委关于印发〈公开募捐平台服务管理办法〉的通知》，http：//www. gov. cn/xinwen/2016-08/31/content_ 5104095. htm，最后检索时间：2022年2月18日。

监管体系，以适应互联网慈善运作环境“虚拟化”的特殊性。[①] 除了各相关政府部门的协同监管之外，网络平台、媒体、大众等互联网慈善参与主体亦是健全互联网慈善监管的重要力量。具体来说，在事前监管阶段，作为信息发布者的组织或平台需要做好求助相关信息和材料的收集、审查与甄别，确保发布信息的真实可靠；在事中监管阶段，网络平台需开展动态实时管理，强化信息公开透明能力，及时公布资金流向、资金使用和项目进展情况，确保相关组织机构、受助者、捐赠者和社会大众之间的信息沟通顺畅；在事后监管阶段，网络平台需对求助信息可能产生的法律责任和社会后果进行跟踪管理和责任追溯，设立充分的反馈渠道[②]；同时，还可以引入第三方监管机构进行整体的审查与评估；公益行业内部也应该进一步加强行业内部的互相监督，在项目发起和执行的整个阶段互相监督和提供建议，提升公益组织内部的自律性。

（三）专业人做专业事，提升互联网时代整体慈善组织或平台的专业能力

除了与互联网慈善相关的法律政策体系不健全、监管机制不完善等因素之外，互联网慈善目前存在的问题与组织或平台本身的专业化能力不高也有一定的关系。因此，要解决问题就必须注重培养专门的人才，提升组织与平台的专业能力。

第一，互联网慈善专业人才的培养是重中之重。互联网慈善的发展离不开一定人才数量的推动，故应注重培养互联网慈善专业人才，通过提升薪酬水平、提供学习机会、完善晋升机制等方式，增强行业吸引力，把真正有能力、有潜力、有兴趣、有理想、有相关专业素养的人才吸引到这个行业中。与此同时，还应该加强数字化公益人才的能力培训，通过不同的渠道、平台

① 刘威：《网络求助中的失范行为与精准治理》，《社会科学战线》2017 年第 10 期，第 192~196 页。

② 刘威：《网络求助中的失范行为与精准治理》，《社会科学战线》2017 年第 10 期，第 192~196 页。

和项目，对公益人才进行培训，使之具备与时俱进的能力、知识和技术；同时，还可以积极开展学历教育，设计符合数字化慈善导向的课程体系，合作培养互联网慈善组织所需人才，最近浙江工商大学和山东工商大学的慈善管理本科专业得到教育部的批准，这意味着中国有了正式的慈善本科专业，这无疑会加强对慈善专业人才的培养；再者，还可以加强慈善部门与其他部门之间的人才流动，实现慈善组织与政府、大学、金融机构等部门之间就业的良性循环。[①] 总之，在公益慈善事业越来越走向专业化的时代，专业人才的吸引和培养必不可少。互联网慈善组织不仅要吸引人才，还需要提升待遇、提供上升空间、营造支持性的氛围以留住人才，并通过多元的教育、培训来优化人才。唯有如此，才能实现专业人做专业事，互联网慈善组织的专业化水平才能真正得以提升。

第二，专业能力的提升离不开技术的进步，为提升组织在互联网慈善方面的专业能力，政府和市场可积极寻找合作方式，帮助和支持公益组织实现技术能力提升。国外一些研究认为慈善组织所遇到的资源和技术限制是制约其使用新媒体技术的重要原因。[②] 以数字化相关技术为例，由于资源、人才等方面的制约，公益组织的数字化与第一部门和第三部门相比存在一定的滞后性。早在 20 世纪 90 年代末和 21 世纪初期，当公益组织才在零散地初步发展时，已经有很多企业在谈数字化的问题，学者也开始研究数字化与企业管理之间的关系[③]；同样，差不多在同一时期，就出现了呼吁政府建立数字化信息发布渠道[④]、办公数字化、与“数字政府”[⑤] 等相关的研究，目前企

① 雷建华、章爽：《公益人才困境的解决之道》，《社会与公益》2012 年第 9 期，第 52~53 页。

② Voida, Amy., "Bridging Between Grassroots Movements and Nonprofit Organizations." *ACM SIGCHI Conference on Human Factors in Computing Systems*, 2011.

③ 王国斌：《企业数字化管理探讨》，《浙江经专学报》1997 年第 3 期，第 63~64 页；陈思：《数字化：引发基础管理的革命》，《互联网周刊》1999 年第 41 期，第 11 页；许丕盛：《数字化时代：企业管理新挑战》，《企业管理》2001 年第 2 期，第 27 页；刘焱宇：《企业数字化神经网络及其作用》，《管理现代化》2001 年第 1 期，第 31~32 页。

④ 唐望生、林少敏：《广州市应尽快建立数字化、网络化的政府信息发布渠道》，《广州市经济管理干部学院学报》1999 年第 3 期，第 53~58 页。

⑤ 梁木生：《略论“数字政府”运行的技术规制》，《中国行政管理》2001 年第 6 期，第 20~21 页。

业和政府的数字化已经发展得越来越完善。而公益组织的数字化则是近几年才兴起的话题，不仅在数字化的实践上面临着诸多问题，相关的研究也非常有限。而公益组织的数字化是提升其专业能力和效率的重要手段，故在此情形下，政府市场可采取适当的方式在经验、资源、人才等方面对公益组织的数字化技术进行帮助和支持。

第三，可通过支持互联网慈善行业组织（协会）的发展，来促进资源互通、专业能力的提升，并提高行业自律和内部治理的能力。“行业组织”也是社会组织的一种，以维持行业内部组织良好的生存、运行与发展为目的，是社会治理的重要主体[①]。目前我国公益慈善领域的行业性组织较少，面对互联网浪潮，大部分公益慈善组织基本处于“单打独斗”的局面，尤其对于一些草根组织来说，在互联网一波又一波的“红利”或“冲击”之下，很多时候只能被动地应对或适应。因此，有必要建立相应的互联网公益慈善行业协会，集中力量共同应对互联网慈善的新现象、新问题和新情况，在一定程度上实现行业内资源的共享、信息的互通，同时也发挥内部治理的功能，增强行业自律，提升整体的专业能力。

第四，在互联网慈善“高歌猛进”的同时，我们还应该警惕互联网相关技术、注意力经济的逻辑和大数据逻辑等对公益从业者工作价值和意义感的剥夺。公益机构、政府等相关部门都应提高对工作者个人自由时间的尊重意识，增加对工作人员的人文关怀。

---

① 段传龙：《作为共治主体的行业协会发展研究》，西南政法大学博士学位论文，2019。

专题报告

Special Reports

B.10

2021年公益慈善与社会工作联动报告

陈涛 蒋斌 马莎 郭思*

摘　要： 2021年是中央财经委员会第十次会议讨论研究共同富裕，提出重视第三次分配、鼓励高收入人群更多回报社会，从而给予社会公益慈善事业发展以国家战略地位的一年；2021年也是民政部"十四五"规划要求完善现代社会工作制度、乡镇（街道）社工站建设在全国全面推进的一年。在这样的时代背景下，社会公益慈善与社会工作的联动也开启了新的篇章。本报告简要介绍了公益慈善与社会工作的历史渊源和关系发展，并利用网络调研数据，从乡镇（街道）社工站建设与公益慈善的协同、各专门领域社会工作与公益慈善的对接、公益慈善组织对社会工作的认可与合作三个维度，全面描述2021年我国公益慈善领域与社会工

* 陈涛，中国社会科学院大学社会与民族学院教授，博士生导师，主要研究方向为社会工作与社会政策；蒋斌，中国社会科学院大学社会与民族学院博士研究生，主要研究方向为社会政策；马莎，北京七悦社会公益服务中心研究人员，主要研究方向为互联网公益筹款、公益项目评估及社区治理等；郭思，中国社会科学院大学社会与民族学院博士研究生，主要研究方向为社会心理学。

作的联动状况。研究发现，双方虽有合作，但在合作内容和方式上依然处在初级阶段；因此，需要加强双方的认知和沟通，破除信息壁垒，提升合作层次，实现有效联动。

关键词： 公益慈善　社会工作　公益慈善组织

导言：公益慈善与社会工作的基本关系

我国“十四五”规划中明确提到“发挥慈善等第三次分配作用，改善收入和财富分配格局”，将公益慈善事业发展纳入第三次分配的提法，实际上改变了慈善事业以前作为社会保障一部分的说法，将其上升到国家战略层面，现代公益慈善事业的重要性日益凸显。同时，李克强总理在 2021 年的政府工作报告中明确提出：“大力发展社会工作，支持社会组织、人道救助、志愿服务、公益慈善发展。”在国家宏观层面同时支持公益慈善事业和社会工作专业发展的时代背景下，社会工作专业与公益慈善领域到底是一种怎样的关系，两者之间有何种历史渊源又是如何互动发展的，如何能够将两者的优势充分发挥出来，形成整体性的合力，以促进共同富裕目标的实现，这些问题值得关注和思考。

（一）公益慈善与社会工作的历史渊源

追溯社会工作的发展历史，我们可以发现，慈善事业是社会工作发展中不可避开的重要一环，社会工作的兴起和发展与慈善的“科学化”追求有很深的历史渊源。

慈善事业起源于奴隶社会，早期慈善面对的是解决一些个别化、非结构性的社会问题，此时的慈善活动主要是在地域和宗教的基础上开展，救助方式主要是个别的、零散的、非正式的。随着工业革命的开展，工业化在为城市发展带来便利的同时也带来了一系列社会问题，与此前不同，工业化过程中的社会问题种类更加繁多，规模也日益增大，对社会的安全和稳定造成一定威胁。此时的慈善活动开始超出地域和宗教的范畴，行会、教会、村社等公共慈善活动逐渐兴起，以募捐济贫为目标的专门性慈善组织也纷纷建立，慈善工作日趋组织化、专业化。19 世纪后期，慈善事业开始追求方法上的科学性。早在 1898 年，美国水牛城的慈善组织就为慈善工作者开办了为期六周的暑期培训班；1912 年波士顿社会工作学院开设社会工作课程；1919 年"美国专业社会工作训练学校协会"成立①。此后，慈善事业的发展历程发生了重要的转变，即各国原先举办的慈善学校转为创办社会工作学校，这也成为慈善事业向社会工作转变的标志。此时的慈善事业已经出现了专业化和职业化的趋势，而作为一门学科的社会工作也开始进入公众的视野。可以说，社会工作衍生于慈善事业，又推动着慈善事业的发展。

（二）公益慈善与社会工作关系的发展

社会工作和慈善事业一样，都是社会发展的产物。在价值理念和工作目标上，二者有共同的追求，但又各具特色。专业化社会工作在现代公益慈善活动中发挥着重要作用。在专业知识层面，社会工作专业基础知识的建立和扩充，提升了慈善事业整体的理论水平，增强了工作的成效，推动了慈善"科学化"发展的进程；在技术层面，社会工作逐渐发展出同理、倾听、回应、鼓励与支持、自我披露、优势视角、调动资源等诸多具体的工作技巧，社会工作的方法和技术在推动现代公益慈善事业发展方面功不可没；在工作理念层面，社会工作的基本理念是利他和助人自助，承认人有与生俱来的价值和尊严，尊重人的个性与差异性，在此基础上追求社会公平和公正，关怀每个社会成员的福祉，这与慈善文化的利他主义价值观较为接近，社会工作理念的确立在一定程度上丰富了慈善事业的理念，也推动了慈善理念的现代

① 陈涛、武琪：《慈善与社会工作：历史经验与当代实践》，《学习与实践》2007 年第 3 期，第 106~112 页。

化；在工作领域层面，社会工作与公益慈善都是帮助社会上需要帮助的人群，即为弱势群体提供各种形式的帮助，二者在工作领域上的相融性，使得社会工作者进入公益慈善组织中成为可能，这不仅为公益慈善组织注入了更加专业的理念和方法，也使得公益慈善组织在开展工作中拓宽了思路，实现自我成长。

社会工作源于慈善事业的发展，并在现代公益慈善事业发展中发挥着重要作用。要维持社会工作与公益慈善之间相对独立又紧密的联系，就要谋求公益慈善与社会工作的融合与统一，使这种有机关系激发社会工作与公益慈善各自发挥出最大的作用。本报告通过网络问卷的方式开展调查①，结合部分官方和网络数据，对我国公益慈善与社会工作之间的互动状况进行描述，主要从乡镇（街道）社工站与公益慈善的协同、各专门领域社会工作与公益慈善的对接，以及公益慈善组织对社会工作的认可与合作三方面展开，并对我国当前公益慈善与社会工作联动的现状进行简要评价，展望其未来的发展趋势。

一　乡镇（街道）社工站建设与公益慈善的协同

（一）乡镇（街道）社工站建设的基本情况

自 2017 年起，广东、湖南两省率先在乡镇（街道）设立社工站，探索解决基层民政能力不足的可行路径。2020 年 10 月，民政部在湖南长沙召开加强乡镇（街道）社会工作人才队伍建设推进会（即“湖南会议”），深刻剖析了乡镇（街道）社工站为何建、如何建以及有何作用等重要问题，

① 本报告的网络调查由乡镇街道社工站问卷（127 份）、社会工作机构问卷（106 份）和公益慈善组织问卷（91 份）三部分组成，分别针对社工站工作人员、社工机构工作人员、公益慈善组织工作人员三类不同的调查对象，问卷主要通过社会工作和公益慈善行业微信群发放，部分调查对象采用点对点直接发放，抽样方法为非概率抽样，因而报告数据仅能反映部分情况，请读者谨慎使用。

重点推广湖南“禾计划”、广东“双百工程”将社会工作与基层民政建设紧密结合，通过建立乡镇（街道）社工站，打通为民服务“最后一米”，探索解决基层民政服务能力不足的可行路径。会议提出，要围绕增强基层民政服务能力，加快建立健全乡镇（街道）社会工作人才制度体系，力争“十四五”末，实现乡镇（街道）都有社工站、村（社区）都有社会工作者提供服务的建设目标。2021 年 4 月，民政部办公厅随即印发《关于加快乡镇（街道）社工站建设的通知》，要求统筹加快推进乡镇（街道）社工站建设进度，将社工站建设作为民政领域贯彻落实中央重要文件的具体举措和推动民政事业高质量发展的重要途径，纳入民政重点工作。通知要求各地加紧制定政策、加强资金保障、把握推进步骤、强化资源整合，同时要求在党和政府的领导下，把握专业化、高质量的社工站发展方向，聚焦重点人群，发挥专业优势、加大人才培养、规范机构建设、强化督导支持。① 2021 年 5 月，民政部、国家发展改革委印发《“十四五”民政事业发展规划》，要求完善现代社会工作制度，建立村（社区）—街道（乡镇）—区（县）三级社会工作服务体系，按照“有场地、有设备、有人员、有服务功能、有工作流程、有规章制度”的标准，加快推进乡镇（街道）社工站建设，推动社工站成为基层治理与服务的重要力量。②

通知发出以后，民政部先后召开三次全国社工站建设调度会议，通过季度调度会和片会机制强化推进力度，31 个省份和新疆生产建设兵团将乡镇（街道）社工站建设纳入“我为群众办实事”实践活动；各地陆续将社工站建设列入当地“十四五”规划和民政事业发展“十四五”规划，写入政府工作报告，纳入推进体制机制创新的重要内容等。“广东兜底民生服务社会工作双百工程”被列入省委省政府重要议事日程，省级财政安排 3 年补助

① 民政部办公厅印发《关于加快乡镇（街道）社工站建设的通知》（民办函〔2021〕20 号），http：//xxgk. mca. gov. cn：8011/gdnps/pc/content. jsp？ id = 15159&mtype = 1，最后检索时间：2022 年 4 月 15 日。

② 民政部、国家发展改革委印发《“十四五”民政事业发展规划》（民发〔2021〕51 号），http：//xxgk. mca. gov. cn：8011/gdnps/pc/content. jsp？ id = 14980&mtype，最后检索时间：2022 年 4 月 15 日。

资金近 15 亿元。20 多个省份在民政厅（局）内建立了专门领导机制，协调各业务部门力量，共同推动乡镇（街道）社工站建设。黑龙江省实行了专班包点责任制，将省级 20 个试点社工站包点到各职能处（室、局）。各地还探索形成了“财政专项预算+社会救助经费+福利彩票公益金+公益慈善资金”的多元投入机制。在建站时运用集成理念，与社会救助站、养老服务设施、社会组织孵化基地、未成年人保护机构、社区服务站等同建共享。重庆、四川、福建、湖南等地探索建立三级或四级社会工作服务体系，上到地市，下到村居。[①] 截至 2021 年底，全国社工站建设取得重大进展，社工站建设在民政系统取得了一致共识，形成了系统合力；完成了社工站建设综合谋划，形成了时间表路线图；创新了社工站“五社联动”机制，打造了基层社会治理品牌，全国社工站建设共计投入资金约 24.9 亿元，已建成社工站 1.7 万余个，引领了 5000 余家社会工作服务机构扎根基层，4 万余名社会工作者驻站开展服务，累计服务对象达 18.79 万人[②]。

（二）“五社联动”中的乡镇（街道）社工站与公益慈善

“五社联动”是源自地方社区治理经验总结的一个概念，先期表述除了固定的“三社”之外，其他“两社”的表述并不统一。地方上，2020 年 5 月，湖北武汉采用“五社”联动方式开展疫后心理疏导社会工作服务项目，将“五社”表述为社区、社会工作者、社区社会组织、社区志愿者、社区慈善资源五个要素。2021 年 4 月，湖北省民政厅印发《湖北省城乡社区“五社联动”工作指引》的通知，明确提出“五社联动”是以社区为平台、社会工作者为支撑、社区社会组织为载体、社区志愿者为辅助、社区公益慈善资源为补充的新型社区治理机制；11 月该省又印发《关于创新“五社联动”机制提升社区治理效能的意见》，表明“五社联动”是对“三社联动”的创新和发展，是在基层党组织的领导下，以居民需求为导向、以社区为平

① 闫薇、许娓：《高起点筑牢基础　新起点再开新局》，《中国社会报》2021 年 10 月 28 日。

② 《乡镇（街道）社工站建设取得重大进展》，http：//www.mca.gov.cn/article/xw/mtbd/202201/20220100039033.shtml，最后检索时间：2022 年 4 月 15 日。

台、以社会组织为载体、以社会工作专业人才为支撑、以社区志愿服务队伍为依托、以社会慈善资源为助推的新型社区治理机制。中央层面，2021 年 4 月，国务院《关于加强基层治理体系和治理能力现代化建设的意见》在有关发展公益慈善事业的表述中提出“完善社会力量参与基层治理激励政策，创新社区与社会组织、社会工作者、社区志愿者、社会慈善资源的联动机制，支持建立乡镇（街道）购买社会工作服务机制和设立社区基金会等协作载体”，这是涉及“五社”要素的首次中央官方表述。5 月，民政部、国家发展改革委颁布的《“十四五”民政事业发展规划》在有关提升社会工作服务机构能力的表述中也提到“完善城乡社区、社会组织、社会工作‘三社联动’机制，发挥好社区志愿者、公益慈善资源协同作用”，同样提及“五社联动”的五要素。从此，“五社联动”的基本含义得以确定。

乡镇（街道）社工站与“五社联动”的关系可以从民政部办公厅印发的《关于加快乡镇（街道）社工站建设的通知》中看出，该文件明确提出社工站要联合社区社会组织、公益慈善组织和志愿者等社会力量共同开展服务。可以说，社工站是“五社联动”的核心实践平台，而“五社联动”是社工站的运营模式和服务机制，因为“五社联动”为乡镇（街道）社工站利用当地社会组织服务、志愿者服务和慈善捐赠等各类社会慈善资源指明了方向，二者相辅相成共同发展。在“五社联动”背景下，除了政府购买服务以外，开发和利用社会慈善资源成为社工站运营的重要内容，而我国慈善事业的逐步发展也为此提供了条件，社会慈善资源日益丰富和多元。2016 年，我国慈善法将慈善活动定义为自然人、法人和其他组织以捐赠财产或者提供服务等方式，自愿开展的各类公益活动，说明社会慈善资源包括资金、物资和服务三大类。2021 年 8 月，中央财经委第十次会议研究讨论共同富裕议题以后，公益慈善作为第三次分配手段的重要性日益凸显，各地纷纷出台促进慈善事业高质量发展的政策意见，逐步将公益慈善资源范围从捐钱捐物扩大到知识产权、技术、股权、有价证券、保险等。2021 年，我国慈善事业发展迅猛，体量也日益庞大，据统计，全国登记认定慈善组织超过 9480 个，净资产近 2000 亿元，30 家互联网公开募捐信息平台发布慈善项目超3万个，募集善款超过87.5亿元（数据截至2021年11月底）。[①] 2022年1月18日，中国慈善联合会与中国信托业协会首次联合发布《2021年中国慈善信托发展报告》显示，截至2021年12月31日，全国累计慈善信托备案达773单，财产规模达39.35亿元。其中，2021年设立慈善信托共计227单，财产规模5.71亿元，较上年增加32.48%。[②] 2018年开始的机构改革，中央和地方各级政府纷纷在民政系统内成立了负责慈善事业和社会工作的专门机构，使得社会工作与慈善事业的合作更加紧密，更是促进了乡镇（街道）社工站与社会公益慈善资源的对接。

（三）乡镇（街道）社工站建设与公益慈善资源的利用

乡镇（街道）社工站建设主要是指社工站阵地建设，包括场地、办公设施设备和驻站社工人员配备。从目前各地社工站建设保障经费来看，主要资金来源为各级财政资金，具体包括社会建设资金、公益事业专项补助经费、社会救助工作经费、困难群众救助补助资金、一般公共预算资金以及各级政府部门购买服务资金等，另一部分为各级福利彩票公益金。[③] 但从本次调查来看[④]，社工站在建设过程中利用公益慈善资源的能力依然显得薄弱，73.2%的社工站工作人员表示，社工站建设经费中没有慈善资金的投入，82.7%的社工站工作人员表示社工站办公设施设备不是由社会慈善捐赠；仅有1.6%的社工站工作员表示社工站建设经费和办公设施设备全部是使用的社会慈善资源（见表1）。

---

① 闫薇：《汇集慈善社工力量　推进民政“三基”服务》，《中国社会报》2021年12月27日。

② 《观察丨“十四五”开局之年慈善事业高质量发展回顾及走势分析》，http://www.gongyishibao.com/html/renwuguandian/2022/02/20247.html，最后检索时间：2022年4月15日。

③ 《全国乡镇（街道）社工站建设最新进展》，https://www.sohu.com/a/476548958_491282，最后检索时间：2022年4月15日。

④ 若非特殊说明，此部分数据均来源于《2021年中国乡镇（街道）社工站与社会公益慈善领域合作情况调查》，回收有效问卷127份，社工站样本主要来源于广东、湖南和四川3个省份。

表 1　社工站建设中的慈善资金投入与设备捐赠情况统计

单位：份，%

分类	慈善资金		设备捐赠	
	样本数	占比	样本数	占比
没有	93	73.2	105	82.7
部分	32	25.2	20	15.7
全部	2	1.6	2	1.6
总计	127	100.0	127	100.0

（四）乡镇（街道）社工站服务与公益慈善的整合

乡镇（街道）社工站服务主要是指驻站社工人员为当地群众提供的各种社会工作服务，在“五社联动”的背景下，要求社工站挖掘和链接公益慈善资源作为政府购买服务的补充，以便更好地为当地群众服务。社工站服务与公益慈善服务的整合包括慈善资源利用和合作两个方面，在服务过程中主要使用的慈善资源种类为资金、物资和人力服务（主要指志愿者服务），同时也包括与当地慈善组织合作共同开展服务。

表 2　社工站在服务过程中利用慈善资源的情况统计

单位：份，%

分类	发起慈善捐赠		执行慈善基金项目		与慈善组织合作	
	样本数	占比	样本数	占比	样本数	占比
有	48	37.8	42	33.1	64	50.4
没有	79	62.2	85	66.9	63	49.6
总计	127	100.0	127	100.0	127	100.0

从表 2 可以看出，社工站在服务过程中使用公益慈善资源的情况也不够理想，只有 37.8%的社工站工作人员表示其所在社工站发起过慈善捐赠活动，33.1%的社工站工作人员表示其所在社工站执行过慈善基金会资助的项

目；社工站在服务过程中与当地慈善组织合作的情况稍好，达到50.4%；但从合作的形式来看，双方的合作深度总体上还不够，2021年与当地慈善组织有过合作的64个社工站中，传统的慈善资源利用方式占主体。调查显示，61%的社工站工作人员表示只是利用了当地慈善组织提供的资金和物资，20%的工作人员表示利用了当地慈善组织的人力服务，也有19%的工作人员表示社工站的合作方式是与当地慈善组织共同设计方案并执行，属于深度合作（见图1）。

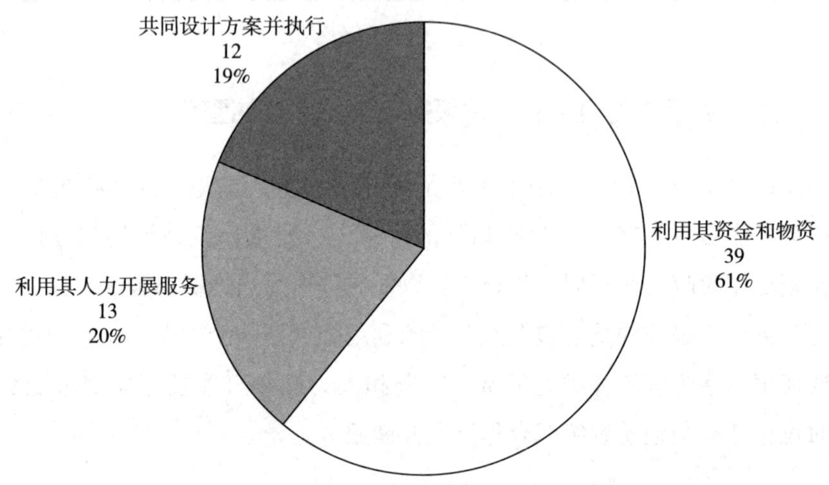

图1　2021年社工站与当地公益慈善组织合作的主要形式（n=64）

志愿者服务在我国服务类社会慈善资源中的占比最大，也是利用率最高的公益慈善资源。调查也发现，各地乡镇（街道）社工站使用志愿者开展服务的情况非常普遍，仅4%的社工站工作人员表示没有使用过志愿者，超过70%的回答者表示其所在社工站经常使用志愿者资源开展服务（见图2）。

（五）乡镇（街道）社工站对公益慈善的提升作用

在我国，社会工作行业对慈善的理解还主要停留在慈善捐赠的传统领域，慈善服务也主要是指志愿者服务，乡镇（街道）社工站除了要开

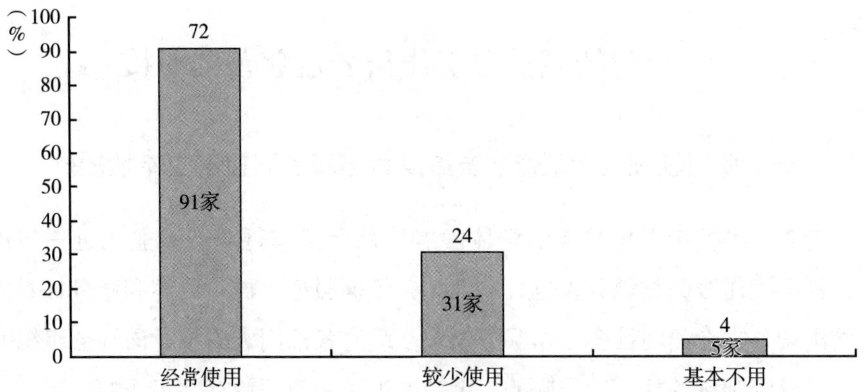

图 2 社工站使用当地志愿者开展慈善服务的情况（n=127）

发和利用当地慈善资源外，还应该积极营造当地慈善氛围，提升当地慈善组织和团体的运营与服务能力。从调查来看，94.5%的社工站工作人员认为当地慈善组织愿意与社工站开展合作，少数不愿意与社工站合作的原因是当地慈善组织不了解社会工作和社工站，对社工站不够信任，慈善法规不完善；经费问题也是影响社工站和慈善组织合作的因素。但是，社工站为提升当地慈善组织能力而开展的培训并不多，只有 40.2%的社工站工作人员反映其所在社工站对当地慈善组织和团体开展过培训活动（见表 3）。因此，有必要增强慈善组织对社会工作和社工站的了解，社工站也要把培训和发展当地慈善组织和团体的任务纳入自身的工作内容之中。

表 3 慈善组织合作意愿与社工站对慈善组织培训情况统计

单位：份，%

慈善组织合作意愿	样本数	占比	慈善组织培训	样本数	占比
愿意	120	94.5	有	51	40.2
不愿意	7	5.5	没有	76	59.8
总计	127	100.0	总计	127	100.0

二　专门领域社会工作与公益慈善的对接

（一）专门领域社会工作的发展及其与慈善对接的基本情况

随着我国社会工作事业的整体发展，社会工作行业的专业化进一步提高，社会工作服务领域分工也日益细化，依据服务人群、内容和服务场景的不同出现各类专门的社会工作服务领域。政府各部门大力推行向社会组织购买自身分管领域的社会工作服务，更是促进了专门领域社会工作的发展，与此同时，支持专门领域社会工作发展的政策法规也越来越多。在青少年社会工作方面，2014 年，共青团中央等 6 部门印发《关于加强青少年事务社会工作专业人才队伍建设的意见》，要求梳理青少年事务领域的社会服务工作，以政府购买服务等方式交由社会力量承担，逐步实现政府从对社会事务的直接管理向间接管理转变。承揽和办理好青少年事务，服务青少年成长发展，维护青少年合法权益，做好青少年特别是重点青少年群体的服务管理和预防犯罪工作。在儿童社会工作方面，《儿童社会工作服务指南》和《儿童福利机构社会工作服务规范》两个行业标准分别于 2014 年和 2021 年先后发布；2021 年，国务院印发《中国儿童发展纲要（2021—2030 年）》，再次强调社会工作在儿童福利、法律保护、健康、家庭领域中的重要作用。在老年人社会工作方面，《老年社会工作服务指南》和《养老机构社会工作服务规范》两个行业标准分别于 2016 年和 2021 年先后发布，2019 年国务院印发《国务院办公厅关于推进养老服务发展的意见》也积极鼓励购买老年人社会工作服务。在社区社会工作方面，2013 年民政部等发布《民政部　财政部关于加快推进社区社会工作服务的意见》，要求建立健全社区社会工作服务政策制度，拓宽社区社会工作服务平台，分类推进社区社会工作服务，鼓励三社联动和引领志愿者服务；《社区社会工作服务指南》于 2016 年发布，对社区社会工作服务标准进行了规定。此外，2014 年司法部等 6 部门发布《关于组织社会力量参与社区矫正工作的意见》，2015 年民政部、财政部发布《关于加快推进社会救助领域社会工作发展的意见》，分别推动了我国司法社会工作和社会救助社会工作的发展。2012 年上海市《关于推进医务社会工作人才队伍建设的实施意见（试行）》和 2020 年北京市《关于发展医务社会工作的实施意见》两个地方文件的出台，大力推动了医务社会工作服务的发展。

社会工作与公益慈善结合方面，广东省走在全国前列，2019 年广州市出台了《广州市实施“社工+慈善”战略工作方案》，要求从健全社区“社工+慈善”制度体系、设立社区慈善捐赠站点、发展社区慈善基金（会），打造“社工+慈善”品牌服务项目、建设社区联合劝募平台、推动社区志愿服务等多方面引导社会工作与公益慈善的有效结合。2020 年出台的《广东省推动慈善事业高质量发展若干措施》更是提出二者深度融合的具体措施，要求引导慈善组织设立社会工作岗位、社会工作服务机构依法链接慈善资源，促进社会工作与慈善事业融合发展。发挥社会工作专业优势，鼓励慈善组织运用社会工作理念和方法开展慈善项目，推动慈善组织从单一的物质救助向物质救助与精神支持、能力提升并重转变，为服务对象提供精准化、精细化的专业服务。鼓励符合条件的社会工作服务机构申请认定为慈善组织，发挥社会工作贴近基层、了解群众需求、链接慈善资源的优势①。

（二）社会工作服务机构与公益慈善对接现状

专题报告组针对社工服务机构的调研数据②显示，被调查的社工服务机构自成立以来均与各类公益慈善组织开展过合作并或多或少地利用过社会公益慈善资源。调查发现，2021 年被调查社工服务机构利用的慈善资金中位

---

① 《广东省民政厅关于印发〈广东省推动慈善事业高质量发展若干措施〉的通知》（粤民规字〔2020〕4 号），http：//www. dg. gov. cn/attachment/0/32/32583/3332133. pdf，最后检索时间：2022 年 4 月 15 日。

② 若非特殊说明，此部分数据均来源于《2021 年中国社会工作服务机构与社会公益慈善领域合作情况调查》，回收问卷 107 份，有效问卷 106 份，社工机构样本主要来源于北京、黑龙江、四川、重庆、陕西和广东等地。

数约 7.5 万元（平均 49.75 万元），体量较小。在慈善资源利用类型上，大多数社工机构将资金作为主要慈善资源类型，其次是以服务为主要资源类型，以物资为主要慈善资源类型的最少。在慈善资金来源上，多数机构以基金会为主要慈善资金来源，其次是以社会个人为主要来源，最后是企业①。在慈善资源获取方式上，大多数机构的主要方式是通过项目资金申请，其次是招募志愿者，最后是发起爱心捐赠（见表 4）。

表 4　社会工作服务机构利用社会慈善资源的类型、来源和方式统计

单位：%

类型	占比	来源	占比	方式	占比
资金	58.5	基金会	44.3	项目申请	65.1
物资	14.2	企业	6.6	招募志愿者	18.9
服务	26.4	个人	22.6	发起爱心捐赠	12.3
其他	0.9	其他	26.5	其他	3.7
总计/n = 106	100.0	—	100.0	—	100.0

另外，有 57.55%的被调查机构反映，影响它们利用社会慈善资源的最大障碍是信息渠道缺乏，27.36%的机构反映自身利用社会慈善资源的能力不足，最后是法律边界不好把握（4.72%）。其他障碍包括社会慈善氛围不浓、慈善资源少、机构管理层意识和主动性不强等（见图 3）。

在社工机构与慈善组织的合作方面，调查发现，2021 年只有 60.4%的社会工作服务机构与慈善组织有合作，合作的方式也主要是利用慈善组织的资金与物资（73%），其次是与慈善组织共同策划并执行服务项目（20%）和使用慈善组织的人力服务（见图 4）。

此外，调查也发现各领域社工机构与慈善组织合作的最大困难是对方附加条件较多（33.02%）和沟通协调不畅（27.36%）；其次是服务方法差异

① 根据被调查者注明的信息，数据中占比第二的“其他”慈善资金来源实际为政府购买服务，这是调查对象将政府购买服务经费与社会慈善资源相混淆的结果，以下分领域的统计结果中也是如此，不再说明。

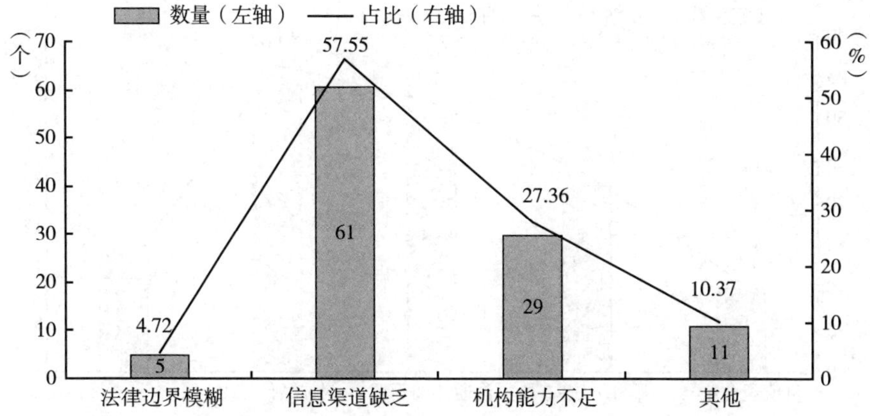

图 3　社工机构利用社会公益慈善资源遇到的最大障碍（n=106）

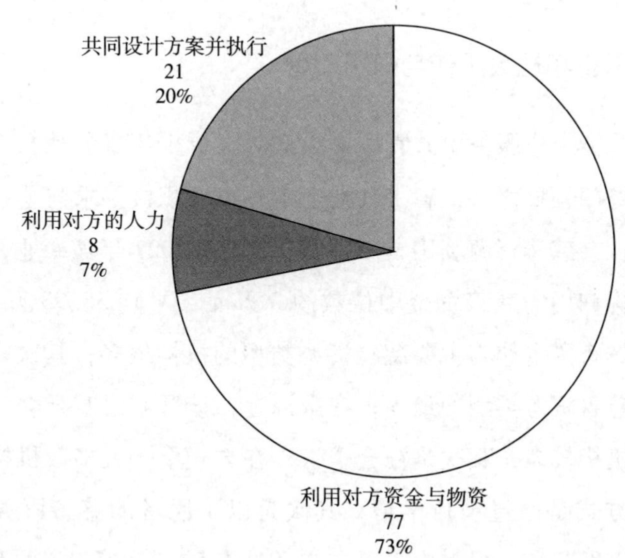

图 4　社工机构与公益慈善组织合作的主要方式（n=106）

（19.81%），很少有机构反映价值理念差异是它们与慈善组织合作的主要困难（见图5）。

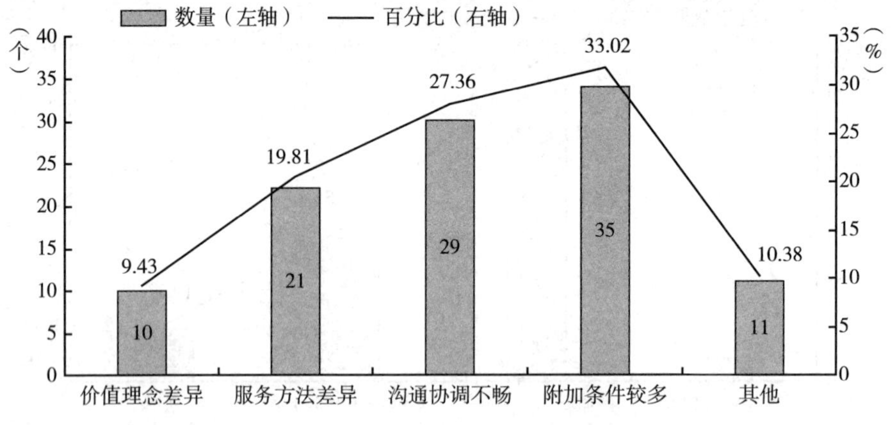

图 5　社工机构与公益慈善组织合作的最大的困难（n=106）

（三）青少年社会工作与公益慈善

青少年社会工作服务由共青团中央倡导，青少年事务社会工作是社会工作重要的专门领域之一，青少年社会工作也在积极寻求与公益慈善资源的对接。在社会慈善资源利用方面，调查发现，2021 年该专业领域的社会工作服务机构利用的慈善资金中位数约 3 万元（平均 58. 93 万元）；在类型上，该领域将资金作为主要慈善资源类型的机构最多，其次是服务，以物资为主要慈善资源类型的最少；在来源上，该领域以基金会为主要慈善资金来源的机构较多，其次是社会个人；在方式上，大多数机构利用慈善资源的主要方式是通过项目申请，其次是以志愿者的慈善服务为主要方式，最后是以发起爱心捐赠为主要方式（见表 5）。在慈善资源利用障碍方面，各有 40. 0%的被调查机构反映，影响它们利用社会慈善资源的最大障碍是信息渠道缺乏和机构自身能力问题，很多机构不了解慈善资源信息发布的渠道，机构自身利用社会慈善资源的能力较弱，最后是慈善法规不完善、法律边界不好把握（13. 3%）。

表 5　青少年社会工作利用社会慈善资源的类型、来源和方式统计

单位：%

类型	占比	来源	占比	方式	占比
资金	60.0	基金会	33.3	项目申请	66.7
物资	6.7	企业	6.7	招募志愿者	20.0
服务	33.3	个人	26.7	发起爱心捐赠	13.3
其他	0.0	其他	33.3	其他	0.0
总计/n=15	100.0	—	100.0	—	100.0

在社工机构与慈善组织的合作方面，调查发现，2021 年仅有 53.3%的青少年社会工作服务机构与慈善组织有合作，合作的方式也主要是利用慈善组织的资金和物资（86.7%），使用慈善组织的人力服务（6.7%）和与慈善组织共同策划并执行服务项目（6.7%）。该领域社工机构与慈善组织合作的最大困难是对方附加条件较多（40.0%），其次是沟通协调不畅（26.7%），再次是服务方法的差异（20.0%），很少有机构反映价值理念差异是它们与慈善组织合作的最大困难。

（四）儿童社会工作与公益慈善

儿童社会工作，尤其是农村留守儿童社会工作服务，是我国重点鼓励发展的社会工作服务领域之一。调查发现，2021 年儿童社会工作机构利用社会慈善资金的中位数约为 31 万元（均值 115 万元）。在类型上，该领域社工机构的主要慈善资源类型也是资金，利用慈善服务的比例也比较高；同样，在来源上，以基金会为主要慈善资金来源对象的机构最多，其次是社会个人，没有以企业为主要来源对象；在慈善资源使用方式上也主要是慈善基金项目申请，其次是以招募志愿者为主要方式，儿童社会工作领域也通过发起爱心捐赠利用慈善资源（见表 6）。在慈善资源利用困难上，57.1%的机构将慈善信息渠道缺乏作为利用社会慈善资源的最大障碍。

表 6　儿童社会工作利用社会慈善资源的类型、来源和方式统计

单位：%

类型	占比	来源	占比	方式	占比
资金	71. 4	基金会	50. 0	项目申请	78. 6
物资	7. 2	企业	0. 0	招募志愿者	14. 3
服务	21. 4	个人	28. 6	发起爱心捐赠	7. 1
其他	0. 0	其他	21. 4	其他	0. 0
总计/n = 14	100. 0	—	100. 0	—	100. 0

2021 年，有 78. 6%的儿童社会工作服务机构与慈善组织有合作，合作的方式基本都是利用慈善组织的资金和物资（85. 7%）。该领域社工机构与慈善组织合作的最大困难也是沟通协调不畅（28. 6%），其次是合作附加条件多、双方的服务方法不同以及其他原因（三者各占 21. 4%），儿童领域的慈善组织在价值理念上与社工机构差异较小，极少机构反映理念差异是最大困难。

（五）老年人社会工作与公益慈善

我国逐步进入深度老龄化阶段，七普数据表明，我国 60 岁及以上人口 2. 6 亿人，65 岁及以上人口 1. 9 亿人，因此，老年人社会工作是国家重点扶持发展的专门社会工作服务领域，同儿童社会工作一样，我国已经出台了两项老年人社会工作服务的行业标准。调查结果显示，老年人社会工作领域的社工机构在 2021 年利用社会慈善资金的中位数约 0. 2 万元（平均 16. 12 万元）。在利用类型上，以资金为主要慈善资源类型的机构最多，其次是志愿服务，最后是物资；在来源上，过半数的机构慈善资金的主要来源是基金会，其次是社会个人；在方式上，项目申请依然是大多数机构获取慈善资源的方式，各有 11. 8%的机构反映其利用慈善资源的方式是招募志愿者开展老年人服务和发起爱心捐赠（见表 7）。在慈善资源利用障碍方面，该领域 88%的机构表示妨碍社会慈善资源利用的最大障碍是获取慈善资源的信息渠道缺乏。

表7　老年人社会工作利用社会慈善资源的类型、来源和方式统计

单位：%

类型	占比	来源	占比	方式	占比
资金	47.1	基金会	52.9	项目申请	70.6
物资	23.5	企业	5.9	招募志愿者	11.8
服务	29.4	个人	17.6	发起爱心捐赠	11.8
其他	0.0	其他	23.5	其他	5.8
总计/n=17	100.0		100.0		100.0

调查发现，2021年有47%的老年人社会工作服务机构与慈善组织开展了合作，合作的方式主要是利用慈善组织的资金和物资（70.6%），也有机构与慈善组织开展深度合作，一同设计服务方案并共同实施（29.4%）。对方附加条件较多（35.3%）和沟通协调不畅（29.4%）是该领域社工机构反映的与慈善组织合作的最大困难，其次是服务方法差异，价值理念差异影响不大。

（六）社区社会工作与公益慈善

社区社会工作是我国发展最早的专门社会工作领域，早在2013年民政部就专门发布了相关文件推动社区社会工作发展，社区营造和基层社区治理在我国的大力推行使得大量的社会工作服务机构投入社区社会工作服务领域。2021年，该领域利用社会慈善资源资金的中位数为10万元（平均45.8万元）。在类型上，该领域主要慈善资源类型是慈善资金，其次是物资和服务类慈善资源；该领域慈善经费来源比较多元，主要是慈善基金会，接着是社会个人和企业；在利用方式上，该领域以项目申请为主，社区社会工作领域也有机构把招募志愿者和发起爱心捐赠作为利用社会慈善资源的主要方式（见表8）。在慈善资源利用障碍方面，信息渠道缺乏的问题也是该领域社工机构反映的最大障碍（55.3%），也有机构反映自身的资源利用能力较弱是最大的障碍（23.7%）。

表 8　社区社会工作利用社会慈善资源的类型、来源和方式统计

单位：%

类型	占比	来源	占比	方式	占比
资金	60.5	基金会	44.7	项目申请	57.9
物资	21.1	企业	10.5	招募志愿者	18.4
服务	18.4	个人	18.4	发起爱心捐赠	15.8
其他	0.0	其他	26.3	其他	7.9
总计/n=38	100.0	—	100.0	—	100.0

该领域有 60.5%的机构 2021 年与慈善组织有过合作，合作的主要方式是利用慈善组织的资金和物资的占 73.7%，主要方式是深度合作的占到 21.1%，即与慈善组织共同策划并执行服务项目，这是社区社会工作领域的最大特点，很少有机构反映其主要合作方式是利用慈善组织的人力。该领域社工机构与慈善组织合作的最大困难排前两位的是沟通协调不畅（34.2%）和对方附加条件较多（31.6%）；将双方价值理念和服务方法的差异作为主要合作困难的机构分别占 15.8%和 13.2%。

（七）其他专门领域社会工作与公益慈善

本次调查的其他专门领域社会工作还包括救助社会工作、残疾人社会工作和学校社会工作等，这些专门社会工作领域 2021 年使用社会慈善资源的中位数为 4 万元（平均 34.7 万元）。调查发现，在这些社工领域中，社工机构分为以资金为主要慈善资源类型和以服务为主要慈善资源类型，利用物资最少；在慈善资金来源上，该领域绝大部分社工机构以基金会、社会个人为主，很少（4.5%）有机构的慈善资金来源是企业捐赠。在利用方式上，以项目申请为主要慈善资源利用方式的机构最多，其次是招募志愿者和发起爱心捐赠（见表 9）。在其他专门领域社会工作，妨碍社会慈善资源利用的最大障碍因素是信息渠道缺乏（50%）和机构自身能力不足（27.3%）。

表 9　其他专门领域社会工作利用社会慈善资源的类型、来源和方式统计

单位：%

类型	占比	来源	占比	方式	占比
资金	54.5	基金会	40.9	项目申请	63.6
物资	4.5	企业	4.5	招募志愿者	27.3
服务	36.4	个人	27.3	发起爱心捐赠	9.1
其他	4.6	其他	27.3	其他	0.0
总计/n＝22	100.0	—	100.0	—	100.0

2021 年，其他专门领域社会工作的社工机构多半（63.6%）都与慈善组织合作过，在合作方式上，利用慈善组织的资金和物资最多（54.5%），其次是共同策划并实施服务的深度合作（27.3%），最后是利用慈善组织的人力资源服务。在其他领域社工机构与慈善组织合作的最大困难方面，对方附加条件较多（36.4%）和服务方法差异（31.8%）排在前两位；其次是沟通协调不畅，很少有机构将价值理念差异作为合作的主要障碍因素，这一类别中方法差异占比的提高是因为救助社会工作行政事务较多，也因为有些机构是社会工作平台组织。

此外，本次调查还发现，各社工机构利用各类社会公益慈善资源最多的服务领域排序分别是老人社会工作（42.5%）、社区社会工作（37.7%），然后是儿童（32.1%）和青少年社会工作（30.2%），再次是救助社会工作（18.9%）和残疾人社会工作（15.1%）。在慈善资源利用意识和主动性方面，以上所有社会工作服务领域的机构都表现平平。《慈善法》已经颁布了六年，但调查发现，39.6%的机构没有组织员工对其进行学习。同时，有48.1%的社工机构没有对员工进行社会慈善资源利用方面的能力培训，这些都限制了各专业社会工作服务领域对公益慈善资源的有效利用，不利于社会工作与社会慈善资源的对接。

三 公益慈善组织对社会工作的认可与合作

（一）公益慈善组织与社会工作合作的基本情况

2021 年全国"两会"结束后，全国人大常委会正式启动慈善法修订工作，截至 2021 年底，北京、上海、江苏、浙江、安徽、江西、陕西、山东、山西、湖北、湖南 11 个省份出台慈善法配套地方性法规或规章，我国慈善事业发展步入快车道，据 2021 年民政部第三季度例行新闻发布会发布的数据，全国登记认定慈善组织已有 9288 个。[①] 公益慈善组织对社会工作的认可与合作是从公益慈善组织的角度来审视二者的关系，为了客观真实地了解公益慈善组织与社会工作领域的合作情况，专题报告组对公益慈善组织进行了网络问卷调查[②]，基于问卷数据分析发现：公益慈善组织在资金支持（购买或者资助社工服务项目）、招收引进社工专业人才、学习社工专业方法、推动支持社工服务机构发展等方面与社会工作都有合作和探索，但总体而言公益慈善组织与社会工作领域的合作还处于初步阶段。

从合作紧密程度上看，48.35%的公益慈善组织认为与社会工作领域合作的紧密程度一般，还有 13.19%的公益慈善组织认为合作不紧密，只有 37.36%的公益慈善组织认为合作紧密，其中非常紧密仅占 14.28%（见图 6）。

从认可程度上看，公益慈善组织对社会工作领域的认可程度在整体上也偏弱，有近一半（49.45%）的公益慈善组织对社会工作的认可一般，认可和非常认可的占 48.35%，还有极少数组织（2.2%）不认可（见图 7）。

---

① 《观察｜"十四五"开局之年慈善事业高质量发展回顾及走势分析》，http：//www.gongyishibao.com/html/renwuguandian/2022/02/20247.html，最后检索时间：2022 年 4 月 15 日。

② 若非特殊说明，此部分数据均来源于《2021 年中国公益慈善组织与社会工作领域的合作情况调查》，共计收到问卷 95 份，其中有效问卷 91 份，作为调查对象的公益慈善组织是指在各级民政部门依法登记成立，以面向社会开展公益慈善服务活动为宗旨的非营利性组织，包括基金会、慈善会、红十字会、从事公益慈善的民办非企业单位和社会团体等。为了区分公益慈善组织与社会工作机构，本研究中的民办非企业单位不包括社会工作服务机构。

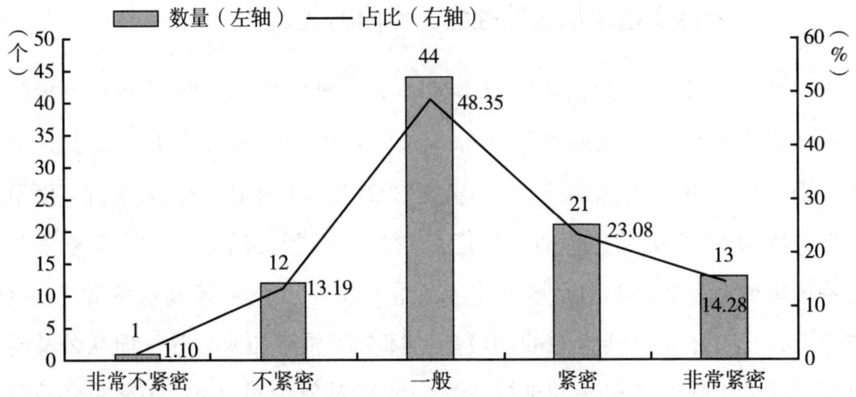

图6　2021年度公益慈善组织与社会工作领域合作的紧密程度（n=91）

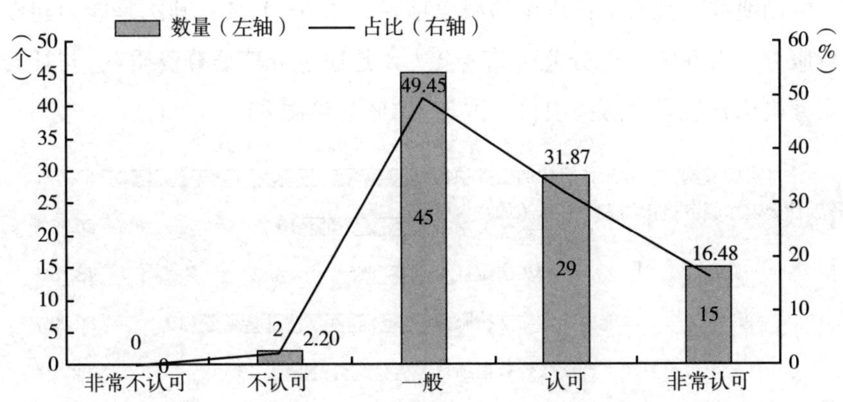

图7　2021年公益慈善组织对社会工作领域的认可程度（n=91）

若将合作紧密程度和认可程度的定序测量作为评分测量（满分为5分），则合作紧密程度的平均分为3.36分，认可程度的平均分为3.63分，均不算高。这说明虽然公益慈善组织能够看到社会工作的专业性，但是具体对于社会工作在哪些领域能够发挥作用以及如何与自身达成有效合作尚不够清晰。

（二）公益慈善组织资助社会工作服务经费

2021年，中国公益慈善组织中基金会、慈善会和互联网公开募捐信息平台（以下简称“互联网募捐平台”）整体的数量都在上升，尤其是互联网募捐平台从20家增加到30家。截至2021年11月底，30家平台年度募集善款总额为87.5亿元，带动7.7亿人次参与捐赠，较2020年20家平台年度募集善款总额的82亿元增加了5.5亿元。[①] 公益慈善领域无论是资金、物资、人力，还是社会资源的动员能力都在明显增加或上升。而从公益慈善组织对社会工作服务机构的支持来看，调查对象中只有41.76%的公益慈善组织（38家）对社工服务机构进行了支持，还有58.24%（53家）的慈善组织没有支持社工服务机构。公益慈善组织支持社工机构的领域主要分布在：资助或购买社会工作机构的服务项目，占63.16%；其次是能力建设与支持服务，占50%；部分公募基金会主要是通过分享公募资质[②]，与社会工作服务机构开展联合募捐项目，占34.21%（见图8）。

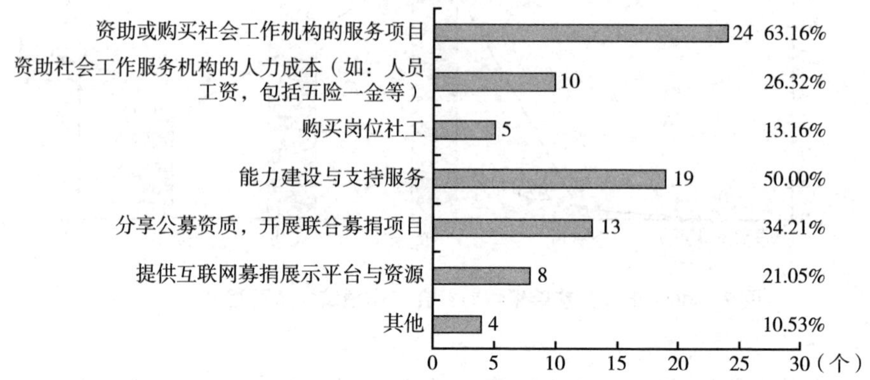

图8 公益慈善组织资助或购买社会工作机构服务的方式（n=38）

① 《观察丨“十四五”开局之年慈善事业高质量发展回顾及走势分析》，http：//www.gongyishibao.com/html/renwuguandian/2022/02/20247.html，最后检索时间：2022年4月15日。

② 《慈善组织公开募捐管理办法》第三条的规定，“依法取得公开募捐资格的慈善组织可以面向公众开展募捐。不具有公开募捐资格的组织和个人不得开展公开募捐”。

在资助或购买社会工作机构服务项目的 24 家公益慈善组织中，有 42% 的组织用于资助或购买社会工作服务项目的资金占比在 10%及以下，37%的组织资金占比在 11%~30%，占比超过 30%的只有 21%（见图 9）。这说明社会工作服务机构能够得到公益慈善组织的资金支持，但支持力度并不大。这与当前社会工作服务机构的资金来源主要依靠政府购买服务、社会化运作程度低的现实相吻合，社会工作服务机构对于公益慈善组织领域的资源整体运用还不够充分，未来还有很大的潜力空间。

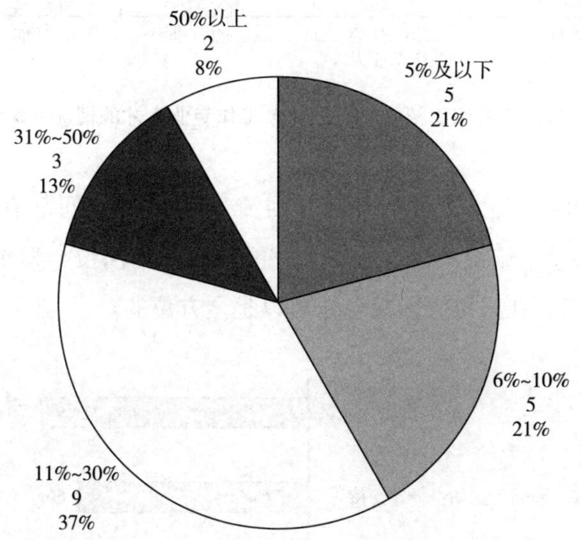

图 9　公益慈善组织资助或购买社会工作服务项目的资金占比（n=24）

（三）公益慈善组织招收或引进社会工作专业人才

公益慈善组织也在积极吸纳社会工作专业人才，调查发现，78.02%（71 家）的公益慈善组织招收或引进了社会工作人才，其中设置社会工作专业岗位的公益慈善组织占 5.63%；招收社会工作专业人才的占 49.30%，而两者都有的占到 33.80%（见图 10）。总体上看，公益慈善组织招收或引进社会工作专业人才的比例较高。

在招收社会工作岗位的机构中，设置工作岗位从高级管理人员、中层管

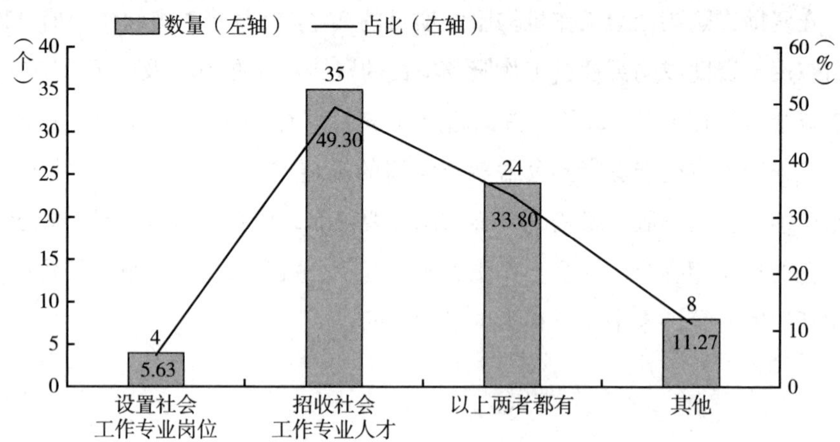

图 10　公益慈善组织招收或引进社会工作专业人才的情况（n=71）

理人员、一线项目执行人员到外部项目专家咨询与顾问都有涉及（见图11）。说明公益慈善组织中社会工作人才能够胜任的岗位类型多样，公益慈善组织与社会工作在人事方面的合作可以是全方位的。

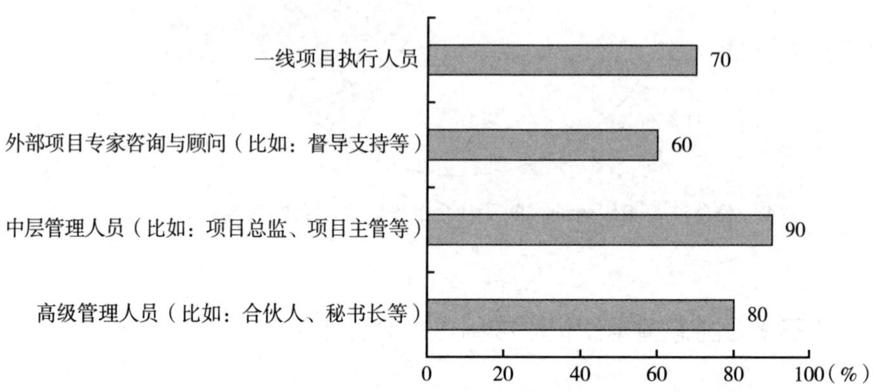

图 11　公益慈善组织设置社会工作岗位的职务情况（n=10）

（四）公益慈善组织学习运用社会工作专业知识方法

社会工作作为一门学科，具有一套专业化、科学化的解决社会问题的理念、知识和方法，除了在项目领域和人才领域的合作外，公益慈善组织为了提高慈善事业的现代化和科学化水平，也开始有意学习运用社会工作专业知识方法。调查发现，在支持或推动社会工作领域发展的方式中，有49.15%的公益慈善组织在学习和应用社会工作的专业知识方法，这是对其专业知识的一种认可，以便更专业化地解决社会问题。在妇女儿童、医疗救助、养老、助残等领域，相应的公益慈善组织都在积极借鉴学习社工机构的服务理念、服务手法。例如，北京新阳光慈善基金会的“新阳光病房学校项目”从2012年开始实施，整合了教育、医疗、社会工作、心理等相关领域的知识与资源，建立医院内外的教学场所，为3~14岁长期大病住院儿童提供陪伴式教育[①]，探索医务社会工作服务模式。又如全国百强社工机构成都市爱有戏社区服务发展中心，其前身是成都市青年志愿者协会爱有戏公益戏剧社志愿者服务队，后期学习社会工作专业领域的知识方法并运用到解决社区具体问题的服务中，逐渐转型成立社工机构，有爱有戏社区文化发展中心、水井坊街道慈善会、爱有戏社会工作服务中心及老街坊长者服务中心四个在民政部门注册的民非社会组织。[②]

（五）公益慈善组织支持社会工作服务机构发展

从公益慈善组织支持或推动社会工作服务机构的发展方式来看，有72.88%的公益慈善组织与社会工作服务机构联合组织开展公益慈善或相关行业活动，有37.29%的公益慈善组织孵化培育社会工作服务机构，也有30.51%的公益慈善组织联合互联网募捐平台开展筹款项目（见图12）。后两个数据说明，部分公益慈善组织扮演的是枢纽平台组织的角色，为社会工作机构发展链接相应的资源、能力支持和开展联合募捐，比如浙江传化慈善基金会资助传化安心驿站的卡车司机群体，为其提供2万元的公益项目活动资金支持，鼓励卡车司机志愿者团队孵化注册成立社会工作服务机构。另

① 《新阳光病房学校项目介绍》，北京新阳光慈善基金会，http://www.isun.org/index.php?m=content&c=index&a=lists&catid=237，最后检索时间：2022年4月15日。

② 爱有戏官方微信公众号，https://mp.weixin.qq.com/s/AP7quDORCqzqAdaRsS8KLQ，最后检索时间：2022年4月15日。

外，公益慈善组织支持社会工作领域发展的方式，受到自身类型的影响，基金会、慈善会、互联网募捐平台都是偏资助型的组织，需要跟作为执行方的社工机构达到有效的合作，公益慈善组织擅长筹集相应的资源、资金、人力等，社工服务机构将其落地执行，各自发挥优势。

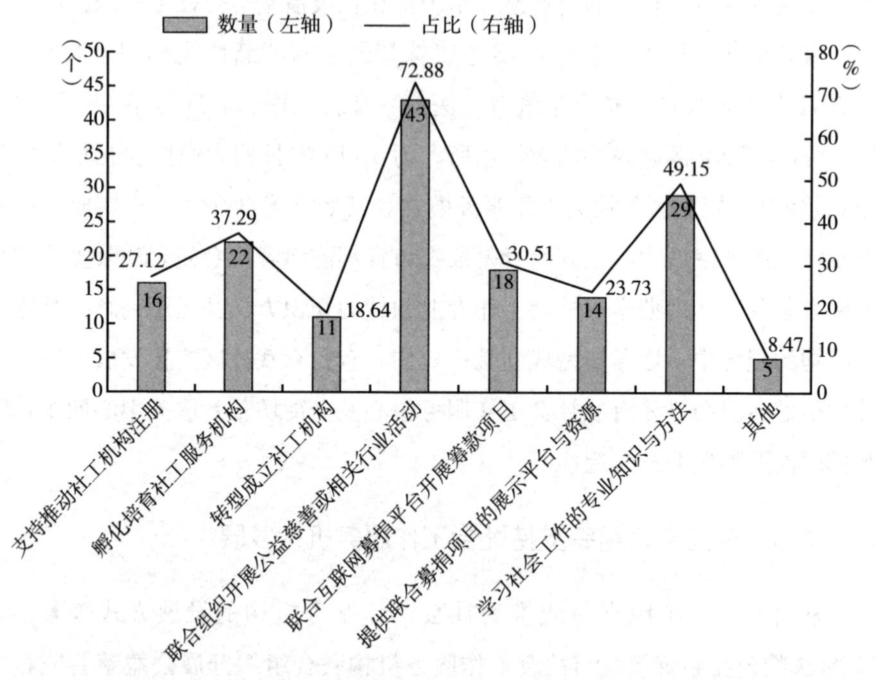

图 12　公益慈善组织支持或推动社会工作领域发展的方式（n=59）

四　总结与前瞻

（一）社会工作与公益慈善联动的总体状况评价分析

基于上述数据分析和论证可以看出，公益慈善与社会工作有着深厚的历史渊源，在发展历程上二者始终相互促进、相向而行。在我国，社会工作起步较晚，社会公益慈善氛围也有待提升，虽然共同富裕的国家战略赋予公益慈善事业第三次分配重要手段的地位，公益慈善与社会工作的联动依然处于初步的发展阶段。

从社会工作一方来看，乡镇（街道）社工站和各专门领域社会工作与公益慈善的合作还停留在传统慈善层面，缺乏深度合作。社会工作领域利用的慈善资源主要是资金和物质，以资金为主，志愿者服务是社会工作领域利用最多的服务类慈善资源。慈善资源的主要来源是基金会，社会个人和企业对社会工作的慈善支持力度较弱。信息渠道缺乏和自身能力不足成为社会工作领域利用社会公益慈善资源的主要障碍，社工站和社工机构不太了解公益慈善资源的发布渠道，社工机构及其员工也较少接受有关公益慈善资源利用的知识培训；双方沟通不畅、出资方附加条件过多又成为社工机构与公益慈善组织在合作过程中的最大困难。

从公益慈善组织一方来看，公益慈善组织虽然在资金支持、吸纳人才、学习借鉴和促进社工机构发展等多个领域与社会工作存在合作，但双方合作的紧密程度并不高，公益慈善领域对社会工作的认同也还处于较低水平，公益慈善组织用于资助和购买社会工作服务项目的资金比例偏低，双方的联动还有很大发展空间。

（二）社会工作与公益慈善融合的未来前瞻

基于目前我国公益慈善领域与社会工作的联动状况与存在的不足，借助国家共同富裕战略对公益慈善事业的有力推动，以及“十四五”规划期间乡镇（街道）社工站在全国普遍建立这一社会工作发展的大好机遇，双方应当积极作为，在“五社联动”的实践模式下实现公益慈善与社会工作的融合发展。

一是促进相互了解，明确各自优势。公益慈善组织和社会工作机构要相互了解对方在价值理念、工作内容和服务方法上的差异，通过求同存异来达成共识，为双方的认同和合作奠定基础。同时要明确各自优势和在合作中的地位与角色，公益慈善组织拥有资金、物资等资源优势，而社工机构具有一线运作和精准的社会服务递送机制，将两者有机结合，形成完整的服务链条，发挥 1+1>2 的整体合力作用。

二是建立沟通平台，破除信息壁垒。利用现有的公益慈善或社会工作的全国性网络平台，或者通过第三方建立统一信息沟通交流平台，将社会上的公益慈善资源信息和社会工作领域的服务资源需求进行线上发布，严审信息发布者的资质和信息真实性，为企业和社会个人等非基金会主体发布慈善资源信息提供便利，方便双方通过平台寻找到契合的合作方，减少信息不对称的问题，从而降低沟通成本，促进双方合作顺利开展。

三是提升联动层次，拓展合作内容。公益慈善领域要扩大知识技术、空间场地、人力服务等慈善资源供给，提高慈善资源投向社工行业能力建设的比例，与社工机构共同开发慈善项目，保障优秀社工服务项目支持的连续性；社工机构及其员工要加强公益慈善资源利用能力训练，积极开发符合公益慈善资源投入方向的服务项目，同时拓展慈善资金来源渠道，减少对单一慈善资源的依赖。从而改变以往公益慈善与社会工作之间以资金和物资支援为主、合作范围狭窄、一方出资一方使用的传统合作形式。

B.11
心智障碍者家长自组织网络议题倡导实践案例

郑淑洁　高　源　李　红　梁志图　朱大昆*

摘　要： 社群自组织是促进社群向内聚合、形成互助支持的平台，同时又基于聚合，形成集体化学习并激发向外影响的联合行动体。残障群体以及他们的家属所组成的社群自组织对于促进残障议题变革起着十分重要的作用。北京市晓更助残基金会融合中国心智障碍者家长组织项目网络在2015年启动了融合教育议题的倡导实践，围绕心智障碍者教育权益提升的目标，通过公益项目实践赋能社群，影响多利益相关方，同时结合国家政策发展议程积极开展政策倡导，促进改变。在探索过程中，又进一步激发了社群意识的觉醒，带动了家长社群组织的发展，形成了将倡导经验逐步扩展到心智障碍者全生命周期服务和福祉改善的新一阶段倡导行动和未来倡导方向。

关键词： 心智障碍　残障自组织　融合教育

* 郑淑洁，北京市晓更助残基金会社群运营中心运营总监，主要研究方向为心智障碍者家长组织社群运营与赋能；高源，北京市晓更助残基金会议题中心项目总监，主要研究方向为心智障碍者成年服务与融合就业；李红，北京市晓更助残基金会理事长，主要研究方向为融合教育、融合就业，心智障碍者家庭支持及社群动员；梁志图，北京市晓更助残基金会副秘书长，主要研究方向为心智障碍者家庭支持、融合教育；朱大昆，北京市晓更助残基金会品牌合作总监，主要研究方向为公益品牌及传播。

一　北京市晓更助残基金会与融合中国心智障碍者家长组织项目网络

（一）北京市晓更助残基金会

北京市晓更助残基金会（以下简称“晓更基金会”），是为纪念和传承已故的心智障碍者家长、心智障碍者权利倡导者王晓更女士所提出的社会融合的遗志，而于2018年7月在北京市民政局登记注册的非公募基金会。晓更基金会以促进孤独症谱系障碍、智力发育迟缓、唐氏综合征、脑性瘫痪及癫痫等伴随智力发育障碍等心智障碍者及家庭的福祉为目标，致力于联合行业伙伴在项目创新、行业专业能力建设以及社会倡导层面发挥更大效用，助力行业整体发展，提升各方能力，以促进各方更好、更快地响应和支持心智障碍者及家庭的需求，改善心智障碍群体的生活品质，彰显其生命尊严。

（二）融合中国心智障碍者家长组织项目网络

晓更基金会发源于“融合中国心智障碍者家长组织项目网络（简称融合中国项目网络）”，这是全国范围内心智障碍者[①]家长组织和家长互助小

① 心智障碍者（Persons with Intellectual and Developmental Disabilities）指智能与发展障碍者，是从国外定义借鉴而来的一个统称名词，中文来自我国港台地区的译法。根据美国智能及发展障碍协会的定义，心智障碍者是指在智力功能和适应行为方面有显著障碍和挑战的人。适应行为表现为概念的、社会的和应用性的适应性技能。心智障碍的情况发生在个体18岁以前，一般以孤独症谱系障碍、发育迟缓（智力障碍）、唐氏综合征、脑瘫和癫痫造成的发展障碍，以及其他类型的发展障碍等人群为代表。根据第六次全国人口普查人口总数，以及第二次全国残疾人抽样调查我国残疾人占全国总人口的比例、各类残疾人占残疾人总人数的比例推算，2010年末，我国共有残疾人8502万人，占全国总人口6.34%，涉及2.6亿家庭。我国残疾类别分为肢体残疾、听力残疾、视力残疾、智力残疾、精神残疾以及多重残疾六类。其中，智力残疾人568万人，精神残疾人629万人，多重残疾人1386万人，多重残疾人中包括430万人伴有智能障碍，由此可以推算中国的心智障碍者接近1000万人。但也有其他相关学术及民间调研统计推算我国仅孤独症谱系障碍群体可能就超过1000万人，例如据2017年在北京发布的《中国自闭症教育康复行业发展报告Ⅱ》，我国孤独症发生率保守估计1%，总人数可能超过1000万人，并以每年十几万人的速度增长。因此，我国心智障碍者总体规模在1000万~2000万人。

组自愿参加的网络化公益项目，旨在搭建一个交流互助、共同发声的平台。心智障碍者家长组织是泛化的残障相关自组织[①]，即为了满足共同的需要、克服共同面对的问题和困难、寻求个人和社会改变的一群人自发形成的组织。

1993 年，孤独症儿童母亲田惠萍女士创办了国内第一个孤独症康复机构北京星星雨教育研究所，通过创办专业服务机构来解决孩子没有康复服务的问题。心智障碍者家长组织作为一种新的组织形态出现在行业中的最早案例是于 1997 年 5 月创办的广州市扬爱特殊孩子家长俱乐部（以下简称“广州扬爱”），广州扬爱的创办初心是关心家长的身心福祉，提升家庭抗逆力。2011 年以后，家长组织进入较快速发展时期，同年北京的一位心智障碍者家长王晓更女士与其他 14 位家长共同发起创办了北京市海淀区融爱融乐心智障碍者家庭支持中心（以下简称“融爱融乐”），融爱融乐在创立时明确提出其使命是通过推动改变社会环境来促进心智障碍者实现平等社会尊严。2014 年，在融爱融乐、广州扬爱等家长组织的号召下，17 个家长组织共同在长沙发起融合中国心智障碍者家长组织项目网络，旨在通过对中国心智障碍者家庭的支持，促进联合国《残疾人权利公约》在中国的有效实施，实现心智障碍者及其家庭全面平等融入社会，更有尊严地生活。从 1993 年到 2014 年，21 年的行动脉络，勾勒出一批有意识有能力的家长基于自身孩子的需求而萌发行动的路径，除了以上提到的组织，还有很多优秀的心智障碍者家长成为行动者，并由己推人地开始了社会创业行动。从创办服务到社群互助，从明确倡导使命到走向联合

① 残障自组织：由残障人士或其家属自发组成的互助性、代表性的自组织，国际上称 DPO (Disability Persons Organization)。残障自组织根据其发展的规模和影响力不同分为：小规模的互助小组（Self-help group）、残障组织（DPO），以及残障组织联盟（Disability Organizations Federation）。残障自组织在残疾人事业和残疾人权利运动中发挥着不可替代的作用。国际上比较知名、有代表性的残障组织/联盟包括：国际残疾人联盟（Disabled People's International）、融合国际（Inclusion International）等。特别是 20 世纪 90 年代国际残障权利运动中，残障权利倡导者发起“Nothing about us without us”的口号，确认了残障人士或其家属的自组织在推动残障相关事务中的角色、立场和重要意义。同时，残障自组织也成为推动联合国《残疾人权利公约》的核心力量。

行动，这个进程中有很多外部催化和促进的因素，既有社会整体发展的进步，也有国内公益环境的带动，例如2011年，深圳壹基金公益基金会发起了海洋天堂计划，影响了更多社会公益力量开始系统持续地关注心智障碍群体相关议题。

2017年王晓更女士因病去世，在家人倡议支持下，由融爱融乐、同行公益组织、融合中国项目网络、晓更女士家人以及爱心人士共同出资发起了北京晓更助残基金会，基金会致力于通过残障自组织网络发展赋能心智障碍者家庭，与多利益相关方合作提升服务品质，并以此为基础持续开展公众教育和政策倡导，进而促进心智障碍者及家庭的福祉改善、切实有效地参与和融入社会生活。

（三）社群共性需求催化晓更基金会的倡导行动

心智障碍者的社会融合事业在我国尚处于初级发展阶段。而以民间社会服务机构及康复机构为主所形成的初期服务体系还在建构中，政策、法律法规等相关配套保障体系仍待深入开发。基于此，作为心智障碍者的长期照料者——家长群体开始意识觉醒，面对日益凸显的实际困难，在社会多方资源的支持下，心智障碍者家长自组织快速发展，晓更基金会融合中国项目网络应需而生，从2014年发起的17家发展至308家，覆盖30个省份132个城市与地区（见图1）。开展的公益项目支出规模从最初不足50万元/年到2021年增长至超过2100万元/年。2021年公益活动开展超过1.1万场，受益心智障碍者及家长达47.9万人次，在5年间增长超过20倍。

越来越多的家长组织和家长互助小组逐步通过骨干家长培育、志愿者合作等方式开展公益活动，包括家长喘息服务和心理支持、家长赋能和专业议题培训、社区层面的融合宣传活动、亲子活动以及志愿者支持的融合性文体休闲活动等。虽然大多数家长组织尚处于发展的萌芽阶段，但是这种互助性、自主性的组织，发挥了之前普通助残组织或康复服务机构未能充分实现的福利功能和公益价值。

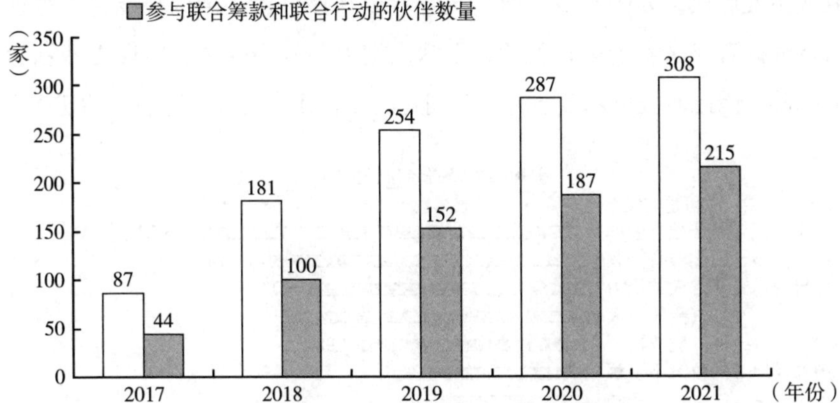

图 1　2017~2021 年晓更基金会融合中国项目网络伙伴数量

资料来源：北京市晓更助残基金会搜集整理。

随着家长组织数量的增加，晓更基金会在初期探索中发现，家长组织的共性需求主要为：（1）向内聚合：需要获得更加系统的专业资源及专业能力提升，实现规范化组织运作，更好地为心智障碍者家庭提供信息、知识，并帮助他们对接资源；（2）向外影响：形成合力，开展社会公众教育及政策倡导，影响针对社群提供的服务品质。由此，各地家长组织之间非正式的交流、互动与合作开始增加。

二　融合教育议题倡导路径

（一）倡导原因及必要性

2017 年，融合中国项目网络委托 ABC 美好社会咨询社面向心智障碍者家长群体开展的调研显示：网络覆盖的家庭代表中，70%的心智障碍者处于学前和受教育阶段。在家长反馈的需求中，学前教育和义务制教育阶段的支持是非常迫切的需求（见图 2）。接受教育是心智障碍者的基本权利①，优质教育是其人生发展很重要的开端，通过教育可以掌握融入社会的技能，获得教育是心智障碍者未来实现融合就业、更深入地参与社会生活、实现更多社会角色的基础。因此，晓更基金会将入学问题的改善作为融合教育倡导的切入点。

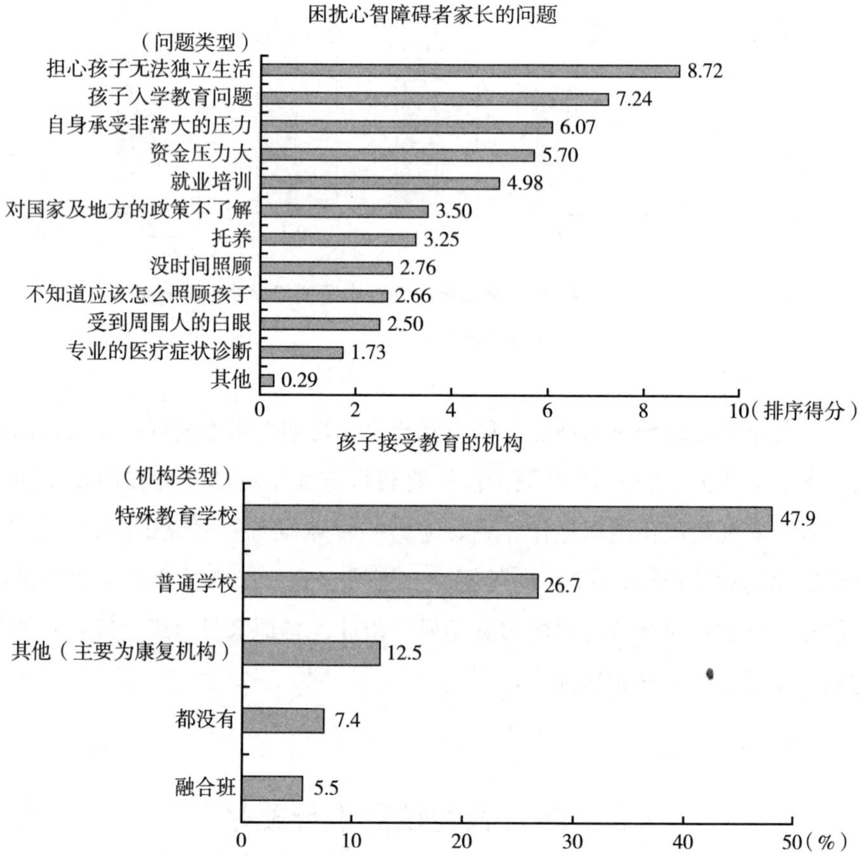

困扰心智障碍者家长的问题

（问题类型）	（排序得分）
担心孩子无法独立生活	8.72
孩子入学教育问题	7.24
自身承受非常大的压力	6.07
资金压力大	5.70
就业培训	4.98
对国家及地方的政策不了解	3.50
托养	3.25
没时间照顾	2.76
不知道应该怎么照顾孩子	2.66
受到周围人的白眼	2.50
专业的医疗症状诊断	1.73
其他	0.29

孩子接受教育的机构

（机构类型）	（%）
特殊教育学校	47.9
普通学校	26.7
其他（主要为康复机构）	12.5
都没有	7.4
融合班	5.5

图 2 心智障碍者面临挑战及受教育情况分析

资料来源：《2017 年融合中国项目网络家长需求调研报告》，ABC 美好社会咨询社。

---

① 受教育权是每个公民的基本权利。我国《宪法》、《中华人民共和国教育法》和《中华人民共和国残疾人保障法》都确认残疾人享有平等接受教育的权利，在 2017 年由国务院签署修订的《残疾人教育条例》也明确提出“国家保障残疾人享有平等接受教育的权利，禁止任何基于残疾的教育歧视”。

对于在常态普通环境中的融合教育，家庭的需求也十分强烈。2017 年融合中国项目网络完成的《随班就读师资状况和家长需求抽样调研报告》①，也体现出家长对孩子能够在普通教育环境获得有支持的优质教育更为期待，85%的家长认为进入普校接受融合教育，更有利于孩子融入同龄人、融入社会（见图 3）。

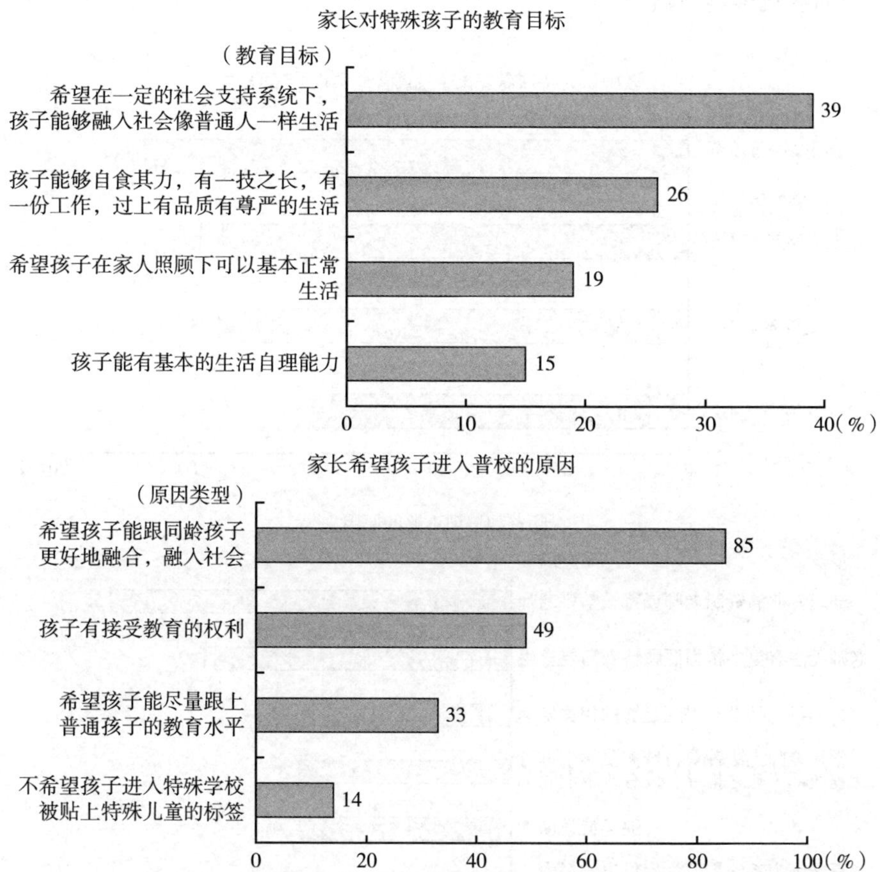

图 3　心智障碍者家长对孩子的教育目标和希望孩子进入普校的原因

资料来源：晓更基金会融合中国项目网络：《随班就读师资状况和家长需求抽样调研报告》，2017。

① 北京市晓更助残基金会融合中国心智障碍者家长组织项目网络：《随班就读师资状况和家长需求抽样调研报告》，北京市晓更助残基金会公众号，http：//www.savethechildren.org.cn/news/1647，最后检索时间：2022 年 4 月 27 日。

晓更基金会融合中国项目网络在2017年、2018年定量调研和2019年完成的65名个案对象深度访谈的定性调研中，进一步从家长和学校教师代表的反馈中获悉，融合教育在学校落地面临的核心障碍体现在如下关键问题（见图4、图5），围绕这些关键问题，晓更基金会也启动了项目实践和政策推动的双轨影响策略。

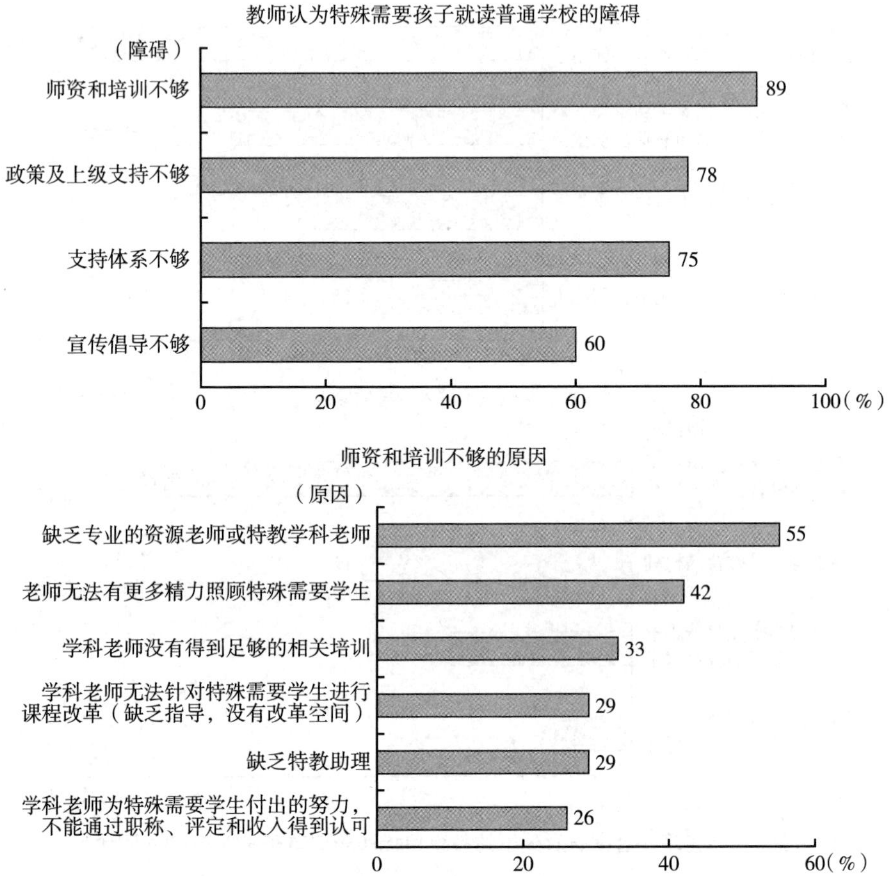

教师认为特殊需要孩子就读普通学校的障碍

（障碍）	（%）
师资和培训不够	89
政策及上级支持不够	78
支持体系不够	75
宣传倡导不够	60

师资和培训不够的原因

（原因）	（%）
缺乏专业的资源老师或特教学科老师	55
老师无法有更多精力照顾特殊需要学生	42
学科老师没有得到足够的相关培训	33
学科老师无法针对特殊需要学生进行课程改革（缺乏指导，没有改革空间）	29
缺乏特教助理	29
学科老师为特殊需要学生付出的努力，不能通过职称、评定和收入得到认可	26

图4　教师认为特殊需要孩子就读普通学校的障碍和师资及培训不够的原因

资料来源：晓更基金会融合中国项目网络：《随班就读师资状况和家长需求抽样调研报告》，2017。

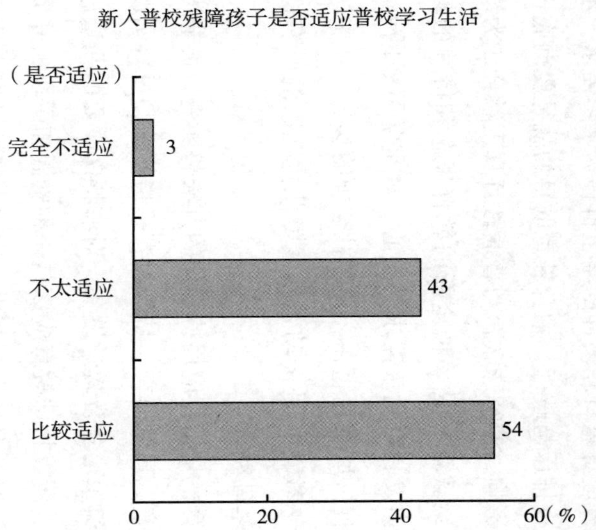

新入普校残障孩子是否适应普校学习生活

（是否适应）

完全不适应 3

不太适应 43

比较适应 54

0 20 40 60（%）

单位：%

教师认为特殊需要孩子就读普通学校的障碍	比重
老师缺乏对特殊孩子的认识、教育方法和经验	69
学校缺乏专业的特教老师	67
孩子很难跟上学习进度	50
我们家长压力很大，需要支持和心理疏导	50
学校缺乏针对特殊孩子的教材和教具	46
普通学校的教学内容和方法不适合特殊孩子	38
老师不管孩子，孩子只是随班就坐/随班就混	30
孩子遭遇歧视甚至伤害	17
学校缺乏必要的硬件设施（如无障碍设施和康复设施），孩子不方便或有一定安全隐患	17
老师不接纳孩子，孩子受到排斥和不公平对待	14
孩子被同学或家长投诉	14
学校不让家长陪读，家长不能帮助孩子融入学校	15
学校或老师提出让孩子退学/休学/转学	10
孩子没有做好上学准备，难以适应学校环境	8
学校或老师要求家长提供陪读，但家里无法提供	7

图 5　新入普校残障孩子适应情况及遇到的困难

资料来源：北京市晓更助残基金会融合中国心智障碍者家长组织项目：《适龄残障儿童入学状况在线调研报告》，北京市晓更助残基金会公众号，https：//baijiahao. baidu. com/s？ id=1594066366399651475&wfr=spider&for=pc，最后检索时间：2022 年 4 月 27 日。

（1）师资不足以及教师的能力准备不足，例如老师没有精力照顾特殊学生，缺乏必要的培训，遇到特殊情况不知道该如何有效应对等。

（2）校园文化及环境建设等关键要素欠缺，例如因缺乏融合理念教育，特殊孩子在学校受到歧视、投诉、劝退。

（3）缺乏科学的入学评估和入学安置，例如因得不到合适地安置，特殊学生在学校被忽视、边缘化。

（4）“一人一案”的制定与落实以及校内专业支持体系的建设亟待开展。

（二）融合教育及其在国内发展现状

融合教育（全纳教育）自 20 世纪 70 年代以来逐渐成为全球特殊教育领域讨论最热烈的议题之一。其基本观点是：所有学生，无论种族、语言能力、经济状况、性别、年龄、学习能力、学习方式、族群、文化背景、宗教、家庭背景，以及性倾向有何不同，都应该在主流的教育体系中接受教育。其中特殊需要儿童融合教育是指在普通教室接收高质量的、适合他们自己特点的、平等的教育，学校应尊重日趋多样的学生群体与学习需求，不能因为学生的残障与差别而进行排斥与歧视，融合教育的目的就是要彻底告别隔离的、等级制教育体系的影响，使特殊教育与普通教育真正融合成为统一的教育体系。融合教育（全纳教育）是一种全新的教育理念和持续的教育过程，从平等和接纳的原则出发，以儿童需求为中心，尊重学习者的差异，关注发展，反对歧视排斥，促进所有儿童在文化和社会中的参与。在中国义务教育阶段，融合教育（全纳教育）是推动包括残障儿童在内的所有适龄儿童都能平等获得有质量的基础教育。

与此对应的所谓特殊教育，是指其应用特别化的方法和环境，而非固定针对特定的人群，如残障儿童。具体而言，特殊教育是指使用经过特别设计的课程、教材、教法和教学组织形式及教学设备，对有特殊需要的儿童进行的旨在达到培养目标的教育。所以特殊教育应该是一种资源和手段，并成为融合教育系统建设的一部分，但是在日常理解中，往往把特殊教育简化理解为是针对特殊人群主要是残障学生的固定的教育形式。

2011 年《世界残疾报告》显示，在大部分发展中国家，90%的残障儿童无法获得有效的教育支持。从联合国《世界人权宣言》到《经济、社会与文化权利公约》《儿童权利公约》，从联合国教科文组织的《萨拉曼卡宣言》到我国 2017 年新修订的《残疾人教育条例》，国际社会及我国社会对残障人士受教育权、融合教育制度与实践的关注越来越清晰。

国家统计局《中国儿童发展纲要（2011—2020 年）》终期统计监测报告的数据显示，截至 2020 年，全国共有特殊教育学校 2244 所，专任教师 6.6 万人，分别比 2010 年增长 31.5%和 66.9%；通过各种形式招收特殊教育学生 14.9 万人，在校生 88.1 万人，分别是 2010 年的 2.3 倍和 2.1 倍，全国义务教育阶段的特殊教育在校学生 86.4 万人，是 2010 年的 2.1 倍，约 1/2 的特殊儿童在普通学校就读，接受融合教育。但这一情况其实与实际需求仍有很大差距。例如我国台湾地区 2016 年统计数据显示，该地区随班就读学生占比 83.1%，附设特教班学生占比 10.9%，这两类融合教育模式共占比 94.0%。我国台湾地区自 1990 年起开设的资源教室（资源班）、高达 1 比 7 的普校特教师生比例、巡回辅导、特教方案、校内融合活动等配套支持也为融合教育的系统化发展奠定了基础。

（三）晓更基金会融合教育政策倡导行动

1. 先行先试，地方性试点的早期探索

广州扬爱是晓更基金会的伙伴家长组织之一，是开展融合教育政策倡导的典型成功案例。从 2008 年依托“融爱行”公益项目开始，进行“随班就读入校支持”个案支持探索。2012 年，在 20 个成功试点案例的基础上，扬爱完成了《关于随班就读支持问题和建议的诉求信》和《关于建立随班就读支持资源中心试点的建议》两份融合教育政策倡导文件。

四年间，广州扬爱利用自身资源打开了家长组织探索融合教育的实践之路，成功地策动了广州市当地政策修订与政府部门的支持。2012 年 6 月，教育局正式复函并分别拨款 20 万元，在越秀区启智学校和番禺区培智学校

设立随班就读资源中心试点，2013 年 2 月，广州市政府办公厅发布《关于加强我市特殊教育工作的实施意见 2012~2016 年》，正式把特殊教育纳入广州市“十二五”工作规划。至此，广州地区残障儿童在普通学校的困境问题被广州市政府及教育局归类为全市共识问题。从个案到共识，再通过政策文件指导解决，广州地区残障儿童融合教育问题有文可依，有例可鉴，这是家长组织早期融合教育政策地方性倡导探索最为成功的实践案例，为其他地区家长组织开展融合教育政策倡导提供了可借鉴的思路（见图 6）。

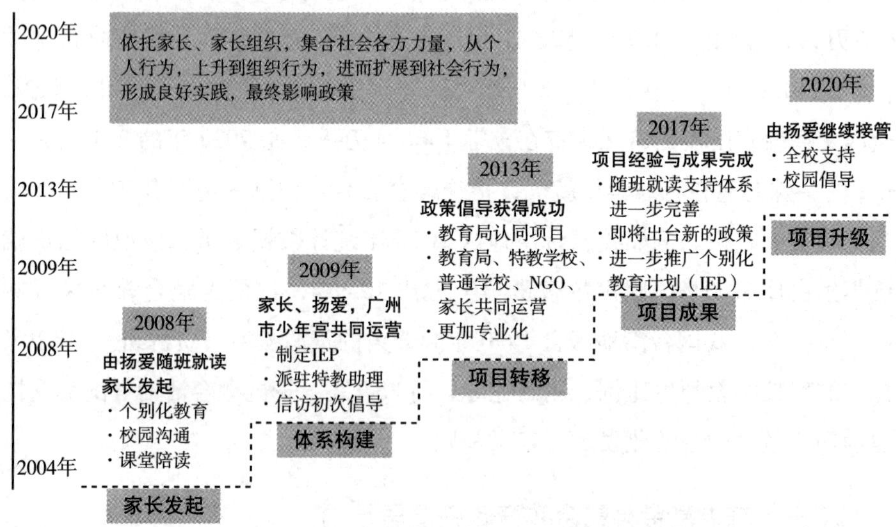

图 6　心智障碍儿童“融爱行”随班就读入校支持项目试点经验

资料来源：北京市晓更助残基金会伙伴组织广州市扬爱特殊孩子家长俱乐部提供。

2. 由点到面，持续开展全国需求调研

在以广州扬爱作为切入点的模式分析下，晓更基金会在以深圳壹基金公益基金会为代表的行业基金会以及国际助残、救助儿童会等国际组织驻华项目的支持下，持续五年在全国开展了心智障碍儿童融合教育议题的调研，探究特殊需要儿童在普通教育学校的现状和面临的挑战，并基于调研收集数据和需求，形成倡导提案与政策建议。

2017年晓更基金会基于《随班就读师资状况和家长需求抽样调研报告》，形成了《关于提升全纳教育的专业能力及建设支持体系的建议》。2018年基于《适龄残障儿童入学状况在线调研报告》，形成了《关于完善融合教育支持体系的提案》《关于提升普通学校教师融合教育专业素养的提案》。2019年基于《适龄特殊儿童入学、就学存在问题及对策建议的调研报告》，形成了《加强残障儿童入学保障机制，确保适龄残障儿童平等接受义务教育的建议》《督促各地落实专家委员会机制，促进实现残障儿童入学零拒绝的建议》。2020年基于《我的学校——关于残障儿童在融合教育中的学习体验》调研，形成了《建议系统修订完善随班就读相关办法，促进提升特殊需要儿童融合教育》提案。2021年基于《从特教助理看融合教育发展状况调研报告》，形成了《关于推动〈特殊教育提升计划（2021～2025）〉系统落实普通学校中的特殊需要学生“一人一案”的相关建议》。

（四）助力倡导的公益项目实践

1. 融合教育议题会议——多相关方的探讨

2016年，晓更基金会融合中国项目网络年会以“融合教育再启航”为主题，携手各利益相关方推动心智障碍人士融合教育环境改善相关探讨。从融合教育政策环境、国内外良好实践、家长组织发展等内容出发，结合区域经验完善融合教育的倡导推动行动，帮助梳理议题发展方向。

2016年以来，融合教育分论坛成为网络年会固定的讨论议题，持续推动融合教育相关活动在各地落地实施。

2018年，晓更基金会在“融合教育——赋能所有人的教育”专业研讨会上发布了《中国融合教育实务指南与良好实践》手册，其核心目的是为家长和融合教育协作者提供推动融合教育所需的理念、原则、策略、方法以及实在的当地经验。同年为了表彰全国各地在融合教育事业推动过程中做出杰出贡献的先锋代表，晓更基金会在京举办“2018融合教育典型人物颁奖礼”。通过获奖组织、人物、融合教育受益人的亲述，向公众呈现融合教育所带来的最真实的感受和最直接的改变。

为了加强师资培训和家长赋能双轨式支持策略的效果，探索教育区域化推广路径，有效促进特殊需要儿童受教育权利的保障，2019 年全纳教育项目以随班就读老师专业培训和家长赋能培训为抓手，辐射 10 个试点城市学校内的 1102 名融合教育相关环节负责人，组织开展特需儿童家长赋能活动，4775 人次家长参与其中。并动员双轨式支持策略下的家长、普校老师等受益群体代表组建“全纳教育推进委员会”，共同制定全纳教育（融合教育）推动策略，有效地解决了随班就读等融合教育系列议题在落地过程中的协作、支持与资源共享问题。

2021 年，晓更基金会将一二线地区融合教育实践经验带到广西来宾市和贵州毕节市的家长组织举办的融合教育主题研讨会上，这两地的研讨会联动了当地残联、教育局、学校、家长等多元相关方，针对偏远地区融合教育议题的推动进行了学习、研讨。

2. 友爱校园行——校园环境的营造

“友爱校园行”是晓更基金会融合中国项目网络推动校园融合环境建设的主要活动形式。随着项目效果和影响力的逐步呈现、家长组织规模的日益增长、执行人员的专业性稳步提升，“友爱校园行”活动从最初的 1 个执行城市，扩展至覆盖 38 个城市的近百所学校，直接参与活动的普通儿童超过 2 万名。通过多年项目实践，开发完成了“友爱校园行工具包”，促进了校园融合环境和同学间的伙伴关系，协助普校教师更好地支持特殊需要儿童融合就读。同时普通同学对特殊需要儿童的接纳度和校园中的便利支持也逐步得到改善，也为更好地落实融合教育政策打下了基础。

3. 师资赋能培训——人才培养的探索

晓更基金会即将在 2022 年与国内特殊教育专家及高校共同开发“特教助理证书认证培训”课程，试点培养专业特教助理人才，探索特教助理的培养模式和课程体系。将整合高校、民间组织等多方力量，在政策方向上摸索融合教育质量提升问题的解决之道，为特教助理从业人员队伍建设与发展，提供有充足养分的土壤，保障人才供给。

4. 幼小衔接课题——行业能力的建设

2018 年，广州扬爱率先围绕“幼小衔接”课题，通过“特殊需要儿童随班就读师资赋能计划”公益项目进行规模化社群赋能培训。经过“随班就读教师促进学校内的融合教育功能”、“家长组织倡导”和“个别化服务计划”三个主题的专业培训以及“幼小衔接暑期增能营”的充分实践，该项目共辐射支持了华南地区 32 所学校的 50 名随班就读支持老师（其中普通学校资源老师 22 名，特教助理 18 名，家长组织或服务机构相关老师 10 名）。该项目现已获得更多资金支持，并通过晓更基金会融合中国项目网络复制到全国典型地区的家长组织，进一步推动幼小衔接模式的探索和推广。

5. 联合传播——扩大声量的策略

通过融合中国项目网络组织联合行动，提升社会公众对心智障碍群体的认知与了解，提升个体组织在当地的品牌影响力。如利用 4 月 2 日世界孤独症关注日这一社群重要倡导节点，统一规划传播倡导行动计划，包括倡导活动时间、名称、口号，建议倡导活动方式等，形成全国范围内的社会倡导活动。在 2019 年壹基金蓝色行动中，晓更基金会动员伙伴组织以“给学校老师的一封信”为主要输出形式，首次将融合教育主题纳入广泛的倡导活动中，近 80 个家长组织参与联合倡导活动，共向 47 个城市的学校递送了倡导信。这些信件给当地一线教育从业者带来了极大触动，是晓更基金会协同当地家长组织推动融合教育进程中最统一的行动之一。

通过参与联合倡导活动，个体家长组织在融合教育议题推动过程中学习和实践公众倡导的策略与方法，共享传播渠道与资源，并通过具象的实践活动得以链接所在地的教育相关方，提升家长组织在当地社群中的影响力。同时通过主流渠道向外传达心智障碍群体在融合教育中的困境与心声。借助包括传统纸媒、专题杂志、音频媒体、短视频媒体、网络平台等多种媒体力量，让社会公众了解心智障碍儿童受教育方面的真实状况与需求。2021 年，晓更基金会融合教育相关议题媒体报道 16 篇，全网总曝光量 1.68 亿次。

（五）融合教育议题倡导成效

近年来，随着多方倡导、政策出台、媒体报道，融合教育在政策完善度、群体覆盖度、议题关注度等方面均得以显著提升，这是多元相关方共同推动的结果，以心智障碍者家长自组织为代表的社会组织，是促成这种积极改变的重要力量之一。

2016~2021 年，共 30 个省份 200 多个组织参与调研，定性及定量调研总参与人 24795 名，调研主体为心智障碍者家长，也覆盖了残联、教育部门、普通学校和特殊学校教师、普通儿童家长、服务机构、特殊教育师范高校、关注支持心智障碍群体的专家学者、媒体、公益组织等多元相关方。共形成 6 份调研报告，涉及心智障碍儿童入学状况与对策、随班就读问题与挑战、特教助理角色功能与关键问题、融合教育师资状况与培训、教育质量与体验、支持体系建设与个案辅导等方面问题。形成 7 份提案，经由 6 名人大大表/政协委员提交至全国人大和政协，带动全国各地 30 余个家长组织，通过地方“两会”、政策建议书、诉求信等方式，向地方相关部门围绕融合教育议题建言献策。全国和地方的融合教育政策倡导，引发了相关方的积极讨论、媒体的广泛关注和报道（见表 1）。

表 1　晓更基金会融合教育相关调研及提案（2016~2021 年）

年份	调研主题	地区	定性访谈样本量	定量问卷样本量	调研成果及形成提案
2016	融合教育现状与需求	30 省份	—	2140 份普校教师和 8000 多份残障儿童家长的有效反馈问卷	2017 年 3 月基于调研，形成《关于提升全纳教育的专业能力及建设支持体系的建议》，随后由代表委员递交“两会”并得到教育部等部门积极回应
2017	随班就读师资状况	23 省份	5 位专家学者，3 位校长教师，2 位教育部门官员，3 位随班就读心智障碍儿童家长	7 城市 2140 个入校抽样调研样本，6962 份线上调查问卷，并筛选出 2366 个样本作为主要分析对象	形成《2017 年随班就读师资状况和家长需求抽样调研报告》，为“两会”的融合教育（全纳教育）提案提供信息和数据支持

续表

年份	调研主题	地区	定性访谈样本量	定量问卷样本量	调研成果及形成提案
2018	适龄特殊儿童入学状况	30省份	8位行业专家,8个地区13位不同障别儿童的家长	调研6~15岁残障儿童家长,全国共收集9484份有效问卷	形成《适龄残障儿童入学状况在线调研报告》,为2018年融合教育政策倡导提供信息支持
2019	适龄特殊儿童入学、就学所存在的问题	20省份 42城市	深度访谈62位特殊儿童家长及相关教育部门人士	全国9484位6~15岁特殊需要儿童家长参与调研	形成《适龄特殊儿童入学、就学存在问题及对策建议的调研报告》
2020	残障儿童融合教育体验	13省份	深度访谈33位不同地区残障儿童和成人	—	形成《我的学校——关于残障儿童在融合教育中的学习体验》调研报告
2021	特教助理发展状况	8城市	北京、广州两地研讨,参与者包括残障儿童家长、特教助理、学校资源老师、学校管理层、专家学者等相关方代表	面向家长、特教助理、学校教师发放线上问卷,回收200份有效问卷	2021年3月形成《从特教助理看融合教育发展状况调研报告》

资料来源：北京市晓更助残基金会搜集整理。

1. 社群需求推动政府政策改善

2017年初，国务院签发了修订版的《残疾人教育条例》，开始更加系统地推进各项举措来保障残障学生的教育权益。此条例的出台，也从政府层面加大了国家在特殊教育、融合教育方面发展的议程推进。随后，教育部等七部门出台了《第二期特殊教育提升计划（2017—2020年）》，教育部、中国残联共同印发《关于做好残疾儿童少年义务教育招生入学工作的通知》，提出“要按照‘全覆盖、零拒绝’的要求，根据残疾儿童的实际制订教育安置方案，逐一做好适龄残疾儿童少年的入学安置工作”。这些举措强有力地推动了义务教育阶段残障学生入学率和在读规模的改善。

在此五年（2016~2020年）间，晓更基金会在国家整体议程推进中，与多方合作开展多项调研，从入学情况、师资情况、入学机制、校内支持等维度，提出多份提案，经由多位人大代表、政协委员提交，积极与相关部门进行建设性沟通，并通过社群联合传播、媒体合作传播等策略共同提升议题的可见度。带动社群参与现有政策未满足需求调研，形成提案建言献策，通过推动现有政策落实和优化、促进新政策出台等机制，把心智障碍者入学以及获得优质教育的需求不断显性化，成为推动政府政策改善的一个促进因素。特别是2020年教育部出台了《关于加强残疾儿童少年义务教育阶段随班就读工作的指导意见》，更系统地从理念、规范、操作等方面对融合教育开展落地提出更多建设性指导意见，这些意见内容是对连续几年提案所反馈的群体需求的有效回应。

2. 倡导促进残障学生规模增长

过去五年（2016~2020年）间，在国家整体推进议程下，基于多方倡议，政府整体主导推动，我国融合教育整体规模显著增长。教育部《全国教育事业发展统计公报》数据显示，2016~2020年我国特殊教育在校生总数从49.17万人增加至88.08万人，增幅79.13%；其中随班就读和附设特教班这两种融合教育途径占比最高，在校生规模从27.08万人增加至44.00万人，增幅为62.48%（见图7）。

3. 倡导带来媒体关注度提升

融合教育领域的媒体关注度整体呈波动前进、快速提升趋势。以“融合教育”作为搜索关键词的百度指数[①]从2012年的85提升至2022年的670，十年间增长6.9倍（见图8）。

文献研究发现，关键政策的出台及重大倡导事件，对引发舆论关注、推动议题发展起到重要的催化作用。例如2020年6月，教育部出台《关于加强残疾儿童少年义务教育阶段随班就读工作的指导意见》，提出普通学校要针对残疾学生的特性，制订个别化教育教学方案，落实“一人一案”[②]，

① 百度指数，https://index.baidu.com/v2/index.html#/，最后检索时间：2022年2月20日。

② “一人一案”：根据党中央、国务院“办好特殊教育”的精神，教育部等部门出台了《第二期特殊教育提升计划（2017—2020年）》，在主要措施中提出了要以区县为单位落实“一人一案”，提高残疾儿童少年义务教育普及水平。“一人一案”即给每一位随班就读学生都建立专项档案，以此为基础，资源教师、巡回指导教师与其他任课教师、家长一起制定个别化教育方案（计划）。

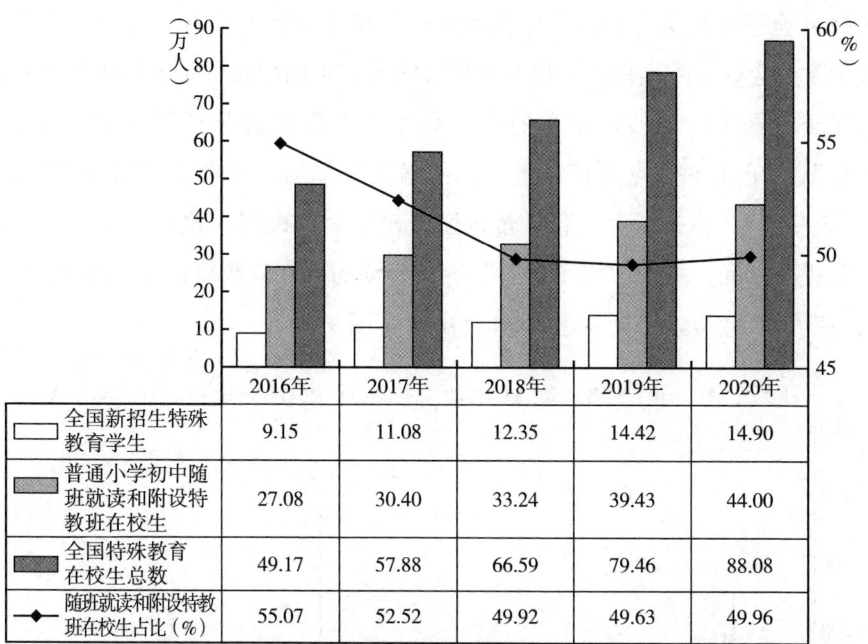

	2016年	2017年	2018年	2019年	2020年
全国新招生特殊教育学生	9.15	11.08	12.35	14.42	14.90
普通小学初中随班就读和附设特教班在校生	27.08	30.40	33.24	39.43	44.00
全国特殊教育在校生总数	49.17	57.88	66.59	79.46	88.08
随班就读和附设特教班在校生占比（%）	55.07	52.52	49.92	49.63	49.96

图 7　2016~2020 年全国特殊教育学生招收和在校学生规模统计

资料来源：教育部《全国教育事业发展统计公报》。

地域范围：全国　设备来源：PC+移动　时间范围：2011年1月1日至2022年6月3日

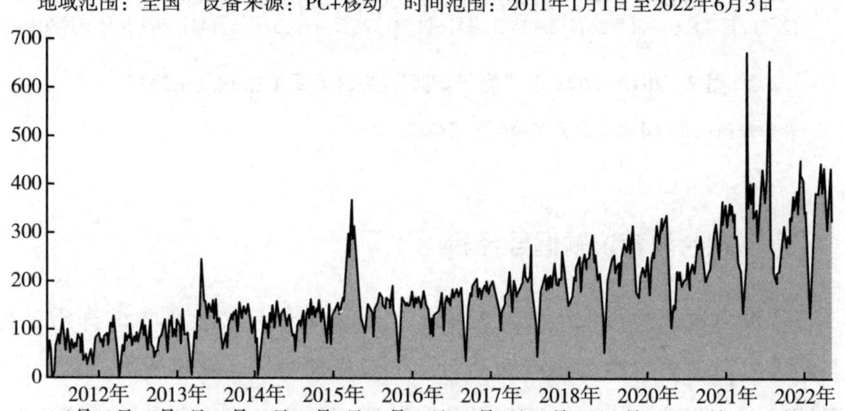

说明：百度指数指以网民在百度的搜索量为数据基础，以关键词为统计对象，科学分析并计算出各个关键词在百度网页搜索中搜索频次的加权。根据数据来源的不同，百度指数分为PC指数和移动指数。

图 8　2012~2022 年“融合教育”百度指数增长趋势

资料来源：北京市晓更助残基金会筹集整理。

2021年全国“两会”期间，中国残联第七届主席团副主席、第十三届全国人大常委会委员陈国民代表以及中国残疾人艺术团团长、全国政协委员邰丽华递交了提案，对即将出台的第三期“特殊教育提升计划（2021~2025年）”给予如下三点建议：进一步系统落实普通学校中的特殊需要学生“一人一案”；提升学生教育质量；保障残障学生权利。政策出台后及“两会”提案期间，关于“影子老师”等关键词的百度指数均有显著提升，“一人一案”百度搜索曝光量达8680万次（见图9）。

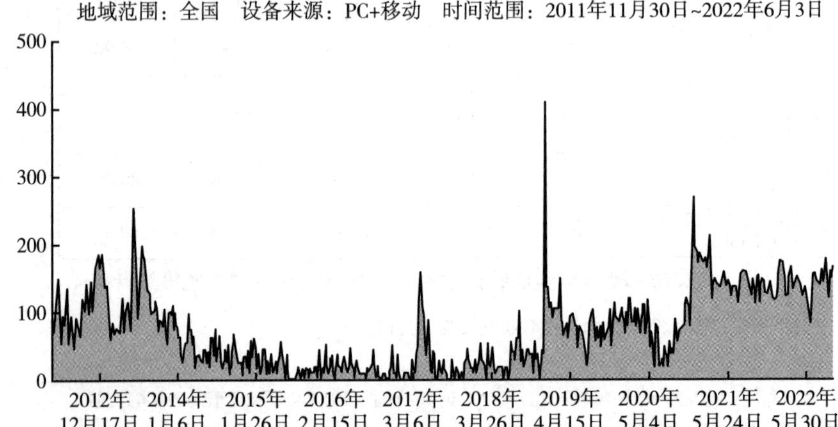

图9　2012~2022年“影子老师”关键词百度指数变化趋势

资料来源：北京市晓更助残基金会筹集整理。

（六）融合教育议题倡导经验

心智障碍者家长自组织的发展历程也是议题倡导逐步深入的探索过程，议题倡导成为家长自组织发展的动力，二者相辅相成、互相促进。基于议题开展的讨论、共学、培训、调研提升了社群间的互动频次和黏性，议题倡导带来的良性改变和典型案例的经验分享，成为社群意识觉醒的驱动力。家长自组织的规模增长、需求显性化、影响力扩展，也为议题的调研、倡导乃至后续政策影响带来了丰富的实践土壤和能量。

晓更基金会通过融合中国项目网络的知识与信息共享途径，帮助网络内个体组织发展，提升个体组织对社会问题的认知度，形成以社群需求为导向的行动策略，凝结出了具有高度共识的组织定位与价值观。在此过程中，家长自组织的功能也从初期的社群联系、抱团取暖，逐步升级为通过融合倡导促进心智障碍行业发展、带动相关方关注支持、提升群体福祉，形成了残障自组织意识觉醒→集体化学习→内部互助→对外倡导影响→实现社群阶段目标的互促发展循环。总结下来，在一个单项议题的倡导推动层面，有以下可供借鉴的倡导经验。

一是心智障碍者及其家长社群赋能：持续开展心智障碍者家长组织社群教育赋能，促进社群的集体化学习，为社群输入正确理念和优质实践模式，促进并支持社群进行实践行动。

二是模式实践与政策倡导双轨并行：政策建议既要来源于显性化社群需求，也要积极通过行动实践来转化理念、创新方法，同时为优化政策提供可落地的建议。

三是有效动员学者、公益组织、媒体等多元相关方参与：结合研究、公益项目运营、联合传播、议题探索、政策完善等内容，引入专家学者、同行组织、媒体、社群和政策制定者等相关方一起参与联动，促进各方对议题推进的需求与共识。

三　全生命周期多议题倡导

（一）心智障碍者的需求与挑战

1. 心智障碍者全生命周期需求

心智障碍者是一个数量庞大的特殊群体，在日常生活和社会参与中，面临的障碍和挑战主要体现在：学习障碍、沟通障碍、社会交往障碍等共性的功能性障碍。上述障碍引发社会偏见，以及公共服务滞后等困境，使心智障碍者的个人发展和社会融入面临诸多挑战。

第一阶段：儿童早期筛查与康复干预（0~6 岁）：主要支持需求为早期筛查、康复干预、家长教育等方面，目前这类服务资源已经形成一定供应市场，但服务水平参差不齐、服务成本高、服务标准和品质缺乏监管。

第二阶段：义务教育阶段的融合教育（7~12 岁）：主要支持需求为顺利进入学校接受融合教育，融合教育虽然已有“零拒绝”政策，但融合教育的支持系统仍较为薄弱。大部分普通学校在工作机制建设、师资专业水平等方面仍存在较大差距，难以有效满足特殊需要学生的随班就读需求，心智障碍学生的教育品质仍不乐观。

第三阶段：青少年时期的职业教育与自主生活能力培养（13~16 岁）：儿童向成人阶段的转衔时期，主要支持需求为自主生活能力、职业能力的培养，面临的挑战是转衔教育的缺失，心智障碍者难以获得有效支持。

第四阶段：迈向成年的社区自主生活与就业支持（17~45 岁）：主要支持需求为社区融合、自主生活、融合就业，而目前这些方面的服务供应稀缺，专业人员严重缺乏，政策支持薄弱。

第五阶段：晚年的养老及托孤（>45 岁）：目前心智障碍者养老仍以机构托养为主，由于家庭无力照顾、针对性服务的欠缺，很多心智障碍者在成年甚至青少年时期就早早地进入了养老机构，面向心智障碍者及家庭需求的养老、特殊需要信托等服务仍极度缺乏。

2. 心智障碍者需求背后的问题与挑战

目前我国心智障碍者的整体社会参与度仍较低，生活品质不高，与社会平均水平间更存在较大差距。面向心智障碍者及家庭的社会支持不足，家庭照料负担沉重，在融合教育、融合就业、成年服务、养老信托、应急响应等领域存在诸多困难，有迫切的社会支持需求。这种状况背后的问题归纳如下。

首先，国家整体政策仍然倾向福利和兜底导向，社会服务体系建设薄弱。民间专业化的社会组织是提供社会服务的主体，但是它们在服务场所、人才建设等方面得不到足够支持，发展缓慢。此外，各地的管理体系和资源能力水平不同，很多政策在落地层面因缺少有效的问责和监管机制而处于失灵状态。

其次，服务资源供给不足和分配不均，服务品质参差不齐。心智障碍者是一个庞大的群体，基于心智障碍者的年龄和障碍差异，他们的服务需求呈现多样化状态，不同年龄阶段的心智障碍者需要不同的服务支持。对于每一个心智障碍者家庭而言，要面对的问题都是全新的，然而获得解决问题的信息渠道却呈割裂式、碎片化，服务质量参差不齐。心智障碍者家庭作为服务用户，选择的能力和机会极度受限，对服务供给和品质改善的影响力也往往很弱。

最后，社会偏见和歧视仍广泛存在。受传统观念影响，社会大众对待包括心智障碍者在内的残障群体还是惯性地从“差异”视角和“个体障碍”视角出发，认为残障是其自身的问题，因此得出残障群体需要被特殊对待的结论，进而认为残障个体是缺乏能力的、没有价值的。或者单纯地认为残障群体是病人，需要治疗或康复。这些态度和观念造成很多直接或间接的排斥与歧视，限制了残障群体尤其是心智障碍者的社会参与和融入，使他们更加边缘化。

（二）融合教育倡导经验在更多议题的应用

综合心智障碍者及其家庭的需求紧迫度、政策落实情况、服务成熟度、社会资源支持状态、自身能力资源等因素，晓更基金会将除融合教育外的重点倡导议题归纳为：融合就业、成年服务、养老信托和应急响应四部分。

基于融合教育议题倡导探索中形成的经验，晓更基金会在更多议题方面开展了探索行动（见表2）。

表2　融合教育倡导经验应用于更多议题的倡导行动

议题	倡导行动
融合就业	【调研】2019年广州市成年心智障碍人士就业状况、就业需求和就业可行性调研报告

续表

议题	倡导行动
融合就业	【项目试点】融合中国项目网络伙伴组织在北京、广州、郑州、温州等地进行不同就业模式探索，特别是网络的核心枢纽单位融爱融乐，自 2013 年底就启动了支持性就业项目试点，累计支持超过 80 人次心智障碍者上岗。2021 年 10 月，融爱融乐获得北京星巴克公益基金会的支持，启动“展心计划——心智障碍者融合就业促进项目”，项目将在北京、广州、上海、长沙、成都、深圳落地，围绕职前教育、雇主拓展、职场支持三个就业障碍，开展系统项目实践和政策推动。 【传播】2021 年 3 月，“疫情下心智障碍者就业服务现状、挑战和未来”媒体研讨会在北京举行。 【两会提案】2019 年、2020 年、2021 年、2022 年连续提交 4 份提案，涉及心智障碍者中职教育的增容体制、就业辅导员职业化发展、推动支持性就业服务体系建设等的建议。 【政策建议】2021 年 7 月，组织残障家庭代表、专家学者代表、一线职业教育实践者和企业代表等多方针对《中华人民共和国职业教育法（修订草案）》的公开征求意见，收集心智障碍者等特殊需要人群职业教育方面的修改意见
成年服务	【社群教育】面向家庭社群科普“转衔”理念，推介“社区自主生活”等服务理念及模式。 【研究/手册】撰写《北京市成年心智障碍者社区自主生活需求及服务方案研究报告》。 【传播】2020 年 4 月 2 日孤独症关注日，联合发起题为“有特殊需求的青少年向成人过渡转衔”线上论坛。 【提案/建议】2016 年组织法律专家、家长组织代表、家长代表等形成《关于对〈民法总则〉（草案）行为能力与成人监护制度的建议》；2020 年组织大连等伙伴家长组织提出《关于完善成年心智障碍者日间照料政策》的提案
养老信托	【调研】融合中国项目网络枢纽组织广州扬爱 2021 年开展《广州市心智障碍家庭养老服务需求研究调研》。 【研究】在 2019 年“9·12 融合骄傲日”活动中，晓更基金会首次提出了推动特殊需要信托的设想；在之后的 2 年研究和调研基础上，提出了“心智障碍者特殊需要信托服务框架”。 【先行先试】2018 年融合中国项目网络的核心枢纽组织广州扬爱，开展“心智障碍者双老家庭支持试点”项目，探索通过预防、支持双管齐下、个案管理、资源链接、家长赋能相结合的模式，为成年心智障碍者及家属提供专业整合的支持服务。将专业咨询、资源链结及照顾支持、情感支持等资源导入老龄化家庭，降低照顾者身心压力，提升心智障碍者及亲属生活质量。2021 年 3 月晓更基金会执行理事李俊峰为其心智障碍孩子与光大信托签署了国内首单特殊需要信托，监护人设为融爱融乐，监察人设为晓更基金会。 【传播】2021 年 10 月，晓更基金会联合浙江省孤独症人士及亲友协会，在宁波举办第一届“托付与生活”心智障碍人士特殊需要信托论坛；2022 年 1 月在北京举行“托付与生活”论坛。 【政策倡导】2022 年“两会”提交《关于建立失能失智老年人与残疾人特殊需要信托的建议》

续表

议题	倡导行动
应急响应	【发起网络】2020年2月,晓更基金会发起“特殊需求困难家庭疫情期间紧急救助网络”,呼吁各地建立和完善紧急救助网络,在特殊时期回应心智障碍者家庭特别是特困特需家庭的紧急救助需求,294家国内公益组织成为紧急救助网络成员。 【需求调研】晓更基金会依托“特殊需求困难家庭疫情期间紧急救助网络”进行了疫情期心智障碍家庭需求调研,共得到有效问卷3898份。 【公益项目】疫情期间积极联动多方资源,为25个家长组织申请了小额资助,用以支持当地防疫物资配置和特困家庭排查与支持,以防困境家庭发生极端问题。 【政策建议】2021年“两会”提交《建议多部门协同加强保障特困群体的应急预案响应机制及体系建设》;并接受中国残联委托开发《重大传染病疫情残疾人防护指南(试行)》和《重大传染病疫情残疾人防护社会支持服务指南(试行)》。 【常态响应】2021年初,通化等地疫情与同年7月河南省暴雨洪涝灾情发生后,晓更基金会第一时间启动了“特殊需要家庭紧急救助网络”工作,通过一对一电访、组建救援群、在线问卷调研等方式,协助当地整合资源并提供必要支持

资料来源：根据北京市晓更助残基金会及合作家长组织相关探索实践成果搜集整理。

（三）心智障碍者全生命周期议题倡导方向

为了推广融合教育领域的成功探索经验，带动心智障碍者全生命周期服务和福祉改善，晓更基金会将继续开展家长自组织网络建设及心智障碍者家庭赋能，与多元利益相关方合作提升服务的可及度与专业化能力，持续推动社会环境改善和政策完善。具体将从以下五个方面着手。

第一，调动社群积极性，为心智障碍者家长组织提供意识培训与赋能支持，鼓励并资助家长组织围绕重点议题持续开展试点探索，及时协助其形成实践经验总结。

第二，认同并发挥残障自组织在融合倡导中的引领作用，扎根社群一线觉察新时期的新需求，探索与服务机构等相关方的合作模式，收集社群反馈促进各环节良性运转。

第三，联合行业专家学者、研究机构等相关方开展专项调研，系统收集需求，形成研究报告。

第四，借助媒体合作进行公众传播，结合实际案例故事反映社群困境，提升议题的可见度。

第五，拓展倡导渠道，与当地政府部门及智库专家保持联系，在政策议程窗口期积极建言，推动政策改善。

四　经验与反思

残障自组织在残疾人事业和残疾人社会发展运动中发挥着不可替代的作用。20 世纪初残障自组织就在我国萌芽，90 年代以来，为了更好地回应残障人士多样化、个性化的社会服务需求，民间残障自组织迅速发展，并在社群建设、同伴互助、资源链接、公众倡导与政策完善等方面发挥着日益重要的影响与作用。

晓更基金会在心智障碍领域联动全国各地家长组织开展的政策倡导，是典型的残障相关自组织推动议题倡导的实践案例。期待晓更基金会的议题倡导实践案例，能为我国慈善事业发展中更多自组织推进议题发展的探索提供经验借鉴，也希望未来慈善组织发展中能够充分重视自组织的存在价值，为其更好地发挥自下而上的促进社会改变的积极作用提供一定的空间。

附　录

Appendices

B.12 2021年中国公益慈善大事记

1月

1月4日，河北慈善联合基金会重启“疫情防控24小时指挥组”，参与新一轮河北疫情防控工作。其后，该基金会还发起了“抗击疫情 守护河北”网络筹款、“爱心防疫 助力社区”爱心防疫员等公益项目。1月14日，河北省民政厅印发《关于进一步加强疫情防控期间慈善捐赠接收使用有关工作的通知》，要求各慈善组织、红十字会要按照“有捐赠就有公告、有分配就有公告”原则，对捐赠款物的接收和分配使用情况依法及时准确向社会公示，主动接受社会和公众监督，确保慈善捐赠款物全部用于疫情防控工作。(公益时报)

1月4日，广州市社会组织管理局带领社会组织学习考察团，赴深圳交流学习社会组织工作经验。其间，广州市社会组织管理局与深圳市社会组织管理局签订《深化广州深圳社会组织工作交流合作框架协议》。按照合作框架协议，广州深圳将在共建社会组织人才队伍和专家库、共搭社会组织交流展示平台、共办广深社会组织双城联动论坛等方面开展深层次、高规格的交流合作。（广州民政）

1月14日，全民社造论坛上海城市峰会落幕。该峰会首次将社区治理的聚焦点落在企业身上，探讨企业参与社区治理的挑战和路径。南开大学社会学系教授朱健刚在会上作了题为“党领共治与企业价值：企业参与社区治理的挑战与路径”的主题发言。他认为，在社区治理共同体建设中，企业不能只是给钱，而应该把自己视为社区系统的一部分，从被动服务者转变为主动参与治理的企业公民，将社区视为企业社会责任的实现地，把企业的价值观、方法、工具运用到社区治理中。峰会上还发布了由正荣集团支持的“你好社区微基金”2021年度第一期的社区微基金项目。（公益大爆炸）

1月17日，2021广州社会组织交流大会开幕。会上，发布了2020年广州市社会组织十件大事。中山大学社会学与人类学学院教授、广州社会组织研究院院长蔡禾作了题为“新起点、新征程，社会组织参与经济社会发展瞻望”的主题演讲。他认为，“十四五”面临的宏观形势下，社会组织面临三大挑战：（1）在国家发展面临复杂环境的当下，社会组织能否以更高的定位，通过多领域参与国家治理，拓展自己的生存和发展空间；（2）随着社会治理格局的发展，社会组织能否主动适应和积极创新参与合作治理的模式，拓展自己的生存和发展空间；（3）面对国家进入高科技支撑的高质量发展阶段，社会组织能否具备与高质量发展要求相适应的组织效能。（广州市社会组织联合会）

1月20日，《最高人民法院关于加强新时代未成年人审判工作的意见》发布。《意见》明确提出，加强与有关职能部门、社会组织和团体的协调合作，健全完善“社会一条龙”工作机制，加强未成年人审判社会支持体系建设；通过政府购买社会服务等方式，调动社会力量，推动未成年被害人救助、未成年罪犯安置帮教、未成年人民事权益保护等措施有效落实。（公益时报）

1月22日，《2020年国家法人和其他组织统一社会信用代码数据年报动态》发布。年报显示，截至2020年底，统一社会信用代码数据库中共有法人机构4633万个，其中，营利法人3958万个，非营利法人496万个，特别法人179万个。按照民法典规定，非营利法人包括事业单位、社会团体、基金会、社会服务机构等。中国社会组织网数据显示，截至2021年初，我国社会团体、基金会、社会服务机构总数超过90万家，其中慈善组织不到1万家。（公益时报）

1月25日，民政部门户网站公布《关于进一步做好事实无人抚养儿童保障有关工作的通知》和《关于做好因突发事件影响造成监护缺失未成年人救助保护工作的意见》。其中，《意见》强调，各地要支持、鼓励和引导专业社会组织、社会工作机构等社会力量依法有序参与监护缺失未成年人的救助帮扶工作；社会力量在参与救助帮扶工作中，要充分考虑未成年人身心特点，充分保护未成年人权益，避免信息不当披露对未成年人造成再次心理伤害。（公益时报）

1月26日，中国社会科学院社会政策研究中心、北京农禾之家咨询服务中心联合主办"《乡村振兴促进法（草案）二次审议稿》线上研讨会"。1月29日，两中心联合向全国人大法工委递交《〈乡村振兴促进法（草案）二次审议稿〉修改建议》。《修改建议》提出，《乡村振兴促进法（草案）二次审议稿》应在如下六个方面强化阐释：（1）乡村振兴的核心是推动农民的主体性重建；（2）须突出社会主体参与乡村振兴和治理；（3）城乡融合须凸显新动能；（4）农业现代化的重点是生态化；（5）组织与人才是一体两面；（6）以底线思维建立执行机制。（农禾之家）

1月28日，中国慈善联合会慈善信托委员会发布《2020年中国慈善信托发展报告》。《报告》显示，2020年我国新增慈善信托257单，财产规模3.90亿元，累计备案慈善信托537单，财产规模33.19亿元。2020年慈善信托业呈现两个新特征，其一是以社会组织为委托人的慈善信托单数显著增加，共89单，同比增加169.70%，备案规模约1.2亿元；其二是银行进一步布局慈善信托托管业务，截至2020年底，共有31家银行作为慈善信托的托管人。（中国慈善联合会）

1月29日，民政部召开专题会议，部署全面开展国家社会组织法人库项目应用推广工作。会议提出，要加快形成全国社会组织在线政务服务、数据资源管理、数据共享交换、电子证照管理工作体系，建成国家社会组织法人数据资源库。2月1日，《民政部办公厅关于全面开展国家社会组织法人库项目应用推广工作的通知》和《国家社会组织法人库数据归集目录》发布。(中国社会组织动态、公益时报)

1月30日，民政部、国家卫生健康委联合发布《关于进一步提高城乡社区防控精准化精细化水平的通知》。《通知》要求，各地民政、卫生健康部门协同开展城乡社区工作者、社会工作者、基层医疗卫生机构工作人员疫情防控培训和应急演练；要重点加强对独居老人、散居孤儿、事实无人抚养儿童、农村留守儿童、困境儿童、残疾人、孕产妇、特殊困难群体，以及出租房屋和集体宿舍租住人员的信息摸排；要制定和完善社区服务应急响应预案，加强社区服务机构与社会力量、市场主体联动，重点落实生活物资供应、慢性病药品配送、失能老人或残疾人和孕产妇等重点人群照料、应急车辆调配等涉及群众基本生活服务项目的应急措施。(公益时报)

2月

2月1日，《志愿服务记录与证明出具办法（试行）》正式施行。《办法》规定可开具志愿服务记录证明的主体有两大类：第一类是志愿服务组织，也就是依法成立的、以开展志愿服务为宗旨的非营利性组织；第二类是慈善组织、基层群众性自治组织、公益活动举办单位和公共服务机构。此外，《办法》规定志愿服务记录与证明记录的主要内容，要包括志愿者的个人基本信息、志愿服务情况、培训情况、表彰奖励情况和评价情况。(公益时报)

2月3日，《中国公众捐款》新书发布会在京举行。该书反观了本土公众捐款特征及其文化内涵，围绕谁在捐、怎么捐、捐给谁等问题，对捐款公众特征、捐款规律等进行了扫描。其研究指出，不管是捐款流向、捐款对象还是捐款领域，都能明显看到中国公众捐款带有很强的救济扶弱取向，即偏重于生存和救助性而非发展性的需求回应；此外，调查显示，仅有31.80%的捐款者在捐款之后关注受益人状况是否得到改善，20.60%关心所捐款项是否得到合理使用。这些数据说明，在中国培育理性公众捐款依然任重道远。(善达网)

2月4日，《中国捐赠百杰榜（2020）》及《中国捐赠百杰榜十年回顾与展望》在京发布。2020年中国捐赠百杰榜共有106人上榜（多人并列），捐赠总额307.66亿元。上海韦尔半导体股份有限公司董事长虞仁荣以承诺捐资200亿元在浙江省宁波市建设一所理工类新型研究型大学，成为年度榜首，杨国强家族、许家印分别以23.85亿元和10.65亿元列第二、三位。2011~2020年，中国捐赠百杰榜累计663人上榜，捐赠2191.16亿元；十年捐赠百杰中，共有202人捐赠过亿，28人捐赠过十亿，6人捐赠超过百亿；从事房地产行业的人最多，从事金融业与信息传输业的人近年持续增多；捐赠资助最多的是教育领域，其次是扶贫领域、医疗领域。（中国公益研究院)

2月5日，福利彩票课题组发布《中国福利彩票发展报告（2019）》。数据显示，从1987年发行至2019年12月31日，全国累计销售福利彩票22109.64亿元，筹集彩票公益金6568.65亿元，公益金的筹集率为29.71%。“福利彩票蓝皮书”主编何辉建议，加速推进彩票法立法，并深化彩票运行机制改革。据悉，全国人大已开始《彩票法》的立法进程。(中国慈善家)

2月5日，新《国家重点保护野生动物名录》公布。这是我国1989年1月首次发布《国家重点保护野生动物名录》32年后的首次系统更新。新《名录》主要有两点变化：一是在原《名录》所有物种均予以保留基础上，将豺、长江江豚等65种由国家二级保护野生动物升为国家一级；熊猴、北山羊、蟒蛇3种野生动物由国家一级保护野生动物调整为国家二级。二是新增517种（类）野生动物，其中，将大斑灵猫等43种列为国家一级保护野生动物，狼等474种（类）列为国家二级保护野生动物。(科普时报社)

2月7日，财政部、税务总局、民政部联合发布《关于公益性捐赠税前扣除资格确认有关衔接事项的公告》（简称《衔接事项公告》），就《关于公益性捐助税前扣除有关事项的公告》（财政部　税务总局　民政部公告2020年第27号，简称财税〔2020〕27号文）中对于公益慈善事业支出和管理费用比例、评估等级、非营利组织免税资格等方面的规定进行调整和放宽。受财税〔2020〕27号文影响，与2019年相比，2020年获得公益性捐赠税前扣除资格的公益性社会组织数量大幅度减少。《衔接事项公告》的出台，一定程度削减了财税〔2020〕27号文的负面影响，但专家指出，它是现行制度框架下的适度调整，并未从根本上解决慈善捐赠税前扣除问题，而且将社会组织等级评估与公益性捐赠税前扣除资格挂钩，值得商榷。（中国慈善家）

2月16日，《求是》杂志（2021年第4期）发表署名为“中共国家乡村振兴局党组”的文章《人类减贫史上的伟大奇迹》。2月21日，2021年“中央一号文件”《中共中央　国务院关于全面推进乡村振兴加快农业农村现代化的意见》正式发布。《意见》明确，“三农”工作重心从脱贫攻坚向全面推进乡村振兴转移，并强调，要实现巩固拓展脱贫攻坚成果同乡村振兴有效衔接。2月23日，国务院新闻办公室举行新闻发布会上，民政部副部长唐承沛表示，脱贫攻坚以来，全国社会组织共实施扶贫项目超过9万个，投入各类资金1245亿元，为决战决胜脱贫攻坚做出了重要贡献。2月25日，“国家乡村振兴局”牌子正式挂出。（公益时报、新华网）

2月21日，由中国基金会发展论坛（北京基业长青社会组织服务中心秘书处）与行业伙伴共建的“长青图书馆”开放运营。长青图书馆由原“基金会档案馆”项目转型而来，以记录保存、研究支持、文化交流为核心功能，旨在为中国公益慈善历史研究与文化传播收藏重要资料。（CFF 2008）

2月25日，全国脱贫攻坚总结表彰大会在北京人民大会堂隆重举行。在社会组织领域，共有1名个人被评为“全国脱贫攻坚楷模”，23名个人被评为“全国脱贫攻坚先进个人”，共有中国物业管理协会、中国证券业协会、中国青少年发展基金会、中国扶贫志愿服务促进会、招商局慈善基金

会、天津市慈善协会、德化县憨鼠爱心小分队等 20 个社会组织被评为“全国脱贫攻坚先进集体”。（新华社）

2 月 26 日，作家庄羽微博发布中国华文教育基金会关于设立“反剽窃基金”的复函。复函显示，中国华文教育基金会同意由庄羽联合相关人士和机构发起设立“反剽窃基金”，并承诺按照相关法律法规及基金会管理规定做好对资金的专项管理。3 月 1 日，于 2020 年 12 月被庄羽等 110 多名编剧、导演和制片人联名抵制的作家郭敬明在承认作品剽窃并公开道歉后，将 300 万元汇入“反剽窃基金”账户。此事件由于主角的社会知名度，引发了广大网友的高度关注。（公益时报）

2 月 26 日，民建中央发布《关于弘扬社会企业家精神加快社会企业发展的提案》。据介绍，这是全国“两会”首份针对“社会企业”的提案。提案提出了五点建议：培养社会企业专业人才队伍，开展区域或行业社会企业试点建设，鼓励相关机构兴办或转型为社会企业，构建支持社会企业发展的政策和金融支持体系，宣传倡导社会企业家精神并建立社会企业青年实践机制。（民建中央网站）

3月

3 月 2 日，最高人民法院少年法庭工作办公室正式成立并揭牌。消息显示，最高人民法院少年法庭工作办公室不是一个松散性、临时性的议事协调机构，而是一项层级高、职能实、成员相对固定的重要工作机制。在设立少年法庭工作办公室同时，最高人民法院还在六个巡回法庭设立了少年法庭巡回审判点。（公益时报）

3 月 2 日，2021 年“女童保护”全国两会代表委员座谈会在京举办。座谈会分别以“法律修订背景下防治儿童性侵的机遇与挑战”“性侵儿童案援助机制的建设与挑战”为主题展开讨论。同时，会上发布了《“女童保护”2020 年性侵儿童案例统计及儿童防性侵教育调查报告》。座谈会由北京众一公益基金会、中国少年儿童文化艺术基金会女童保护基金、凤凰网公益

联合主办，中国儿童少年基金会和中国少年儿童文化艺术基金会支持。（女童保护）

3月3日，筹款行业培育平台方德瑞信引进并历时5年翻译的筹款教科书《慈善筹款原理与实践》正式面世。这是目前全球筹款行业唯二的教科书之一，是中国引进翻译并出版的第一本筹款教科书。其翻译出版得到南都公益基金会、浙江敦和慈善基金会、深圳壹基金公益基金会、中国扶贫基金会、阿里巴巴公益、上海联劝公益基金会、爱佑慈善基金会与红十字国际学院的资助支持。该书面世同时，在博世中国慈善中心、上海联劝公益基金会联合资助下，方德瑞信与益修学院共同发起的“春日筹款进阶读书会”正式启动招募。（方德瑞信）

3月12日，新华社授权发布《中华人民共和国国民经济和社会发展第十四个五年规划和二〇三五年远景目标纲要》。其中与社会力量、社会组织、公益慈善、志愿服务与社会工作等相关的有多个章节，涵盖促进服务业繁荣发展、加快数字社会建设步伐、激发各类市场主体活力、实施乡村建设行动、实现巩固拓展脱贫攻坚成果同乡村振兴有效衔接、提高社会文明程度、提升公共文化服务水平、持续改善环境质量、建设高质量教育体系、全面推进健康中国建设、实施积极应对人口老龄化国家战略、健全国家公共服务制度体系、实施就业优先战略、优化收入分配结构、健全多层次社会保障体系、保障妇女未成年人和残疾人基本权益、构建基层社会治理新格局、全面提高公共安全保障能力等各个领域。（新华网）

3月12日，《民政部社会组织管理局关于开展2020年度全国性社会组织评估工作的通知》发布。通知附件中列明了全国性行业协会商会、学术类社团、公益类社团、基金会（慈善组织）、社会服务机构实地考察主要查看的资料目录和评估指标。其中，基金会（慈善组织）评估指标2020显示，在对基金会（慈善组织）进行评估时，党组织建立情况、经费来源和资金使用等8项指标将被重点考察；社会服务机构评估指标2020显示，在对社会服务机构进行评估时，年末净资产不低于开办资金、党组织建立情况等6项指标将被重点考察。（公益时报）

3 月 16 日，随着第 15 个国际社工日到来，以“汇聚社工力量，助力乡村振兴”为主题的全国社会工作主题宣传周启动。这是国际社工日全国宣传周第一次呼吁社会工作走向乡村，凸显了特殊情境下中国社工面临的特殊使命。北京大学社会学系教授王思斌在接受《中国慈善家》采访时表示，中国最需要社会工作的地方是农村，特别是不发达农村地区，但 30 年来中国社会工作者真正扎根农村、服务农村的数量很少；他说，“表面上看，是培养与使用之间脱节，实际上与政府的政策引导、市场化用人制度，以及社工人才的价值观和职业理念有关”。（中国慈善家）

3 月 22 日，民政部、中共中央纪委机关、中央组织部、中央宣传部、中央政法委等 22 部门联合发布《关于铲除非法社会组织滋生土壤　净化社会组织生态空间的通知》。《通知》提出七项要求：企事业单位和社会组织不得与非法社会组织有关联；党员干部不得参与非法社会组织活动；新闻媒体不得宣传报道非法社会组织活动；各种公共服务设施和场所不得为非法社会组织提供便利；各互联网企业不得为非法社会组织线上活动提供便利；各金融机构不得为非法社会组织活动提供便利；进一步提高非法社会组织的违法成本。（公益时报）

3 月 26 日，全国人大社会建设委员会在京召开“《慈善法》修订工作专家座谈会”，这标志着《慈善法》修订工作正式启动。随后，京沪粤等多地的学界、公益慈善组织积极行动，组织相关系列研讨：北京大学法学院非营利组织法研究中心、北京师范大学法学院公益慈善与非营利法治研究中心主办，中国灵山公益慈善促进会、爱德基金会传一慈善文化基金协办，并联合多家机构共同举办了十期“慈善法治圆桌汇”，以学术沙龙的形式深度探讨慈善法治建设；清华大学、上海交通大学、复恩法律等机构发起《慈善法》修订研讨系列沙龙，并邀请政界、实务界人士共同参与讨论；中国社会保障学会组织中国人民大学、北京师范大学、中国社会科学院、中国慈善联合会等高校、科研院所和社会组织专家围绕《慈善法》修法研究展开讨论；广州社会组织研究院、广州市公益慈善联合会、深圳市慈善事业联合会等多家珠三角地区社会智库和慈善行业组织共同发起“推动珠三角慈善事业高质量发展”系列沙龙活动，基于珠三角的慈善实践经验，为《慈善法》的修订积极建言献策。6月，全国人大社建委委托中国社会保障学会、清华大学公益慈善研究院、北京师范大学中国公益研究院等5家机构开展《慈善法（修订草案）》（专家意见稿）起草工作，为修法提供参考。9月16日，“《慈善法》修法工作阶段性推进会”在京举行。（慈善蓝皮书）

3月29日，民政部会同中央网信办、工业和信息化部共同召开互联网平台协同打击整治非法社会组织工作座谈会。会议认为，互联网平台是社会治理的重要主体，对于搜集非法社会组织活动证据线索，遏制非法社会组织虚假信息网络散布传播，开展网上打击整治非法社会组织行动等，有先天优势，有技术基础，更有主体责任。（民政部）

3月30日，《民政部办公厅关于组织开展全国志愿服务信息系统（2.0版）试运行工作的通知》发布。从3月开始试运行的全国志愿服务信息系统（2.0版）是全国志愿服务信息管理和服务的综合性平台。据悉，通过该系统，社会公众可进行志愿者注册、加入志愿服务队伍、报名参加志愿服务活动、查看志愿服务记录、打印志愿服务记录证明，志愿服务组织可发布志愿服务项目、招募志愿者、开展志愿服务记录与证明出具工作，而各地民政部门等管理用户则可随时掌握本地志愿服务有关数据。（公益时报）

4月

4月1日，民政部在京召开全国性社会组织业务主管单位（党建工作机构）工作座谈会。会议围绕学习党中央、国务院关于打击整治非法社会组织、制止行业协会商会乱收费、不许违规评选评奖等工作精神展开。会议要求各业务主管单位（党建工作机构）进一步领会中央精神，确保有关工作任务落实落地，为党的百年华诞营造良好氛围；并且，要以全面管好用好发展好社会组织为目标，持续推动社会组织高质量发展。（民政部）

4月6日，民政部社会组织管理局发布《关于进一步加强社会组织管理严格规范社会组织行为的通知》。《通知》对全国性社会组织做出四项规定：

(1) 进一步加强行为自律，严禁与非法社会组织勾连；(2) 进一步加强表彰管理，严禁借建党百年乱评比乱表彰；(3) 进一步加强收费管理，严禁涉企违规收费；(4) 进一步加强会议管理，严禁违规举办“一讲两坛三会”。同日，《民政部关于开展清理整治社会组织违规评选评奖工作的通知》发布。(民政部、中国社会组织动态)

4月6日，国务院新闻办公室发布《人类减贫的中国实践》白皮书。白皮书显示，到2020年底，中国如期完成新时代脱贫攻坚目标任务，现行标准下9899万农村贫困人口全部脱贫，832个贫困县全部摘帽，12.8万个贫困村全部出列，区域性整体贫困得到解决，完成消除绝对贫困的艰巨任务。(公益时报)

4月9日，全国社会组织登记管理系统打击整治非法社会组织调度工作电视电话会议在京召开。会议要求，各级社会组织登记管理机关采取更加有力、更加严格、更有针对性的措施，加快推进打击整治非法社会组织工作全面开展：一是要在本省（市、区）范围内全面开展工作部署；二是要有压实业务主管单位职责的有效举措；三是要向本级社会组织发出提示提醒；四是要建立健全非法社会组织发现、监测与查处机制；五是要确保查处非法社会组织工作取得实效。(民政部)

4月13日，“‘自律自主 高效透明’——中基透明指数FTI2020发布会”在北京举行。中基透明指数FTI2020对有官网的2019年底前成立的共2478家基金会（占2019年末全国基金会总量的31.37%；占全国基金会2019年末净资产规模的78%）进行了观测。观测显示，中国基金会透明情况总体上和以往形势相似，无论有无公募资格，大型基金会整体的透明水平明显高于中小型基金会，公募基金会略高于非公募基金会。(公益时报)

4月19日，腾讯发布第四次战略升级，提出“可持续社会价值创新”战略，并宣布首期投入500亿元，设立“可持续社会价值事业部”推动战略落地。据悉，首笔500亿元资金将用于包括基础科学、教育创新、乡村振兴、碳中和、FEW（食物、能源与水）、公众应急、养老科技和公益数字化等领域，展开探索孵化，待各领域成熟后再分拆成立细分领域的工作室。8

月 18 日，腾讯宣布追加 500 亿元，启动“共同富裕专项计划”。(新华网)

4 月 23 日，公益行业评估支持平台在京举办首届“公益行业评估主题大会”。此次行业大会的主题为“评估的势与道、术与行”；会上，受邀的第三方评估机构、基金会、国际组织在华机构、企业代表、专家学者围绕能力建设、环境扫描、评估发展痛点以及行业基础设施建设等核心话题展开讨论。此外，大会发布了三个平台共建计划与知识产出：公益行业评估环境扫描计划、行业伦理手册 1.0 版框架以及项目评估过程指引手册大纲。（中青网）

4 月 24 日，心和公益基金会和满天星青少年公益发展中心联合发布《中国儿童阅读领域公益组织发展研究报告》。这是中国首个由阅读类公益组织发起的行业研究报告。《报告》调查了全国 80 家阅读类公益组织，结果显示，目前我国阅读公益组织大多集中在东南部地区和北京，但项目实施地区主要集中在福建、湖南、四川、北京、贵州、河南等省份，而服务对象主要集中在 4~6 岁的农村学龄前儿童及小学生；《报告》同时显示，60%的阅读类公益组织面临较大的筹款压力，47.50%的组织能够清晰知道阅读项目的价值，但仅有 7.5%的公益组织不仅能够看到阅读项目的价值，且能够看到价值的加工链条和内在逻辑。(信息时报)

4 月 28 日，《中共中央国务院关于加强基层治理体系和治理能力现代化建设的意见》发布，《意见》指出要发展公益慈善事业，完善社会力量参与基层治理的激励政策，创新“五社联动”机制，支持建立乡镇（街道）购买社会工作服务机制和设立社区基金会等协作载体，吸纳社会力量参加基层应急救援，并进一步强调了“五社联动”的行动框架在基层治理中的作用。(新华网)

4 月 28 日，湖北省公益创新研究会第一届一次会员大会在武汉召开。据悉，湖北省公益创新研究会是湖北省内从事公益慈善研究和实践的相关单位和个人自愿组成的全省性、学术性、非营利性社会团体，是湖北省社科联主管的一家省级公益组织。湖北省公益创新研究会第一届理事会会长严昌筠表示，湖北公益在部分领域处于国内先进水平，但与沿海省份相比，依然存在较大差距，其中，一线公益组织缺乏理论研究人才和研究意识、高校和科研院所的研究工作与一线实践相脱节、致力于服务公益实践的应用型研究机构缺位，是其中不可忽视的重要原因，因此，成立湖北省公益创新研究会是促进湖北公益事业发展的迫切需要。（中华网湖北）

5月

5 月 2 日，河仁慈善基金会网站发布消息称，基金会计划总出资 100 亿元投入筹建“福耀科技大学”（暂名，下同）。其项目资金的拨付将按项目实施进度进行，款项直接拨付至项目建设公司；学校性质方面，福耀科技大学将探索新型公办大学办学模式；在管理体制方面，河仁慈善基金会作为学校的举办者，将为学校的建设和发展提供持续的经费支持和保障，负责决定学校董事会人数及人员构成，聘任学校董事会成员，监督学校依约使用举办者投入的财产。10 月 25 日，基金会官网发布消息称，福建省政府办公厅日前出台的《关于支持福州实施强省会战略的若干意见》，明确支持建设福耀科技大学。11 月 20 日，福州市人民政府与河仁慈善基金会签订福耀科技大学建设战略合作框架协议。（河仁慈善基金会）

5 月 8 日，中静新华资产管理有限公司与浙江工商大学签订协议，计划由前者出资 3.5 亿元，成立浙江工商大学英贤专项基金，以资助浙江工商大学建设“英贤慈善学院”。据悉，该学院将是中国首家培养本、硕、博公益慈善人才的慈善学院。（浙江都市网）

5 月 11 日，民政部、应急管理部、中国残联等 14 个部门联合出台《关于进一步推进儿童福利机构优化提质和创新转型高质量发展的意见》。《意见》明确指出，积极培育、引导和规范有关社会组织、社会工作者参与未成年人保护工作，为机构开展儿童养育、教育、走访、评估、心理辅导、家庭养育能力培训和社区照顾等工作提供支持和服务。（民政部）

5 月 17 日，民政部党组成员、副部长王爱文带队于北京市就“发挥第三次分配作用，促进慈善事业健康发展”开展专题调研。调研组走访了中国光彩事业基金会并召开由相关部委、慈善组织、信托机构和专家学者参加的座谈会，深入了解慈善事业发展中面临的问题和困难，听取有关方面的意见建议。(民政部)

5月18日，主题为“区域公益慈善的‘共’与‘通’”的中国基金会发展论坛2021长三角峰会在杭州举办。与会者就区域公益慈善“共”和“通”的理论与实践展开交流。其中，就未来基金会要如何在区域公益生态中有所担当的问题，上海交通大学中国公益发展研究院院长、上海长三角社会组织发展中心理事长徐家良认为：一是联合大于个体；二是形成点、面、群的生态链，在资助人、平台、受益人与公众之间建立桥梁，有机联结，形成优势集群；三是发挥引领性与倡导性功能，比如在教育研究、行业发展、区域协同、决策咨询、“一带一路”等方面。(微笑明天慈善基金会)

5月19日，爱德基金会秘书长凌春香当选国际志愿机构联合会(International Council of Voluntary Agencies）董事，成为该董事会史上首位中国机构代表。国际志愿机构联合会成立于1962年，是一家全球性的人道主义志愿机构合作平台，致力于推动更加有效、有原则的人道主义行动；目前，该联合会在世界各大洲拥有130多家成员机构，并与联合国多个相关机构保持密切合作关系；董事会是国际志愿机构联合会的治理主体和最高决策机构，共设9个董事席位，由全体成员大会投票选举产生。2020年5月，爱德基金会成功加入国际志愿机构联合会，成为国际志愿机构联合会的首家中国成员机构。(中国慈善联合会)

5月20日，在2021中国互联网公益峰会上，腾讯基金会联合腾讯研究院发布《2021公益数字化研究报告》。《报告》指出，我国公益数字化起点低，且主要在投入、能力、工具和技术的供给三个方面存在严重不足；此外，各界对公益数字化的方向、目标有基本共识，即数字化可以在提高信任感、提升专业度、加快敏捷性等方面更好地服务于公益事业。(科技日报)

5月21日，社会组织联合执法机制暨资金监管机制会议在京召开。会议指出，2021年3月以来，有关部门依托社会组织联合执法机制和资金监管机制，依法排查非法社会组织线索48批286个，关停非法社会组织网站

2 批 20 家，曝光 4 批 43 个涉嫌非法社会组织，公布 3 批 230 个地方民政部门依法取缔的非法社会组织，发送 15 亿条打击整治非法社会组织公益宣传短信，引导数百家全国性社会组织发出行业倡议，推动 20 家互联网平台增设社会组织信息查询和举报入口，指导北京等地民政部门查处并取缔了一批非法社会组织。（民政部）

5 月 26 日，《湖北省慈善总会新冠肺炎疫情防控专项行动评估报告》在京发布。在发布会上，湖北省慈善总会会长陈天会总结，湖北省慈善总会在 2020 年的疫情防控专项行动中，280 多万人次的捐赠，无一人退捐；1.8 亿件物资逐一调拨，无一非正常积压；70 多亿元的捐赠款物接收调拨，无一重大工作失误和重大过错；20 多名工作人员 1000 多名志愿者无一人感染；舆论监督，无一起造成社会影响的重大负面疫情。对此，《评估报告》指出，湖北省慈善总会的疫情防控行动在注重构建有序高效政社协作体制、建立社会化动员组织机制、组织职业化工作团队、实行专业化项目运营、健全制度化工作规范、建立流程化操作标准、运用信息化技术手段、弘扬军事化过硬作风等方面积累了有益经验。（中国公益研究院）

5 月 28 日，民政部社会组织管理局、慈善事业促进和社会工作司召开社会组织参与援藏援疆工作推进会。会议强调，以基金会为主的慈善组织，要发挥好第三次分配作用，着力打造一批强信心、暖人心、聚民心、解民困的民生项目，使发展成果更多更公平惠及西藏、新疆人民；有关科技类社会组织、行业协会商会、环保类社会组织等要着力解决发展不平衡不充分的问题，为推动高质量发展做出积极努力。（中国社会组织动态）

6月

6 月 1 日，北京青少年法律援助与研究中心就腾讯“王者荣耀”手机网络游戏涉嫌侵害未成年人权益，向北京市第一中级人民法院提起未成年人保护民事公益诉讼。这是全国首例由社会组织提起的未成年人保护民事公益诉讼。此项诉讼的请求主要有，要求腾讯对游戏中的不当内容和设置进行整改，要求腾讯分别成立两个专项基金，一是帮助玩“王者荣耀”成瘾的孩子戒除网瘾，二是帮助农村留守儿童“从虚拟世界走出来”。（界面新闻）

6月1日，《中华人民共和国乡村振兴促进法》正式实施。其《总则》第十一条明确规定，“各级人民政府及其有关部门应当采取多种形式，广泛宣传乡村振兴促进相关法律法规和政策，鼓励、支持人民团体、社会组织、企事业单位等社会各方面参与乡村振兴促进相关活动”。对于此法的意义，国家发展改革委员会副主任唐登杰指出，它是我国第一部直接以“乡村振兴”命名的法律，填补了我国乡村振兴领域的立法空白，标志着乡村振兴战略迈入有法可依、依法实施的新阶段。（新华网、人民日报）

6月1日，《民政部办公厅关于推动社会组织开展“邻里守望”关爱行动的通知》印发。《通知》提出的重点任务包括，组织动员城乡基层社会组织特别是社区社会组织深入了解社区内低保对象、特困人员、空巢老人、农村留守人员、困境儿童、残疾人等特殊群体情况和需求，结合社会组织工作力量确定重点关爱帮扶对象，分类明确帮扶内容等。（民政部）

6月2日，生态环境部和中央文明办共同发布《关于推动生态环境志愿服务发展的指导意见》。这是我国首份专门针对生态环境志愿服务工作的全国性行动纲领文件，其中首次明确了生态环境志愿服务的主要内容和形式。（生态环境部）

6月3日，美团CEO王兴将持有的5731.9万股A类股转换为B类股，并转移至王兴基金会。据悉，该基金会将专门推动教育与科研等公益事业。当天，王兴基金会将935.4万B类股（按当天市值计算，约为28.75亿港元），转让给一家独立第三方机构，用于慈善目的。（澎湃新闻）

6月4日，民政部社会组织管理局发布《关于进一步加强全国性社会团体分支机构、代表机构规范管理的通知》。《通知》明确提出，各全国性社会团体可以根据本团体章程规定的宗旨和业务范围，自行决定设立、变更和终止分支（代表）机构，但不得设立地域性分支机构，不得在分支（代表）机构下再设立分支（代表）机构或者以学组、工作组、志愿服务队等名义变相设立分支（代表）机构，不得为分支（代表）机构制作和颁发法人样式登记证书；社会团体分支（代表）机构是社会团体的组成部分，不具有法人资格，不得开设银行账户，不得另行制定章程，不得以“中心”“联盟”“研究会”“促进会”“研究院”等容易与各类法人组织相混淆的名称命名，在组织机构设置和负责人称呼上要注意与社会团体法人做出区分。(民政部)

6月8日，《国务院未成年人保护工作领导小组关于加强未成年人保护工作的意见》发布。《意见》强调，要加强未成年人保护领域社会组织建设，同时要求将未成年人关爱服务纳入政府购买服务指导性目录，通过政府购买服务等方式引导社会工作专业服务机构、公益慈善类社会组织为留守儿童、困境儿童等特殊儿童群体提供专业服务。(公益时报)

6月10日，新华网发布《中共中央 国务院关于支持浙江高质量发展建设共同富裕示范区的意见》。《意见》提出，鼓励引导高收入群体和企业家向上向善、关爱社会，增强社会责任意识，积极参与和兴办社会公益事业；充分发挥第三次分配作用，发展慈善事业，完善有利于慈善组织持续健康发展的体制机制，畅通社会各方面参与慈善和社会救助的渠道；探索各类新型捐赠方式，鼓励设立慈善信托；加强对慈善组织和活动的监督管理，提高公信力和透明度；落实公益性捐赠税收优惠政策，完善慈善褒奖制度。(新华网)

6月18日，《“十四五”民政事业发展规划》发布。《规划》强调，“十四五”时期，民政工作必须坚持共建共治共享的原则，要充分调动广大社会组织、社会工作者、志愿者和慈善组织等社会力量。《规划》明确，到2025年，要达成“社会组织、社会工作者、志愿者联动机制和参与社会治理的途径进一步畅通和规范，慈善事业的第三次分配作用更加凸显”的目标。(公益时报)

6月22日，国家税务总局发布《关于企业所得税若干政策征管口径问题的公告》。《公告》明确提出，企业在非货币性资产捐赠过程中发生的运费、保险费、人工费用等相关支出，凡被纳入国家机关、公益性社会组织开具的公益捐赠票据记载的数额中的，作为公益性捐赠支出按照规定在税前扣除；上述费用未被纳入公益性捐赠票据记载的数额中的，作为企业相关费用

按照规定在税前扣除。（国家税务总局）

6月22~23日，民政部在山东省青岛市召开全国培育发展社区社会组织工作推进会。会议要求，“十四五”期间各地要以习近平新时代中国特色社会主义思想为指引，牢固树立以人民为中心的发展思想，进一步加强社区社会组织工作统筹规划，处理好发展数量和提升质量、外部扶持和内生动力、培育扶持和规范管理三方面关系，进一步深化党建引领、加强制度建设、完善发展环境，努力推动社区社会组织高质量发展，在基层社会治理和社区居民服务方面切实发挥积极作用。2021年，陕西、广东、甘肃、海南、吉林、河南、广西、湖南、江苏、云南、陕西、安徽、上海、北京等地均印发了地方“培育发展社区社会组织专项行动实施方案（2021~2023年）”。（民政部、各地民政部门）

7月

7月11日，新华网授权发布《中共中央　国务院关于加强基层治理体系和治理能力现代化建设的意见》。意见指出，力争用5年左右时间，建立起党组织统一领导、政府依法履责、各类组织积极协同、群众广泛参与，自治、法治、德治相结合的基层治理体系，健全常态化管理和应急管理动态衔接的基层治理机制，构建网格化管理、精细化服务、信息化支撑、开放共享的基层管理服务平台；党建引领基层治理机制全面完善，基层政权坚强有力，基层群众自治充满活力，基层公共服务精准高效，党的执政基础更加坚实，基层治理体系和治理能力现代化水平明显提高。（新华网）

7月12日，民政部办公厅发布《关于加强民政部业务主管基金会专项基金管理工作的通知》。《通知》明确规定，专项基金名称应当使用符合国家规范的汉字，不得使用汉语拼音字母、阿拉伯数字，不得冠以“中国”“中华”“全国”“国际”等字样，不得使用可能对公众造成欺骗或者引起公众误解的字样或内容，以及国家相关法规政策禁止的其他内容，专项基金开展活动、进行宣传时应当使用冠以所属基金会名称的规范全称。（中国慈

善联合会）

7月17~18日，以“公益建设社会”为题的第五届敦和·竹林论坛暨中国社会学会2021年学术年会第三届公益社会学分论坛在重庆举行。论坛评选出了六篇“最佳论文”，分别是《越透明越有钱？网络募捐项目筹资水平与信息公开的关系》《社区资源配置中的政府偏好及调试——基于“风险—绩效”模型分析》《中文志愿服务自我效能感量表的编制与验证》《官办平台型公益慈善类社会组织的多维嵌入及行动策略——以S公益慈善联合会为个案》《儿童保护、资产建设与社会企业参与——以e农业计划的运作为例》《地方再生产的时空逻辑——基于民国时期北碚乡村建设的理论分析》。（敦和基金会）

7月17~23日，河南省遭遇历史罕见特大暴雨，发生严重洪涝灾害。灾害共造成河南省150个县（市、区）1478.6万人受灾，因灾死亡失踪398人，其中郑州市380人，占全省的95.5%；直接经济损失1200.6亿元，其中郑州市409亿元，占全省的34.1%。灾害发生后，政府力量积极统筹部署，全面开展防汛救灾工作；与此同时，民间救援力量积极联合开展救援工作，社会捐赠积极性高涨。其中，在社会组织的救灾行动中，中国扶贫基金会于7月26日紧急启动的“重振家园行动——灾后以工代赈家园清理项目”，得到广泛支持和认可，截至8月3日，该项目累计支持了当地17个县63个乡镇共620个项目村，每个村获得10万元资金支持；在慈善组织募捐方面，据河南省民政厅不完全统计，截至8月8日，全省各级慈善组织、红十字会共接收捐赠款物85.88亿元，其中捐款74.98亿元，物资10.90亿元。（新华网、慈善蓝皮书）

7月20日，福布斯中国第十五次发布中国慈善榜。榜单的入围门槛为2200万元，远高于2020年的1000万元。榜单显示，上榜的100位中国企业家（企业）的现金捐赠总额为245.1亿元，与2020年的179.1亿元相比，上涨37%，是第六次突破100亿元，也是首次突破200亿元；马云（阿里巴巴）、许家印（恒大）、马化腾（腾讯）、杨国强家族（碧桂园）、张一鸣（字节跳动）分列榜单前五。此外，榜单显示，2021年榜单中捐赠过亿元的

企业高达半数以上，为51家，捐赠总额为221.7亿元，占到榜单整体捐赠总额九成以上。(福布斯)

7月24日，新华社北京消息，近日，中共中央办公厅、国务院办公厅印发《关于进一步减轻义务教育阶段学生作业负担和校外培训负担的意见》，提出各地不再审批新的面向义务教育阶段学生的学科类校外培训机构，现有学科类培训机构统一登记为非营利性机构。8月30日，教育部办公厅、民政部办公厅、市场监管总局办公厅联合发布《关于将面向义务教育阶段学生的学科类校外培训机构统一登记为非营利性机构的通知》，将义务教育阶段学生的学科类校外培训机构统一登记为非营利性机构有关工作做出总体要求。9月8日，民政部社会组织管理局发布《关于在校外培训机构登记审查中强化事先告知和捐资承诺等有关要求的通知》，明确提出，申请成立登记校外培训机构应当具备《民办非企业单位登记管理暂行条例》规定的条件，实行双重管理。(新华网、中国社会组织动态)

7月27日，民政部发布《关于开展"僵尸型"社会组织专项整治行动的通知》。《通知》将四类社会组织纳入整治范围：(1) 连续未参加2019年度、2020年度检查（年报）的社会组织；(2) 自取得登记证书之日起1年未开展活动的社会组织；(3) 自2019年1月1日以来，未按照章程规定的业务范围对外开展业务活动的社会组织；(4) 通过登记的住所、法定代表人等方式无法取得联系的社会组织。整治的主要措施包括撤销登记、吊销登记证书、注销登记、限期整改。(民政部)

7月31日，在中国科学基金研究会原秘书长、吴作人国际美术基金会原秘书长、北京恩玖非营利组织发展研究中心创始理事长、基金会中心网终身名誉理事长商玉生先生逝世一周年之际，基金会中心网、中国基金会发展论坛、爱德基金会传一慈善文化基金、吴作人国际美术基金会在京联合举办"商玉生先生逝世一周年追思会暨中国公益共同体建设之现状与展望论坛"。纪念活动上，播放了《公益元老商玉生：斯人已去　惟德乃兴》纪念短片，发布了《商玉生纪念文集》，举办了"柔心柔情不柔骨　自强自律志后人——公益元老商玉生纪念展"，并围绕"中国公益共同体建设现状与展望”的主题进行了探讨与交流。在论坛上，中国人民大学公益创新研究院院长康晓光表示，公益共同体的发展代表着中国公益事业发展的走向，但从整体上看，我国公益行业仍然处于分裂状态，整个公益行业的共同价值观和共同目标尚未形成，需要通过不断发展和完善共同体及其功能，推动整个公益部门的发展和完善。（爱德传一基金）

8月

8 月 12 日，全国妇联权益部推出《防治职场性骚扰指导手册》。《手册》建议，用人单位应建立健全防治职场性骚扰规章制度，明确什么是职场性骚扰并明令禁止职场性骚扰行为；明确防治职场性骚扰专门机构及其具体职责，以及投诉电话；明确单位管理人员对防治职场性骚扰的义务；明确单位预防性骚扰的措施；明确对性骚扰的投诉受理、调查取证、认定处理程序；明确处罚措施；防止打击报复；对受害人实施救助。当女性遭遇职场性骚扰时，手册建议，拒绝沉默，坚定说“不”；保留证据，视听资料、电子数据、证人证言都可以；及时处理。（中国妇女报）

8 月 17 日，习近平主持召开中央财经委员会第十次会议，并发表重要讲话强调，共同富裕是社会主义的本质要求，是中国式现代化的重要特征。会议指出，要坚持以人民为中心的发展思想，在高质量发展中促进共同富裕，正确处理效率和公平的关系，构建初次分配、再分配、三次分配协调配套的基础性制度安排，加大税收、社保、转移支付等调节力度并提高精准性，扩大中等收入群体比重，增加低收入群体收入，合理调节高收入，取缔非法收入，形成中间大、两头小的橄榄形分配结构，促进社会公平正义，促进人的全面发展，使全体人民朝着共同富裕目标扎实迈进。（新华网）

8 月 18 日，中央统战部印发《关于深入推进新时代光彩事业创新发展的意见》。《意见》提出，坚持产业带动和公益帮扶双轮驱动，大力引导民营企业把优势帮扶资源投入欠发达地区，在一、二、三次分配中主动作为，为缩小区域、城乡和居民收入水平差距做贡献；有效整合民营企业公益资

源，积极培育发展民营企业公益慈善组织，更好服务民生改善和社会治理。（中国慈善联合会）

8月20日，第十三届全国人民代表大会常务委员会第三十次会议通过《中华人民共和国法律援助法》。该法《总则》第八条规定："国家鼓励和支持群团组织、事业单位、社会组织在司法行政部门指导下，依法提供法律援助"；第九条规定："国家鼓励和支持企业事业单位、社会组织和个人等社会力量，依法通过捐赠等方式为法律援助事业提供支持；对符合条件的，给予税收优惠"；第十条第二款规定："新闻媒体应当积极开展法律援助公益宣传，并加强舆论监督"。（中国人大网）

8月22日，泰康保险集团向武汉大学捐赠10亿元，设立"武汉大学泰康医学与教育基金"，用于支持武汉大学建设一流医学和生命科学学科。据悉，这是武汉大学建校以来收到的最大额度捐赠。（新华网）

8月31日，国家国际发展合作署、外交部、商务部联合发布《对外援助管理办法》（同年10月1日起正式施行）。该法使我国民间组织首次具有了参与对外援助体系的制度空间，其主要内容包括明确对外援助的概念、援助目标和援助原则，规范对外援助政策规划的管理，明确援助资金分为无偿援助、无息贷款和优惠贷款三种类型及各自主要用途，规范对外援助项目立项原则和程序，规范对外援助实施管理，规定国际发展合作署会同援外执行部门建立援外项目监督制度和评估制度，规定对外援助项目实施主体、相关部门工作人员的法律责任。（国家国际发展合作署）

9月

9月1日，2021年"99公益日"正式启动。这是腾讯宣布"可持续社会价值创新"战略和启动"共同富裕专项计划"后的首个"99公益日"。这一届公益日从此前的三天（9月7~9日）扩展至十天（9月1~10日），同时，腾讯基金会投入50亿元用于活动期间及后续的激励金支持、公益数字化建设以及一线公益帮扶。数据显示，这一届99公益日中，共计有超过

6870万人次捐出35.69亿元，加上腾讯基金会的6亿元资金支持，总共募得善款41.69亿元。这一届99公益日期间也出现了一些争议性募捐事件，其中引起了最广泛争论的是“不要烫伤我的童年”公益项目“捐后报销”事件。（腾讯公益）

9月2日，在中华遗嘱库长沙服务中心，国内首例遗嘱慈善信托捐赠登记成功。25岁湖南大学博士生邹先生，通过设立遗嘱慈善信托，将在自己身后捐出全部存款给糖尿病公益机构。（法治周末报）

9月2日，阿里巴巴集团发出消息称，已启动“阿里巴巴助力共同富裕十大行动”，将在2025年前累计投入1000亿元，围绕科技创新、经济发展、高质量就业、弱势群体关爱和共同富裕发展基金五大方向，助力共同富裕，并且为了促进行动落地，将成立一个专门的常设机构。9月4日，阿里巴巴公益基金会宣布将进行战略升级，将全面聚焦践行共同富裕、助力乡村振兴、积极投身建设绿水青山三大方向。（浙江新闻、人民网）

9月5日，《推进民政事业高质量发展建设共同富裕示范区行动方案（2021~2025年）》发布。《方案》指出，2021~2025年，浙江省将高质量打造“善行浙江”“基层治理现代化”两个示范区；关于“善行浙江”示范区，《方案》强调要发挥慈善第三次分配作用，着力构建组织化、多元化、专业化、智慧化、规范化的新时代慈善事业高质量发展新格局，努力从整体上推动“小慈善”向“大慈善”转变、传统慈善向现代慈善转变、生存型慈善向发展型慈善转变；关于“基层治理现代化”示范区，《方案》强调要创新社区与社会组织、社会工作者、社区志愿者、社会慈善资源“五社联动”机制，积极推进全生命周期社会服务便民利民。（浙江卫视）

9月8日，在宁夏宝丰集团燕宝慈善基金会成立十周年大会暨2021年奖学金发放仪式上，燕宝慈善基金会宣布，从2021年起，拟新增捐资60亿元，对全宁夏考上大学的学生全部进行资助，每年资助12.6万人，每年每人奖励4000元，4年16000元。这是全国首个面向全省区大学生实施全覆盖资助的教育助学项目。（宁夏燕宝慈善基金会）

9月9日，民政部部务会议通过《社会组织登记管理机关行政处罚程序规定》（自 2021 年 10 月 15 日起施行）。《规定》修改了关于陈述申辩和听证申请的规定：一是延长了当事人提出陈述申辩和听证申请的期限，由收到行政处罚事先告知书之日起三个工作日变更为五个工作日；二是扩大了听证的适用范围，登记管理机关拟做出没收较大数额违法所得、没收较大价值非法财物、吊销登记证书处罚的，应当告知当事人有要求听证的权利；三是明确了听证应当制作听证笔录，并结合听证笔录做出决定；四是明确了陈述申辩应予采纳的情形，当事人提出的事实、理由或者证据成立的，登记管理机关应当采纳；五是增加了登记管理机关不得因当事人陈述、申辩而给予更重处罚的规定。（央视网）

9 月 18 日，应急管理部发布对十三届全国人大四次会议上张晓庆代表提出的将社会工作服务纳入突发事件应对体系的建议的答复。答复中称，下一步，在政策法规制定方面，将深入研究社会组织在参与重大突发事件应对工作中的合法权益保障、激励机制等问题，协助立法机关为将社会工作服务纳入突发事件应对体系提供坚实的法治保障；在强化社会组织建设方面，应急管理部将研究出台具体政策措施支持社会应急力量发展，完善登记审查、调用补偿、保险保障等方面的制度，指导地方应急管理部门动员社会应急力量在地方党委政府的统一领导下，规范有序参与突发事件应对处置，发挥好社会应急力量辅助作用；在开展社会组织动员方面，应急管理部将持续做好社会动员工作，在灾害事故发生后及时发布救援需求公告，按照专业匹配、就近就便的原则，引导具备相应救援能力的社会应急力量有序参与抢险救援救灾行动，引导应急志愿者深入城乡社区开展应急救援、预案演练、科普宣教等工作，指导地方应急管理部门为参与救援的队伍提供道路通行、保险保障、安全教育等服务。（应急管理部）

9 月 23 日，北京星星雨教育研究所创始人、理事长田惠萍与光大信托正式签署信托合同及系列文件。据悉，田惠萍是全国首位签署特殊需要信托的自闭症人士家长。（ALSO 孤独症）

9 月 27 日，国务院正式发布《中国妇女发展纲要（2021—2030 年）》和《中国儿童发展纲要（2021～2030 年）》。两份纲要明确了未来 10 年我

国妇女和儿童事业的发展领域、主要目标、策略措施、组织实施和监测评估等内容。(国务院)

9月27日，《2020环境资助者网络（CEGA）报告》于昆明举行的《生物多样性公约》缔约方大会第15次会议（COP15）——NGO平行论坛发布。《报告》显示，13家CEGA成员单位在2020年为中国环保公益行业提供了2.96亿元的支持，非CEGA成员的7家基金会2020年环境资助金额总计2394.37万元，两类环境资助者合计提供公益支持3.19亿元；在六个环境领域中，生态保护获得的资助金连续三年上升，2020年占比首超50%，达55.6%，共1.78亿元；受访环保公益组织2020年提供的项目中生态保护和宣传教育类最多，占比超过70%；生物多样性保护一直是国内环境资助者和基层环保组织工作的重点；近六成受访机构2020年收入未超50万元，72%的机构全职员工在5人或以下。(东方网)

10月

10月2~7日，山西多地遭遇时间久、范围广、强度大的降雨天气，多地发生地质和洪涝灾害。灾情发生后，全国各地多个社会组织迅速响应，其中多家社会组织及多位山西省内外热心公益的人士搭建了“社会力量支持山西抗洪协调平台”，以加强外部资源、专业力量与本土社会组织的有效合作。10月12日，山西省民政厅发布“关于引导慈善、社会工作、志愿服务等社会力量依法有序参与灾后重建工作”倡议书，引导慈善、社会工作、志愿服务等社会力量依法有序参与灾后重建工作。(和众泽益志愿服务)

10月8日，民政部制定的《“十四五”社会组织发展规划》对外发布。《规划》明确了社会组织发展的指导思想、基本原则和主要目标及相关发展预期指标。为实现上述发展目标，《规划》从加强社会组织党的建设、完善社会组织法律制度、规范社会组织登记、健全社会组织监管体系、提升社会组织执法水平、加强社会组织自身建设、引导支持社会组织发展、发挥社会组织积极作用八个方面部署了“十四五”时期推动社会组织高质量发展的

主要任务。(民政部门户网站)

10月8日起，中国基金会发展论坛（CFF）秘书处联合长青图书馆，开始陆续发布“中国基金会行业发展40年与新征程”系列专访。截至2021年1月26日，该系列专访共发布20篇，以专访公益慈善行业资深人士的方式，通过讲述个人经历，呈现基金会在中国发展40年的历史、价值与思考。该系列专访由鄂尔多斯市聚祥公益基金会支持开展。(CFF 2008)

10月8日，《中国的生物多样性保护》白皮书发布。这是我国政府首次以白皮书形式，全面介绍了中国在生物多样性保护领域开展的工作。下一步，在政策法规方面，拟更新《中国生物多样性保护战略与行动计划（2011—2030年）》，推进生物多样性领域法律法规制修订；在行动措施方面，拟制定和实施《生物多样性保护重大工程十年规划（2021—2030年）》，推进生物多样性保护优先区域本底调查，完善观测网络；拟优化完善生物多样性保护监管数据和信息平台等。(生态环境部)

10月11~15日，联合国《生物多样性公约》第十五次缔约方大会（COP15）在云南昆明举行。这次大会主题是“生态文明：共建地球生命共同体”，会议通过了《昆明宣言》，承诺确保制定、通过和实施一个有效的“2020年后全球生物多样性框架”。在大会上，中国宣布将率先出资15亿元，成立昆明生物多样性基金，支持发展中国家生物多样性保护事业，同时，正式设立三江源、大熊猫、东北虎豹、海南热带雨林、武夷山等第一批国家公园，保护面积达23万平方公里，涵盖近30%的陆域国家重点保护野生动植物种类。(中国慈善家)

10月12日，中国扶贫基金会和北京师范大学中国公益研究院联合发布了《中国乡村儿童发展报告（2021年）》。《报告》指出，乡村儿童发展领域依然面临基础性、普惠性、兜底性资源需求快速释放、乡村儿童主任人才队伍专业化发展落后于城乡一体化要求、乡村儿童福利服务水平存在结构性短板、乡村儿童安全保护和心理健康需求更加迫切等突出挑战。发布会上，阿里巴巴公益基金会与中国扶贫基金会、中国妇女发展基金会、爱德基金会、深圳壹基金公益基金会、上海联劝公益基金会等5家机构联合启动

“XIN 益佰计划儿童发展议题共建计划”，计划联合资助更多聚焦儿童议题的优质项目，推动行业议题联动。(中国新闻网)

10 月 20 日，“广东兜底民生服务社会工作双百工程”乡镇（街道）社会工作服务站（点）挂牌仪式在全省举办。广东乡镇（街道）社工站全部正式挂牌运作，标志着“双百工程”编织的“乡镇（街道）社工站—村（居）社工点”两级兜底民生服务网络，已经实现乡镇（街道）一级全覆盖。(羊城晚报)

11月

11 月 6 日，由清华大学公益慈善研究院与敦和基金会联合主办的“清华—敦和中国高校公益慈善教育发展论坛”在京举办。论坛上，《中国高校公益慈善教育报告 2021》发布，该《报告》重点分享了中国高校公益慈善教育历程、公益专业与通识教育数据、发展规律总结及对未来的展望。此外，论坛发起关于共同推动中国高校公益慈善教育的倡议，首批 40 家高校机构响应并联合发起共同行动倡议。(清华新闻网)

11 月 13 日，197 个国家参会的联合国气候大会（COP26）通过《格拉斯哥气候协定》，同意将全球升温幅度限制在摄氏 1.5 度内。这份协议被称为“史上第一个逐步减少煤炭使用的国际协议，以及将全球气候变暖限制在 1.5 摄氏度的路线图”。根据气候行动追踪组织预测，为到 2030 年将全球变暖控制在 1.5 摄氏度以内，世界需要每年减少近 270 亿吨温室气体排放量，但目前包括 COP26 在内的承诺，仅大约实现目标的 1/4。(环球时报)

11 月 15 日，《民政部关于指定第三批慈善组织互联网募捐信息平台的公告》公布。此次入选的平台共 10 家，分别是：字节跳动公益、小米公益、亲青公益、哔哩哔哩公益、乐善公益、360 公益、中国移动公益、芒果公益、慈链公益和携程公益。加上 2016 年和 2018 年先后两批遴选结果名单，目前我国慈善组织互联网募捐信息平台增至 30 家，其中，11 家的运营者主体为互联网企业，包括腾讯公益、淘宝公益、蚂蚁金服公益、新浪微公益、京东公益、

百度公益、美团公益、滴滴公益等。（南方都市报、华夏时报）

11 月 22~24 日，中国基金会发展论坛 2021 年会在线上举办，主题为"迈上新征程的中国基金会"。在开幕与闭幕主论坛外，还有 27 家机构承办了 12 场平行论坛，话题涉及共同富裕、第三次分配、乡村振兴、公共服务、残障融合、行业人才发展、行业基础设施、公益项目规模化等。（CFF 2008）

11 月 26 日，在第九届中国公益慈善项目交流展示会上，中国慈善联合会在线发布《2020 年度中国慈善捐赠报告》。《报告》指出，2020 年我国共接收境内外慈善捐赠 2253. 13 亿元，其中，内地接收款物捐赠共计 2086. 13 亿元，首次超过 2000 亿元，比 2019 年增长 38. 21%；企业和个人仍然是我国慈善捐赠的主要力量，二者年度增幅各为 30. 77%和 31. 55%，合计占捐赠总额的 83. 52%；卫生健康是我国主要的捐赠领域，2020 年共接收款物捐赠 710. 36 亿元，同比增长 160. 94%，占比 34. 05%，其中用于疫情防控的捐赠比重最大。（中国慈善联合会）

12月

12 月 1 日，"开启数字公益教育新时代"主题研讨会暨战略合作发布会提出，将以深圳为试点，在国内率先推出在线人才职业能力认证。深圳国际公益学院现场发布的《中国社会组织人才发展十五年》报告显示，15 年间，中国社会组织新增就业比例占全国新增就业比例年均值达到 3. 49%，远远超过就业规模占全国 1. 4%的比例；社会组织发展人才结构发生巨大的变化，其中 2014 年是一个重要分水岭，民非贡献率比例超过 50%，到 2020 年民非贡献率 60%；截至 2020 年底，全国持证社会工作者共计 66. 9 万人。（新浪公益）

12 月 2 日，《全国性社会组织评估管理规定》印发。《规定》共六章三十五条，在遵循《社会组织评估管理办法》基本原则和要求基础上，对全国性社会组织评估工作管理体制、评估对象和内容、评估工作程序、评估专家管理、监督管理等作了明确规定。根据规定，全国性社会组织评估等级被纳入社会组织信用体系；申请参加评估的全国性社会组织应当符合下列条件之一：（1）取得社会组织法人登记证书满2年，未参加过社会组织评估的；（2）获得评估等级满5年有效期的；（3）评估等级在有效期内，获得评估等级满2年的。（民政部）

12月8~10日，中央经济工作会议在北京举行。会议指出，在充分肯定成绩的同时，必须看到我国经济发展面临需求收缩、供给冲击、预期转弱三重压力；要正确认识和把握实现共同富裕的战略目标和实践途径；支持有意愿有能力的企业和社会群体积极参与公益慈善事业；经济社会发展是一个系统工程，必须综合考虑政治和经济、现实和历史、物质和文化、发展和民生、资源和生态、国内和国际等多方面因素。（新华网）

12月15日，"新时代下的基金会自律透明"——暨中基透明指数FTI2021发布会线上举行。会上发布了中基透明指数FTI2021报告，其中获得透明度评级得分90分及以上的大型公募基金会共49家、中小型公募基金会66家、大型非公募基金会22家、中小型非公募基金会121家、大学基金会54家；其中，共有11家基金会连续十年获得透明度满分。（CFC恩玖中心）

12月16日，国家国际发展合作署举行对外援助统计数据直报平台启用座谈会。据悉，对外援助统计数据直报平台由国际发展合作署开发建设，平台入口部署在国际发展合作署中文官网首页，我国企业、社会组织等可通过网络填报对外援助数据，实现国际发展合作署与调查对象间的直连直报。（国家国际发展合作署）

12月18日，安踏集团宣布将投入价值100亿元的现金及股票，成立"和敏基金会"。其首个捐赠项目当日签约，捐赠20亿元，全资捐建上海第六人民医院福建医院（福建和敏医院）。（新浪网）

12月24日，《中华人民共和国湿地保护法》由十三届全国人民代表大会常务委员会第三十二次会议通过，将于2022年6月1日起施行。该法第七条提出"各级人民政府应当加强湿地保护宣传教育和科学知识普及工作，通过湿地保护日、湿地保护宣传周等开展宣传教育活动，增强全社会湿地保护意识；鼓励基层群众性自治组织、社会组织、志愿者开展湿地保护法律法规和湿地保护知识宣传活动，营造保护湿地的良好氛围”，第八条提出“国家鼓励单位和个人依法通过捐赠、资助、志愿服务等方式参与湿地保护活动”。（公益时报）

12 月 28 日，民政部全国民政工作视频会议指出，促进慈善事业更好发挥第三次分配作用是 2022 年民政工作重点任务之一。该任务的内容要点包括：培育发展现代慈善组织、慈善行业组织和枢纽型组织；牢固树立自愿捐赠、平等互助理念，引导鼓励有意愿有能力的企业和社会群体投身慈善、回报社会；加强社工专业人才队伍建设；完善志愿服务激励制度；推进责任彩票建设，强化渠道精细化、规范化管理，加快技术系统统一，严格公益金使用管理。（民政部）

B.13

2021年中国公益慈善（主要）政策法规

综　合

（1）《中共中央　国务院关于全面推进乡村振兴加快农业农村现代化的意见》（2021 年 2 月 21 日）

（2）《中华人民共和国国民经济和社会发展第十四个五年规划和 2035 年远景目标纲要》（2021 年 3 月 12 日）

（3）《中华人民共和国乡村振兴促进法》（2021 年 6 月 1 日）

（4）《“十四五”民政事业发展规划》（2021 年 6 月 22 日）

（5）《国家税务总局关于企业所得税若干政策征管口径问题的公告》（2021 年 6 月 22 日）

（6）《中共中央　国务院关于加强基层治理体系和治理能力现代化建设的意见》（2021 年 7 月 11 日）

（7）《关于进一步减轻义务教育阶段学生作业负担和校外培训负担的意见》（2021 年 7 月 24 日）

（8）《关于深入推进新时代光彩事业创新发展的意见》（2021 年 8 月 18 日）

（9）《中华人民共和国法律援助法》（2021 年 8 月 20 日，第十三届全国人民代表大会常务委员会第三十次会议通过，2022 年 1 月 1 日正式施行）

（10）《对外援助管理办法》（2021 年 8 月 31 日发布，同年 10 月 1 日起正式施行）

（11）《中国妇女发展纲要（2021—2030 年）》和《中国儿童发展纲要

（2021—2030 年）》（2021 年 9 月 27 日）

（12）《中华人民共和国湿地保护法》（2021 年 12 月 24 日）

社会组织

（1）《志愿服务记录与证明出具办法（试行）》正式施行（2021 年 2 月 1 日）

（2）《“十四五”社会组织发展规划》（2021 年 10 月 8 日）

以下列举的 2021 年中国慈善（主要）政策法规均可通过扫描条目下的二维码进行查阅。

（1）财政部、税务总局、民政部联合发布《关于公益性捐赠税前扣除资格确认有关衔接事项的公告》（2021 年 2 月 4 日）

（2）民政部、中共中央纪委机关、中央组织部、中央宣传部、中央政法委等 22 部门联合发布《关于铲除非法社会组织滋生土壤　净化社会组织生态空间的通知》（2021 年 3 月 22 日）

（3）民政部办公厅发布《民政部办公厅关于组织开展全国志愿服务信息系统（2.0 版）试运行工作的通知》（2021 年 3 月 30 日）

（4）民政部社会组织管理局发布《关于进一步加强社会组织管理　严格规范社会组织行为的通知》（2021 年 4 月 6 日）

（5）生态环境部和中央文明办共同发布《关于推动生态环境志愿服务发展的指导意见》（2021 年 6 月 2 日）

（6）民政部社会组织管理局发布《关于进一步加强全国性社会团体分支机构、代表机构规范管理的通知》（2021 年 6 月 4 日）

（7）民政部办公厅发布《关于加强民政部业务主管基金会专项基金管理工作的通知》（2021 年 7 月 12 日）

（8）民政部发布《关于开展“僵尸型”社会组织专项整治行动的通知》（2021年7月27日）

（9）民政部发布《社会组织登记管理机关行政处罚程序规定》（自2021年10月15日起施行）

（10）民政部印发《全国性社会组织评估管理规定》（2021年12月2日）

地方性法规

（1）《浙江省民政厅关于推进民政事业高质量发展建设共同富裕示范区行动方案（2021—2025 年）》发布（2021 年 9 月 5 日）

（2）《中共中央 国务院关于支持浙江高质量发展建设共同富裕示范区的意见》（2021 年 6 月 10 日）

抗击新冠肺炎疫情篇

（1）河北省民政厅印发《关于进一步加强疫情防控期间慈善捐赠接收使用有关工作的通知》（2021 年 1 月 14 日）

（2）《民政部、国家卫生健康委关于进一步提高城乡社区防控精准化精细化水平的通知》发布（2021 年 1 月 30 日）

儿童及未成年人篇

（1）《最高人民法院关于加强新时代未成年人审判工作的意见》（2021 年 1 月 20 日）

（2）《关于进一步做好事实无人抚养儿童保障有关工作的通知》和《关于做好因突发事件影响造成监护缺失未成年人救助保护工作的意见》（2021 年 1 月 25 日）

（3）《关于进一步推进儿童福利机构优化提质和创新转型高质量发展的意见》（2021 年 5 月 11 日）

（4）《国务院未成年人保护工作领导小组关于加强未成年人保护工作的意见》发布（2021 年 6 月 8 日）

B.14
后　记

2021 年，中国在向世界宣告脱贫攻坚战的全面胜利同时，全面推进乡村振兴，中国进入脱贫攻坚同乡村振兴战略有机衔接的新阶段。“十四五”规划纲要明确提出，“在增进民生福祉方面，着力推进共同富裕”，并将“完善再分配机制，发挥第三次分配作用，发展慈善事业，改善收入和财富分配格局”纳入实现共同富裕目标的重要手段。我国慈善事业因此被赋予了新的战略意义。这对于催生以人人慈善为内核的慈善事业主流化将起到重要作用。

2021 年，更多的慈善公益组织主动投入乡村振兴领域，创造融合公益与商业属性的新业态，数字化公益也随着中国经济和社会发展的需要快速兴起，《慈善法》开门修法的工作引发多地多组织积极参与，第三次分配政策引起社会热议。主要聚焦在慈善行为、政策环境、社会治理与慈善教育四个面向的 2021 年慈善热点事件，持续得到大众和新闻媒体的关注，蓝皮书编委会已连续 8 年组织和编发年度十大慈善热点事件，期望这些热点的收集、编发对于启迪公民意识、推动公民参与社会慈善公益能有所裨益。

自本卷起，蓝皮书始尝试改革。在中国灵山公益慈善促进会和灵山慈善基金会支持下，我们重组了蓝皮书编委会，向着研究智库的展示平台方向逐步加强建设。蓝皮书的结构现在按照总报告、分报告、专业报告、专题报告、附录五大板块分列。本报告传承以往议题，继续推出年度捐赠、志愿服务、慈善法治、救灾等报告，并将原为一编的年度十大慈善热点事件整合为一篇综述。此外，针对中国慈善事业发展中的重点，新推出了乡村振兴、企业社会责任、互联网与数字公益、社工与慈善联动等议题的深度报告。希望得到读者的关注与指正。蓝皮书编委会为了提高每篇报告的研究开发程度和更好进行质量把控，向蓝皮书作者提出具体要求，期望他们向着组建团队或由社会组织担当的组织化方向发展，并逐一签约，按协议执行，从而加强了编委会与优秀作者团队在研发基础上的长期稳定合作。我们的这些工作刚刚起步，一定有很多不完善之处，也请读者给予指正。

我们衷心感谢蓝皮书编委会和作者群体的协力工作。

衷心感谢协助我们编辑蓝皮书的中国灵山公益慈善促进会北京办公室副主任杨彤彤女士。

感谢本书的责任编辑薛铭洁和陈颖女士。

感谢支持本书出版的中国社会科学院、南都公益基金会、无锡灵山慈善基金会和中国灵山公益慈善促进会。

杨团 朱健刚

2022 年 4 月 25 日

皮书

智库成果出版与传播平台

❖ 皮书定义 ❖

皮书是对中国与世界发展状况和热点问题进行年度监测，以专业的角度、专家的视野和实证研究方法，针对某一领域或区域现状与发展态势展开分析和预测，具备前沿性、原创性、实证性、连续性、时效性等特点的公开出版物，由一系列权威研究报告组成。

❖ 皮书作者 ❖

皮书系列报告作者以国内外一流研究机构、知名高校等重点智库的研究人员为主，多为相关领域一流专家学者，他们的观点代表了当下学界对中国与世界的现实和未来最高水平的解读与分析。截至 2021 年底，皮书研创机构逾千家，报告作者累计超过 10 万人。

❖ 皮书荣誉 ❖

皮书作为中国社会科学院基础理论研究与应用对策研究融合发展的代表性成果，不仅是哲学社会科学工作者服务中国特色社会主义现代化建设的重要成果，更是助力中国特色新型智库建设、构建中国特色哲学社会科学“三大体系”的重要平台。皮书系列先后被列入“十二五”“十三五”“ 十四五”时期国家重点出版物出版专项规划项目；2013~2022 年，重点皮书列入中国社会科学院国家哲学社会科学创新工程项目。

权威报告·连续出版·独家资源

皮书数据库

ANNUAL REPORT(YEARBOOK) DATABASE

分析解读当下中国发展变迁的高端智库平台

所获荣誉

- 2020年，入选全国新闻出版深度融合发展创新案例
- 2019年，入选国家新闻出版署数字出版精品遴选推荐计划
- 2016年，入选“十三五”国家重点电子出版物出版规划骨干工程
- 2013年，荣获“中国出版政府奖·网络出版物奖”提名奖
- 连续多年荣获中国数字出版博览会“数字出版·优秀品牌”奖

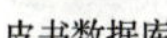
皮书数据库

“社科数托邦”
微信公众号

成为会员

登录网址www.pishu.com.cn访问皮书数据库网站或下载皮书数据库APP，通过手机号码验证或邮箱验证即可成为皮书数据库会员。

会员福利

- 已注册用户购书后可免费获赠100元皮书数据库充值卡。刮开充值卡涂层获取充值密码，登录并进入“会员中心”—“在线充值”—“充值卡充值”，充值成功即可购买和查看数据库内容。
- 会员福利最终解释权归社会科学文献出版社所有。

数据库服务热线：400-008-6695
数据库服务QQ：2475522410
数据库服务邮箱：database@ssap.cn
图书销售热线：010-59367070/7028
图书服务QQ：1265056568
图书服务邮箱：duzhe@ssap.cn

社会科学文献出版社 SOCIAL SCIENCES ACADEMIC PRESS (CHINA) 皮书系列
卡号：326393473754
密码：

S 基本子库
UB DATABASE

中国社会发展数据库（下设 12 个专题子库）

紧扣人口、政治、外交、法律、教育、医疗卫生、资源环境等 12 个社会发展领域的前沿和热点，全面整合专业著作、智库报告、学术资讯、调研数据等类型资源，帮助用户追踪中国社会发展动态、研究社会发展战略与政策、了解社会热点问题、分析社会发展趋势。

中国经济发展数据库（下设 12 专题子库）

内容涵盖宏观经济、产业经济、工业经济、农业经济、财政金融、房地产经济、城市经济、商业贸易等 12 个重点经济领域，为把握经济运行态势、洞察经济发展规律、研判经济发展趋势、进行经济调控决策提供参考和依据。

中国行业发展数据库（下设 17 个专题子库）

以中国国民经济行业分类为依据，覆盖金融业、旅游业、交通运输业、能源矿产业、制造业等 100 多个行业，跟踪分析国民经济相关行业市场运行状况和政策导向，汇集行业发展前沿资讯，为投资、从业及各种经济决策提供理论支撑和实践指导。

中国区域发展数据库（下设 4 个专题子库）

对中国特定区域内的经济、社会、文化等领域现状与发展情况进行深度分析和预测，涉及省级行政区、城市群、城市、农村等不同维度，研究层级至县及县以下行政区，为学者研究地方经济社会宏观态势、经验模式、发展案例提供支撑，为地方政府决策提供参考。

中国文化传媒数据库（下设 18 个专题子库）

内容覆盖文化产业、新闻传播、电影娱乐、文学艺术、群众文化、图书情报等 18 个重点研究领域，聚焦文化传媒领域发展前沿、热点话题、行业实践，服务用户的教学科研、文化投资、企业规划等需要。

世界经济与国际关系数据库（下设 6 个专题子库）

整合世界经济、国际政治、世界文化与科技、全球性问题、国际组织与国际法、区域研究 6 大领域研究成果，对世界经济形势、国际形势进行连续性深度分析，对年度热点问题进行专题解读，为研判全球发展趋势提供事实和数据支持。

法律声明

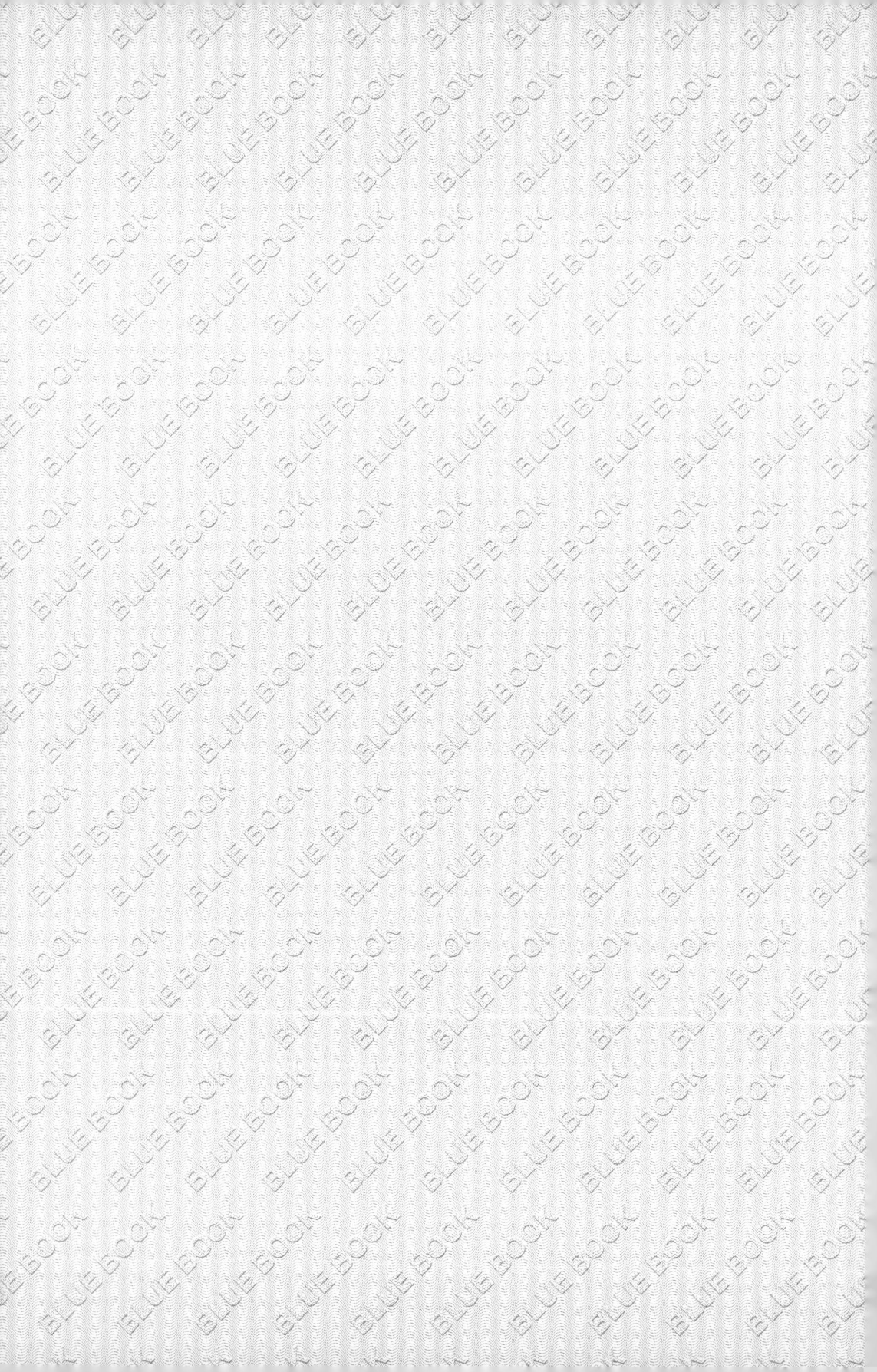